한국어, 코퍼스, 그리고 자연언어 처리

* 황화상

고려대학교 국어국문학과를 졸업(1994)하고 같은 대학의 대학원에서 석사 학위(1996)와 박사 학위(2001)를 받았다. 고려대학교 민족문화연구원 기계번역실 연구원으로 있으면서 영한·한영 기계번역기 개발에 참여했다. 창원대학교 국어국문학과에서 부교수로 있었고, 현재 서강대학교 국어국문학과에서 국어 문법 분야의 강의를 하고 있다.
E-mail: hshwang@sogang.ac.kr

* 주요 논저
『국어 형태 단위의 의미와 단어 형성』(2001)
『한국어 전산 형태론』(2004)
『국어 조사의 문법』(2012)
『한국어 표준 문법』(2018, 공저)
「조사의 작용역과 조사 중첩」(2003)
「단어형성 기제로서의 규칙에 대하여」(2010)
「어휘부의 구조, 그리고 단어의 분석과 형성」(2013)
「어근 분리의 공시론과 통시론」(2016)
「접미 한자어의 형태와 의미」(2017)
「접사의 지배적 기능에 대하여」(2018)
「'하다' 없이 나타나는 '않다'에 대하여」(2021) 등

한국어, 코퍼스, 그리고 자연언어 처리

황화상 지음

박이정

머리말

지난 천 년(millennium)의 시간을 보내고 새로운 천 년을 맞이할 즈음 고려대학교 민족문화연구원에 기계번역 연구실이 설치되었다. 홍종선 선생님, 최호철 선생님, 고창수 선생님, 그리고 김원경, 이경호, 남경완, 유혜원, 이동혁, 최정혜, 안정아, 이숙경 선생 등 대학원에서 문법 공부를 같이 해 오던 동료들과 함께 영한 번역기와 한영 번역기를 차례대로 개발했다. 기계번역을 비롯한 지금의 자연언어 처리 수준에 비할 바는 아니지만 인간처럼 언어를 처리하는 기계에 대한 가능성을 확인한 놀라운 경험이었다.

기계번역기를 개발하면서 프로그래밍과 코딩의 필요성을 절감했다. 무엇보다도 전문 프로그래머와의 소통이 쉽지 않았다. 우리는 컴퓨터에 서툴렀고 프로그래머는 언어를 다루는 데 익숙하지 않았다. 기계번역기 개발을 마치고 동료 연구원들과 함께 파이선을 공부하기 시작했다. 생각했던 것보다 훨씬 더 쉽고 재미도 있었다. 파이선이 초보자들이 배우기 쉬운 프로그래밍 언어인데다가 기계번역기를 개발하면서 언어를 분석하고 생성하는 복잡한 알고리즘을 작성해 본 경험도 뒷받침되었을 것이다.

2004년 8월 창원으로 가기까지 북악산 기슭의 연구실에서 보낸 4년 남짓의 시간은 결코 잊을 수가 없다. 선생님들은 처음 걷는 낯선 길을 함께 걸으면서 제자들을 이끌어 주셨고 때로는 격려로 때로는 위로로 사기를 북돋워 주셨다. 매일없이 만나서 고락을 함께했던 동료들은 연구자로서의 외롭고 힘든 길을 지금까지 함께 걸어가고 있다. 언어 연구가 흥미롭고 보람 있는 일이라는 것을 새삼 확인한 것도, 비록 그에 걸맞은 연구를 해 오지는 못했지만, 언어 연구가 얼마나 철저해야 하는지를 체득한 것도 그때의 일이다. 홍종선 선생님의 지도로 박사학위 논문인 『국어 형태 단위의 의미와 단어 형성』을 쓴 것도 그때이고, 10년 가까이 머릿속에 맴돌던 주제의 논문인 「조사의 작용역과 조사 중첩」을 마무리한 것도 그곳에서이다. 지금 이 책을 쓰는 것 또한 그때의 경험에서 비롯한 것임은 물론이다.

　최근 언어 연구의 새로운 흐름은 언어 자원으로서의 코퍼스, 도구로서의 컴퓨터, 방법론으로서의 전산학이 주도해 왔다. 코퍼스 언어학은 이러한 새로운 흐름을 언어 자원으로서의 코퍼스에 주목하여 일컫는 것이다. 그리고 이 흐름을 전산학의 방법론에 초점을 두어 이름한 것이 전산 언어학이다. 이 책의 제2부에서는 명사의 분포와 기능, 의존 명사의 의존성과 조사 결합, 조사의 중첩을 중심으로 코퍼스 언어학을 배경으로 한 한국어 연구에 대해 살펴본다. 제3부에서는 한국어 형태소 분석에서 제기되는 주요 문제들을 중심으로 전산 언어학을 배경으로 한 한국어 자연언어 처리에 대해 살펴본다.

　부록은 파이선을 배우고 이 책에서 활용한 프로그램들을 직접 작성해 볼 수 있도록 하기 위한 것이다. 언어 연구에서 코퍼스를 효율적으로 이용하고 컴퓨터로 자연언어를 처리하기 위해서는 프로그래밍(알고리즘 작성 및 코딩)이 필수적이다. 얼마 전까지만 해도 인문학도들에게 프로그래밍은 만만한 것이 아니었다. 무엇보다도 프로그래밍 언어를 배우는 것이 매우 어려웠기 때문이다. 그러나 지금은 파이선과 같이 누구나 쉽게 배워서 쓸 수 있는 프로그래밍 언어가 있다. 파이선 코딩의 기초는 [부록1]을 차례대로 따라 해 보면서 파이선의 문법을 이해하고 익히는 것만으로도 충분하다. 언어 처리를 위한 알고리즘의 이해와 작성에 대해서는 [부록2]를 참조할 수 있다.

2023년 3월 8일
황화상

차례

제3부 한국어 자연언어 처리

부록

제1부 언어와 컴퓨터

1. 기호로서의 언어, 그리고 정보

21세기 우리 사회를 흔히 정보 사회(情報社會, information society)라고 한다. 정보 사회는 정보가 주요 자원이 되고 정보의 가공과 처리에 의한 가치의 생산을 중심으로 유지되고 발전되는 사회를 말한다.[1] 정보 사회가 도래하면서 특별히 주목을 받았지만 정보는 수렵 채취 사회, 농경 사회, 산업 사회를 거쳐 지금의 정보 사회에 이르기까지 우리 사회가 끊임없이 발전해 오는 데 중요한 역할을 해 왔다. 사회의 변화는 정보의 축적에 힘입는 바가 크기 때문이다. 이런 점에서 인류 발전의 역사는 정보의 생산과 축적의 역사라고도 할 만하다. 언어 또한 인류 발전의 역사에서 빼놓을 수 없다. 언어는 정보를 생산하고 저장하고 전달하는 무엇보다도 효율적인 수단이기 때문이다.

1.1. 언어의 기호적 특성

언어는 기호(記號, sign)이다. 언어는 형식(기표記標, 시니피앙signifiant)으로서의 문자와 음성에 내용(기의記意, 시니피에signifié)으로서의 의미를 담는, 형식과 내용의 대응 체계로서의 기호이다. 예를 들어 [namu]라는 소리를 말하고 듣고 '나무'라는 문자를 쓰고 읽음으로써 우리는 〈木(TREE)〉이라는 의미를 표현하고 이해한다.[2]

---

[1] 최근 우리는 제4차 산업혁명의 시대, 인공지능의 시대를 이야기한다. 지금 인류는 사물 인터넷(IoT), 클라우드(Cloud) 등의 정보통신 기술(ICT)을 기반으로 인간과 사물이 상호 연결되는 사회, 그리고 인공지능(AI, artificial intelligence), 빅 데이터(big data)를 기반으로 보다 지능화된 사회를 지향하고 있다.
[2] 말소리는 대괄호([]) 안에, 문자는 작은따옴표('') 안에, 의미는 홑화살괄호(〈〉) 안에 써서 각각 구별한다. 다만 특별히 구별할 필요가 없을 때에는 모두 작은따옴표 안에 쓴다.

시니피앙(signifiant, 기표)과 시니피에(signifié, 기의)는 스위스의 언어학자 페르디낭 드 소쉬르 (Saussure, Ferdinand de)의 용어로서 각각 '의미하는 것'과 '의미되는 것'을 말한다. Saussure(1916) 는 언어 기호를 기의인 개념(concept)과 기표인 청각 영상(acoustic image)의 결합체로 보았다. 그런데 Saussure(1916)에서 청각 영상은 말소리(음성) 그 자체가 아니라 말소리의 마음속 표상(表 象, image)이다. 우리가 입술과 혀를 움직이지 않고 혼잣말을 하거나, 시의 한 구절을 머릿속에서 읊어 보거나, 소리를 내지 않고 책을 읽을 수 있는 것은 말소리가 우리의 마음속에 표상되어 있기 때문이다.

기호로서의 언어는 기표인 음성과 문자, 그리고 기의인 의미 사이의 관계에 기반한 여러 가지 특성을 갖는다. 이 가운데에서 자의성, 선조성과 계층성, 동의성, 중의성에 대해 차례대로 살펴본다.

먼저 언어의 자의성에 대해 살펴보자. 대부분의 다른 기호들과 마찬가지로 언어도 기표 와 기의 사이의 관계가 필연적이지 않다. 예를 들어 [namu]라는 말소리에 〈木〉이라는 의미를 담아야 할 필연적인 이유는 없다. 언어의 이러한 특성을 자의성(恣意性, arbitrariness)이라고 한다. (1)과 같이 이 세상에 서로 다른 언어들이 존재하고 또 한 언어 안에서도 서로 다른 방언이 존재하는 것은 이처럼 언어의 기표와 기의 사이의 관계가 자의적이기 때문이다.

(1) 언어의 자의성
    가. 〈木〉의 언어적 차이
        나무(한국어), 樹(shù, 중국어), tree(영어), شجرة(shajara, 아랍어), arbre(프랑스어), baum(독일어), árbol(스페인어), дерево(derevo, 러시아어), …
    나. 〈부추〉의 방언적 차이
        부추(표준어), 분초(강원, 경북, 충북), 정구지(경상, 전북, 충청), 솔(경상, 전남), 소불 (전남), 쪼리(충북), 세우리(제주), 염지(함경), … (『우리말샘』 참조)

언어가 자의적이라는 또 다른 증거는 언어가 끊임없이 변한다는 사실이다. 잘 알고 있듯이 〈千(THOUSAND)〉을 뜻하는 옛말은 '즈믄'이다. 만일 '즈믄'과 〈千〉의 관계가 필연적인 것이라면 〈千〉은 남고 '즈믄'은 사라지고 '천(千)'이 그 자리를 대신하는 일은 결코 일어나지 않았을 것이다. '노릇'도 마찬가지이다. '노릇'은 〈놀이〉, 〈장난〉을 뜻하는 옛말 '노릇'에서 발달한 것인데 지금은 〈맡은 바의 구실〉, 〈일의 됨됨이나 형편〉을 뜻한다. 시간이 흐르면서 '노릇'의 뜻이 달라진 것도 기표인 형태와 기의인 의미 사이의 관계가 필연적이지 않기 때문에 가능한 일이다. 이처럼 기표와 기의의 관계는 자의적이므로 그 둘 사이의 관계는 언제든지 달라질 수 있다.[3]

의성어와 의태어, 그리고 상형 문자

의성어(擬聲語, onomatopoeia)와 의태어(擬態語, mimetic word)는 각각 사물의 소리와 모양을 흉내 낸 말이므로 이들은 기표와 기의 사이의 관계가 자의적이 아니라고 생각할 수도 있다. 그러나 의성어와 의태어도 언어마다 흉내 내는 방식이 서로 다르다는 점에서 근본적으로 자의적 속성을 갖는다. 예를 들어 개가 짖는 소리는 '멍멍(한국어), 바우와우(bow-wow, 영어), 가브가브(gav-gav, 러시아어)' 등 언어에 따라 서로 다르게 표현된다.

문자도 마찬가지이다. 문자 가운데에도 수메르(Sumer) 문자, 이집트(Egypt) 문자, 히타이트 (Hittite) 문자, 상형 한자(漢字) 등 사물의 모양을 본떠서 만든 이른바 상형 문자(象形文字, hieroglyph)들이 있다. 그러나 문자에 따라 사물을 본뜨는 방식, 곧 상형의 방식이 다르다. 그리고 상형 문자 가운데에도 시간이 지나면서 바뀌는 것들도 있다. 예를 들어 왼쪽 그림에서 〈사람〉, 〈소〉, 〈해〉를 나타내는 한자들은 지금의 한자 '人, 牛, 日'과 비슷하기는 하지만 똑같지는 않다. 이런 점에서 상형 문자들과 이들이 나타내는 뜻(그리고 이들이 지시하는 대상) 사이의 관계 또한 본질적으로 자의적이다.

	수메르 문자	이집트 문자	히타이트 문자	고대 한자
사람				
소				
해				

출처: 표준국어대사전

---

3 기표와 기의 사이의 관계는 언어 공동체를 구성하는 사람들 사이의 사회적 약속이다. 언어의 이러한 특성을 사회성(社會性, sociality)이라고 한다. 이런 점에서 기표와 기의 사이의 관계가 변화한다는 것은 사회적 약속이 변화한 것이라고 할 수 있다.

다음으로 언어의 선조성과 계층성에 대해 살펴보자. 언어 기호의 한 측면인 기표 그 자체는 시공간에 선(線)적으로 배열되는 속성을 갖는다. 곧 말소리는 시간의 선 위에 차례대로 배열되며, 문자는 공간의 선 위에 차례대로 배열된다. 언어의 이러한 특성을 선조성(線條性, linearity)이라고 한다.

(2) 언어의 선조성
　가. [ㅊㅓㄹㅆㅜㅂㅏㅇㅔㅣㄷㄸㅏ]
　　　철수방에있다
　나. [ㅈㅏㄱㅡㄴㅋㅗㄲㅣㄹㅣㅓㅋㅗ]
　　　작은코끼리의코

한편 언어 기호가 일정한 의미를 갖는 것은 말소리와 말소리, 문자와 문자 사이에 그 문법적인 멀고 가까움에 따라 일정한 문법적 관계가 성립하기 때문이다. (2가)와 (2나)가 각각 (3)과 같이 서로 다른 뜻을 가질 수 있는 것은 이런 까닭에서이다. 이는 언어가 계층 구조를 갖는다는 것을, 곧 둘 이상의 언어 단위가 결합하여 새로운 언어 단위를 형성할 때 이들이 계층 관계에 따라 단계적으로 결합한다는 것을 보여준다. 언어의 이러한 특성을 계층성(階層性, hierarchic property)이라고 한다.

(3) 언어의 계층성
　가. '철수방에있다'

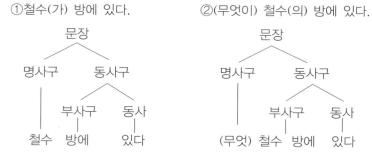

① 철수(가) 방에 있다.　　　②(무엇이) 철수(의) 방에 있다.

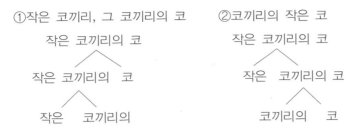

나. '작은코끼리의코'

①작은 코끼리, 그 코끼리의 코　②코끼리의 작은 코

작은 코끼리의 코　　　　　　작은 코끼리의 코

작은 코끼리의　코　　　　작은　코끼리의 코

작은　코끼리의　　　　　　코끼리의　코

구와 문장을 예로 들었지만 이는 모든 언어 단위들이 갖는 언어의 일반적인 특성이다. 예를 들어 별자리를 뜻하는 합성어 '큰곰자리'와 여러해살이풀을 뜻하는 합성어 '큰괭이밥'은 구성 성분들의 배열 형식은 '[큰'+명사+명사]로서 다름이 없지만 이들 사이의 문법적 관계가 달라서 각각 '[[큰+곰]+자리]'와 '[큰+[괭이+밥]]'의 서로 다른 계층 구조를 갖는다.

다음으로 언어의 동의성에 대해 살펴보자. 인공언어(人工言語, artificial language)에서와는4 달리 자연언어(自然言語, natural language)에서는 기의와 기표가 일대일로 대응하지 않는 일이 흔히 있다. 이 가운데에서 서로 다른 둘 이상의 기표가 하나의 기의에 대응하는 특성을 동의성(同義性, synonymy)이라고 한다. 예를 들어 (4)에서처럼 한국어에서 〈FATHER'S ELDER BROTHER(아버지의 형 가운데 맏이)〉라는 뜻에는 '큰아버지', '백부', '맏아버지' 등 3개의 어휘(단어)가 대응하며, 〈CLSOSE THE WINDOW〉라는 뜻은 '문 좀 닫아라.', '문 좀 닫을래?', '좀 춥지 않니?' 등 발화 상황에 따라 서로 다른 문장으로 표현할 수 있다.

---

4 인공언어는 국제어로 고안된 에스페란토(Esperanto), 프로그래밍 언어인 파이선(Python), 베이식(BASIC), 파스칼(PASCAL) 등 특정 목적을 위해 사람이 만든 언어들을 한국어, 영어, 불어 등 우리가 일상생활에서 쓰는 자연언어와 구별하여 지칭하는 것이다.

(4) 언어의 동의성

　　가. 어휘 차원의 동의성

　　　　〈FATHER'S ELDER BROTHER〉

　　　　큰아버지　　백부　　맏아버지

　　나. 문장 차원의 동의성

　　　　〈CLSOSE THE WINDOW〉

　　　　문 좀 닫아라.　문 좀 닫을래?　좀 춥지 않니?

　끝으로 언어의 중의성에 대해 살펴보자. 자연언어에서는 하나의 기표가 서로 다른 둘 이상의 기의에 대응하는 일도 흔히 있다. 자연언어에 나타나는 이러한 특성을 중의성(重義性, ambiguity)이라고 한다. 중의성은 어휘 차원에서, 어절 차원에서, 구 차원에서, 문장 차원에서 두루 나타난다. 예를 들어 명사 '배'는 〈腹〉, 〈梨〉, 〈船〉, 〈倍〉 등 서로 다른 뜻을 가지며, 어절 '가는'은 '가-, 갈-, 가늘-' 등 서로 다른 동사 어간에 어미가 결합한 어절일 수 있다. 그리고 명사구 '작은 코끼리의 코'에서 관형사절 '작은'은 '코끼리'를 수식할 수도 있고 '코'를 수식할 수도 있으며, 문장 '철수는 있는 힘을 다해 도망가는 범인을 쫓아갔다.'에서 부사절 '있는 힘을 다해'는 '(철수가) 쫓아가다'를 수식할 수도 있고 '(범인이) 도망가다'를 수식할 수도 있다.

(5) 언어의 중의성

　　가. 어휘적 중의성

　　　　〈腹〉　〈梨〉　〈船〉　〈倍〉

　　　　　　　　배

　　나. 어절의 형태론적 중의성

　　　　(학교에) 〈가+는〉　　(밭을) 〈갈+는〉　　(허리가) 〈가늘+은〉

　　　　　　　　　　가는

다. 구의 구조적 중의성

〈코키리의 작은 코〉　　　〈작은 코끼리, 그 코끼리의 코〉

작은 코끼리의 코

라. 문장의 구조적 중의성

〈(철수가) 있는 힘을 다해 쫓아가다〉〈(범인이) 있는 힘을 다해 도망가다〉

철수는 있는 힘을 다해 도망가는 범인을 쫓아갔다.

　중의성은 모든 자연언어에서 보편적으로 나타나는 현상이다. 특히 언어 유형론적으로 교착어(膠着語, agglutinative language)에 속하는 한국어의 경우 어절 가운데 형태론적으로 중의적인 것들이 많다.

1.2. 언어와 정보

　인류는 끊임없이 지식과 정보를 생산하고 축적해 왔다. 우리는 선대로부터 물려받은 지식과 정보를 토대로 새로운 지식과 정보를 창출함으로써 우리의 삶을 개선해 왔다. 이제 우리의 지식은 우리를 둘러싸고 있는 세계를 이해하는 데 그치지 않고 그것을 지배하는 데까지 이르게 되었다. 신의 소관이라고 믿어 왔던 생명의 영역에까지 우리 인간의 손길이 미치고 있는 것이 요즘 우리의 현실이다.

　인류가 끊임없이 지식과 정보를 생산하고 다음 세대로 전달하는 과정을 되풀이하면서 이를 축적해 올 수 있었던 것은 무엇보다도 인간이 언어를 사용할 수 있는 위대한 능력을 가졌기 때문에 가능한 일이었다. 때로는 사진이나 그림 한 장이 책 몇 권 분량의 글보다 더 생생한 정보를 전달하고 우리를 감동시키기도 한다. 그러나 정보를 생산하고 축적하고 전달하는 데 있어서 언어만큼 쉽고 효율적이며 보편적인 도구는 없다. 언어 능력은 그림을 그리거나 노래를 부르거나 공을 차는 따위의 능력과는 본질적으로 다르다. 언어 능력은 선천적인, 인간이라면 누구나 갖는 보편적인 것이며, 우리는 개인적 차이 없이 누구나 손쉽게 언어를 배워서 사용할 수 있다. 우리 모두가 정보를 생산하고 축적하고 전달하는 주체가 될 수 있는 것은 바로 이런 까닭에서이다.

본능으로서의 언어

언어는 우리가 시간을 말하는 법을 배우거나 연방 정부가 어떻게 작동하는지를 배우는 것과 같은 방식으로 습득하는 문화적 가공품(cultural artifact)이 아니다. 언어는 생물학적으로 우리 뇌를 구성하는 명백한 한 부분(a distinct piece of the biological makeup of our brain)이다. 언어라고 하는 복잡하고 특별한 기술(complex, specialized skill)은 의식적인 노력이나 정식적인 교육 없이 어린 시절에 자연스럽게 발달하며, 그 기본 논리(its underlying logic)에 대한 인식 없이 사용되며, 모든 개인들에게 질적으로 동등하다. 이런 점에서 언어는 정보를 처리하거나 지적으로 행동하는 데 필요한 더 일반적인 능력들과 다르다. 그래서 어떤 인지 과학자들은 언어를 심리적 능력(psychological faculty)으로, 정신 기관(mental organ)으로, 신경계(neural system)로, 컴퓨터 모듈(computational module)로 설명했다. 그러나 나는 아주 색다른 용어인 "본능(instinct)"으로 (언어를) 설명한다. 이는 사람들이 말하는 법을 아는 것은 거미가 거미줄 치는 법을 아는 것과 다름이 없다는 것을 뜻한다. 거미줄 치기는 이름 없는 어떤 천재 거미가 발명한 것도 아니며, 적절한 교육을 받았는지 혹은 건축이나 건설이 적성에 맞는지 하는 데 의존하는 것도 아니다.

-『The Language Instinct』(Pinker 1994: 18) 중에서-

인간의 역사, 그리고 정보의 역사에서 빼놓을 수 없는 획기적인 사건은 문자와 (금속)활자의 발명이다. 먼저 문자는 정보를 저장할 수 있는 그 어떤 다른 것보다도 효율적인 도구이다. 문자를 갖게 됨으로써 인간은 효율적이고 안정적으로 정보를 축적하고 이를 다음 세대로 전달할 수 있게 되었다. 인간이 기억의 고통에서 벗어나면서 새로운 지식과 정보의 창출에 집중할 수 있게 되었다는 점에서도 문자의 발명은 인간의 역사에서, 그리고 정보의 역사에서 획기적인 것이었다.

정보 저장 수단으로서의 문자

모든 문자는 정보 저장(information storage)이다. 물론 문자가 정보를 저장하는 유일한 형식은 아니다. 오래 전에는, 그리고 많은 경우에 문자와 함께 인간의 기억이 똑같은 역할을 해 왔다. … 정보를 저장하는 이 두 가지 형식 사이에는 정보의 전달 및 보급과 관련한 근본적인 차이가 있다. 구두(口頭) 전달(oral transmission)은 사람들 사이의 개인적인, 그리고 때에 따라서는 장시간의 접촉을 필요로 한다. 그들은 같은 시간, 같은 장소에 함께 있어야 한다. … 그러나 문자의 경우 정보는 독립된 객체(independent object)에 기계적으로 저장되며, (그 객체가 책과 같이 옮길 수 있는 것이라면) 어느 때든 어느 곳에서든 그것을 해독할 수 있는 모든 사람들이 찾아보고 이용할 수 있다. …

문자에는 또 다른 장점이 있다. 인간이 기억하여 간직할 수 있는 정보의 양에는 한계가 있다. 그러나 문자로 저장할 수 있는 정보의 양은, 적어도 이론적으로는, 한계가 없다. 더욱이 어떤 특정한 정보를 완전히 (그리고 아마도 영구적으로) 동화해야 하는 부담에서 해방됨으로써 우리는 이 정보를 새로운 사색(new speculations)의 토대로 이용할 수 있다. 그리하여 한 세대는 이전 세대의 지식을 획득할 뿐만 아니라 이를 이용하여 새로운 것을 발견하고 새로운 결론을 도출하여 끊임없이 늘어나는 데이터 뭉치(ever-increasing corpus of available data)에 이를 덧보탤 수 있다.

-『A History of Writing』(Gaur 1984: 14) 중에서 -

다음으로 지식과 정보를 널리 보급할 수 있게 되었다는 점에서, 곧 지식과 정보의 대중화를 가능하게 했다는 점에서 활자(活字, type)의 발명 또한 인류의 역사에서, 정보의 역사에서 빼놓을 수 없는 획기적인 사건이었다. 학문과 과학 기술의 비약적 발전은 지식과 정보의 대중화에 힘입은 바가 크기 때문이다. 1999년 말 새로운 밀레니엄(millennium) 시대를 맞이하면서 시사 주간지 〈타임〉(31일자 송년호)에서 지난 천 년을 빛낸 인물을 세기별로 선정하여 발표한 일이 있는데 15세기의 인물로 요하네스 구텐베르크(Getenberg, Johannes)가[5] 선정되었다.[6] 활자의 발명이 갖는 역사적 의의가 얼마나 큰 것인지를 잘 보여주는 사례다.

---

[5] 독일의 활판 인쇄 발명자. 주형(鑄型, mould)으로 활자를 만들고 인쇄기를 발명했다. 1455년경에 금속활자로『구텐베르크 성서(Gutenberg Bible)』를 인쇄했다.

[6] 10인의 인물로는 정복자 윌리엄(11세기, 영국), 이슬람 아유브왕조의 창시자 살라딘(12세기, 쿠르드), 몽골제국의 창시자 칭기즈칸(13세기, 몽골), 화가 지오티 디 본도네(14세기, 이탈리아), 엘리자베스 1세(16세기, 영국 여왕), 아이작 뉴턴(17세기, 영국), 토머스 제퍼슨(18세기, 미국 3대 대통령), 토머스 에디슨(19세기, 미국), 아인슈타인(20세기, 미국) 등이 뽑혔다. (〈지난 1000년 '세기의 인물'은 누구?〉, 동아일보, 1999.12.20.)

직지심체요절: 세계 최초의 금속활자본

『직지심체요절(直指心體要節)』은 고려 공민왕 21년(1372)에 백운 화상(白雲和尙)이 석가모니의 직지인심견성성불(直指人心見性成佛, '가르침에 기대지 않고 좌선에 의하여 사람의 마음을 직관함으로써 부처의 깨달음에 도달함')의 뜻을 그 중요한 대목만 뽑아서 해설한 책으로 우왕 3년(1377)에 청주목(淸州牧) 흥덕사(興德寺)에서 금속활자로 인쇄되었다. 1972년에 유네스코(UNESCO)가 주최한 '세계 도서의 해'에 출품되어 세계 최초의 금속활자본으로 공인되었다. 상권과 하권이 있으나 현재 하권만 프랑스 국립도서관에 소장되어 있다. 2001년에 유네스코 세계 기록 유산으로 지정되었다.

2. 도구로서의 컴퓨터

정보 사회를 이야기할 때 빼놓을 수 없는 것 가운데 하나는 컴퓨터이다. 언어의 사용, 문자와 활자의 발명 등에 힘입어 정보 사회로의 변화를 위한 토대가 마련되었다고 하더라도 컴퓨터가 발명되지 않았더라면 정보 사회의 도래와 그 비약적인 발전은 기대하기 어려웠을지도 모른다. 언어 연구도 컴퓨터를 이용하게 되면서 형식적으로나 내용적으로나 많은 변화를 겪었다. 컴퓨터는 대규모의 언어 자원으로부터 자료를 수집하고 분석하는 도구로서, 나아가서 자연언어를 처리하는 도구로서 언어 연구의 새로운 흐름을 이끌어 왔다.

코퍼스 언어학과 전산 언어학

최근 언어 연구의 새로운 흐름은 언어 자원으로서의 코퍼스, 도구로서의 컴퓨터, 방법론으로서의 전산학이 주도해 왔다. 코퍼스 언어학(corpus linguistics)은 이러한 새로운 흐름을 언어 자원으로서의 코퍼스에 주목하여 일컫는 것이다. 그리고 이 흐름을 전산학의 방법론에 초점을 두어 이름한 것이 전산 언어학(電算言語學, computational linguistics)이다.[1] 이런 점에서 코퍼스 언어학과 전산 언어학은 '코퍼스를 자원으로 컴퓨터를 이용한 전산학적 방법론에 기반하여 언어를 연구하는 학문'으로서의 공통점이 있다. 다만 코퍼스 언어학은 궁극적으로 언어에 내재한 질서(규칙, 문법)의 기술이라는 언어학의 전통적인 목표를 지향하고 전산 언어학은 궁극적으로 언어 연구의 응용으로서의 자연언어 처리를 지향하는 차이가 있다.

언어학의 오랜 전통과 비교해서 부분적으로 다른 점들은 있지만 코퍼스 언어학이나 전산 언어학이나 모두 언어학의 범주에 속하는 것은 물론이다. 특히 전산 언어학의 경우에도 연구의 구체적인 대상은 결국 자연언어 처리에서 나타나는 언어학적 문제들이라는 점에서 언어학의 테두리를 벗어나지 않는다. 한 가지 덧붙일 것은 코퍼스 언어학과 전산 언어학은 언어학의 한 분야라기보다는[2] 특정한 도구(컴퓨터)와 방법론(전산학)과 언어 자원(코퍼스)을 언어 연구에 이용하는 언어학의 한 흐름이라는 것이다.

---

1 이를 도구로서의 컴퓨터에 주목하여 '컴퓨터 언어학'이라고도 한다.
2 언어학은 어떤 언어 단위를 대상으로 하는지에 따라 음운론, 형태론(그리고 어휘론), 통사론 등의 하위 분야로 나뉜다.

2.1. 언어 자료의 수집과 분석

언어 연구는 언어 자료를 수집하는 데에서 시작한다. 예를 들어 한국어 형태론을 기술하기 위해서는 먼저 한국어 형태소들을 모아야 하며, 한국어 품사론을 기술하기 위해서는 먼저 한국어 어휘들을 모아야 한다. 그리고 한국어 통사론을 기술하는 데에는 적어도 한국어 문장의 구조와 통사 범주들을 유형적으로 포괄하는 만큼의 한국어 문장을 모으는 일이 우선이다. 언어학의 오랜 역사에서 언어 자료의 수집은 연구자들이 스스로의 힘으로 감당해 왔다. 그러나 지금 우리 곁에는 우리를 대신할, 컴퓨터라는 훌륭한 보조원이 있다.

언어 연구에 컴퓨터를 이용함으로써 우리는 아주 쉽고 빠르게 언어 자료를 수집하고, 또 이를 다양한 형식으로 가공할 수도 있다. (1)은 '21세기 세종계획'에서 구축한 1000만 어절 규모의 〈세종 형태 분석 말뭉치〉에서 추출한 일반 명사 가운데 빈도 상위 50개의 목록이다.

(1) 일반 명사 빈도 상위 50개 목록[3]

명사	빈도	명사	빈도	명사	빈도	명사	빈도	명사	빈도
말	58,085	집	15,250	필요	10,984	손	9,393	시대	8,680
사람	50,186	앞	12,817	정도	10,829	의미	9,380	운동	8,607
때	38,221	아이	12,630	이상	10,774	이야기	9,195	관계	8,570
일	31,602	시작	12,388	전	10,429	다음	9,113	얼굴	8,541
생각	28,235	세계	12,217	문화	10,309	어머니	9,037	안	8,504
사회	21,154	눈	12,168	뒤	9,926	경제	9,035	여성	8,382
문제	17,558	시간	12,116	곳	9,860	후	8,939	날	8,229
속	17,475	소리	11,966	여자	9,817	마음	8,925	길	8,216
경우	16,053	인간	11,948	정부	9,560	나라	8,772	교육	8,097
자신	15,490	사실	11,410	위	9,543	점	8,687	문학	8,085

그리고 의미론은 문법 단위들(언어 단위 가운데 의미를 갖는 형태소, 단어, 문장 등)을 대상으로 그 내용으로서의 의미를 연구하는 언어학의 하위 분야이다.

3 이는 파이선(Python)으로 작성한 프로그램으로 추출한 것이다. 이를 추출하는 프로그램의 작성에 대해서는 [부록2]의 4를 참조할 수 있다. 참고로 파이선은 네덜란드 출신의 프로그래머 귀도 반 로섬(Guido van Rossum)이 개발한 프로그래밍 언어로서 1991년에 공개된 이후 초보자부터 전문가에 이르기까지 폭넓은 사용자층에서 가장 널리 사용하는 프로그래밍 언어로 알려져 있다. 파이선은 문법이 쉽고 간결하며 전 세계의 사용자들이 만든 다양한 라이브러리(패키지)를 아무런 제약 없이 사용할 수 있는 장점이 있다.

컴퓨터가 우리를 대신하는 것은 단순히 언어 자료를 수집하는 데 그치지 않는다. 우리는 컴퓨터를 이용하여 다양한 통계 데이터를 획득하고 이를 기반으로 하여 언어 현상을 보다 정밀하게 관찰할 수 있다. 물론 적어도 지금의 컴퓨터는 인간이 본질적으로 할 수 없는 일을 대신해 주지는 못한다. 그러나 (2)와 같이 어휘들의 사용 양상을 계량화하여 그 역사를 서로 비교하는 것과 같은 일을 컴퓨터의 도움 없이 인간의 힘만으로 하는 데에는 현실적인 한계가 있다.

(2) '손목시계'와 '팔목시계'의 사용 빈도 변화(상대 빈도)[4]

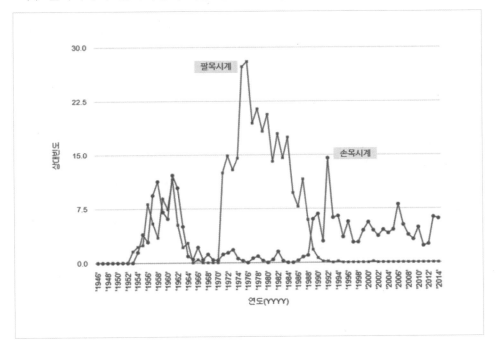

---

4 이는 고려대학교 민족문화연구원에서 구축한 70년치(1946년~2014년) 동아일보 기사 코퍼스에서 조사한 것으로서 빈도는 백만 단어당 출현 빈도로 상대화한 것이다. 이에 따르면 1960년대까지는 두 단어가 우열을 가리기 힘들 정도로 대등하게 사용되었고, 1970년대를 기점으로 '팔목시계'가 압도적으로 많이 사용되다가 1988년 이후 '팔목시계'는 쓰임이 급격히 줄어들고 '손목시계'가 그 자리를 대신한다.(최경봉 외 4인 2020: 239 참조)

최근에는 컴퓨터 스스로 학습하는 이른바 기계 학습(機械學習, machine learning)의 방법론이 도입되면서 컴퓨터를 이용한 언어 연구에 획기적인 변화를 가져왔다. (3)은 단어 임베딩(word embedding, 단어를 숫자들의 배열인 벡터로 표상하는 것) 모델로 널리 쓰이는 것 가운데 하나인 Word2Vec으로[5] 910만 어절 규모의 〈세종 의미 분석 말뭉치〉를 학습하게 한 다음 부사 '자주', '매우'와 (분포가) 유사한 단어를 각각 10개씩 뽑은 것이다. 이처럼 컴퓨터를 이용함으로써 우리는 어휘 의미론의 핵심 주제인 어휘 의미 관계를 수치화하여 보다 세밀하게 분석할 수 있다.

(3) '자주'와 '매우'의 유사어 상위 10개 목록[6]

'자주'			'매우'		
순위	유사어	유사도	순위	유사어	유사도
1	종종04	0.7672	1	대단히	0.9377
2	곧잘	0.7396	2	상당히	0.8599
3	가끔	0.7317	3	아주	0.8167
4	많이	0.7134	4	너무나	0.7912
5	심심찮(게)	0.6879	5	지극히	0.7815
6	빈번히	0.6716	6	무척	0.7754
7	쉬이	0.6472	7	극히	0.7651
8	간혹	0.6402	8	퍽02	0.7636
9	흔히	0.6194	9	가장01	0.7590
10	더러	0.6193	10	너무	0.7445

언어 연구에 컴퓨터를 이용할 때 유의해야 할 것은 컴퓨터는 어디까지나 연구를 보조하는 도구일 뿐이라는 점이다. 컴퓨터가 빠르게 계산하여 우리에게 제공하는 것은 연구를 위한 기초 자료이지 연구 자체 혹은 연구 결과가 아니다. 언어 자료를 분석하고 언어 현상을 해석하고 문법을 기술하는 것은 어느 경우에나 연구자의 몫이다. 예를 들어 (2)에

---

5 Word2Vec, 그리고 이를 이용한 유사도 분석에 대해서는 4장의 1절에서 살펴본다.
6 이와 관련한 프로그래밍에 대해서는 [부록2]의 9를 참조할 수 있다.

서 드러나는 어휘 사용 양상의 급격한 변화를 언어 정책의 측면에서 해석하고 설명하는 것은[7] 연구자가 해야 할 일이다. (3)에서 분포의 유사성을 각각 빈도를 나타내고 정도를 나타내는 어휘들로서의 의미적 유사성으로 포착하는 것도 컴퓨터가 우리를 대신하여 할 수 있는 일은 아니다.

언어 연구에 컴퓨터를 이용할 때 유의해야 할 또 다른 하나는 정확성의 문제이다. 물론 컴퓨터는 아무리 복잡한 일이라도 정확하게 처리한다. 그러나 컴퓨터가 산출하는 결과 자체는, 예를 들어 (1)에서 컴퓨터가 계산한 명사의 빈도, 그리고 이에 따른 순위는 정확하지 않을 수도 있다. 컴퓨터는 정확하지만 이를 이용하는 우리는 정확하지 않을 수 있기 때문이다. 곧 우리가 구축한 코퍼스에 오류가 있을 수도 있고 우리가 만든 코퍼스 분석 프로그램에 오류가 있을 수도 있다. 그래서 컴퓨터를 이용할 때에는 늘 우리의 정확성을 점검해야 한다.

컴퓨터의 빠르고 정확한 계산력

컴퓨터는 일을 빠르고 정확하게 처리한다. 인간 세계에도 '순간(瞬間, 눈 깜짝할 사이), 찰나(刹那, 75분의 1초)'처럼 아주 짧은 시간을 나타내는 표현이 없는 것은 아니지만 컴퓨터는 마이크로초(micro秒, 100만 분의 1초), 나노초(nano秒, 10억 분의 1초), 피코초(pico秒, 1조 분의 1초), 펨토초(femto秒, 1000조 분의 1초), 아토초(atto秒, 100경 분의 1초) 단위로 일을 처리한다. 2002년 12월 20일자 사이언스에 '2002년 10대 하이라이트'가 발표되었는데 그 가운데 하나로 물리학 분야에서 선정된 것은 원자 주위를 초고속으로 회전하는 전자의 움직임을 촬영할 수 있는 '아토초 레이저 연구'이다. 한편 영국의 수학자 샹크스(William Shanks, 1812~1882)는 15년에 걸쳐 인간 가운데 소수점 아래로 가장 긴 707번째 자리까지 원주율(π) 값을 계산했다. 이는 위대한 수학적 업적인 것은 분명하지만 수치로만 보면 2021년 스위스 그라우뷘덴 대학의 연구팀이 슈퍼컴퓨터를 이용하여 108일 동안 62조 8천억 자리까지 원주율 값을 계산한 것에 비할 바는 아니다. 참고로 샹크스는 일생을 바쳐 원주율 값을 계산했지만 그가 계산했던 원주율 값의 528번째 자리에 착오가 있었다는 사실이 나중에 밝혀졌다.

---

7 최경봉 외 4인(2020: 239)에 따르면 1980년대 후반 '팔목시계'의 쓰임이 급격히 줄어든 것은 1988년 표준어 규정이 바뀌면서 '팔목시계'가 표준어로서의 지위를 잃고 '손목시계'의 비표준어가 된 결과이다.

2.2. 자연언어 처리

컴퓨터라는 훌륭한 도구가 발명되고 이를 활용할 수 있는 기술이 비약적으로 발전하면서 인간을 닮은 기계에 대한 인류의 오랜 꿈이 조금씩 현실화되고 있다. 인간의 지적(知的) 활동 가운데에서도 매우 높은 수준의 것으로 자부해 오던 바둑에서 세계 일류 기사가 컴퓨터(프로그램)를 당해 내지 못하는 것이 요즘의 현실이다.[8]

> **인류의 꿈의 역사, 그리고 인공지능**
>
> 인간을 닮은 기계에 대한 인류의 꿈은 오랜 역사를 가지고 있다. 그리스 신화의 '탈로스(Talos)'에서부터 소설 〈프랑켄슈타인〉(Frankenstein, 1818)의 괴물 인간, 영화 〈2001: 스페이스 오디세이〉(2001: A Space Odyssey, 1968)의 '할(HAL) 9000', 〈A.I.〉(2001)의 '데이비드(David)', 〈Her〉(2013)의 '사만다(Samantha)'에 이르기까지 꿈의 역사를 거치면서 이제 인류는 '스스로 생각하는, 감정이 있는, 인간을 사랑하기도 하고 인간에게 사랑의 대상이 되기도 하는' 기계를 꿈꾸기에 이르렀다. 그리고 2016년 3월 인간 최고의 기사와 인공지능 프로그램 사이의 바둑 대결이라는 극적인 이벤트는, 비록 그것이 인간의 지적 활동 가운데 일부에 국한된 것이라고 하더라도, 사람들로 하여금 인공지능과의 공존을 더 이상 소설과 영화 속에서가 아닌 바로 지금 혹은 가까운 미래의 현실로 인식하게 만드는 하나의 계기가 되었다. 참고로 인간과 바둑 프로그램 사이의 대결이 모두 끝난 바로 그날 밤 4국을 승리한 이세돌 9단에게 보내는, 불굴의 의지와 창의적 수 싸움에 대한 찬사로 시작한 어느 일간지의 사설(〈이세돌 대 알파고 대국이 인류에 던진 질문〉, 경향신문, 2016.3.15.)은 지면의 대부분을 윤리 규범, 사회적 교육 시스템, 일자리, 인간 소외, 거대 자본의 독점 등 인공지능 시대의 사회적 문제들을 언급하는 데 할애했다.

인간에게 고유한 것으로 믿어 온 언어도 예외는 아니다. 지금 인류는 우리가 일상적으로 사용하는 언어로서의 자연언어를 분석하고 생성하는, 곧 인간처럼 자연언어를 처리하는 컴퓨터를 꿈꾸고 있다. 컴퓨터가 발명된 이래 우리는 다양한 목적으로 이를 이용해

---

8 2016년 당시 세계 최고 기사 가운데 한 명이었던 이세돌 9단은 그해 3월 9일부터 15일까지 5번기로 진행된 대국에서 구글 딥마인드에서 개발한 인공지능 바둑 프로그램 알파고에 4대 1로 패했다.

왔다. 그러나 컴퓨터를 이용하는 일은 만만한 일이 아니다. 무엇보다도 컴퓨터 앞에서는 자연언어를 통한 우리의 일상적인 의사소통 방식이 더 이상 유효하지 않다. 자연언어 처리는 바로 자연언어를 매개로 한, 우리의 일상적인 의사소통 방식이 인간과 컴퓨터 사이에서도 유효하도록 하는 데 궁극적인 목표가 있다.

(4) 자연언어 처리(自然言語處理, NLP, Natural Language Processing)
　　컴퓨터를 이용한 자연언어의 분석과 생성 등 자연언어를 대상으로 한 제반 처리
(5) 자연언어 처리의 목표

자연언어 처리는 1940년대에 시작되었다. 초기에는 컴퓨터의 탁월한 계산 능력을 이용하여 단어의 사용 빈도를 조사하거나 특정 단어를 포함하는 문장을 추출하는 등의 비교적 단순한 일을 처리하는 수준에 그쳤다. 그러나 한 세기도 지나지 않은 지금 우리 곁에는, 비록 인간처럼 언어를 이해한다고 말할 수 없을지는 모르지만, 인간처럼 언어를 처리하는 컴퓨터가 있다. (6)은 한국어 자연언어 처리 파이선 라이브러리 KoNLPy(코엔엘파이)의 형태소 분석 모듈 가운데 하나인 Komoran으로9 이 절의 첫 문장을 형태(소) 단위로 분석한 것이다.

(6) 한국어 형태소 분석(1)
　　[('컴퓨터', 'NNG'), ('이', 'VCP'), ('라는', 'ETM'), ('훌륭', 'XR'), ('하', 'XSA'), ('ㄴ', 'ETM'), ('도구', 'NNG'), ('가', 'JKS'), ('발명', 'NNG'), ('되', 'XSV'), ('고', 'EC'), ('이', 'NP'), ('를', 'JKO'), ('활용', 'NNG'), ('하', 'XSV'), ('ㄹ', 'ETM'), ('수', 'NNB'), ('있', 'VV'), ('는', 'ETM'), ('기술', 'NNG'), ('이', 'JKS'), ('비약', 'NNG'), ('적', 'XSN'), ('으로', 'JKB'), ('발전', 'NNG'),

---

9 KoNLPy에는 이 밖에 Kkma, Okt, Hannanum, Mecap 등 4개의 형태소 분석 모듈이 더 포함되어 있다. 파이선에서 이를 이용하는 방법은 [부록2]의 12에 제시한다.

('하', 'XSV'), ('면서', 'EC'), ('인간', 'NNG'), ('을', 'JKO'), ('닮', 'VV'), ('은', 'ETM'), ('기계', 'NNG'), ('에', 'JKB'), ('대하', 'VV'), ('ㄴ', 'ETM'), ('인류', 'NNG'), ('의', 'JKG'), ('오랜', 'MM'), ('꿈', 'NNG'), ('이', 'JKS'), ('조금', 'NNG'), ('씩', 'XSN'), ('현실화', 'NNG'), ('되', 'XSV'), ('고', 'EC'), ('있', 'VX'), ('다', 'EF'), ('.', 'SF')]

자연언어 처리 기술이 발전하면서 맞춤법 검사 및 교정, 문서 요약, 표절 검사, 번역 등 그동안 인간이 스스로 해 오던 많은 일들을 컴퓨터가 대신해 가고 있다. (7)은 다음 (Daum) 맞춤법 검사기를 이용하여 원문의 오류(사이시옷 표기, 철자, 띄어쓰기 오류 및 단순 타이핑 오류 등)를 교정한 결과이다.

(7) 맞춤법 검사 및 교정: 원문 → 교정문
　　가. 전세값이 너무 비싸서 전셋방을 못 얻었다.
　　　　→ 전셋값이 너무 비싸서 전세방을 못 얻었다.
　　나. 꽃을 꺽어서 휴계실에 있는 병에 꽂았다.
　　　　→ 꽃을 꺾어서 휴게실에 있는 병에 꽂았다.
　　다. 시간이 다 되서 먼저 일어났다.
　　　　→ 시간이 다 돼서 먼저 일어났다.
　　라. 사흘만에 비가 그쳤다.
　　　　→ 사흘 만에 비가 그쳤다.
　　마. 사흘 만 기다려 주세요.
　　　　→ 사흘만 기다려 주세요.
　　바. 시험이 이틀 밖에 안 남았다.
　　　　→ 시험이 이틀밖에 안 남았다.
　　사. 그 학교으이 운동장에 만흔 사람들이 모여 있었다.
　　　　→ 그 학교의 운동장에 많은 사람들이 모여 있었다.

최근 파파고, 구글 번역 등의 번역 시스템이 괄목할 만한 수준의 번역 결과를 보여주기 도 한다. 구글 번역의 경우 2016년 9월 신경망(神經網) 기계번역(NMT, Neural Machine Translation)으로의[10] 전환을 발표한 이후 번역의 성능이 크게 향상되었다. 신경망 방식의 번역 알고리즘을 사용하면서 번역의 성능이 좋아진 것은 파파고도 다름이 없다. (8)은 파파고와 구글 번역으로 이 절의 첫 문단을 영어로 번역하고 이 영어 번역문을 다시 한국어로 번역한 것이다.

(8) 기계번역

　가. (한국어 원문 →) 파파고 번역문 → 한국어 번역문

With the invention of a great tool called a computer and the rapid development of technology to utilize it, mankind's long-cherished dream of machines that resemble humans is gradually becoming a reality. It is a reality these days that world-class players cannot beat computers (programs) in Go, which has been proud to be at a very high level among human intellectual activities.

컴퓨터라는 훌륭한 도구의 발명과 이를 활용할 수 있는 기술의 급속한 발달로 인간을 닮은 기계에 대한 인류의 오랜 꿈이 점차 현실화되고 있다. 인간의 지적 활동 중 매우 높은 수준에 있다고 자부해 온 바둑에서 세계적인 선수들이 컴퓨터(프로그램)를 이길 수 없는 것이 요즘 현실이다.

　나. (한국어 원문 →) 구글 번역문 → 한국어 번역문

With the invention of a wonderful tool called the computer and the rapid development of technology that can utilize it, mankind's long-standing dream of a human-like machine is gradually becoming a reality. The current reality is that world-class knights cannot compete with computers (programs) in Baduk, which has been proud of being of a very high level among human intellectual activities.

컴퓨터라는 놀라운 도구의 발명과 이를 활용할 수 있는 기술의 급속한 발전으로 인간과 같은 기계에 대한 인류의 오랜 꿈이 점차 현실이 되고 있습니다. 인간의 지적 활동 중 매우 높은 수준을 자부해 온 바둑에서는 세계적인 기사들이 컴퓨터(프로그램)와 경쟁할 수 없는 것이 현실이다.

---

10 신경망 기계번역 이전의 기계번역은 규칙 기반 기계번역(RBMT, Rule-Based Machine Translation)에서 시작하여 통계 기반 기계번역(SMT, Statistical Machine Translation)으로 이어져 왔다.

번역이 언어를 분석하고 생성하는 언어 처리의 전반에 대한 이해를 필요로 하는 분야라는 점에서 놀라운 일인 것은 분명하다. 그러나 아직 인간의 번역에 비할 바는 아니다. 구글 번역에서 '운동화끈'을 '운동'과 '화끈'으로 분석한 것이 불과 몇 년 전의 일이다.[11] 번역이라는 높은 수준에서가 아니더라도 컴퓨터로 언어를 처리하는 것은 매우 어려운 일이다. 예를 들어 (9)에서 어절 '가는'을 문맥에 따라 '가(동사)+는(관형사형 어미)', '가늘(형용사)+은(관형사형 어미)', '갈(동사)+는(관형사형 어미)'으로 구별하는 것과 같은 우리에게는 아주 간단한 일도 컴퓨터로 처리하기에는 결코 쉽지 않다.[12]

(9) 한국어 형태소 분석(2): '가는'

    가. 길 <u>가는(가+는)</u> 연인들 사이로는 여전히 향긋한 과일향이 둥둥 떠다녔다.

        [('길', 'NNG'), <u>('가', 'VV'), ('는', 'ETM')</u>, ('연인들', 'NNP'), ('사이', 'NNG'), ('로', 'JKB'), ('는', 'JX'), ('여전히', 'MAG'), ('향긋', 'XR'), ('하', 'XSA'), ('ㄴ', 'ETM'), ('과일', 'NNG'), ('향', 'NNG'), ('이', 'JKS'), ('둥둥', 'NNP'), ('뜨', 'VV'), ('어', 'EC'), ('다니', 'VV'), ('었', 'EP'), ('다', 'EF'), ('.', 'SF')]

    나. 그 빵을 <u>가는(가늘+은)</u> 파와 삶은 오리알을 적당히 배합하여 돌돌 말아 손으로 먹었다.

        [('그', 'MM'), ('빵', 'NNG'), ('을', 'JKO'), <u>('가', 'VV'), ('는', 'ETM')</u>, ('파', 'NNG'), ('와', 'JC'), ('삶', 'NNG'), ('은', 'JX'), ('오', 'NR'), ('리알', 'NNP'), ('을', 'JKO'), ('적당히', 'MAG'), ('배합', 'NNG'), ('하', 'XSV'), ('아', 'EC'), ('돌돌', 'MAG'), ('말', 'VX'), ('아', 'EC'), ('손', 'NNG'), ('으로', 'JKB'), ('먹', 'VV'), ('었', 'EP'), ('다', 'EF'), ('', 'SF')]

    다. 오늘 나에게 주어진 시간 속에서 먹을 <u>가는(갈+는)</u> 건강한 손과 그 손을 움직이는 건강한 마음이 있기 때문이다.

        [('오늘', 'NNG'), ('나', 'NP'), ('에게', 'JKB'), ('주어지', 'VV'), ('ㄴ', 'ETM'), ('시간', 'NNG'), ('속', 'NNG'), ('에서', 'JKB'), ('먹', 'VV'), ('을', 'ETM'), <u>('가', 'VV'), ('는', 'ETM')</u>, ('건강',

---

11 붙여 쓴 '운동화끈'은 'exercise hot' 혹은 'kinetic hot'으로 번역하고 띄어 쓴 '운동화 끈'은 'sneaker strap'으로 번역했다(〈'운동화 끈'이 통역사를 멸종시킬까〉, 경향신문, 2019.5.31.). 물론 현재의 구글 번역은 띄어쓰기에 관계없이 이를 모두 'Shoelace'로 번역한다. 다만 'N(신발류)+끈'은 대부분 옳게 분석하지만 '실외화끈'은 여전히 '실외+화끈'(outdoor hot tub)으로 잘못 분석한다.

12 어절 '가는'에 대한 Hannanum, Mecab의 분석도 이와 같다. 이 밖에 Kkma는 이를 모두 '갈(동사)+는(관형사형 어미)'으로 분석하고 Okt는 모두 어간과 어미를 구분하지 않은 '가는(Verb)'으로 분석한다. 참고로 (9나)의 '삶은'도 '삶(동사)+은(관형사형 어미)'으로 분석되어야 하는 어절이지만 '삶(명사)+은(보조사)'으로 잘못 분석되었다.

'NNG;'), ('하', 'XSV'), ('ㄴ', 'ETM'), ('손', 'NNG'), ('과', 'JC'), ('그', 'MM'), ('손', 'NNG'), ('을', 'JKO'), ('움직이', 'VV'), ('는', 'ETM'), ('건강', 'NNG'), ('하', 'XSV'), ('ㄴ', 'ETM'), ('마음', 'NNG'), ('이', 'JKS'), ('있', 'VV'), ('기', 'ETN'), ('때문', 'NNB'), ('이', 'VCP'), ('다', 'EF'), ('.', 'SF')]

자연언어 처리는 인간의 언어 처리에 대한 형식화, 곧 언어 분석(이해)과 언어 생성(표현)의 과정에 대한 형식화를 요구한다. 그러나 언어 연구의 오랜 역사에도 불구하고 우리의 언어 능력을 밝혀 형식화하는 일은 여전히 어렵고 힘든 일이다. 언어는 우리가 이제까지 발명했던 그 어떤 발명품보다도 훨씬 더 복잡하며, 눈에 보이지도 않고 손에 잡히지도 않는 머릿속 혹은 마음속 어딘가에서 나름의 법칙에 따라 쉼 없이 작동한다. 언어의 비밀을 밝히기 위해서는 우리가 이제까지 해 왔던 일보다는 앞으로 해야 할 일이 훨씬 더 많다.

3. 언어 자원으로서의 코퍼스

하루치의 신문 기사에서 어떤 단어가 쓰인 문장을 찾아 모으는 것과 같은 일은 굳이 컴퓨터를 이용할 필요가 없다. 그러나 그것이 10년치의 신문 기사에서라면 사정이 다르다. 언어 연구에서 컴퓨터를 이용하는 것은 이처럼 인간의 힘으로는 감당하기 힘든 만큼의 대규모의 언어 자료를 다룰 수 있기 때문이다. 이 장에서는 코퍼스의 개념과 유형, 코퍼스의 언어학적 위상, 코퍼스 구축과 활용의 의의, 한국어 주요 코퍼스, 코퍼스 분석 도구 등을 중심으로 언어 자원으로서의 코퍼스에 대해 살펴본다.

3.1. 코퍼스의 개념과 유형

언어 연구를 목적으로 모은 언어 자료의 집합을 코퍼스(corpus) 혹은 말뭉치라고[1] 한다. 일반적으로는 어떤 형식으로 되어 있는지에 관계없이 언어 연구를 위해 모은 것이라면 모두 코퍼스라고 할 수 있다. 다만 코퍼스 언어학의 관점에서는 컴퓨터를 이용하여 접근하고 처리할 수 있는(機械可讀, machine-readable), 전자화된 형태의 언어 자료를 말하는 것이 보통이다. 코퍼스가 갖추어야 할 이와 같은 형식적 조건을 기계 가독성이라고 한다.

코퍼스는 어떤 언어의 자료 전체를 모은 것이 아니라 그 일부를 모은 것이다. 따라서 코퍼스에서 분석한 결과를 그 언어의 일반으로 해석하기 위해서는 코퍼스가 그 언어를 대표(代表)할 수 있는(representative) 언어 자료들로 구성된 것이어야 한다. 다시 말해 코퍼스는 그 언어를 대표하는 표본(標本, sample)이어야 한다. 코퍼스가 갖추어야 할 이와 같은 질적 조건을 대표성이라고 한다.

코퍼스의 대표성은 균형(均衡, balance)과 규모(規模, size)로써 획득된다. 코퍼스가

---

1 본서에서는 일반적인 용어로서는 '코퍼스'를 사용한다. 다만 특정 기관에서 공식적으로 '말뭉치'라는 용어를 써서 구축하고 배포한 것을 지칭할 때에는 고유 명사로 보아 이에 따른다.

균형이 있으려면 문어 자료에 치우쳐 있다든지 구어 자료에 치우쳐 있다든지, 문어 자료 가운데에서도 신문 자료에 치우쳐 있다든지 하지 않고 그 언어를 구성하는 다양한 성격의 언어 자료를 두루 담고 있어야 한다. 코퍼스가 갖추어야 할 이와 같은 질적 조건을 균형성이라고 한다. 그리고 크기가 너무 작은 코퍼스는 어떤 언어를 대표하는 표본으로서의 역할을 하기 어렵다. 규모는 코퍼스가 갖추어야 할 양적 조건이다.

한편 코퍼스는 구축 목적, 분석 여부, 자료의 성격 등에 따라 여러 가지 유형으로 나뉜다. 먼저 코퍼스는 언어 연구의 전반에서 두루 쓸 목적으로 만들기도 하고 특정한 분야의 연구에 한정하여 쓸 목적으로 만들기도 한다. 전자를 범용(汎用) 코퍼스(generalized corpus)라고 하고 후자를 특수(特殊) (목적) 코퍼스(specialized corpus)라고 한다. 초기에는 범용 코퍼스가 주로 구축되었지만 최근에는 감성 분석 코퍼스, 개체명 분석 코퍼스, 문법성 판단 코퍼스, 유사 문장 코퍼스 등 다양한 종류의 특수 코퍼스가 구축되고 있다.

코퍼스는 언어 자료를 있는 그대로 모아서 만들기도 하고 특정한 문법 단위로 분석한 언어 자료에 문법 정보를 표시한 형식으로 만들기도 한다. 전자를 원시(原始) 코퍼스(raw corpus)라고 하고 후자를 분석(分析) 코퍼스(tagged corpus) 혹은 주석(註釋) 코퍼스 (annotated corpus)라고 한다. 분석 코퍼스는 다시 어떤 문법 단위로 분석하여 문법 정보를 표시했는지에 따라 형태 분석 코퍼스, (형태) 의미 분석 코퍼스, 구문 분석 코퍼스 등으로 나뉜다.

이 밖에 코퍼스는 어떤 시기의 언어 자료를 대상으로 한 것인지에 따라 현대 자료 코퍼스와 역사 자료 코퍼스로, 글말을 대상으로 한 것인지 입말을 대상으로 한 것인지에 따라 문어 코퍼스와 구어 코퍼스 등으로 나뉜다. 코퍼스는 둘 이상의 언어를 대상으로 각각의 언어 자료가 하나는 원문으로서 다른 하나는 번역문으로서 서로 대응하도록 만들기도 하는데 이를 병렬(竝列) 코퍼스(parallel corpus)라고 한다.

3.2. 코퍼스의 언어학적 위상

　1950년대 후반 Chomsky에서 비롯하여 현대 언어학을 주도해 온 생성 문법은 인간의 언어 능력(言語能力, linguistic competence)에 대한 명시적 규명을 추구하는 문법 이론이다. 언어 능력은 모어 화자(母語話者, native speaker)에게 내재한 선천적인(inherent) 지식으로서 실제 언어생활에서의 발화 행위인 언어 수행(言語遂行, linguistic performance)과 구별된다. 그런데 우리의 언어 능력은 완전하지만 우리의 언어 수행은 완전하지 못하다. 우리가 만들어 내는 언어에는 비문법적인 것도 있고 미완성의 것도 있으며, 때에 따라서는 말이 안되는 것도 있을 수 있다. 그래서 Chomsky는 언어 수행의 결과로서의 언어 자료들은 언어 능력의 규명을 목표로 하는 언어학의 연구 대상이 될 수 없다고 본다. 코퍼스 그리고 코퍼스 언어학에 대한 Chomsky의 부정적 입장은 Andor(2004: 97)에 정리된 그의 인터뷰에서 분명하게 드러난다.

　Corpus linguistics doesn't mean anything. It's like saying suppose a physicist decides, suppose physics and chemistry decide that instead of relying on experiments, what they're going to do is take videotapes of things happening in the world and they'll collect huge videotapes of everything that's happening and from that maybe they'll come up with some generalizations or insights. Well, you know, sciences don't do this. ⋯ The standard method of the sciences is not to accumulate huge masses of unanalyzed data and to try to draw some generalization from them. The modern sciences, at least since Galileo, have been strikingly different. What they have sought to do was to construct refined experiments which ask, which try to answer specific questions that arise within a theoretical context as an approach to understanding the world.

　코퍼스 언어학은 아무 의미가 없습니다. 이는 말하자면 물리학자가 실험에 의하지 않고 세상에서 일어나는 모든 일을 녹화하고 그 테이프를 엄청나게 많이 수집해서 그로부터 어떤 일반화 혹은 통찰에 이르려고 하는 것과 같습니다. 여러분도 아시다시피 과학은 이런 게 아닙니다. ⋯ 분석되지 않은 많은 자료들을 모아서 어떤 일반화를 도출하는 것은 과학의 일반적인 방법이 아닙니다. 적어도 갈릴레오 이래 현대 과학은 눈에 띄게 달라졌습니다. 현대 과학이 추구해 온 것은 세상을 이해하는 접근법으로서 어떤 이론적 맥락 안에서 생기는 구체적인 질문들을 던지고 이에 답하는 정제된 실험을 구성하는 것이었습니다.

Chomsky가 지적한 대로 우리의 언어 수행이 불완전한 것은 틀림이 없다. 그러나 불완전하다고 해서 그것이 우리의 언어 능력과 아무런 관계가 없는 것은 아니다. 불완전하다고 해서 우리가 어떤 언어 표현을 이해하지 못하는, 그래서 의사소통에 특별한 문제가 생기는 것도 아니다. 언어 수행의 불완전한 결과를 이해하는 것 또한 우리의 언어 능력의 일부이다. 그리고 언어 수행은 어쨌든 언어 능력의 발현이다. 그래서 Wasow(2002: 163)에서 언급했듯이 우리가 언어 수행을 통하지 않고 언어 능력에 직접 접근할 수 있는 방법은 없다.

While data from corpora and other naturalistic sources are different in kind from the results of controlled experiments (including introspective judgment data), they can be extremely useful. It is true that they may contain performance errors, but there is no direct access to competence; hence, any source of data for theoretical linguistics may contain performance errors. And given the abundance of usage data at hand, plus the increasingly sophisticated search tools available, there is no good excuse for failing to test theoretical work against corpora.

(내성에 의해 판단한 것을 포함한) 통제된 실험의 결과로 얻은 자료들과는 다르지만 코퍼스 혹은 다른 자연스러운 원천으로부터 얻은 자료들은 아주 유용할 수 있다. 이 자료들 가운데 언어 수행의 오류가 있을 수는 있지만 언어 능력에 직접 접근할 수 있는 방법은 없다; 그래서 이론 언어학에서 이용하는 모든 원천에는 언어 수행의 오류가 있을 수 있다. 그리고 많은 양의 용법 자료들을 이용할 수 있고 검색 도구들이 점점 더 정교해진다는 점을 생각하면 이론적 연구를 코퍼스에 기대어 검증하지 않을 이유가 없다.

앞서 살펴보았듯이 코퍼스는 어떤 언어의 자료 전체가 아니라 그 일부를 모은 것이다. 따라서 아무리 큰 규모라고 하더라도 직관적으로 가능한 어떤 언어 표현 혹은 어떤 언어 현상이 코퍼스에서 관찰되지 않을 수도 있다. 곧 코퍼스가 우리의 언어 직관을 충분히 보여주지 못할 수도 있다. 그리고 코퍼스는 Chomsky(1962: 159)에서 지적했듯이 편향될(skewed) 수도 있다. 코퍼스를 설계하고 구축하는 과정에서 대표성을 고려한다고는 하지만 이는 이론적으로도 현실적으로도 단순한 문제는 아니다.

Any natural corpus will be skewed. Some sentences won't occur because they are obvious, others because they are false, still others because they are impolite. The corpus, if natural, will be so wildly skewed that the description would be no more than a mere list.

자연스럽게 만들어진 모든 코퍼스는 편향된 것일 수 있다. 어떤 문장들은 명백해서, 어떤 문장들은 정확하지 않아서, 어떤 문장들은 상스러워서 나타나지 않을 것이다. 코퍼스는, 자연스럽게 만들어진 것이라면, 아주 심하게 편향된 것이어서 그 기술은 단순한 목록에 불과할 것이다.

그러나 코퍼스를 기반으로 한다고 해서 코퍼스를 자료 수집의 유일한 원천으로 삼는 것은 아니다. 그리고 코퍼스로부터 추출한 자료를 분석하고 그 결과를 해석하는 과정에서 직관에 의한 검토와 보완을 거치는 것이 보통이다. 아울러 직관에 의하는 데에도 한계는 있다. Aarts(1991: 45-46)에서 언급했듯이 코퍼스는 우리의 직관으로 생각할 수 있는 것보다 훨씬 더 다양한 언어 자료들을 담고 있다.

This grammar is written on the basis of the linguist's intuitive knowledge of the language and whatever is helpful in the literature. The first version of the grammar is then tested on a set of sentences made up by the linguist himself. On the basis of the analysis result the grammar is revised, tested again, ⋯ At that moment the grammar is tested on the sentences of a corpus — which is always a dismaying experience. Only linguists who use corpus data themselves will know that a corpus always yields a greater variety of constructions than one can either find in the literature or think up oneself.

이 문법은 언어학자의 언어적 직관, 그리고 문헌에 있는 도움이 될 만한 것들에 근거하여 작성되었다. 언어학자는 자신이 만든 문장들을 대상으로 이 문법을 검증한다. 그리고 분석 결과에 따라 이를 수정하고, 다시 검증하고, ⋯ 그 순간 코퍼스의 문장들로 이 문법을 검증하는데 이는 언제나 실망스러운 경험이다. 코퍼스로부터 획득한 구문들이 문헌에서 찾을 수 있는 혹은 스스로 생각해 낼 수 있는 것들보다 훨씬 더 다양하다는 것은 코퍼스 자료를 이용하는 언어학자들만이 알 것이다.

이처럼 코퍼스는 언어 연구에 필요한 혹은 언어학자들이 필요로 하는 모든 정보를 담고 있지는 않지만 코퍼스를 검토하는 과정에서 우리가 미처 생각하지 못했던 언어 자료 혹은 언어 현상을 발견할 수도 있다. Fillmore(1992: 35)에서 직관에 의한 연구와 코퍼스를 이용한 연구의 병행을 주장한 것은 이러한 관찰의 결과이다.

I have two main observations to make. The first is that I don't think there can be any corpora, however large, that contain information about all of the areas of English lexicon and grammar that I want to explore; all that I have seen are inadequate. The second observation is that every corpus that I've had a chance to examine, however small, has taught me facts that I couldn't imagine finding out about in any other way. My conclusion is that the two kinds of linguists need each other. Or better, that the two kinds of linguists, wherever possible, should exist in the same body.

나는 두 가지 중요한 관찰을 했다. 첫 번째는 아무리 크더라도 내가 탐구하고자 하는 영어 어휘와 문법의 모든 영역에 대한 정보를 포함하는 코퍼스는 없을 것이라는 점이다; 내가 이제까지 보아 온 코퍼스는 모두 불충분했다. 두 번째는 내가 살펴보았던 모든 코퍼스는 아무리 작은 것이라도 다른 방법으로는 찾아낼 수 없는 사실들을 내게 알려주었다는 점이다. 내 결론은 두 유형의 언어학자는 서로를 필요로 한다는 것이며, 나아가서 두 유형의 언어학자는 가능하다면 같은 몸체에 있어야 한다는 것이다.

한편 코퍼스를 언어 자원으로 하는 언어 연구의 방법론으로서 발달한 것이 코퍼스 언어학이다. 코퍼스 언어학 안에서도 이론에 따라 코퍼스에 대한 태도, 코퍼스를 이용하는 방식 등에 차이가 있다. 이와 관련하여 자주 언급되는 것은 코퍼스 기반 연구 (corpus-based approach)와 코퍼스 주도 연구(corpus-driven approach)의 구분이다. 그리고 코퍼스를 중심으로 하여 방법으로서의 코퍼스(corpus-as-method)와 이론으로서의 코퍼스(corpus-as-theory)를 구분하기도 한다.[2]

Tognini-Bonelli(2001: 65-66, 84-85)에 따르면 '코퍼스 기반'이라는 용어는 '대규모의 코퍼스로부터 정보를 제공받기 이전에 형성된 이론 및 기술(descriptions)을 코퍼스를 이용하여 설명하고 검증하고 예시하는 방법론'을 뜻한다. 이러한 관점에서 코퍼스에 접근하는 언어학자들은 그들이 기본적으로 적절하다고 믿는 언어 모델과 기술에

---

2 '방법으로서의 코퍼스'를 대표하는 연구로는 McEnery and Wilson(1996), Meyer(2002), Bowker and Pearson(2002), McEnery and Hardie(2012) 등이 있고, '이론으로서의 코퍼스'를 대표하는 연구로는 Leech(1992), Stubbs(1993), Hanks(2000), Barlow(2011) 등이 있다. (남길임 2014: 164 참조)

입각하여 그 (언어 모델과 기술의) 범주들을 통해 코퍼스를 이해하고 분석하고 이에 따라 자료를 거른다.

이와 달리 코퍼스 주도 관점에서 코퍼스에 접근하는 언어학자들은[3] 자료를 전체로서 완전한 것으로 보고 코퍼스의 증거(corpus evidence)에 대한 포괄적인 기술을 지향한다. 따라서 이들에게 코퍼스는 기존 이론을 뒷받침하는 예시들의 저장소 혹은 이미 잘 정의된 체계에 대한 확률적 확장 이상이며, 이들이 진술하는 이론적 명제들은 코퍼스의 증거와 완전히 일치하고 이를 직접 반영한다. 그리고 이들은 '이론은 증거로부터 독립적으로 존재하지 않는다(The theory has no independent existence from the evidence).'는 관점에서 관찰이 가설로 이어지고 가설이 일반화로 이어지고 일반화가 이론적 명제의 통합으로 이어지는 명료한 방법론적 절차를 채택한다.[4]

> ### 형식주의와 기능주의, 그리고 코퍼스
>
> 코퍼스의 언어학적 위상과 관련하여 크게 보아 형식주의(形式主義, formalism) 문법 이론과 기능주의(機能主義, functionalism) 문법 이론 사이에 대체적인 경향의 차이가 있다. 구조 문법(Saussure 1916), 생성 문법(Chomsky 1957, 1965) 등 형식주의 문법 이론에서는 구체적인 맥락으로부터 독립적으로 존재하는 추상적 체계(혹은 지식)로서의 언어(langue, competence)에 주목한다. 이와 달리 기능 언어학(Dik 1978, 1997, Givón 1979), 인지 언어학(Langacker 1987), 언어 유형론(Greenberg 1963) 등 기능주의 문법 이론에서는 의사소통 수단으로서 의미 전달을 위해 구체적인 맥락에서 사용되는 언어, 곧 언어 수행의 결과로서의 언어(parole, performance)에 주목한다.[5]

---

3 의미를 언어 연구의 중심으로 본 퍼스(John R. Firth)의 접근 방식을 따르는 이른바 신퍼스 학파(neo-Firthian)가 대표적이다. 주요 연구자는 John Sinclair, 그리고 Michael Hoey, Susan Hunston, Bill Louw, Michael Stubbs, Wolfgang Teubert, Elena Tognini-Bonelli 등 Sinclair가 교수로 있었던 버밍엄 대학교와 관련이 있는 사람들이다. 신퍼스 학파의 두 가지 중심 아이디어는 연어(collocation)와 담화(discourse)이다. (McEnery and Hardie 2012: 122 참조)

4 최재웅(2014: 77-78)에서는 코퍼스에 대한 언어학계의 관점을 '①말뭉치는 말뭉치일 뿐 언어 연구와 무관, ②이론 전개에 필요한 예시자료 추출 자원, ③언어적 일반화를 도출하거나 뒷받침하기 위한 자원, ④코퍼스가 곧 언어이론' 등의 네 가지로 정리한다. ①의 관점을 대표하는 학자는 Chomsky이고, ④는 신퍼스 학파의 입장이며, ②와 ③은 절충적 입장이다.

5 언어학에서의 기능주의, 기능주의적 관점에서의 코퍼스 기반 연구 등에 대해서는 McEnery and Hardie(2012)의 7장을 참조할 수 있다.

3.3. 코퍼스 구축과 활용의 의의

대규모의 코퍼스를 구축하는 것은 많은 인력과 시간을 필요로 하는 어려운 일이다. 코퍼스를 구축하는 과정에서 때에 따라 컴퓨터의 도움을 받기도 한다. 예를 들어 형태 분석 코퍼스를 만드는 데 형태소 분석 프로그램을 일부 활용하기도 한다. 그러나 컴퓨터는 아직 인간을 대신할 만한 수준의 결과를 출력하지 못한다. 쉽지 않은 일이지만 지속적으로 코퍼스를 구축하는 것은 학문적 목적에서든 응용적 목적에서든 언어 연구에 코퍼스를 활용하는 이점이 크기 때문이다.

첫째 코퍼스를 언어 연구에 활용함으로써 언어 현상의 실체를 확인하는 데 필요한 언어 자료를 포괄적으로 수집할 수 있다. (1)과 같이 부정문에서 '하다' 없이 쓰이는 '않다'에 대해 연구한다고 생각해 보자. 가장 먼저 해야 할 일은 (1)과 같은 형식의 부정문을 수집하는 일이다. 특히 이러한 형식의 부정문에서 '않다' 앞에 어떤 성격의 문법 형태들이 오는지를 파악하는 것이 중요하다. 사전을 참조할 수는 있지만 그 사전의 예들이 이를 포괄하는 것인지 알 수 없다.[6] 대규모의 코퍼스가 있고 이로부터 자료를 추출하는 프로그램이 있으면 이는 어렵지 않게 확인할 수 있다. (2)는 550만 어절 규모의 〈세종 형태 분석 말뭉치〉에서 '않다' 앞에 나타나는 문법 형태의 범주들을 빈도와 함께 제시한 것이다(황화상 2021: 129).

(1) 꼬마가 대답을 않는다.

    cf) 꼬마가 대답을 <u>안 한다</u>. / 꼬마가 대답을 <u>하지 않는다</u>.

(2) '않다'의 선행 성분

유형	빈도(회)	비율(%)
(자립) 명사	250	76
의존 명사	7	2.1

---

[6] 『금성판 국어대사전』, 『표준국어대사전』, 『고려대 한국어대사전』 등에는 이때의 '않다'가 목적어 명사(구)와 함께 쓰이는 타동사로 기술되어 있다.

부사	54	16.4
불규칙적 어근	7	2.1
어미(활용형)	11	3.3
계	329	100

둘째 코퍼스를 언어 연구에 활용함으로써 유용한 통계 정보를 획득할 수 있다. 코퍼스를 분석하여 얻을 수 있는 통계 정보는 다양하다. 기본적으로는 각 문법 형태들의 빈도를 알 수 있다. 예를 들어 1장에서 살펴보았듯이 공시적 관점에서 품사별 어휘의 빈도를 계산할 수도 있고, 통시적 관점에서 특정 어휘의 시기별 빈도를 계산할 수도 있고, 분포를 기준으로 어휘들 사이의 유사도를 계산할 수도 있다. 그리고 다음과 같이 한 문장 안에서 함께 나타나는 어휘들 사이의 공기 관계를 계산하여 수치화할 수도 있다.[7]

(3) '굵다' 공기어들의 t-점수[8]

순위	공기어	말뭉치 빈도	예상 빈도	실제 빈도	t-score
1	잔뼈/NNG	29	0.0049	24	4.8980
2	선14/NNG	1397	0.2352	21	4.5313
3	빗방울/NNG	119	0.0200	17	4.1183
4	목소리/NNG	3136	0.5280	18	4.1182
5	빗줄기/NNG	115	0.0194	13	3.6002
6	소금01/NNG	625	0.1052	13	3.5764
7	길/VA	3181	0.5356	13	3.4570
8	주름01/NNG	233	0.0392	10	3.1499
9	가늘/VA	443	0.0746	10	3.1387
10	더/MAG	3045	2.8436	8	2.9817

---

7 이는 910만 어절 규모의 〈세종 의미 분석 말뭉치〉에서 '굵/VA'을 기준으로 좌우 각 4의 범위 내에 나타나는 어휘(형태/태그)들을 대상으로 계산한 것이다. 참고로 t-점수(t-score)가 높을수록 공기 관계가 더 긴밀하다. t-점수에 대해서는 4장의 2절에서 살펴본다.
8 이와 관련한 프로그래밍에 대해서는 [부록2]의 7을 참조할 수 있다.

셋째 코퍼스를 언어 연구에 활용함으로써 연구의 객관성을 확보할 수 있다. 코퍼스는 연구자에 의해 인위적으로 만들어진 언어 자료들이 아니라 언중들에 의해 언어생활에서 실제로 쓰인 언어 자료들을 모아 놓은 것이다. 따라서 연구 자료 그 자체로부터 객관성이 확보된다. 물론 연구 자료의 객관성이 연구 결과의 객관성까지 담보하는 것은 아니다. 연구의 결과를 도출하는 데에는 언어 자료에 대한 연구자의 (주관적) 해석이 개입할 수밖에 없기 때문이다. 그러나 이는 연구의 본질이다. 중요한 것은 연구 과정과 방법의 객관성이다. 코퍼스로부터 획득하는 다양한 통계 정보는 이를 확보하는 좋은 수단이 될 수 있다.

언어 연구에 코퍼스를 활용할 때 주의해야 할 것은 오류이다. 어느 정도 정제(精製)의 과정을 거치는 것이 보통이기는 하지만 코퍼스는 기본적으로 문법적 지식의 정도가 다른 많은 사람들이 실제로 사용한 언어 자료들을 모은 것이다. 따라서 그 안에는 여러 가지 문법적인 오류가 있을 수 있다. 띄어쓰기 오류를 예로 들면 '강아지가 집을 나간지 열흘이 지났다.'에서처럼 의존 명사('지')를 어미와 혼동하여 붙여서 쓰기도 하고 '나를 알아주는 사람은 너 밖에 없다.'에서처럼 조사('밖에')를 명사와 혼동하여 띄어서 쓰기도 한다. 그리고 언어 자료 자체에는 오류가 없더라도 코퍼스를 만드는 과정에서 오류가 생길 수도 있다. 특히 언어 자료를 가공해야 하는 분석 코퍼스의 경우에 오류를 포함할 가능성이 높다. 따라서 언어 연구에 코퍼스를 활용할 때에는 늘 오류를 확인하고 수정하는 과정을 거쳐야 한다.

3.4. 한국어 주요 코퍼스

한국어 코퍼스는 국가 기관과 대학의 연구 기관을 중심으로 구축되어 왔다. 본서에서는 국립국어원에서 구축한 '세종 말뭉치'와 '모두의 말뭉치', 고려대학교 민족문화연구원에서 구축한 'SJ-RIKS 코퍼스 확장판(SJ-RIKS Extension)'과 신문 말뭉치 '물결 21', 연세대학교 언어정보연구원에서 구축한 '연세 말뭉치'를 중심으로 한국어 코퍼스를 살펴본다.

□ 세종 말뭉치

'세종 말뭉치'는 국립국어원 주관으로 1998년부터 2007년까지 진행된 국어 정보화 사업인 '21세기 세종계획'의[9] 결과물이다. '세종 말뭉치'는 세계적으로 가장 높은 수준의 국가 말뭉치로 평가되는 영국의 BNC(British National Corpus)와[10] 비견할 만한 규모와 품질을 갖춘 말뭉치를 목표로 구축되었다. 크게 국어 기초 자료와 국어 특수 자료로 나뉘어 구축된 '세종 말뭉치'는 현대 자료와 역사 자료, 문어와 구어, 구비문학 자료, 구어 전사 자료, 북한 및 해외 자료, 전문 용어 등을 망라하며 한영, 한일 등의 병렬 말뭉치를 포함한다.

국어 기초 자료는 현대 국어를 대상으로 원시 말뭉치와 분석 말뭉치로 나뉘어 구축되었다. 원시 말뭉치는 문어와 구어를 포함하며, 분석 말뭉치는 형태 분석 말뭉치, 의미 분석 말뭉치, 구문 분석 말뭉치를 포함한다. 말뭉치별 규모는 (4)와 같다.[11]

(4) 세종 말뭉치: 국어 기초 자료(국립국어원 2007: 167)(단위: 어절)

원시			분석				합계
문어	구어	소계	형태 분석	의미 분석	구문 분석	소계	
60,558,573	3,340,839	63,899,412	15,226,186	12,642,725	826,127	28,695,038	92,594,450

국어 특수 자료 말뭉치는 구비 문학 말뭉치, 구어 전사 자료 말뭉치, 역사 자료 말뭉치, 한영 병렬 말뭉치 등 자료의 내용별로 나뉘어 구축되었다. 각 말뭉치는 원시 말뭉치를 포함하며 일부는 형태 분석 말뭉치를 포함하기도 한다. 말뭉치별 규모는 (5)와 같다.

---

9 '21세기 세종계획'은 말뭉치 구축 사업 외에 전사 사전 개발, 전문 용어 정비 DB 구축, 한민족 언어 정보화 DB 구축, 문자 코드 표준화 등의 세부 사업을 포함한다. 각 사업별 성과는 국립국어원(2007: 166-171)에 자세히 소개되어 있다.

10 BNC는 3개 출판사(옥스퍼드 대학 출판부, 롱맨 출판사, 체임버스 출판사)와 2개 대학(옥스퍼드, 랭카스터), 그리고 영국 국립 도서관이 공동으로 참여하여 만든 1억 단어 규모(문어 90%, 구어 10%)의 코퍼스로서 언어 연구는 물론 영어 교육, 사전 편찬 등에 폭넓게 활용되었다.

11 (4)에서 원시 말뭉치의 통계는 신규 구축분에 대한 것이며 이 밖에 기존의 말뭉치를 통합하고 후처리한 말뭉치(30,968,994 어절 규모의 KAIST 말뭉치, 36,029,885 어절 규모의 국립국어연구원 말뭉치)가 더 있다.

(5) 세종 말뭉치: 국어 특수 자료(국립국어원 2007: 168)(단위: 어절)

구분	구비 문학	구어 전사	한영 병렬	한일 병렬	북한 해외	역사	한·중 불·러	전문 용어	합계
원시	2,363,967	3,671,322	4,753,522	1,101,878	9,505,616	5,650,834	150,853	1,000,067	28,198,059
형태분석		1,008,681	1,009,715	299,615	1,622,337	883,120			4,823,468
합계	2,363,967	4,680,003	5,763,237	1,401,493	11,127,953	6,533,954	150,853	1,000,067	33,021,527

'세종 말뭉치'를 구성하는 각 문서(텍스트)는 SGML/TEI에 따라12 구조화·부호화되어 있으며, 크게 전자 문서에 대한 기본 정보, 문서가 전자화된 경위, 텍스트의 분류적·상황적 정보, 수정 기록 등을 포함하는 TEI 헤더(⟨teiHeader⟩)와 본문 텍스트(⟨text⟩)로 이루어져 있다. 다음은 본문을 문단별로 구분한 현대 문어 원시 말뭉치의 예이다.

(6) 세종 현대 문어 원시 말뭉치

```
⟨!DOCTYPE tei.2 SYSTEM "c:₩sgml₩dtd₩tei2.dtd" [
⟨!ENTITY % TEI.corpus "INCLUDE"⟩
⟨!ENTITY % TEI.extensions.ent SYSTEM "sejong1.ent"⟩
⟨!ENTITY % TEI.extensions.dtd SYSTEM "sejong1.dtd"⟩
]⟩

⟨tei.2⟩
⟨teiHeader⟩
⟨fileDesc⟩
        ⟨titleStmt⟩
            ⟨title⟩뉴스피플, 전자파일⟨/title⟩
            ⟨author⟩경향신문⟨/author⟩
            ⟨sponsor⟩대한민국 문화관광부⟨/sponsor⟩
            ⟨respStmt⟩
                ⟨resp⟩표준화, 헤더붙임⟨/resp⟩
                ⟨name⟩고려대학교 민족문화연구원⟨/name⟩
```

---

12 TEI(Text Encoding Initiative)는 학문적 관점에서 전자 문서의 표준을 제정함으로써 전자 문서의 교환 및 연구를 촉진시키기 위한 국제적 연구 프로젝트이다. TEI는 텍스트를 부호화(markup)하는 방법으로 SGML(Standard Generalized Markup Language)을 사용한다. 부호화는 '텍스트의 해석을 명확하게 하기 위해 표시하는 모든 방법'을 말한다. (21세기 세종계획 ⟨원시 말뭉치 구축 지침⟩ 참조)

〈/respStmt〉
〈/titleStmt〉
〈editionStmt〉
〈edition〉CTS파일에서 추출하여 전자파일화
〈date〉1993〈/date〉
〈/edition〉
〈/editionStmt〉
〈extent〉27475 어절〈/extent〉
.... (중략) ....
〈/teiHeader〉
〈text〉
〈group〉
〈text〉
〈body〉
〈head〉새영화, 비디오〈/head〉
〈date〉93/07/01〈/date〉
〈head〉슬리핑 독스〈/head〉
〈p〉원제 'Where Sleeping Dogs Lie'.감독 찰스 핀치.주연 샤론 스톤, 딜런 맥더모트.〈/p〉
〈p〉'잠자는 개가 누워있는 곳'이라는 제목의 의미는 잠자는 개를 깨우면 물릴 염려가 있으니 결코 깨우지 말라는, 즉 긁어 부스럼 만들지 말라는 의미가 담겨 있다.〈/p〉
〈p〉할리우드의 중심가에서 일어나는 살인사건을 다룬 사이코 스릴러물로 '원초적 본능'에서 싸늘하면서도 관능적인 연기를 보여 준 샤론 스톤의 매력을다시 한번 만끽할 수 있는 작품이다.〈/p〉
〈p〉브루스는 무명작가로 가난하게 살지만 긍지와 자부심이 강해 남에게 손을 벌리지 못하는 성격이다. 집세가 워낙 밀려 거리로 쫓겨날 지경에 처하자 부동산중개업소에 취직을 하지만 6개월간 아무런 실적을 못 올리고 마지막 수단으로 옛애인 세레나를 찾아가 도움을 청한다. 그러나 그녀로부터 무시만 당하고 돌아온다.〈/p〉
.... (중략) ....

형태 분석 말뭉치는 본문이 문장별로, 그리고 문장은 다시 어절 단위로 나뉘어 구성되어 있다. 각 어절은 어절 번호, 원어절, 형태 분석 결과의 세 가지 정보를 포함한다. 의미 분석 말뭉치는 형태 분석 말뭉치를 바탕으로 하되 동음이의어를 구분한 것이다. 그리고 구문 분석 말뭉치는 본문이 문장 단위별로 원문장과 구문 분석 결과의 쌍으로 제시되어 있다. 이 가운데 형태 분석 말뭉치의 본문 일부를 예시하면 다음과 같다.

(7) 세종 현대 문어 형태 분석 말뭉치(본문 일부)

```
⟨p⟩
BTAA0003-00000097    식당도      식당/NNG + 도/JX
BTAA0003-00000098    커야       크/VA + 어야/EC
BTAA0003-00000099    사람이      사람/NNG + 이/JKS
BTAA0003-00000100    많이       많이/MAG
BTAA0003-00000101    모인다.     모이/VV + ㄴ다/EF + ./SF
⟨/p⟩
⟨p⟩
BTAA0003-00000102    언어       언어/NNG
BTAA0003-00000103    생활에도     생활/NNG + 에/JKB + 도/JX
BTAA0003-00000104    인플레이션    인플레이션/NNG
BTAA0003-00000105    현상이      현상/NNG + 이/JKS
BTAA0003-00000106    나타나      나타나/VV + 아/EC
BTAA0003-00000107    작은       작/VA + 은/ETM
BTAA0003-00000108    강당도      강당/NNG + 도/JX
BTAA0003-00000109    '대강당'이다.  '/SS + 대/XPN + 강당/NNG + '/SS + 이/VCP + 다/EF + ./SF
⟨/p⟩
```

  형태 분석 말뭉치의 어절을 구성하는 각 형태들은 형태 표지(tag)와 함께 '형태/형태 표지'의 형식으로 제시되어 있다. 세종 형태 표지는 대분류, 소분류, 세분류에 따른 단계적 분석이 가능하도록 설정되었다. 세종 형태 분석 말뭉치를 구축하는 데 사용된 형태 표지들은 다음과 같다.

(8) 세종 형태 표지

대분류	소분류	세분류
(1) 체언	명사NN	일반NNG, 고유NNP, 의존NNB
	대명사NP	
	수사NR	
(2) 용언	동사VV	
	형용사VA	

	보조용언VX	
(3) 수식언	지정사VC	긍정VCP, 부정VCN
	관형사MM	
(4) 독립언	부사MA	일반MAG, 접속MAJ
	감탄사IC	
(5) 관계언	격조사JK	주격JKS, 보격JKC, 관형격JKG, 목적격JKO, 부사격JKB, 호격JKV, 인용격JKQ
	보조사JX	
	접속조사JC	
(6) 의존형태	어미E	선어말EP, 종결EF, 연결EC, 명사형전성ETN, 관형형전성ETM
	접두사XP	체언접두사XPN
	접미사XS	명사파생XSN, 동사파생XSV, 형용사파생XSA, 부사파생XSB
	어기XR	
(7) 기호 등	마침표, 물음표, 느낌표	SF
	쉼표, 가운뎃점, 콜론, 빗금	SP
	따옴표, 괄호표, 줄표	SS
	줄임표	SE
	붙임표(물결, 숨김, 빠짐)	SO
	외국어	SL
	한자	SH
	기타 기호 (논리 수학기호, 화폐 기호 등)	SW
	명사추정범주	NF
	용언추정범주	NV
	숫자	SN
	분석불능범주	NA

□ SJ–RIKS 코퍼스 확장판

앞서 살펴보았듯이 세종 원시 말뭉치는 새로 구축한 것과 통합·후처리한 것을 합하여 약 1억 3천만 어절 규모이지만 이 가운데 형태를 분석한 것은 형태 분석 말뭉치 약 1,500만 어절과 의미 분석 말뭉치 약 1,200만 어절을 합친 약 2,800만 어절이 전부이다.

고려대학교 민족문화연구원에서는 약 1,200만 어절 규모의 세종 의미 분석 말뭉치에 약 250만 어절을 새로 추가하고 보완하여 약 1,500만 어절 규모로 재가공했는데 이를 'SJ-RIKS 코퍼스(세종-민연 코퍼스)'라고 한다. 'SJ-RIKS 코퍼스 확장판'은 이를 약 1억 1,000만 어절 규모의 세종 현대국어 말뭉치 전체로 다시 확장한 형태 분석 코퍼스이다. 'SJ-RIKS 코퍼스 확장판'과 이에 관련된 코퍼스들을 비교하면 다음과 같다.13

(9) 세종 말뭉치와 SJ–RIKS 코퍼스 확장판

분류		규모(어절)	
세종 현대국어 원시 말뭉치	신규 구축	63,899,412	130,898,291
	통합·후처리	66,998,879	
세종 현대국어 형태 분석 말뭉치		15,226,186	
세종 현대국어 의미 분석 말뭉치		12,642,725	
SJ–RIKS 코퍼스(의미 분석)		14,496,204	
SJ–RIKS 코퍼스 확장판(형태 분석)		116,065,151	

'SJ-RIKS 코퍼스 확장판'은 6,111개 파일로 구성되어 있는데 문어와 구어의 비율이 94:6 정도이다. 구어는 텍스트 장르별로 순구어와 준구어로 세분되고 문어는 신문, 잡지, 책·상상적 텍스트, 책·정보적 텍스트, 책·총류로 세분된다. 텍스트 장르별 'SJ-RIKS 코퍼스 확장판'의 구성과 규모는 다음과 같다.

---

13 'SJ-RIKS 코퍼스', 그리고 'SJ-RIKS 코퍼스 확장판'의 용례는 홈페이지(http://riksdb.korea.ac.kr)에서 제공하는 현대한국어 용례검색기를 이용하여 검색(형태소 검색, 어절 검색, 연어 검색)할 수 있다.

(10) SJ-RIKS 코퍼스 확장판의 텍스트 장르별 규모

장르		파일(수)	규모(어절)
구어	순구어(전사자료)	733	4,151,572
	준구어(대본류)	415	2,563,073
문어	신문	898	24,333,650
	잡지	380	10,475,209
	책-상상적 텍스트	1,817	39,495,642
	책-정보적 텍스트	1,779	32,768,310
	책-총류	93	2,277,695
합계		6,115	116,065,151

□ 연세 말뭉치

'연세 말뭉치'는 연세대학교 언어정보연구원에서 1998년부터 사전 편찬을 목적으로 구축한 이래 국어 연구, 국어 교육 및 한국어 교육 등의 분야에서 활용할 수 있도록 전산화한 여러 종류의 코퍼스를 말한다. 이 가운데 '연세 20세기 한국어 말뭉치'(1억 5천만 어절)와 '연세 균형 말뭉치'(100만 어절), 그리고 (한)국어 교육용 말뭉치와 주제별 말뭉치에 대해서는 홈페이지에서 제공하는 용례 검색 시스템(https://ilis.yonsei.ac.kr/corpus)을 이용하여 용례를 검색할 수 있다. (11)은 '연세 20세기 한국어 말뭉치'에서 명사 '손'과 동사 '잡-'이 4어절 이내에 함께 나타나는 (연어) 용례를 검색한 것 가운데 일부이다.

(11) '손'과 '잡(다)'의 연어 용례(일부)

검색결과: 853

#		용례	
1	뿐이니 엇지 가련치 아니리오 그런고로 나ᄂ 이 법방을 젼ᄒ노니 그 법방에ᄂ 무슨 말을 ᄒ 엿ᄂ가 골ᄋ지 너의 가슴에 강경홈을 픔으며 너의	손에 졍대ᄒ 의리를 잡고	너의 동족을 단결ᄒ여 불법ᄒ고 불의ᄒ 쟈를 덕 명 강경을 픔은 너ᄂ 능히 쓰러지게 못홀지며
2	번듯, 서로 부듸첫다 서로 쩔어젓다 하얏다. 그럴 사이에 花麗의 한 손이 랭악스럽게 그 말 셩부리는 조히쪽을 훔쳐 쥐엇다. 그리고 다른 한	손이 晶愛의 편지 잡은	손목을 비틀어 돌리기 시작하얏다. 엉기인 牛黃 잇다. "아이구 압허! 이 애가 웨 이래!" 晶愛의
3	쓰거운 情態만 작고작고 〃일어낫다. 그의 입살은 점점 〃붉어지고 온 젼신이 熱情으로 타 는 듯하얏다. 그는 붓그러움도 어저바리고 웃을 버셧다. 그때에 누구인지 브드럽고 삿듯한	손으로 그의 손을 잡는	자가 잇섯다. 그의 가슴에 情態은 더〃 놉하젓다 단쟝하고 가슴의 乳房을 내어 보이며 입에는 밀
4	참말 자긔 피를 싸어먹이듯한 졍셩으로 한시 잠시도 병실을 써나지 안코 병 간호를 하고 계 셧지요 그런대 선생이 림종시에 딸나ᄡ저셔 써만 남은	손으로 아씨의 손을 잡으시고	「그렇게 작고 울지 말게 그대는 아즉 웃가치 졂 을 어더갈 것일세」 하셧답니다. 그러닛가 그만
5	말하엿다「이제는 그만 톄면을 채리고 진졍을 말하시요 두 분 즁에 사형을 당할 사람은 한 분 잇슬 터이니가」 두 사람의 男女는	손을 서로 아조 잡고	의심스럽고 야속하게 하대를 바라보앗다 그러ᄂ 계속하엿다 하대는 기가 막혓다」 할 수

□물결 21

'물결 21'은 고려대학교 민족문화연구원에서 대규모의 신문 자료를 기반으로 언어, 사회, 문화적 변화 추이를 밝힐 목적으로 시작한 [물결 21] 사업의 일환으로 2008년부터 동아일보, 조선일보, 중앙일보, 한겨레신문의 기사 14년치(2000년~2013년)를 수집하여 구축한, 단일 장르로서는 최대인 6억 어절 규모의 코퍼스이다. '물결 21'은 연도가 구별되는 신문 자료로 구성된 코퍼스인 만큼 용례 검색은 물론 연도별 공기어 분석을 바탕으로 사회, 문화적 트렌드를 조사하는 데에도 활용할 수 있다. (12)는 '물결 21' 홈페이지(http://corpus.korea.ac.kr)에서 제공하는 코퍼스 분석 도구를 이용하여 '막걸리'의 연도별 공기어를 분석한 것이다.

(12) '막걸리'의 연도별 공기어

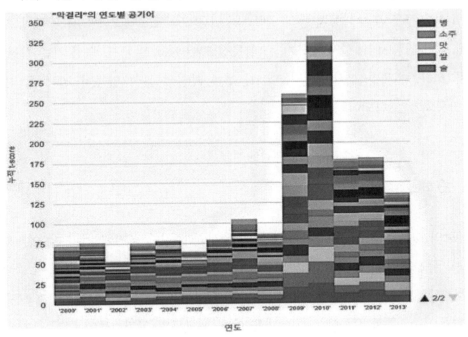

□ 모두의 말뭉치

'모두의 말뭉치'는 국립국어원에서 한국어 연구와 한국어 인공지능 기술 개발에 활용할 목적으로 2020년부터 구축하여 자체 홈페이지(https://corpus.korean.go.kr)를 통해 제공하고 있는 말뭉치들을 통틀어 말한다. 2022년 6월 현재 총 32종의 말뭉치가 공개되었는데 말뭉치 유형별 통계는 다음과 같다.

(13) '모두의 말뭉치' 유형별 통계

말뭉치 유형	파일 수	문서 수
원시	105,530	4,977,935
분석	567	1,362,573
기타	885,101	23,920
합계	991,198	6,364,428

'모두의 말뭉치' 32종에는 문어 말뭉치, 구어 말뭉치, 형태 분석 말뭉치, 어휘 의미 분석 말뭉치, 구문 분석 말뭉치 등의 일반적인 말뭉치 외에도 국회 회의록 말뭉치, 서울말 낭독체 발화 말뭉치, 메신저 말뭉치 등의 특정 언어 자료 말뭉치, 속성 기반 감성 분석 말뭉치 2021, 개체명 분석 말뭉치 2021, 추론_확신성 분석 말뭉치 2021 등의 특수 목적 말뭉치가 포함되어 있다.

3.5. 코퍼스 분석 도구

대규모의 코퍼스를 이용하기 위해서는 이로부터 특정한 조건에 맞는 다양한 자료를 검색하고 통계 정보를 추출할 수 있는 프로그램, 곧 코퍼스 분석 도구의 사용이 필수적이다. 앞서 살펴보았듯이 코퍼스 분석 도구는 코퍼스를 제공하는 기관에서 함께 제공하는 것이 보통이다. 특히 요즘에는 인터넷을 통해 대규모의 코퍼스들이 공개되면서 이를 분석하는 도구도 인터넷상에서 손쉽게 이용할 수 있다.

'세종 말뭉치'는 2021년 '언어정보나눔터'의 운영이 종료되면서 현재 인터넷에서 공개되고 있지는 않다. 다만 2011년 배포된 21세기 세종계획(최종) CD에[14] 용례 검색용 프로그램인 현대 문어 말뭉치 용례 검색기('글잡이Ⅱ')와 한영 병렬 말뭉치 용례 검색기, 그리고 원시 말뭉치와 분석 말뭉치에서 자료를 검색하고 통계 정보를 추출할 수 있는 분석 도구인 '한마루 2.0'이 포함되어 있다.

(14)는 형태 분석 말뭉치용 용례 검색기인 '글잡이Ⅱ(색인)'를 이용하여 어절 '가는'(=가늘+은)을 포함하는 문장을 추출한 것이다.

---

14 현재는 신청을 통해 2020년에 제작한 DVD를 제공하고 있다.

(14) '글잡이 II (색인)' 용례 검색: '가는'(=가늘+은)

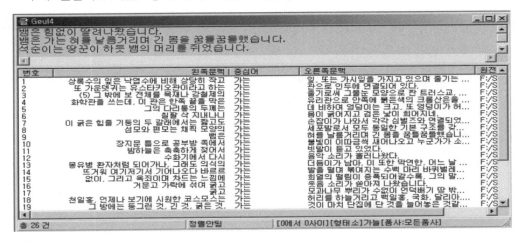

특정한 조건에 맞는 문장은 현대 국어 기초 말뭉치 활용 시스템 '한마루 2.0'을 이용하여 구문 분석 말뭉치로부터 추출할 수 있다. (15)는 '[[빨갛게 익은 사과가] 바구니에 가득하다.'처럼 동사('익다')가 서술어인 관형사절('빨갛게 익은')이 주어 명사구('사과가')를 꾸며 주는 문장을 추출한 것인데 용례 문장별로 트리 형식의 구문 구조를 확인할 수도 있다.

(15) '한마루 2.0' 용례 검색: [(동사 서술어) 관형사절 [(주어) 명사구]]

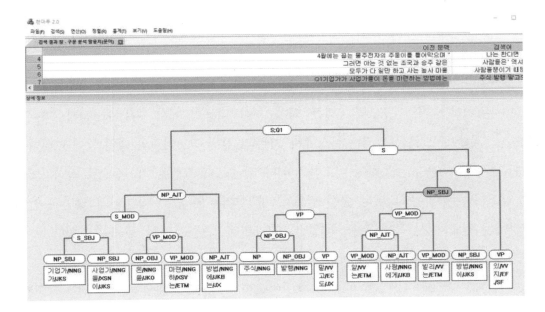

코퍼스와 함께 제공되는 분석 도구들은 손쉽게 사용할 수 있는 장점이 있다. 다만 세부 기능이 프로그램에서 제공하는 것들로 한정되므로 사용자들의 다양한 요구를 충족하는 데에는 한계가 있을 수밖에 없다.[15]

코퍼스 분석 프로그램을 직접 작성하면 코퍼스를 보다 효율적으로 사용할 수 있다. 과거에는 프로그래밍이 비전문가들에게는 결코 쉽지 않은 일이었다. 무엇보다도 프로그래밍 언어를 배우는 것이 매우 어려웠기 때문이다. 하지만 요즘에는 파이선(Python)과 같이 누구나 쉽게 배워서 활용할 수 있는 프로그래밍 언어가 있다.

파이선 프로그래밍: 알고리즘 작성과 코딩

파이선이 배우기 어렵다고 하는 사람들이 있다. 그러나 파이선은 문법이 쉽고 간결하여 기본적인 것은 아주 조금만 시간을 투자해도 배울 수 있다(6시간 만에 배우는 동영상 강의도 있다). 다만 파이선을 이용하여 프로그램을 작성하는 것은 결코 만만한 일은 아니다. 프로그래밍은 파이선만 배운다고 해서 할 수 있는 것이 아니기 때문이다. 프로그래밍을 하기 위해서는 알고리즘(algorism, 문제를 해결하는 일련의 과정을 형식화한 것)을 작성하는 것이 먼저다. 파이선은 알고리즘을 컴퓨터가 이해할 수 있는 형식으로 변환하는 데 사용하는 언어일 뿐이다. 이렇게 알고리즘을 프로그래밍 언어로 변환하는 것을 코딩(coding)이라고 한다. 비유하자면 알고리즘은 음악 작품으로서의 '곡(曲)'이고 파이선은 (쉽게 배워서) 이를 연주할 수 있는 '악기(樂器)'이다. 이를 통틀어, 곧 알고리즘을 작성하고 이를 (파이선과 같은) 프로그래밍 언어를 사용하여 코딩하기까지의 전 과정을 프로그래밍이라고 한다.

(16)은 910만 어절 규모의 〈세종 의미 분석 말뭉치〉에서 '가는'이 각각 '가+는', '갈+는', '가늘+은'으로 분석되는 문장에서 '가는'의 앞뒤 각 3어절의 범위 안에 나타나는 일반 명사(NNG)들을 추출하여 비교한 것이다. 추출 프로그램은 파이선으로 작성하였으며 알고리즘은 '가는'의 분석 어절 별로 크게 ①'가는'의 앞뒤 각 3어절의 범위 안에 나타나는 일반 명사 목록 추출, ②일반 명사 형태별 빈도 계산 등을 포함한다.[16]

---

15 이러한 점은 코퍼스 분석 도구로서 많이 쓰이는 MonoConc, AntConc, Wordsmith 등도 마찬가지이다.
16 ①과 관련한 프로그래밍에 대해서는 [부록2]의 6을, ②와 관련한 프로그래밍에 대해서는 [부록2]의 2와 4를 참조할

(16) '가는'의 일반 명사 공기어(일부)

'가는'의 분석 어절	일반 명사 목록(빈도)
가+는	길01(370), 사람(121), 곳01(87), 집01(72), 일01(70), 시간04(66), 버스02(59), 학교(44), 날01(42), 말01(35), 때01(31), 동안01(27), 앞(27), 아이01(24), 경우03(22), 도중04(22), 비행기(22), 손01(22), 호감(21), 생각01(20), …
갈+는	밭(6), 쟁기01(4), 모습01(3), 연장01(3), 논밭(2), 집01(2), 가래03(1), 가축02(1), 고전주의(1), 깨01(1), …
가늘+은	소리01(7), 모양02(6), 뿌리(6), 철사05(6), 눈01(5), 비01(5), 위01(5), 줄기01(5), 풀02(5), 허리01(5), 깃털(4), 끝(4), 나뭇가지(4), 발01(4), 선14(4), 아래01(4), 줄01(4), …

(16)을 추출하는 프로그램은 구조가 꽤 복잡하다. 그러나 전체 알고리즘을 단계별로 나눠서 보면 각각의 알고리즘은 크게 복잡하지 않다. 부분 부분은 단순하지만 여러 개의 부분을 포함하면서 프로그램 전체가 복잡해졌을 뿐이다. 특히 파이선은 알고리즘 작성을 쉽게 할 수 있는 여러 장치들을 가지고 있다.

수 있다.

제2부 분포와 빈도에 기반한 한국어 연구

4. 코퍼스 기반 언어 연구의 기초

언어 연구에서 코퍼스로부터 얻을 수 있는 정보들 가운데 핵심이 되는 것은 분포(分布, distribution)와 빈도(頻度, frequency)이다. 분포는 어떤 언어 요소가 출현하는 언어적 환경, 곧 문맥(文脈, context)을 말하며 빈도는 어떤 언어 요소의 출현 횟수(回數)를 말한다. 분포는 코퍼스에 나타나는 문법 형태들의 의미(그리고 기능)를 분석하는 수단으로서, 그리고 빈도는 문법 형태들 사이의 상대적 중요도를 판단하는 수단으로서 문법 기술의 토대를 제공한다. 이 장에서는 유사어 분석과 연어(連語, collocation) 분석을 중심으로 이에 대해 살펴본다. 코퍼스는 〈세종 의미 분석 말뭉치(910만)〉와 〈세종 형태 분석 말뭉치(1000만)〉에서 본문만 따로 떼어서 어절 단위와 문장 단위의 두 가지 형식으로 재구성한 것을 사용한다. 각 코퍼스의 문법 단위별 구성은 다음과 같다.

(1) 세종 말뭉치의 문법 단위별 구성(단위: 개)

말뭉치	어절	문장	형태/태그	
			유형(type)	총수(token)
세종 의미 분석 말뭉치(910만)	9,134,677	805,726	224,790	20,811,257
세종 형태 분석 말뭉치(1000만)	10,156,140	880,377	227,041	23,166,967

자료의 추출과 분석에는 파이선 3.7.0 버전으로 작성한 프로그램을 이용한다. 코퍼스 언어학의 관점에서 분포와 빈도의 활용과 그 의의를 설명하는 데 초점을 둔다.

4.1. 분포와 의미

어떤 단어의 의미를, 예를 들어 동사 '가다'의 의미를 기술한다고 생각해 보자. 먼저 '집에 가다'라는 문장을 떠올린다. '시간이 가다'라는 문장이 함께 떠오른다. 이때 '시간이

지나다'라는 문장이 떠오를 수도 있다. 이제 이 문장들을 비교해 가면서 '가다'의 의미를 분석한다. '손이 가다', '금이 가다', '맛이 가다' 등을 차례대로 추가하면서 그 과정을 되풀이한다. 이런 방식으로 '가다'의 의미를 총체적으로 기술하기 위해서는 '가다'가 쓰인 문장을 충분히 모으는 일이 우선이다. 이론(異論)은 있겠지만 '많으면 충분하다'고 보고 대규모 코퍼스의 도움을 받으면 이는 어렵지 않은 일이다. 그리고 이렇게 모은 문장들을 체계적으로 분석하여 '가다'의 의미를 기술하면 그 결과는 다음과 같은 어떤 것일 수 있다.[1]

1 【…에/에게】【…으로】【…을】

「1」 한곳에서 다른 곳으로 장소를 이동하다. ¶산에 가다.

「2」 수레, 배, 자동차, 비행기 따위가 운행하거나 다니다. ¶폭풍우가 치는 날에는 그 섬에 가는 배가 없다.

「3」 지금 있는 곳에서 어떠한 목적을 가지고 다른 곳으로 옮기다. ¶밥을 먹으러 식당에 가다.

「4」 직업이나 학업, 복무 따위로 해서 다른 곳으로 옮기다. ¶군대에 가다.

2 【…에/에게】【…으로】

「1」 직책이나 자리를 옮기다. ¶그는 얄밉게도 부장 대우를 받는 조건으로 경쟁 회사에 갔다.

「2」 물건이나 권리 따위가 누구에게 옮겨지다. ¶책상 위에 있던 돈이 어디에 갔지?

「3」 관심이나 눈길 따위가 쏠리다. ¶날이 더우니까 사소한 일에도 신경이 간다.

「4」 말이나 소식 따위가 알려지거나 전하여지다. ¶장사꾼들 사이에 시비가 오고 가는지 소란스러웠다.

「5」 (('손해' 따위의 명사와 함께 쓰여)) 그러한 상태가 생기거나 일어나다. ¶자기에게 손해 가는 장사를 누가 하겠어?

　　　…

이처럼 '가다'가 쓰인 문장들을 계속 떠올려 가면서 그 의미를 분석하는 것은 어떤 문장에서 어떤 단어들과 함께 쓰이는지를 통해 이를 파악할 수 있다고 생각하기 때문이다. 이는 '언어 요소의 분포는 그 의미를 반영한다.'라고 하는 분포 의미론(分布意味論,

---

1 『표준국어대사전』에서 동사 '가다'의 의미로 기술한 것 가운데 일부이다. 그 전체는 크게 10개로 나뉜 총 33개이다. 이 밖에 '가다'는 보조 동사로도 쓰인다.

distributional semantics)의 전제이다.

　분포와 의미의 관계에 대한 분포 의미론의 전제를 구체화한 것이 '의미가 유사한 언어 요소들은 분포가 유사하다.'라고 하는 혹은 '분포가 유사한 언어 요소들은 의미가 유사하다.'라고 하는 이른바 분포 가설(分布假說, distributional hypothesis)이다.[2] 어휘 의미론에서 대치 가능성(replaceable)을 동의어(同義語, synonym) 혹은 유의어(類義語)를 검증하는 수단으로 삼는 것도 기본적으로 이러한 인식에 토대를 둔 것이다.

　이제 분포 가설에 입각하여 어휘들 사이의 유사성을 분석해 보자. 어떤 어휘(중심어)의 분포는 코퍼스에서 일정한 범위(span)[3] 안에서 그 어휘와 공기하는 어휘(공기어)들로 본다. 유사성 측정은 코사인 유사도(cosine similarity)를 이용한다. 코사인 유사도는 두 벡터(vector)[4] 간 각(角, angle)의 코사인 값을 이용하여 측정한 두 벡터의 유사도를 말하는데, 다음과 같이 두 벡터의 방향이 완전히 반대인 180도인 경우 −1의 값을, 90도인 경우 0의 값을, 방향이 완전히 같은 0도인 경우 1의 값을 갖는다. 결국 코사인 유사도는 −1에서 1 사이의 값을 가지며 1에 가까울수록 두 벡터 사이의 유사도가 높다.

[코사인 유사도: −1]　　[코사인 유사도: 0]　　[코사인 유사도: 1]

---

2 Sahlgren(2008: 33-34)에 의하면 분포 가설은 다음과 같이 언급되어 왔다. "words which are similar in meaning occur in similar contexts"(Rubenstein & Goodenough 1965), "words with similar meanings will occur with similar neighbors if enough text material is available"(Schütze & Pedersen 1995), "a representation that captures much of how words are used in natural context will capture much of what we mean by meaning"(Landauer & Dumais 1997) and "words that occur in the same contexts tend to have similar meanings"(Pantel 2005)

3 Stubbs(2001: 29)에 따르면 유의한 공기어는 대체로 중심어 앞뒤 4의 범위에서 발견된다는 공감대가 어느 정도 형성되었다고 한다.

4 벡터는 수학, 물리학 등에서 크기와 방향으로 정해지는 양을 뜻하며 보통 화살표로 표시한다.

코사인 유사도를 이용하여 어휘들 사이의 유사성을 분석하기 위해서는 분포를 벡터로 표상(表象)하는(represent) 일이 우선이다. 일반적인 방법은 공기어와 그 빈도를 이용하여 다음과 같은 (빈도) 행렬(行列, matrix)을 만드는 것이다.

(2) 중심어-공기어 (빈도) 행렬

	중심어1	중심어2	중심어3	중심어4	중심어5
공기어1	1	0	1	2	0
공기어2	3	1	0	3	0
공기어3	0	1	0	1	2
공기어4	0	3	1	1	1
공기어5	2	1	2	0	1
공기어6	1	1	1	0	2
공기어7	1	2	1	1	0

어휘별 공기어 목록은 파이선을 이용하여 어렵지 않게 추출할 수 있다. 이로부터 각 중심어의 공기어 (빈도) 벡터를[5] 구하고 코사인 유사도를 계산하는 것은 수치 계산용 파이선 라이브러리 Numpy(넘파이)를 이용할 수 있다. 이러한 방법으로 부사 '결코'와 '절대로'의 코사인 유사도를 계산한 결과는 다음과 같다. 이는 '결코'와 '절대로'가 의미적으로 유사하고[6] 부정 요소와 호응하는 이른바 부정 극어로서의 문법적 공통성이 있다는 점을 잘 반영하는 것으로 볼 수 있다. 참고로 두 어휘의 공기어는 〈세종 의미 분석 말뭉치(910만)〉에서 각각 범위를 4로 설정하여 추출하였으며 기호와 접두사는 이에서 제외했다.

---

5 예를 들어 (2)에서 '중심어1'의 공기어 (빈도) 벡터는 [1 3 0 0 2 1 1]이다.
6 『표준국어대사전』에서는 '결코'의 뜻을 '어떤 경우에도 절대로'로 풀이한다.

(3) 부사 '결코'와 '절대로'의 코사인 유사도[7]

　　가. 공기어 총수(token)

　　　　-'결코'(L1의 길이): 14287

　　　　-'절대로'(L2의 길이): 4590

　　나. 공기어 합집합(feats)의 유형(type) 수: 3181

　　다. 공기어 (빈도) 벡터[8]

　　　　-'결코'(L1_arr): [2　4　2　…　0　2　0]

　　　　-'절대로'(L2_arr): [1　4　0　…　1　0　1]

　　라. 코사인 유사도 계산

　　　　-dot(L1_arr, L2_arr): 628730

　　　　-norm(L1_arr): 1487.544621179479

　　　　-norm(L2_arr): 466.1780775626413

　　　　-norm(L1_arr)*norm(L2_arr): 693460.691790097

　　　　-코사인 유사도

　　　　=dot(L1_arr, L2_arr)/(norm(L1_arr)*norm(L2_arr))

　　　　=0.9066555717484124

　　Word2Vec을 이용하면 어떤 어휘와 유사한 단어들의 목록을 보다 쉽고 빠르게 얻을 수 있다.[9] Word2Vec의 학습 방식은 CBOW(Continuous Bag of Words), Skip-gram 두 가지로 나뉜다. CBOW는 주변어(문맥)에 기반하여 중심어를 예측하는 방식이고 Skip-gram은 이와 반대로 중심어에 기반하여 주변어를 예측하는 방식이다.[10] Mikolov et al.(2013: 5)에서는 이를 다음과 같이 설명한다.

---

7 이를 추출한 프로그램은 [부록2]의 8에 제시한다. 참고로 L1과 L2는 각각 '결코'와 '절대로'의 공기어 리스트이다. 공기어의 총수에 차이가 있는 것은 코퍼스에서 두 어휘의 빈도가 '결코'는 1912, '절대로'는 644로 다르기 때문이다. dot()는 두 벡터의 내적(內積, inner product, 두 벡터의 각 성분을 곱한 값의 합)을 계산하는 함수이고 norm()은 벡터의 크기를 계산하는 함수이다. 코사인 유사도는 두 벡터의 내적을 각 벡터의 크기의 곱으로 나눈 값이다.

8 각 공기어 벡터의 전체 길이는 feats의 길이 3181과 같다.

9 Word2Vec은 구글 연구팀에서 개발한 기계 학습 방식의 단어 임베딩 모델이다. 단어 임베딩(word embedding)은 단어를 숫자들의 배열인 벡터로 표상하는 것을 말한다.

10 The CBOW architecture predicts the current word based on the context, and the Skip-gram predicts surrounding words given the current word. (Mikolov et al. 2013: 5)

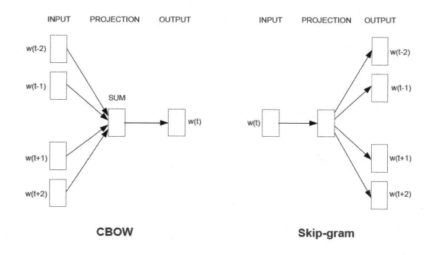

CBOW   **Skip-gram**

다음은 Word2Vec을 이용하여 〈세종 의미 분석 말뭉치(910만)〉를 학습하게 하고 이로부터 형용사 '예쁘다'와 (분포의) 유사도가 높은 단어 10개를 추출한 것이다.[11] 이들은 대체로 어휘 의미론의 관점에서 형용사 '예쁘다'(코퍼스 빈도 1026)의 유의어로 볼 수 있는 형용사들이다. 다만 주목할 수 있는 것은 '예쁘다'의 반의어로 볼 수 있는 형용사 '못생기다'가 유사도 순위 4위라는 점이다. 이는 '상의어를 공유한다는 점에서 의미적으로 공통성을 지니며 최소의 차이에 근거하여 대립적'(최경봉 외 4인 2020: 127)이라는 반의 관계의 본질적인 속성으로 설명할 수 있다. 이에 따르면 '예쁘다'와 '못생기다'는 (물론 유의어로서는 아니지만) 의미적으로 상당 부분 유사해서 분포가 유사한 것이다.

(4) 형용사 '예쁘다'의 유사어 상위 10개 목록[12]

순위	유사어	빈도	유사도
1	귀엽/VA	434	0.8238
2	이쁘/VA	100	0.8015

---

11 『표준국어대사전』에서 '야하(다)01'는 '천하게 아리땁다'로, '참하(다)01'는 '생김새 따위가 나무랄 데 없이 말쑥하고 곱다'로 풀이되어 있다.

12 이를 추출한 프로그램은 [부록2]의 9에 제시한다. 참고로 빈도는 따로 계산하여 추가한 것이다.

3	잘생기/VA	138	0.7806
4	못생기/VA	88	0.7625
5	곱02/VA	790	0.7567
6	멋있/VA	115	0.7560
7	야하01/VA	53	0.7472
8	어여쁘/VA	39	0.7333
9	참하01/VA	16	0.7158
10	앳되/VA	43	0.7139

이처럼 (4)는 분포가 유사하면 의미가 유사하다는 점을 대체로 잘 보여주는 예라고 할 수 있다. 다만 그렇다고 하더라도 분포의 유사성이 의미의 유사성을 있는 그대로 반영한다고 보기는 어렵다. '아리땁다'(25위, 유사도 0.6695), 아름답다(27위, 유사도 0.6666)'와 '예쁘다'의 의미적 유사도가 '못생기다, 앳되다'와 '예쁘다'의 의미적 유사도보다 낮은 것을 어휘 의미론의 관점에서 설명하기는 쉽지 않아 보인다. 유사도 순위도 마찬가지이다. 예를 들어 우리의 언어적 직관으로는 '귀엽다'보다 '이쁘다'가 '예쁘다'와 의미적으로 더 유사하다고 볼 수도 있다.

Word2Vec으로 벡터화한 단어들은 파이선 머신러닝 라이브러리 Sciket-learn(사이킷런)과[13] 파이선 데이터 시각화 라이브러리 Matplotlib(맷플롯립)을 이용하여 산점도(散點圖, scatter plot)로 나타낼 수도 있다. 다음은 〈세종 의미 분석 말뭉치(901)〉의 일반 명사 (NNG) 가운데 빈도 상위 70개의 산점도이다.

---

[13] 여러 개의 성분들로 구성된 고차원의 단어 벡터를 시각화하기 위해서는 먼저 차원 축소(dimension reduction)의 과정을 거쳐야 한다. 차원 축소는 고차원의 원본 데이터를 차원을 줄인 공간에 투영하여 데이터를 축소하는 기법을 말한다. Sciket-learn은 PCA(Principal Component Analysis, 주성분 분석), t-SNE(t-distributed stochastic neighbor embedding) 등의 차원 축소 기법을 제공한다. 예시는 t-SNE 방식으로 100차원의 단어 벡터들을 2차원(평면)으로 줄여서 시각화한 것이다.

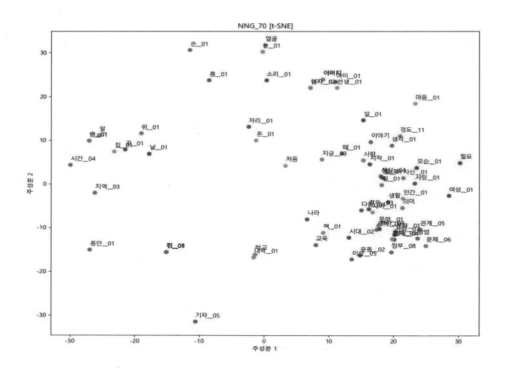

위 산점도에서 중요한 것은 각 어휘의 좌표(座標, coordinates)가 아니라 어휘들 사이의 거리이다. 어휘들은 거리가 가까울수록 의미가 유사하다. 그래서 의미가 유사한 단어들이 가까운 위치에 모인다. 위 산점도에서도 '어머니, 아버지, 남자02, 여자02, 아이01, 선생01', '앞, 뒤01, 위01, 곳01', '정치03, 경제04, 사회07, 문화01', '얼굴, 눈01, 손01, 몸01', '대학01, 학교' 등이 대체로 비슷한 위치에 모여 있는 것을 확인할 수 있다.

4.2. 빈도와 연어

빈도는 문법 형태들의 상대적 중요도를 평가하는 척도로서 그 자체로도 의미가 있다. 예를 들어 사전 편찬, 기초 어휘 선정, 교육용 어휘 선정 및 교재 편찬 등을 위해서는 어휘 평정(語彙評定, vocabulary evaluation)이[14] 필요한데 이때 활용할 수 있는 어휘 관련 정보들 가운데 중요한 하나가 바로 빈도이다. 빈도를 분포와 함께 언어 연구에 활용함으로써 언어 현상을 보다 세밀하게 기술할 수도 있다. 이 절에서는 코퍼스를 이용한 언어 연구의 핵심 주제 가운데 하나인 연어(連語, collocation) 분석 혹은 공기어 분석을 예로 들어 이에 대해 살펴본다.

일정한 범위(範圍, span)의 문맥에서 어떤 두 어휘가 함께 나타나는 현상을 공기(共起, co-occurrence)라고 하고 이 두 어휘 사이의 관계를 공기 관계라고 한다. 공기 관계는 두 어휘 가운데 어느 하나를 기준(혹은 중심)으로 파악할 수도 있는데 그 기준이 되는 어휘를 중심어(中心語, node)라고 하고 다른 하나, 곧 일정한 범위 안에서 중심어와 함께 나타나는 어휘를 공기어(共起語, collocate)라고 한다. 연어는 느슨하게는 공기 관계에 있는 어휘(중심어와 공기어)의 쌍을 말하기도 하지만[15] 일반적으로는 이들 가운데 보통의 경우보다 공기 관계가 긴밀한 어휘의 쌍을 말한다.

여기에서 문제는 공기 관계의 긴밀성을 어떻게 판단하느냐 하는 것이다. 이와 관련하여 코퍼스 언어학에서 주목하는 것은 공기 빈도이다.[16] 공기 관계가 긴밀한 두 어휘가 그렇지 않은 두 어휘보다 더 자주 함께 나타나리라는 것은 충분히 예상할 수 있다. 그러나 단순히 어떤 어휘 B가 중심어 A와 공기하는 빈도가 다른 어휘 C가 A와 공기하는 빈도보다 더 높다고 해서 A와 B의 공기 관계가 A와 C의 공기 관계보다 더 긴밀하다고 단정할 수는 없다. 공기 빈도의 차이는 코퍼스 전체에서 B의 빈도가 C의 빈도보다 더 높아서 생긴 우연한 것일 수도 있기 때문이다. 이를 고려하면 연어 분석에서 어떤 어휘의 공기 빈도는 코퍼스 전체에서 그 어휘의 빈도에 견주어 해석하는 것이 합리적이다. 이런 방법으로

---

14 어휘 평정은 특정한 목적과 기준에 따라 어휘들을 평가(評價)하여 그 목록을 정(定)하는 것을 말한다. 사전 편찬을 예로 들면 만들려고 하는 사전이 대사전(표제어 30만 개 이상)인지 중사전(10만~20만 개)인지 소사전(5만 개 이하)인지에 따라 이에 맞는 표제어를 선정해야 하므로 사전 편찬에서는 이를 위한 어휘 평정이 필수적이다.

15 'Collocation is the occurrence of two or more words within a short space of each other in a text.(연어는 어떤 텍스트에서 둘 혹은 그 이상의 단어들이 좁은 범위 안에 나타난 것이다.)' (Sinclair 1991: 170)

16 이는 이론 언어학의 관점과는 분명히 다르며, 또 이론 언어학 안에서도 공기 관계의 긴밀성을 어떻게 이해할 것인지(보다 근본적으로는 연어를 어떻게 정의할 것인지)에 대해서는 입장의 차이가 있다. 이를 포함하여 연어의 정의, 연어의 특성, 연어의 범위, 연어와 주변 범주(일반 자유 구성, 관용어 등)의 구별 등 연어와 관련한 언어학적 문제들에 대해서는 김진해(2000, 2007), 임홍빈(2002), 이동혁(2004), 임근석(2006/2010, 2011) 등을 참조할 수 있다.

어떤 어휘가 어떤 중심어의 공기어로서 유의한 것인지 아닌지를 판단하는 통계적 절차를 유의성 검정(有意性檢定, significance test)이라고 한다.

유의성을 검정하는 데에는 카이 제곱 검정(chi-squared test), 로그 가능도 검정 (log-likelihood test) 등을 활용할 수도 있고 z-점수(z-score), t-점수(t-score), 상호 정보(MI, mutual information) 등을 이용할 수도 있다.[17] 여기에서는 t-점수를 이용한 유의성 검정에 대해 살펴본다.[18] t-점수를 계산하는 식은 다음과 같다.

$$t = \frac{O-E}{\sqrt{O}}$$

여기에서 O는 관측 빈도, 곧 어떤 어휘[19] w가 일정한 범위에서 어떤 중심어의 공기어로 서 실제로 나타난 빈도를 말한다. 그리고 E는 예상 빈도, 곧 그 어휘가 그 중심어의 공기어로서 나타날 것으로 기대되는 빈도를 말한다. 예상 빈도 E는 코퍼스 전체에서 공기어 w가 차지하는 비율에 공기 범위 내 어휘(공기어)의 총수를 곱한 값으로 계산한다. 곧 코퍼스를 C, 코퍼스의 어휘 총수를 Cs, 코퍼스 전체에서 공기어 w의 빈도를 $f_C(w)$, 공기 범위 내 어휘의 총수를 Ss라고 할 때 예상 빈도 E를 계산하는 식은 다음과 같다. 이는 이를테면 전체 30개의 공 가운데 빨간 공이 3개라면 10개의 공 가운데에는 빨간 공이 1개(=3/30×10) 있으리라고 예상하는 것과 같다.

$$E = \frac{f_C(w)}{Cs} \times S_s$$

---

17 통계와 유의성 검정에 대한 일반론은 McEnery and Hardie(2012)의 2장 6절을, 유의성 검정 기법은 Barnbrook(1996)의 5장을 참조할 수 있다. 신효필(2005)에서는 한국어 연어 분석을 중심으로 적용할 수 있는 통계 기법의 종류와 특성, 통계 분석에서 고려해야 할 사항들, 통계 분석의 의의, 통계 분석의 결과에 대한 언어학적 분석의 필요성 등에 대해 살펴보았다. 한편 Barnbrook(1996), 강범모(2003: 109-116), 김일환·이도길(2011: 151 주11) 등에 따르면 t-점수를 제외한 다른 통계 기법들은 대체로 빈도가 낮은 어휘의 유의성을 높게 평가하는 경향이 있다고 한다.

18 t-점수를 이용한 대규모 한국어 연어 (관계) 분석 및 관련 통계 자료는 홍종선 외(2001)을 참조할 수 있다. 홍종선 외(2001)에서 연어 분석의 대상으로 삼은 어휘는 1000만 어절 규모의 〈고려대학교 한국어 말모둠 1〉에서 추출한 체언과 용언 빈도 상위 각 100개이다.

19 여기에서는 '형태/태그'를 대상으로 t-점수를 계산하므로 이때의 어휘는 '형태/태그'를 말한다.

이제 t-점수를 활용할 수 있는 구체적인 사례를 살펴보자. 먼저 유사어를 대상으로 각각의 공기어들에 대한 t-점수를 구하고 이를 서로 비교해 보자.[20] 분포에 기반하여 유사도를 계산하는 코퍼스 언어학의 관점에서 이는 어떤 두 어휘가 유사하다고 판단하는 구체적인 근거를 확인하는 일이다. 예를 들어 〈세종 의미 분석 말뭉치(910만)〉에서 부사 '매우', 그리고 이와 (분포의) 유사도(0.9377, 2장 1절 참조)가 가장 높은 부사 '대단히'를 비교해 보자.[21]

(5) '매우/MAG' 공기어: t-점수 상위 10개

순위	w	$f_c(w)$	E	O	t-score
1	하/XSA	184432	175.8335	1076	27.4421
2	중요02/NNG	6086	5.8027	227	14.6814
3	적/XSN	102327	97.5563	342	13.2180
4	어렵/VA	5545	5.2865	92	9.0405
5	높/VA	5285	5.0386	86	8.7303
6	크/VA	15511	14.7879	99	8.4636
7	스럽/XSA	8251	7.8663	80	8.0648
8	일01/NNG	28928	27.5793	112	7.9770
9	것/NNB	186992	178.2741	314	7.6595
10	복잡/XR	1143	1.0897	39	6.0705

---

[20] 이와 관련한 프로그래밍에 대해서는 [부록2]의 6과 7을 참조할 수 있다.

[21] 코퍼스의 어휘 총수(C_s)는 20,811,257이다. 그리고 코퍼스 전체에서 '매우'와 '대단히'의 빈도는 각각 2,610과 651이며, 공기 범위(4) 내 어휘의 총수(S_s)는 '매우' 19,841이고 '대단히' 4,864이다. 여기에서 공기 범위 내 어휘의 총수(S_s)가 중심어의 수(빈도)에 공기 범위(8=4×2)를 곱한 값보다 작은 것은 공기어가 8개 미만인 문맥도 있기 때문이다. 참고로 목록은 조사와 어미를 제외한 상위 10개를 제시한 것이다. 공기 범위, 목록에서 조사와 어미의 제외 등은 이하에서도 동일하다.

(6) '대단히/MAG' 공기어: t-점수 상위 10개

순위	w	$f_c(w)$	E	O	t-score
1	하/XSA	184432	43.1054	266	13.6665
2	중요02/NNG	6086	1.4224	67	8.0116
3	적/XSN	102327	23.9158	93	7.1637
4	크/VA	15511	3.6252	32	5.0160
5	스럽/XSA	8251	1.9284	27	4.8250
6	어렵/VA	5545	1.2960	24	4.6344
7	일01/NNG	28928	6.7610	31	4.3535
8	것/NNB	186992	43.7037	82	4.2291
9	죄송/XR	308	0.0720	14	3.7224
10	높/VA	5285	1.2352	15	3.5541

순위의 차이는 얼마간 있지만 '매우'와 '대단히' 각각의 t-점수 상위 10개의 공기어들 가운데 '하/XSA, 중요02/NNG, 적/XSN, 어렵/VA, 높/VA, 크/VA, 스럽/XSA, 일01/NNB, 것/NNB'[22] 등 9개가 겹친다. 범위를 조금 넓혀 보면 '매우'의 공기어 순위 10위인 '복잡/XR'은 '대단히'의 공기어 순위로는 100위 밖이다. 그리고 '대단히'의 공기어 순위 9위인 '죄송/XR'은 '매우'의 공기어로는 전혀 나타나지 않는다. 이는 유사어라고 하더라도 구체적인 용법이 얼마간 다를 수 있다는 점을 보여주는 것으로 이해할 수 있다.[23]

다음으로 동형어(同形語, homonym)를 대상으로 각각의 공기어들에 대한 t-점수를 구하고 이를 서로 비교해 보자. 다음은 일반 명사 '눈01'(目, 코퍼스 빈도 10,563)과 '눈04'(雪, 코퍼스 빈도 975) 각각의 공기어들 가운데 t-점수 상위 10개의 목록이다.

---

[22] '하/XSA'와 '적/XSN'의 순위가 높은 것은 각각 '(매우) 중요하다/부적절하다' 등의 'X하다' 파생어와 '(매우) 적극적/구체적' 등의 'X적' 파생어가 많기 때문이다.

[23] 물론 '죄송'이 '매우'의 공기어로 쓰일 수 없는 것은 아니다. 인터넷상에서는 '국민들께 매우 죄송'과 같은 예가 드물지 않다. 다만 그렇다고 하더라도 '죄송'은 '매우'의 공기어로보다는 '대단히'의 공기어로 훨씬 더 자주 쓰이는 것은 분명해 보인다.

(7) '눈01/NNG' 공기어: t-점수 상위 10개

순위	w	$f_c(w)$	E	O	t-score
1	뜨05/VV	1043	3.8032	929	30.3547
2	띄01/VV	840	3.0630	823	28.5812
3	감01/VV	831	3.0302	807	28.3011
4	보이01/VV	10884	39.6873	439	19.0582
5	보01/VV	33252	121.2498	557	18.4633
6	두/MM	12817	46.7358	355	16.3610
7	나/NP	54076	197.1823	566	15.5026
8	그/NP	50733	184.9924	522	14.7504
9	들어오/VV	4391	16.0113	238	14.3894
10	바라보/VV	3400	12.3977	214	13.7812

(8) '눈04/NNG' 공기어: t-점수 상위 10개

순위	w	$f_c(w)$	E	O	t-score
1	내리/VV	4683	1.4955	201	14.0720
2	오/VV	17039	5.4413	139	11.3283
3	쌓이/VV	849	0.2711	87	9.2983
4	덮이/VV	297	0.0948	57	7.5373
5	위01/NNG	8010	2.5580	59	7.3481
6	녹/VV	448	0.1431	47	6.8348
7	희/VA	1216	0.3883	45	6.6503
8	하얗/VA	1120	0.3577	37	6.0240
9	속01/NNG	15879	5.0709	45	5.9523
10	겨울/NNG	1587	0.5068	34	5.7440

결과는 예상과 다르지 않다. 의미가 다른 만큼 겹치는 공기어도 없다. 이론 언어학에서는 이와 같은 비교는 특별한 의미가 없다. 그러나 전산 언어학(그리고 자연언어 처리)에서는 이와 같은 비교가 의미가 있다. 자연언어 처리의 난제 가운데 하나인 동형어 분석은 문맥(공기어)에 의존할 수밖에 없기 때문이다.

코퍼스를 이용한 연어(공기어) 분석에서 한 가지 짚고 넘어가야 할 것은 이용할 수 있는 통계 기법이 다양하다는 점이다. 이는 어떤 통계 기법을 이용하는지에 따라 분석 결과(공기어 목록과 그 순위 등)가 얼마간 다를 수 있기 때문일 것이다.[24] 그리고 분석 결과는 조건, 이를테면 공기 범위를 어떻게 설정하는지에[25] 따라서 달라지리라는 것도 분명하다. 분석된 공기어들의 문법적 지위도 단순히 통계 수치만으로 판단할 수 있을 만큼 단일하지는 않을 것이다. 예를 들어 (5)와 (6)에서 '매우'와 '대단히'의 공기어 가운데 t-점수 상위 10개에 모두 포함된 '일01/NNG'과 '것/NNB'은 이론적으로는 연어 는 물론 공기어로 보기도 어려운 것들이다.[26] 연어에 대한 통계 분석에서 언어학적 검토가 뒤따라야 하는 것은 이런 까닭에서이다.[27]

---

[24] 이를 포함하여 통계를 기반으로 한 연어 분석에서 제기되는 문제들, 대안으로서 제시된 새로운 접근 방식 등에 대해서는 McEnery and Hardie(2012)의 6장 2절을 참조할 수 있다. 통계 기법에 따른 분석 결과의 차이에 대해서는 Hunston(2002: 70-75), Hoffmann et al.(2008: 149-158), Baker(2006: 201-103) 등을 참조할 수 있다. 〈토지 1〉에서 중심어 '얼굴을'의 공기어들을 추출하고 이들의 연어값을 z-점수, t-점수, MI로 계산하여 비교한 강범모(2003: 114-116)도 참조할 수 있다.

[25] 공기 범위는 Clear(1993)에서는 2로, Gledhill(2000)에서는 3으로, Sinclair et al.(2004)에서는 4로, Huang et al.(1994), Xu et al.(2003), Stuart and Trelis(2006)에서는 5로 설정했다. (McEnery and Hardie 2012: 129 참조)

[26] 통계적 유의성이 문법적 유의성을 함의하는 것은 아니다. 그렇다고 해서 통계적 유의성이 무의미한 것은 물론 아니다. 사실 유의성은 언어 연구의 전반에 일률적으로 적용되는 절대적이고 고정적인 개념이라기보다는 이론적 배경, 연구 분야, 연구 목적 등에 따라서 서로 다르게 적용되는 상대적이고 유동적인 개념이다. 예를 들어 앞서 언급했듯이 (7)과 (8)의 비교가 갖는 의의는 이론 언어학과 전산 언어학에서 서로 다르다.

[27] 연어의 예를 들었지만 이는 코퍼스와 통계를 기반으로 한 모든 연구에 공통적으로 적용되는 것이다.

5. 명사의 분포와 기능

이 장에서는 코퍼스에서 한국어 (일반) 명사들의[1] 격조사 결합 양상을 확인하고 이 가운데에서 분포적 특성이 두드러진 명사들을 대상으로 그 기능적 특성을 살펴본다. 코퍼스는 〈세종 의미 분석 말뭉치(910만)〉를 이용한다. 명사별 격조사 결합 양상은 파이선으로 프로그램을 작성하여 분석한다. 이는 ①일반 명사 목록(A) 추출과 빈도 계산, ②격조사 유형별 선행 '형태/태그'(B) 추출, ③A의 각각을 대상으로 B의 각각과 비교하여 명사별 격조사 결합 양상 분석 등 세 단계의 과정을 거친다.[2]

5.1. 명사의 분포적 특성

명사(名詞, noun)는 기능상 주어, 목적어, 관형어, 부사어 등 여러 문장 성분으로 두루 쓰이는 단어 부류이다.[3] 그런데 모든 문법 형태가 그러하듯이 명사들 가운데에는 이와 같은 전형성에서 벗어나는 것들도 있다. 그리고 전형성이라고 하는 것도 정도성이 있는 것이므로 아주 전형적인 것들과 전형에서 아주 많이 벗어난 것들을 양 끝으로 하는 선상에 그 정도에 따라 명사들을 늘어놓는 것도 가능하다.

한편 유형론적으로 교착어에 속하는 한국어에서 명사가 특정한 문장 성분으로 쓰일 때에는 이를 표시하는 문법적 요소, 곧 격조사가 결합할 수 있다. 그래서 한국어 명사의

---

1 〈세종 말뭉치〉에서는 명사(NN)를 일반 명사(NNG), 고유 명사(NNP), 의존 명사(NNB)의 세 가지로 나눈다. 이와 달리 한국어 문법 기술에서는 명사를 두 가지 차원에서 구분하는 것이 보통이다. 곧 가리키는 대상의 성격에 따라 보통 명사와 고유 명사를 구분하고 자립성 여부에 따라 자립 명사와 의존 명사를 구분한다. 결국 〈세종 말뭉치〉의 일반 명사는 고유 명사에 대가 되는 것으로서의 보통 명사와 의존 명사에 대가 되는 것으로서의 자립 명사라는 두 가지 성격을 갖는 셈이다. 이처럼 〈세종 말뭉치〉에서 이론 문법에서와 다른 방식으로 명사를 구분하고 일반 명사라는 새로운 용어를 쓴 것은 하나의 형태에 하나의 표지가 대응하는 코퍼스의 특성 때문이다.

2 ①과 관련한 프로그래밍에 대해서는 [부록2]의 4를 참조할 수 있고, ②와 관련한 프로그래밍에 대해서는 [부록2]의 5를 참조할 수 있다.

3 통사론적으로 문장 성분으로 쓰이는 것은 명사가 아니라 명사가 핵(核, head)인 구, 곧 명사구이지만 편의상 명사로 대신한다.

기능적 특성은 격조사 결합의 분포적 특성과 긴밀하게 관련된다. 이는 명사의 기능을 그 분포에 기반하여 포착할 수 있다는 것을 뜻한다. 물론 격조사 결합이 필수적인 것은 아니다. 특히 구어에서는 격조사가 쓰이지 않는 일이 흔하다. 그러나 대규모의 코퍼스를 전제로 하면 이는 별 문제가 되지 않는다.

(1)은 〈세종 의미 분석 말뭉치(910만)〉에서 한국어 명사들의 격조사 결합 양상을 분석하고 결합하는 격조사의 유형 수별로 이를 나누어 제시한 것이다.[4] 분석은 코퍼스 빈도 10 이상의 명사들을[5] 대상으로 한 것이다. 그리고 격조사는 세종 형태 표지를 기준으로 하되 그 가운데에서 호격 조사(JKV)와 인용격 조사(JKQ)를 제외한 5개 유형의 격조사, 곧 주격 조사(JKS), 목적격 조사(JKO), 보격 조사(JKC), 관형격 조사(JKG), 부사격 조사(JKB), 그리고 세종 말뭉치에서 긍정 지정사(VCP)로 분석한 서술격 조사 '이(다)'를 대상으로 한 것이다.

(1) 명사(빈도 10 이상)의 격조사 결합 양상

격조사의 유형 수	명사(type)		명사(token)	
	개수	비율(%)	개수	비율(%)
6	4,124	15.81	2,996,993	66.58
5	5,321	20.40	749,965	16.66
4	5,415	20.76	317,223	7.05
3	4,855	18.62	195,870	4.35
2	3,295	12.63	114,722	2.55
1	1,915	7.34	74,505	1.66
0	1,155	4.43	51,969	1.15
합계	26,080	100	4,501,247	100

---

4 〈세종 의미 분석 말뭉치(910만)〉에 하나의 문법 형태를 일반 명사(NNG)와 어근(XR)으로 다르게 처리하는 등의 일부 오류가 있으나 전체적으로 이를 확인하지는 못했다. 다만 이하의 각론에서 목록으로 제시하거나 예로 제시한 명사들에 대해서는 이를 확인하여 바로잡았다.

5 참고로 〈세종 의미 분석 말뭉치(910만)〉에 나타나는 일반 명사(NNG)의 전체는 유형(type)으로는 97,799개이고 총수(token) 로는 4,673,119개이다.

이 가운데에서 분포의 측면에서 본 연구에서 주목하는 것은 격조사 결합에 제약이 심한 두 유형의 명사들,6 곧 어떤 격조사도 결합하지 못하는 명사들(이하 '격조사 비결합 명사')과 1개 유형의 격조사와만 결합하는 명사들(이하 '특정 격조사 결합 명사')이다. 결합하는 격조사의 유형이 2개 이상인 것들 가운데에서도 격조사 결합형으로 쓰이는 빈도가 아주 낮은 것들은 함께 살펴본다.

5.2. 격조사 비결합 명사

빈도 10 이상의 명사 가운데 어떤 격조사와도 결합하지 않는 명사('중요'류)는 1,155개이다. 이들은 명사의 전형에서 가장 벗어난 것들이라고 할 수 있다. 그래서 이들 가운데에는 선행 연구에서 명사로서의 자격을 의심받기도 했던 것들이 많다. 다음에 제시한 빈도 상위 50개의 명사들을7 중심으로 이들의 문법적 특성에 대해 살펴보자.

(2) 격조사 비결합 명사 목록: '중요'류 1(빈도 상위 50개)

단어	빈도	단어	빈도	단어	빈도	단어	빈도	단어	빈도
중요02	6086	밀접	304	중대05	229	부유05	175	주재06	156
적극	1962	잠재02	304	내재	212	명심	174	전격03	154
특별	1399	적합	298	유효01	199	중산	173	두말01	148
주요01	1020	인문01	294	치명02	194	평준	172	유물03	148
대북02	854	소극02	262	재학02	191	과도02	171	가혹	147
독자03	503	중소02	255	주한02	188	충실02	169	이질02	146
감안02	486	유기03	254	유용01	185	경상05	165	재직01	140
일관01	443	기인03	250	재일01	181	가시04	163	특이	139
간주02	368	월02	249	부가02	177	급속	163	상응	137
유리05	352	감수11	234	상공07	177	친숙	159	세분03	134

---

6 이들은 불완전 명사라고 불리기도 하는 것들이다. 그리고 이를 어미 결합에 제약이 있는 불완전 동사와 함께 묶어 불완전 계열이라고 하기도 한다. 이에 대해서는 고영근(1987/1989: 35-60), 김영욱(1994), 정경재(2008), 김일환(2009/2020: 81-101) 등을 참조할 수 있다.

7 '(나) 用途別 輸入'의 '나'처럼 특수하게 쓰인 것들은 제외했다.

'중요'류 명사들은 전체적으로 보아 크게 두 가지 두드러진 특성을 보인다. 먼저 이들 가운데에는 '-하다, -되다, -성, -적, -히-' 등의 접미사가 붙어서 파생어를 만드는 것들이 많다.[8] 예를 들어 '중요02'의 경우 '중요하다, 중요성, 중요시'에서처럼 파생어의 어근으로 쓰인 것(총 5,900회)이 주를 이룬다.[9] 다음으로 이들 가운데에는 '대북02, 주한02, 재일01' 등 복합어의 어근으로는 잘 쓰이지 않고 '대북 정책, 주한 미군, 재일 교포'처럼 대부분 다른 명사(류)의 앞에 쓰여 이를 수식하는 것들이 많다. '주요01'의 경우에도 복합어의 어근('주요하다')으로 쓰이기도 하지만 '주요 내용, 주요 원인, 주요 도시'처럼 다른 명사의 앞에 쓰인 것(총 903회)이 주를 이룬다. 이들(혹은 그 일부)을 어근(시정곤 2001, 노명희 2003, 이호승 2003, 오민석 2017 등),[10] 어근적 단어(고신숙 1987, 김일환 2000, 채현식 2001, 이영제 2014 등), 관형 명사(김영욱 1994, 김창섭 1999, 이선웅 2000 등)로 보기도 하는 것은 이러한 점에 주목한 것이다.

이들 가운데 '주재06'는 개별적인 특이성도 보인다. 곧 '주재06'는 '주재하다'처럼 쓰이기도 하고 주로 명사류의 앞에 쓰인다는 점에서 앞서 살펴본 명사들과 다르지 않지만 그 앞에도 주로 명사류가 온다는 특이성이 있다. 곧 '주재06'는 (3)에서처럼 앞과 뒤에 모두 명사류가 오는 문맥에서 주로 쓰인다.

(3) 가. 중국 공안들이 <u>베이징 주재 한국영사관</u>에서 중국 보안요원들에게 끌려나온 탈북자를 연행하는 모습을 지켜본 ….
　　나. 우리 근로자는 전원 이라크 정부의 출국 비자와 <u>바그다드 주재 요르단 대사관</u>이 발급한 입국 비자를 갖고 있었다.
　　다. <u>유엔 주재 이라크 대사</u> 니자르 함둔은 이라크 측의 양보 조처가 공습이 있기 전에 발표된 것이기 때문에 공습 이후까지 이것이 유효한지는 알 수 없다는 ….

---

8 특히 '감안02'처럼 파생어('감안하다, 감안되다')의 어근으로만 쓰이는 것들도 있다. 참고로 쉼표가 뒤에 오는 예(47회)가 있으나 이는 '경단협은 근로 시간과 임금 지급 문제에 혼선을 겪고 있는 현실을 <u>감안</u>, 앞으로 노동 분배의 정상화 방안을 심층 연구하기로 하고 …'에서처럼 '하다, 되다' 등이 생략된 것이다. 이처럼 '하다, 되다'가 생략되기도 하는 것은 'X하다, X되다'류 동사들의 일반적인 특성이다. 이에 대해서는 후술할 '어근 분리 현상'을 참조할 수 있다.
9 이 밖에 주로 쓰이는 것은 '중요 사항, 중요 문제, 중요 부품' 등 명사류의 앞(167회)이다.
10 시정곤(2001)에서는 명사성 어근, 노명희(2003)에서는 (활성) 어근, 이호승(2003)에서는 통사적 어근, 오민석(2017)에서는 수식성 어근이라는 용어를 썼다. 이들을 포함한 비전형적 명사류 전반에 대한 연구 현황, 주요 쟁점 등에 대해서는 이영제(2021)을 참조할 수 있다.

명사류의 뒤에 주로 쓰인다는 점에서 '주재06'는 '(성장) 일로, (현금) 소지, (국문과) 출신' 등의 명사들과 공통성이 있다. 이들은 명사 가운데 의존성이 강해서 새로운 유형의 의존(적) 명사(고석주 1999, 이선웅 2004, 시정곤 2010)로 보기도 하고 부접명사(김창섭 2007, 2011)와 어휘적 기능명사(이영제 2014/2016)로 보기도 하는 것들이다.

한편 '중요'류 명사들은 〈세종 의미 분석 말뭉치(910만)〉에서 격조사가 전혀 결합하지 않는 것으로 분석되었지만 일부 격조사의 결합이 가능한 것들도 있다. (4)는 『표준국어대사전』에서 가져온 '잠재02, 내재, 무모03, 취약02, 교호01'의 예문들이다.

(4) 가. 인플레 요인의 <u>잠재가</u> 표면화되었다.
    나. 옛사람들은 신이나 영의 <u>내재를</u> 믿었다.
    다. 이번 내 행동에 대해서 자네들은 한결같이 내 <u>무모를</u> 탓하고 재고 숙고를 권한 우정을 왜 내가 모르겠는가.≪오영수, 오지에서 온 편지≫
    라. 기업들은 국내 산업 기반의 <u>취약으로</u> 국제 경쟁력을 상실했다.
    마. 흑백이 <u>교호로</u> 놓인 무늬

모어 화자의 언어 능력과 연구자의 직관을 중시하는 이론 언어학에서는 이러한 점을 들어 코퍼스 언어학의 한계를 지적하기도 한다. 그러나 실생활의 언어 자료로부터 획득한 통계 정보를 중시하는 코퍼스 언어학에서는 이러한 현상이 코퍼스에 나타나지 않는다는 사실 그 자체에 의미를 부여하기도 한다. 곧 가능하지만 코퍼스에서 관찰되지 않는다면 문법적으로 중요한 언어 현상은 아니라고 보는 것이다.

'중요'류 명사들 가운데에는 다음과 같이 특별한 문맥을 가정하면 격조사 결합이 가능한 것들도 있다. (5)는 '와'에 의해 두 명사가 접속된 구성인데 이 명사들은 단독으로는 격조사 결합이 불가능한 것들이다.[11] 다만 참조 예에서처럼 이는 부사의 경우에도 마찬가지여서 격조사 결합의 일반적인 예로 다루기는 어렵다.

---

11 이영제(2021: 527)에서는 '국내와 국제를 오가는 …, 국내와 국제를 가리지 않고, …'의 예를 들었다. 참고로 〈세종 의미 분석 말뭉치(910만)〉에서 '국제'는 2개 유형의 격조사가 결합하는 것으로 분석되었다. 이에 대해서는 후술한다.

(5) 가. <u>대북과 대미를</u> 아우르는 정책이 필요하다.

    나. <u>소극과 적극의</u> 중간쯤 되는 성격이면 좋겠다.

      cf) <u>꽤와 아주의</u> 중간쯤은 되겠다.

'중요'류 명사들은 격조사는 물론 다른 조사들과도 잘 결합하지 않는 분포적 일반성을 보인다. 물론 (6)과 같이 '부유05'는 보조사와 결합하는 예가 없지 않고, '적극, 소극02'은 보조사와 결합하는 예가 없지 않고, '주요01'는 접속 조사와 결합하는 예가 없지는 않다. 다만 이 또한 특별한 문맥에서 모두 1회에 그치는 것이어서 유의미한 것으로 보기는 어렵다.

(6) 가. 장수와 <u>부유는</u> 오복에 들어가는 것인데, 여기서는 이를 누린 사람들을 소개하고 있다.

    나. <u>적극도 소극도</u> 없는 것이 근원적인 생명 체험이기 때문이다.

    다. 다른 모순을 한꺼번에 해결할 것인지(모순해결에 있어 <u>주요와</u> 부차) 등을 찾아낼 수가 없습니다

'중요'류 명사들 가운데 빈도 50 이상인 명사들의 목록을 추가로 제시한다. 이는 'ㄷ성 도회 집단생활 어떻게'의 'ㄷ'처럼 특수하게 쓰인 것들과 '미스터, 스테이터스' 등의 외래 어는 제외한 것이다.

(7) 격조사 비결합 명사 목록: '중요'류 2(빈도 50 이상)

    유능02, 사실06, 취약02, 거시02, 대등04, 잠정, 함유01, 유망01, 영구01, 인색, 심미02, 대인05, 이색05, 황폐02, 기원전, 능가, 왕성02, 일명01, 교호01, 각별, 당좌01, 매몰, 현란02, 사모07, 망라, 참담, 역임, 간이04, 만끽, 영세04, 합리, 무모03, 점진, 참혹, 속출, 자초03, 파생01, 묵살, 자청01, 가미04, 다각01, 법무01, 이례, 모면02, 온난, 대미04, 제외, 극우03, 살벌, 허약02, 위시02, 난폭, 농림01, 일괄, 재미04, 절감01, 즉각, 유가01, 저명, 통산, 수산 03, 음란01, 연평균, 재임03, 유념, 작고01, 측은01, 수학03, 완전01, 계상03, 특이01, 군수 03, 골몰, 구차03, 일축, 전당03, 할애, 긴박02, 분명01, 선제01, 운수05, 개의01, 전전14, 중화학, 괴상04, 구비01, 궁색02, 보궐01, 송두리, 왕립, 해발03, 가변01, 나약, 일간02, 체신

02, 흡족, 희석, 방과03, 병적02, 일평균, 신빙01, 시속02, 종신04, 천진03, 당해02, 밀폐, 부수03, 직불, 시장01, 여과04, 불심01, 진취02, 고대05, 빙자02, 암울, 양립, 양호02, 현혹, 횡행, 발원01, 점거02, 봉착, 선임01, 이적03, 재외, 내장05, 자구06, 구석기, 수행03, 답습, 심취01, 일률02, 고사19, 파랑01, 형언

한편 코퍼스에서 일부 격조사가 결합하는 것으로 분석되었지만 격조사 결합형으로 쓰이는 빈도가 아주 낮아서 사실상 '중요'류에 포함할 수 있는 것들도 적지 않다. 예를 들어 '국제02'(코퍼스 빈도 2844)의 경우 목적격 조사, 관형격 조사와 결합하는 각각 2개의 예를[12] 제외하면 모두 격조사가 결합하지 않는 예들이다. (8)은 코퍼스 빈도가 100 이상이고 격조사 결합형 빈도가 10 이하인 총 441개 명사들 가운데 빈도 상위 100개의 목록이다.

(8) 격조사 결합형으로 쓰이는 빈도가 아주 낮은 명사들

국제02(2844), 계속04(2811), 포함02(2486), 다양(1943), 손02(1380), 단순02(1192), 한번(1136), 제외02(1127), 정확01(1090), 유명01(1057), 특수02(1049), 완전(1023), 무시04(962), 직접(947), 상호04(944), 공정02(900), 본격(859), 일정01(830), 미안01(801), 거대(800), 대04(794), 글로벌(684), 투명02(681), 철저(644), 실질(604), 개별(582), 한동안(566), 도달01(558), 동일02(538), 정기07(534), 당황(494), 초래01(493), 촉구(482), 봉건(475), 고위04(468), 정작(467), 활성(454), 간직01(453), 편안01(451), 거론(442), 우수11(441), 대외02(437), 종일01(434), 국립(427), 부각05(421), 중04(411), 미스03(409), 외환02(405), 부당01(404), 참조02(404), 감당03(403), 긴급(402), 공04(398), 재무(396), 치열04(395), 포괄(391), 대체03(376), 단기09(371), 건전02(354), 단일01(353), 입각02(344), 압도02(343), 자발(341), 요란(330), 거주02(329), 의지04(322), 고등02(320), 종사09(315), 초조03(306), 독창05(301), 자기04(301), 광범위(295), 겨냥(295), 신규(291), 최저01(288), 요새01(285), 유사18(283), 전락02(280), 초과02(273), 목격(270), 사15(270), 입력(268), 착수03(267), 여07(260), 비참(259), 몰두(259), 항공(259), 사상01(258), 주저05(256), 예비02(255), 국한

---

[12] 목적격 조사가 결합한 예로는 '… 열린 음악태도로 국제를 이해하려고 한다면, 먼저 우리들 삶과 음악이 회복돼야 할 것이다.'가 있고 관형격 조사가 결합한 예로는 '우리가 자주 독립의 통일 정부를 수립하려면 먼저 국제의 동정을 쟁취하여야 할 것이요, …'가 있다.

01(254), 내포02(250), 선명04(248), 국무02(248), 신입03(248), 가속01(248), 외무01(247), 사법02(243), 지칭(240), 능동(237)

5.3. 특정 격조사 결합 명사

빈도 10 이상의 명사 가운데 1개 유형의 격조사와 결합하는 명사는 1,915개이다. 조사별로 결합하는 명사의 개수는 목적격 조사(645개), 부사격 조사(594개), 관형격 조사(300개), 주격 조사(195개), 서술격 조사(긍정 지정사)(153개), 보격 조사(28개) 의 순서를 보인다.

먼저 주격 조사와만 결합하는 명사들('거의'류)을 살펴보자. 전체 예에서 주격 조사 결합형으로 쓰이는 예의 비율에 주목해 보자. 이를 기준으로 보면 '거의'류 가운데에도 그 비율이 10%에도 미치지 못하는 것에서부터 100%에 이르는 것까지 상당한 정도의 차이가 있다.[13] (9)는 '거의'류 명사들 가운데 이 비율이 높은 것들을 그 정도에 따라 2개 유형으로 나누어 제시한 것이다.[14]

(9) 주격 조사 결합형 비율이 높은 명사들
    가. 대부분 주격 조사 결합형으로 쓰이는 것[15]
        거의01(103),[16] 어안01(43), 기골03(11), 화색(11), 단내(10), 공산04(35/37), 이골(26/28),

---

13 '어이 (없다)', '어처구니 (없다)'처럼 조사가 생략되거나 '어이(없는)', '어처구니(없는)'처럼 합성어의 성분으로 쓰이는 경우 등이 있어서 주격 조사 결합형이 차지하는 비율에 차이가 생긴다. 조사 전체로 보면 이 밖에 '기절(하다), 환담(하다)' 처럼 파생어의 성분으로 쓰이거나 '일련 (번호), 국위 (선양)'처럼 명사 앞에 단독으로 쓰이는 경우도 이에 포함된다.
14 괄호 안의 수치는 빈도이다. 수치가 하나인 것은 전체가 주격 조사 결합형으로 쓰인 것이며, /로 구분한 것은 앞은 주격 조사 결합형의 빈도이고 뒤는 코퍼스 전체의 빈도이다.
15 이 밖에 '알자02(15/16)가 있으나 이는 '제수를 진설하고 나면 <u>알자(謁者)</u>가 초헌관을 인솔하여 동계로 올라와 진설을 살펴보고 나간다. <u>알자</u>가 헌관 이후 모두를 인솔하여 문외위로 나간다. …'와 같은 일련의 의례 과정을 기술한 특정 텍스트의 영향에 의한 것이어서 제외했다.
16 '거의01'의 경우 『표준국어대사전』에서는 '거의가'와 함께 '거의를'의 꼴로 쓰이는 것으로 보고 '그녀는 등 거의를 덮을 만큼 머리카락이 길었다.'와 같은 예를 제시했다. 그러나 코퍼스의 적지 않은 예에서 '거의를'은 나타나지 않는다는 점을 중시하여 목록에 포함했다. '거의를'이 잘 쓰이지 않는 것은 예를 들어 '등 거의를 덮을 만큼'처럼 쓰기보다는 '등을 거의 덮을 만큼'처럼 쓰는 일이 많기 때문이 아닌가 생각된다. 참고로 '거의01'는 부사로도 쓰이는 품사 통용어이다.

좀01(20/21), 쥐(19/20), 코허리(10/11), 찬자02(10/11), 일조량(9/11), 피골(9/10)

나. 주로 주격 조사 결합형으로 쓰이는 것

어이02(111/127), 여념(62/75), 일리03(49/66), 말수03(28/42), 부기09(14/22), 승산03(17/21), 틀림(10/13), 정나미(9/13), 볼품(9/12), 땟국(8/11), 진절머리(6/10)

'거의'류 명사들 가운데에는 특정한 용언과 자주 쓰이는 것들이 많다. 예를 들어 '어안01'은 용례의 전체가 '어안이 벙벙하다, 어안이 벙벙해지다'처럼 쓰인 것이고, '공산04'은 '공산이 크다, 공산이 커지다'가 대부분이고 이 밖에 '공산이 높아지다'의 예가 일부 포함되어 있다. 그리고 이 가운데에는 '어안이 벙벙하다', '좀이 쑤시다'처럼 관용어로 굳어진 것들도 있다. 이 밖에 『표준국어대사전』에 따르면 주로 '없다'와 함께 나타나는 '어이02', '틀림' 등은 각각 합성어 '어이없다', '틀림없다'가 주격 조사에 의해 분리된 통사 구성의 성분으로 볼 수도 있는 것들이다.[17]

한편 '신02(367), 주눅(103), 손색(86), 철02(86), 직성01(46), 윤02(46), 들통01(43), 정평04(41), 잔뼈(29), 조예03(24), 여한01(18)' 등은 두 개 유형 이상의 격조사와 결합하기는 하지만 다른 격조사와 결합하는 것은 아주 드물고 대부분 주격 조사와 결합하는 명사들이다.

다음으로 목적격 조사와만 결합하는 명사들('옥고'류)을 살펴보자. 이들은 특정 격조사와만 결합하는 명사들 가운데 그 수가 가장 많다. 그런데 이들 가운데에는 목적격 조사 결합형으로 쓰이는 빈도가 아주 낮아서 사실상 (격조사가 결합하지 않는) '중요'류에 포함할 수 있는 것들 또한 가장 많다. 그리고 빈도 순위 50위 안에 드는 '옥고'류 명사들 가운데 목적격 조사 결합형의 빈도가 10 이상인 것은 '발버둥(23/109), 팔짱(88/106), 둔갑(12/104), 기절03(11/76)' 등의 4개에 지나지 않는다. 더욱이 전체에서 목적격 조사 결합형이 차지하는 비율로 보면 '팔짱'만이 눈에 띌 정도이다.

이처럼 '옥고'류 명사들은 특정 격조사와만 결합하는 명사들 가운데 그 수가 가장 많지만 조사 결합형의 빈도와 비율은 상대적으로 낮다. 이는 이들 가운데 'X하다' 형태로

---

17 주격 조사 결합형 비율이 상대적으로 낮아서 (9)의 목록에 포함하지는 않았지만 이는 '어처구니(59/123)', '별수(6/52)', '터무니(2/23), 쓸데(7/20), 보잘것(3/20)' 등도 마찬가지이다.

주로 쓰이는 것들이 많은 것과 관련이 있을 것이다. 곧 'X하다'는 'X(를) 하다'처럼 쓰일 수도 있으므로 '를'이 결합하는 X의 유형은 많다. 그러나 개별적으로는 'X를 하다'보다는 'X하다'처럼 더 자주 쓰이기도 하고 또 'X 하다'처럼 '를'이 안 쓰이기도 하여 목적격 조사 결합형의 빈도와 비율은 낮다.

'X하다'와 'X를 하다': 어근 분리 현상

'X하다'에 대응하는 구성으로서의 'X(를) 하다'에 대한 문법적 설명은 크게 두 가지 유형으로 나뉜다. 첫 번째는 'X(를) 하다'를 복합어 'X하다'가 문장을 형성하는 과정에서 분리된 구성으로 보는 것이다. 이는 어근 분리 현상으로 알려져 있다. 어근 분리 현상은 '을/를' 외에도 부정 부사 '안'('시원 안 하다'), 보조사('깨끗은 하다'), 복수 표지 '들'('촐랑들 거리다') 등을 매개로 일어나는 것으로서 파생 용언과 합성 용언에서 두루 관찰된다(임홍빈 1973, 1979, 허철구 1998, 2001, 이병근 1986, 최형강 2009, 황화상 2016 등). 두 번째는 (어근 분리를 인정하지 않고) 'X'를 통사적으로 독립적인 성분으로 보고 이를 설명하는 것이다. 곧 X는 통사적인 성분이므로 '하다'와의 사이에 부정 부사, 보조사, 복수 표지 등이 올 수 있다는 것이다(김일환 2000, 이호승 2003, 최기용 2003, 안희제 2007 등).

황화상(2016)에서는 다음의 다섯 가지 근거를 들어 어근 분리가 공시적인 문법 현상으로서 분명히 존재한다고 보았다. 첫째, '속상은 했지만'처럼 어근 분리가 복합어 본래의 구조([속[상하다]])와는 다른 방식으로 나타나는 때가 있다. 둘째, '이지러는 졌으나'처럼 공시적으로 분석이 어려운 단어가 어근 분리 현상을 보이기도 한다. 셋째, '힘이 든'의 '들다'(형용사 활용)처럼 어근 분리 현상을 보이는 복합어의 구성 요소 가운데에는 독자적으로 쓰일 때(동사)와는 문법적 성격이 다른 것들이 있다. 넷째, '떨어는 졌어도'의 '떨어'처럼 어근 분리 현상을 보이는 구성 요소 가운데에는 구조적으로 어휘부 등재소로 보기 어려운 것들이 있다. 다섯째, '뻔뻔도 스럽게'처럼 후행 요소가 접사인 파생어 가운데에도 어근 분리 현상을 보이는 것들이 있다.

빈도 10 이상으로 범위를 넓히면 '옥고'류 명사들 가운데 목적격 조사 결합형으로 쓰이는 비율이 높은 것들이 꽤 있다. (10)은 이를 그 정도에 따라 크게 두 유형으로 나눠 제시한 것이다.

(10) 목적격 조사 결합형 비율이 높은 명사들

　가. 대부분 목적격 조사 결합형으로 쓰이는 것

　　　옥고02(25), 쾌재(20), 사력03(15), 사족02(10), 종주먹(10), 박차01(62/66), 떼
　　　02(46/49), 기겁(44/48), 기선06(27/30), 교편(27/29), 여장05(25/26), 환심02(25/26),
　　　줄행랑(23/25), 두각(22/23), 포문02(18/19), 장사진(15/16), 확답(13/15), 승기
　　　03(11/12), 침식03(11/12), 중점(9/11), 위통01(9/11), 끌탕(9/10), 식음(9/10)

　나. 주로 목적격 조사 결합형으로 쓰이는 것

　　　팔짱(88/106), 김02(39/48), 활개01(28/46), 질겁(38/43), 눈독(25/33), 웃통(25/29), 선
　　　수05(22/26), 뺑소니(15/25), 백기03(21/24), 위용01(16/24), 본때(12/23), 사의
　　　24(18/23), 윙크(15/22), 첫선(14/22), 시침01(12/22), 한솥밥(12/22), 우13(18/22), 코
　　　방귀(16/20), 군불(15/20), 빈축02(16/19), 엉덩방아(15/18), 전철02(15/18), 국위
　　　02(10/18), 작당(9/18), 고사11(8/17), 출사표(9/17), 귀싸대기(12/15), 오살01(12/15),
　　　전과07(12/15), 천수07(12/15), 제구실(10/14), 대미(9/14), 가부01(8/14), 점잔(7/14),
　　　몸조리(8/13), 주리02(10/13), 꼬장(9/12), 스크럼(9/12), 호박씨(8/12), 고락(8/11), 어
　　　부지리(8/11), 싱아01(7/11), 염08(6/11), 센세이션(6/11), 색정(6/10), 재의(6/10), 환담
　　　02(6/10), 선악과(8/10), 흉금02(8/10), 다리품(8/10), 화촉(7/10)

　'옥고류' 명사들 가운데에도 특정한 용언과 함께 쓰이는 것들이 많다. '옥고02, 박차01, 김02'은 각각 '치르다, 가하다, 매다'와 함께 쓰인 예가 전부이다. '떼02'는 대부분 '쓰다'와 함께 쓰인 것인데 일부 '부리다'와 함께 쓰인 예가 있고, '팔짱'은 '끼다' 외에 '풀다, 부여안다, 떼놓다'와 함께 쓰인 예가 있다. 그리고 '활개01'는 '치다, 펴다, 휘젓다, 잡다, 벌리다' 등 상대적으로 함께 쓰이는 용언이 다양하다.

　한편 '각광02(128), 맞장구(95), 뜸02(52), 종지부(35), 토03(34), 조력01(33), 핏대01(27), 마른침(26), 무안(23), 비지땀(17), 회포02(17)' 등은 두 개 유형 이상의 격조사와 결합하기는 하지만 다른 격조사와 결합하는 것은 아주 드물고 대부분 목적격 조사와 결합하는 명사들이다.

　다음으로 관형격 조사와만 결합하는 명사들('모종'류)을 살펴보자. 관형격 조사와만 결합하는 명사들 가운데에도 관형격 조사 결합형으로 쓰이는 빈도가 아주 낮아서 사실상

(격조사가 결합하지 않는) '중요'류에 포함할 수도 있는 것들이 많다. 비율로 보더라도 빈도 50 이상인 명사 가운데 관형격 조사 결합형 비율이 높은 것은 '일련01, 특유, 하등02, 개개' 등의 4개에 지나지 않는다. 그러나 빈도 10 이상으로 범위를 넓히면 앞서 살펴본 주격 조사, 목적격 조사와 비교해서 관형격 조사 결합형으로만 쓰이는 것들이 상대적으로 많다.

(11) 관형격 조사 결합형 비율이 높은 명사들
　　가. 대부분 관형격 조사 결합형으로 쓰이는 것
　　　　모종02(37), 일단04(37), 절호02(33), 천혜(33), 응분(31), 소기11(26), 회심04(26), 불굴 (22), 만반(21), 정체불명(18), 초유01(14), 희대01(14), 발군01(13), 필생01(11), 미증유 (10), 일련01(282/286), 양질01(46/47), 기왕(33/34), 무소불위(17/18), 불가분(14/16), 장문04(13/15), 전대미문(13/15), 특단(10/12), 무소(9/10), 청운(9/10)
　　나. 주로 관형격 조사 결합형으로 쓰이는 것
　　　　특유(319/340), 하등02(29/52), 개개(36/50), 가분02(42/47), 천부04(14/26), 대망 06(13/20), 소정06(14/20), 초로(16/20), 그만큼(8/13), 초미03(9/12), 반라(7/10)

한편 '저마다(34), 불모01(37), 유17(31), 분05(25)' 등은 두 개 유형 이상의 격조 사와 결합하기는 하지만 다른 격조사와 결합하는 것은 아주 드물고 대부분 관형격 조사와 결합하는 명사들이다.

다음으로 부사격 조사와만 결합하는 명사들('졸지'류)을 살펴보자. 다른 격조사와 달리 부사격 조사는 형태가 여럿이다. 이는 부사격 조사가 단순히 앞에 오는 명사의 격을 표시하는 것이 아니라 그 의미적 역할까지 구별하여 표시하기 때문이다. 다음은 '졸지'류 명사들 가운데 부사격 조사 결합형으로 쓰이는 비율이 높은 것들을 주로 결합하는 조사에 따라 구분하여 제시한 것이다.

(12) 부사격 조사 결합형 비율이 높은 명사들
　　가. 대부분 부사격 조사 결합형으로만 쓰이는 것

[에] 졸지(52), 안중03(43), 홧김(30), 암암리(25), 미연01(23), 무심결(20), 아무짝(16), 물망02(15), 도매금(14), 만방02(14), 단칼(13), 종당02(11), 미명하(10), 삽시간 (64/65), 일거01(40/41), 이담(29/32), 부지불식간(15/16), 일설(13/15), 무언중 (9/10), 미구03(9/10)

[로] 뜬눈(22), 종대05(11), 무릎걸음(10), 필두(30/31), 옆눈(13/14), 원상태(10/12), 외곬(9/11)

[에/(에)서] 저만치(23), 통제하(10), 현시점(14/16), 피난길(8/10)

[에/로] 구렁텅이(28), 한눈01(215/217)

[(에)서/로] 먼발치(20)

[같이/처럼] 헌신짝(10/12)

나. 주로 부사격 조사 결합형으로 쓰이는 것

[에] 은연중(34/52), 개중(34/44), 단박03(24/33), 일전04(25/30), 유사시(15/26), 적시 05(9/13), 소싯적(7/10)

[로] 수시08(41/79), 마구잡이(52/63), 만장일치(21/26), 아침저녁(12/20), 날림 (10/18), 일시불(7/10)

[에/(에)서] 빵03(15/19), 수술대03(8/12), 촌구석(8/12)

[에/로] 육안01(28/33)

[에/처럼/보다] 저번02(28/47)

[로/같이] 억수(27/32)

[처럼/같이] 주마등(7/10)

[같이] 철석(10/16)

한편 '일시01(492), 전적03(303), 염두01(281), 별안간(151), 하루아침(105), 제때(102), 급속도(95), 겉보기(80), 진정02(63), 얼떨결(56), 수중01(51), 일렬(50), 불시(44), 얼결(40), 첫눈01(40), 바람결(39), 문하02(38), 반열(37), 다각도01(32), 이구동성(28), 백방02(24), 수포01(20), 면전01(20)' 등은 두 개 유형 이상의 격조사와 결합하기는 하지만 다른 격조사와 결합하는 것은 아주 드물고 대부분 부사격 조사와 결합하는 명사들이다. 이들도 대체로 특정한 형태의 부사격 조사에 결합하는 특징이 있다.

다음으로 보격 조사와만 결합하는 명사들을 살펴보자. 설정과 범위에 이견은 있으나 학교 문법에 따르면 서술어 '되다, 아니다' 앞에 오는 명사구 가운데 두 번째 명사구를 보어라고 하고 이에 결합하는 조사 '이/가'를 보격 조사라고 한다. 코퍼스에서 보격 조사와만 결합하는 명사들('과언'류)은 전체 28개로 그 수가 많지 않다. 더욱이 전체에서 보격 조사 결합형으로 쓰이는 빈도 혹은 비율이 상대적으로 높은 것은 (13)에 제시한 3개에 불과하다. 이 가운데 '과언01'은 '아니다'의 보어로 쓰이고 '고주망태, 새사람'은 '되다'의 보어로 쓰인다.

(13) 보격 조사 결합형 비율이 높은 명사들
　　　과언01(161/172), 고주망태(12), 새사람(5/10)

　끝으로 서술격 조사(긍정 지정사)와만 결합하는 명사들('가급적'류)을 살펴보자. 서술격 조사와만 결합하는 빈도 10 이상의 명사들 가운데 빈도 혹은 비율이 높은 것은 (14)에 제시한 일부에 지나지 않는다. 서술격 조사 결합형으로만 쓰이는 것은 주로 '가급적이면'의 꼴로 쓰이는 '가급적'과 '~어도 유분수지'의 꼴로 쓰이는 '유분수' 두 개이다.[18]

(14) 서술격 조사 결합형 비율이 높은 명사들
　　　가급적(15), 유분수(11), 물론01(668/841), 일쑤(279/287), 대수01(24/150), 가관02(48/50),
　　　합작품(7/12), 금시초문(8/10), 일품01(9/10), 일품04(8/10)

　한편 '전신03(42)'은 주격 조사와 결합하기도 하고 서술격 조사와 결합하기도 하는데 격조사 결합형으로 쓰이는 예(25개)는 서술격 조사 결합형으로 쓰이는 것(24개)이 대부분이다.

---

[18] 이 밖에 '노골적(27)'이 있으나 '노골적으로'의 꼴로도 자주 쓰이는 것이어서 제외했다. 참고로 '가급적'의 경우에도 『표준국어대사전』에서는 '예산은 <u>가급적으로</u> 적게 편성해라.'와 같이 부사격 조사가 결합한 예를 제시했으나 코퍼스에서 용례가 없는 것은 이보다는 부사 '가급적 (적게 편성하다)'이 더 자주 쓰이기 때문으로 보인다.

격조사 결합에 제약이 있는 명사들과 그 격조사는 보통의 경우에 비해 문법적 긴밀성이 아주 높다. 그래서 격조사 결합형으로 자주 쓰이는 것 가운데에는 그 전체가 하나의 단어로 굳어진 것으로 보아 사전에 표제어로 등재되는 것들이 많다. 특히 '뜻밖에, 이왕에, 단숨에' 등 '에' 결합형과 '주로, 고로, 참으로' 등 '(으)로' 결합형이 많고 이 밖에 '이에서, 이같이' 등도 있다.

표제어로 등재될 만큼 굳어진 것으로 보기 어려운 격조사 결합형의 경우에는 명사별로 그 용법에 '((주로 '불굴의' 꼴로 쓰여))', '((흔히 '졸지에' 꼴로 쓰여))', '(('-기(가) 일쑤이다' 구성으로 쓰여))' 등과 같이 그 제약을 기술하는 것이 보통이다. 이는 격조사와 결합하지 않는 명사들의 경우에도 마찬가지여서 '((일부 명사 앞에 쓰여))'와 같이 그 제약을 기술한다.

한편 격조사 결합에 제약이 있는 명사들 가운데에는 '한참(을), 소정(의), 만면(에), 뜬눈(으로), 일쑤(이다)' 등 관형어의 수식이 어려운 것들도 있다. 이들은 오민석(2017)에서 수식 불허 명사라고 한 것들인데 이 가운데 '소정의, 만면에' 등 하나의 격조사와만 결합하는 것들은 조사 결합어(최형용 2003, 오규환 2008 등)로 보기도 한다.

6. 의존 명사의 의존성과 조사 결합

이 장에서는 〈세종 의미 분석 말뭉치(910만)〉에서 추출한 빈도 100 이상의 의존 명사 146개를[1] 대상으로 이들의 의존성(피수식 양상)과 조사 결합 양상을 살펴본다. 의존 명사의 의존성은 수식어별로 크게 관형사, 관형사절, 명사, '-기' 명사절, 용언의 연결형으로 나눠서 살펴보고 관형사절과 명사는 그 안에서 다시 세부 유형으로 나눠서 살펴본다. 의존 명사의 격조사 결합 양상은 주격 조사, 목적격 조사, 관형격 조사, 부사격 조사, 서술격 조사(긍정 지정사) 등의 5개 격조사를 중심으로 살펴보되 특별한 설명이 필요한 경우에 한해 보격 조사의[2] 결합 양상도 살펴본다. 그리고 보조사는 결합이 제약되는 의존 명사의 목록을 제시한다.

6.1. 의존 명사의 범주 특성

의존 명사(依存名詞, bound noun)는 문장에 쓰일 때 다른 성분의 도움을 필수적으로 요구하는 명사를 말한다. 의존 명사라는 이름은 이처럼 이들이 통사론적으로 다른 성분에 의존적이라는 특성에 따라 붙여진 것이다. 의존 명사는 형식적인 의미를 갖는다고 하여 형식 명사(形式名詞)라고도 하며 명사로서의 쓰임이 완전하지 못하다고 하여 불완전 명사(不完全名詞)라고도 한다.

의존 명사가 필수적으로 요구하는 성분은 관형사, 관형사절, (수사, 대명사를 포함한) 명사(류) 등의 관형 성분(관형어)들이다. 이 가운데 관형사절은 다시 '-은' 관형사절, '-는' 관형사절, '-을' 관형사절로 나뉘는데 의존 명사에 따라 앞에 오는 관형사절에 차이가 있다.[3] 그리고 명사는 단독으로 쓰이기도 하고 관형격 조사 '의'가 결합한 형태(이하 '명사

---

1 〈세종 의미 분석 말뭉치(910만)〉에서는 의존 명사로 처리했지만 『표준국어대사전』에 (명사구에 결합하는) 접미사로 등재된 쯤, 가량 등은 제외한 것이다.
2 보격 조사 결합형은 '되다, 아니다' 구문에 한해 나타나는 특수성이 있어서 상대적으로 코퍼스의 예가 많지 않다.

의 관형격형')로 쓰이기도 하는데 이 또한 의존 명사에 따라 다르다. 이 밖에 일부 의존 명사 앞에는 '-기' 명사절이 오기도 하고 이어진 문장의 선행절로서 연결 어미가 결합한 절(이하 '연결 어미절')이 오기도 한다.

한편 의존 명사도 문장에서 다양한 문장 성분으로 쓰인다. 다만 이는 의존 명사에 따라 차이가 있어서 여러 문장 성분으로 두루 쓰이는 것들도 있고 일부 문장 성분으로 주로 쓰이는 것들도 있다. 일반 명사와 마찬가지로 의존 명사도 특정한 문장 성분으로 쓰일 때에는 이를 표시하는 격조사가 결합하는 것이 보통이다.

6.2. 의존 명사의 피수식 양상

의존 명사 가운데에는 (1)처럼 고유어 뒤에는 잘 쓰이지 않고 주로 한자어 수(數, number) 뒤에 쓰이는 것들이 있다.[4] 이때 한자어 수는 수사일 수도 있고 수 관형사일 수도 있다. 의존 명사에 따라서는 앞에 오는 한자어가 수사인지 수 관형사인지가 비교적 분명한 것도 있지만 그 판별이 쉽지 않은 것도 있다. 예를 들어 '10분 20초'에서 '분(分)08'과 '초(秒)07'의 앞에 오는 한자어 수 '십'과 '이십'은, '12시, 12시간'에서 '시'의 앞에 오는 한자어 수 '십이'가 고유어 수 관형사 '열 두'에 대응하는 점을 고려하면 체계상 수 관형사일 가능성이 크다. 그러나 '1980년대, 2022년도, 20대, 1위, 2승, 3등, 4집, 5월, 6일'에서 '년대(年代), 년도(年度), 대(代)06, 위(位), 승(勝), 등(等)04, 집(輯), 월(月), 일(日)'의 앞에 오는 한자어들은 수사일 듯하고 이 밖의 의존 명사들 앞에 오는 한자어들은 수 관형사일 듯하지만 분명하지는 않다.

---

3 '-던' 관형사절이 더 있으나 의존 명사의 수식어로서의 특성은 '-은' 관형사절과 유사성이 있으므로 따로 살펴보지 않는다. 다만 주로 '-던' 관형사절과 함께 쓰이는 경우에는 해당 의존 명사를 설명하면서 함께 살펴본다.
4 '몇 개국, 반 개월, 수년/수 달러/수 미터'의 '개국, 개월, 년, 달러, 미터'처럼 한자어 수 외에 수와 관련한 관형사('몇, 수')와 명사('반')가 일부 앞에 오는 것들은 있다. 그리고 '일(日)'의 경우 코퍼스에서 명사가 앞에 오는 예로 '취임일, 창간일' 등이 검색되는데 『표준국어대사전』에서는 이때의 '일'을 접미사로 본다.

(1) 주로 한자어 수 뒤에 쓰이는 의존 명사(31개)

개국(個國), 개년(個年), 개월(個月), 년(年)02, 년대(年代), 년도(年度), 달러(dollar), 대(代)06, 도(度), 등(等)04, 리(里)02, 미터(meter), 박(泊)10, 분(分)08, 불(弗)08, 세(世)07, 세(歲)13, 승(勝), 엔(en[円]), 원01, 월(月), 위(位), 일(日), 전(錢)24, 주년(週年), 집(輯), 초(秒)07, 킬로미터(kilometer), 톤(ton), 퍼센트(percent), 호(戶)04

(1)을 제외한 의존 명사들(115개) 가운데 관형사가 앞에 오는 의존 명사는 82개이다. (2가)에 제시한 31개는 관형사만 앞에 오는 것들이고, (2나)에 제시한 51개는 관형사 외에 다른 관형 성분도 앞에 오는 것들이다.

(2) 관형사가 앞에 오는 의존 명사(82개)

가. 가지, 개(個), 개소(個所), 건(件), 군데, 그루, 기(基)19, 냥(兩), 달, 대(臺)15, 대01, 마리01, 마지기, 명(名), 모금, 바퀴, 발짝, 벌02, 부(部)15, 살, 석(席)10, 시간(時間), 점(點)10, 주(週)26, 주일(週日), 채08, 척(隻)08, 치04, 큰술, 통(通)12, 평(坪)

나. 것, 겨를, 격(格), 군(君), 권(卷), 녀석, 년01, 놈, 대로, 데, 동(棟)15, 등등(等等), 따위, 때문, 마당, 만큼, 무렵, 바람01, 번(番), 법(法)01, 분01, 섬, 셈, 시(時), 식(式)04, 씨(氏), 외(外), 이, 자(者)18, 장22, 적03, 조(條)13, 줄04, 중(中)04, 즈음, 지경(地境), 쪽05, 차(次), 참, 측(側), 켠, 터, 턱, 통06, 투(套), 판, 편(便)04, 편(篇)09, 푼, 호(號)14, 회(回)

(2가)의 의존 명사들은 모두 수 관형사가 앞에 오는 단위성 의존 명사들이다. (2나)의 의존 명사 가운데에도 '권(卷), 번(番), 섬, 장22, 푼, 회(回)' 등 다른 관형 성분은 그 예가 많지 않고 주로 관형사가 앞에 오는 것들이 있다. 이들도 단위성 의존 명사로서 '한 권, 두 번, 석 섬, 세 장, 몇 푼, 여러 회'처럼 자주 쓰이는데 '반 권, 다음 번, 반 섬, 마지막 장, 잔돈 푼, 이번 회'처럼 명사가 앞에 오는 때도 있다.[5]

다의어인 의존 명사는 각 의미에 따라 앞에 오는 관형 성분이 다르기도 하다. 예를

---

5 코퍼스에서 예는 검색되지 않았지만 (2가)의 의존 명사들 가운데에도 '반 개, 반 마리, 반 마지기, 반 모금, 이번/다음/마지막 바퀴, 반 발짝, 반 시간(時間), 반 주(週), 반 주일(週日), 반 평(坪)'처럼 '반(半), 다음, 이번, 마지막' 등의 명사가 앞에 올 수 있는 것들이 있다.

들어 '편(篇)09'은 단위성 의존 명사로서는 '시 한 편'처럼 수 관형사가 앞에 오고, '형식이나 내용, 성질 따위가 다른 글을 구별하여 나타내는 말로서는 '기초 편, 소설 편'처럼 명사가 앞에 오고, '책의 내용을 일정한 단락으로 크게 나눈 한 부분을 나타내는 말로서는 '제1편'처럼 한자어 수가 앞에 온다. '권(卷)'도 이와 마찬가지여서 '한 권, ≪통감≫ 권, 3권' 등처럼 의미에 따라 앞에 오는 관형 성분이 다르다.

　(2)의 의존 명사들 가운데에도 한자어 수가 앞에 오는 것들이 많다. 그런데 (2가)의 의존 명사 앞에 오는 한자어 수는 수 관형사인 것이 분명하지만 (2나)의 의존 명사 앞에 오는 한자어 수는, 예를 들어 '7월 25일'의 '칠'과 '이십오'처럼 수 관형사인지 수사인지의 판별이 분명하지 않은 때도 있다. 아울러 '따위, 때문, 무렵, 바람, 외(外), 참, 통06' 등의 앞에 오는 '이, 그'도 코퍼스에서는 모두 (지시) 관형사로 보았지만 이 가운데에는 (지시) 대명사와의 구별이 쉽지 않은 것들도 있다.

　'겨를, 격(格), 군(君), 등등(等等), 씨(氏), 터, 턱' 등은 앞에 관형사가 오는 빈도가 아주 낮은 것들이다. '겨를'은 '어느 겨를'의 예가 일부 있고, '군'은 '모(某) 군'의 예가 일부 있고, '격(格), 등등, 터'의 앞에는 '이런, 그런' 등의 관형사가 주로 온다. 그리고 '씨, 턱'은 '무슨'이 앞에 오는 한 예가 나타날 뿐이다.

(3) 가. 사탕은 참으로 달고 달아 <u>어느 겨를</u>에 입 속에서 녹아 버리는 것이었다.
　　나. 인후 영감도 <u>그런 격</u>이지요.
　　다. 미국 유학을 보냈더니 도박으로 빚지고 돌아와 부모를 살해했던 <u>모 군의 사건</u>으로 한동안 나라가 시끄러웠던 적이 있었다.
　　라. 다시 말하지만 나로서는 절대로 해서는 안 될 실수를 저지른 거고, 반드시 그 때문만은 아니겠지만, <u>그런 등등</u>의 치사한 실수가 쌓이고 쌓여 결국은 내가 그 여자를 너무 피곤하게 만든 거야.
　　마. 이공약이 약하면 김씨 이씨 박씨 <u>무슨 씨 무슨 씨</u>를 모두 다 반죽하여 단군씨를 만들어 주고, …
　　바. <u>이런 터</u>에 설특수를 노려 고액상품권을 발행하고 한몫 보겠다는 발상이 어떻게 가능한지 답답하다.
　　사. <u>무슨 턱</u>에 내 집에 와 성화요?

다음으로 관형사절이 앞에 오는 의존 명사는 63개이다. (4)는 '-은' 관형사절, '-는' 관형사절, '-을' 관형사절이 모두 앞에 오는 의존 명사들이다. (4가)는 관형사절만 앞에 오는 의존 명사들(7개)이고 (4나)는 다른 관형 성분도 앞에 오는 의존 명사들(25개)이다.

(4) '-은/는/을' 관형사절이 모두 앞에 오는 의존 명사(32개)
    가. 둥, 듯, 듯이, 바03, 수02, 양02, 척01
    나. 것, 겨를, 녀석, 년01, 놈, 대로, 데, 마당, 만큼, 무렵, 법(法)01, 분01, 셈, 여지(餘地), 이, 자(者)18, 적03, 줄04, 지경(地境), 쪽05, 차(次), 참, 측(側), 터, 판

이 가운데에는 특정 관형사절의 빈도가 아주 높은 것들이 있다. 예를 들어 '둥'은 '-는' 관형사절이 앞에 오는 빈도가 상대적으로 아주 높다. 이는 '둥'이 관형사형 어미가 모두 쓰이는 '{-은/는/을} 둥 {만/마는/말} 둥' 구성으로 자주 쓰이기도 하지만 '-는' 관형사형 어미만 쓰이는 '{-다는/냐는/라는/자는} 둥 {-다는/냐는/라는/자는} 둥' 구성으로도 자주 쓰이기 때문이다.

그리고 '차(次), 겨를, 여지(餘地), 적, 마당, 척01' 등은 『표준국어대사전』에서 각각 '-던 차, -을 겨를, -을 여지, -은/을 적, -은/는 마당, -은/는 척'처럼 일부 관형사절이 앞에 오는 것으로 본 의존 명사들인데 상대적으로 빈도가 낮기는 하지만 그 밖의 관형사절이 앞에 오는 예도 코퍼스에 나타난다. '측(側)'의 경우에도 『표준국어대사전』에는 '-은/는' 관형사절이 앞에 오는 예만 제시되어 있으나 '-을' 관형사절이 앞에 오는 예도 드물게 나타난다.

(5) 가. ㉠그때는 <u>배고픈 차</u>라 아무것도 생각나는 것 없이 ….
      ㄴ신경은 <u>쇠약할 대로</u> 쇠약해만 가는 차에 탁치(託治) 문제가 터진 것이다.
      ㄷ김장로의 딸 선형이가 <u>명년에 미국 유학을 가기 위하여 영어를 준비할 차</u>로 이형식을 매일 한 시간씩 가정교사로 초빙하여 오늘 오후 세 시부터 수업을 시작하게 되었음이다.
   나. ㉠그때는 <u>재즈란 음악이 대중화될 사회적 기반이 구축될 만한 겨를</u>이 없었다.

ㄴ우리 고전을 서양에서 유래한 선입견 없이 원래의 의미대로 익힐 수 있는 겨를이 없고, 우리 학문의 쟁점과 친숙해지지 못한다.

다. ㄱ"망태 할아버지가 잡아간다" "문둥이가 잡아먹는다" 등의 소리를 듣고 자랄 때는 그런 대로 어린 마음에 신비적인 공상들이 가득했는데 요즘의 길거리에서는 그런 공상을 할 만한 여지가 없다.

ㄴ小西甚-은 문학사 이해에 문학 이외의 요소가 개입할 수 있는 여지를 최소한으로 줄여 불필요한 선입견을 배제한 것도 평가할 만한 일이다.

라. 이렇듯 그는 대부분의 경우에 한 마디의 대답이나 설명으로 말을 끝내는 적이 드물었지만, 그래도 한참 정신없이 헤매다가는 결국 온갖 잡다한 내용을 모두 정리해 버린 다음 ….

마. 질타해야 할 마당에 침묵을 지키고 화급히 몰아쳐야 할 마당에 서두르지 않고 한 걸음 한 걸음 확고하게 옮겨 나가는 그 싸늘한 모습에서 ….

바. 남편은 내가 따라가면 자기까지 못 가게 될까 봐 두려워하는 눈치를 감출 척도 안하고 손짓까지 해가며 나를 만류했다.

사. 따라서 남북적회담 자체는 실패해도 얻는 측이 있고 남북적회담 자체는 성공해도 잃을 측이 생긴다.

(6)은 두 개 유형의 관형사절이 앞에 오는 의존 명사들이다. (6가)는 '-은' 관형사절과 '-는' 관형사절이 앞에 오는 의존 명사들(13개)인데 이 가운데 '김, 체02'는 관형사절 외에 다른 유형의 관형 성분은 앞에 오지 못한다. 그리고 '-은' 관형사절과 '-을' 관형사절이 앞에 오는 의존 명사는 '마련, 즈음'이 있고, '-는' 관형사절과 '-을' 관형사절이 앞에 오는 의존 명사는 '턱'이 있다.

(6) 두 유형의 관형사절이 앞에 오는 의존 명사(16개)

    가. '-은/는' 관형사절이 앞에 오는 의존 명사

        격(格), 김, 따위, 때문, 바람01, 식(式)04, 외(外), 중(中)04, 채09, 체02, 통06, 투(套), 편(便)04

    나. '-은/을' 관형사절이 앞에 오는 의존 명사

        마련, 즈음

다. '-는/을' 관형사절이 앞에 오는 의존 명사

　　　　턱

　이 가운데 '중(中)04, 따위, 바람, 마련, 즈음'은 『표준국어대사전』에서 각각 '-는/던 중, -는 따위, -는 바람, -은/던 마련, -을 즈음'처럼 쓰이는 것으로 본 의존 명사들인데 드물기는 하지만 그 밖의 관형사절이 앞에 오는 예도 코퍼스에 나타난다. 그리고 '턱'은 '마땅히 그리하여야 할 까닭이나 이치'의 뜻으로는 '-을 턱'처럼 쓰이고 '그만한 정도나 처지'의 뜻으로는 '-은/는' 관형사절의 예가 제시된 것인데 코퍼스에는 후자의 예는 나타나지 않고 전자의 예로는 '-는 턱'도 나타난다. '외(外)'의 경우에도 『표준국어대사전』에는 관형사절이 앞에 오는 예는 제시되지 않았으나 코퍼스에는 '-은/는' 관형사절이 앞에 오는 예가 드물지 않게 나타난다.

(7) 가. 걱정들이 태산 같은 중에 투전질과 척전(擲錢)질로 소일하는 중에 장마가 들었다.
　　나. 어미벌은 홧김에 저지른 남의 것을 훔친 따위의 일은 어느덧 잊어버리고, 게으른 버릇을 자식에게 본받게 하지도 않는다.
　　다. 그나마 80년 들어 독도가 자기네 땅이라고 우기는 일본과 외교 마찰을 빚으면서 정부가 독도 출입을 통제한 바람에 87년까지는 단 1그루도 심지 못했다.
　　라. … 그 영생(永生)이라는 걸 또 생각해야 견딜 마련이어서 물론 이런 걸 끄적거리고 버티고 있었을 것이다.
　　마. 그 때 쌀을 수확한 즈음에는 보리와 섞어서 밥을 해 먹었다.
　　바. 한여름 더위를 먹다 못해 은행에 들어가보면 괜히 은행강도 취급을 하는지 청원경찰들이 폐쇄회로 켤라 두 눈 부라리며 사납게 눈치 주는 턱에 괜히 캥기는 신세다 보니 ….
　　사. ㉠종래의 우리 소설에서 작중 인물은 처음 나올 때만 한자로 괄호 속에 적은 외에는 모두 한글로 표기했음에 대한 반항이라는 점.
　　　㉡이들 중 17명은 저리고 쑤시는 증상을 보이는 외에 특별한 기질적 병변이 없는 사람들이었고 …

(8)은 한 개 유형의 관형사절이 앞에 오는 의존 명사들이다. 이 가운데 (8가)의 '지02'는 '-은' 관형사절 외에 다른 관형 성분은 앞에 오지 않으며 (8다)의 '나위, 따름, 리(理)06, 만02, 뻔'은 '-을' 관형사절 외에 다른 관형 성분은 앞에 오지 않는다. 그리고 '호(號)14'의 앞에는 한자어 수('101호, 제2호')와 명사('이번 호')가 주로 오기는 하지만 '같은 호(에 실린 …)'와 같은 '-은' 관형사절이 앞에 오기도 한다.

(8) 한 개 유형의 관형사절이 앞에 오는 의존 명사(15개)
　　가. '-은' 관형사절이 앞에 오는 의존 명사
　　　　이래(以來), 지02, 호(號)14
　　나. '-는' 관형사절이 앞에 오는 의존 명사
　　　　등(等)05, 등등(等等)
　　다. '-을' 관형사절이 앞에 오는 의존 명사
　　　　거리02, 겸(兼), 나름, 나위, 따름, 리(理)06, 만02, 뻔, 뿐, 시(時)

이 가운데 '나름'은 『표준국어대사전』에서 '그 됨됨이나 하기에 달림을 나타내는 말로서 '-을 나름'과 '-기 나름'처럼 쓰이는 것으로 보았는데 코퍼스에서 나타나는 것은 대부분 '-기 나름'이고 '-을 나름'의 예는 (9가)에 제시한 두 개에 불과하다. 물론 (9나)처럼 '나름' 앞에 '-은/는/을' 관형사절이 오는 예가 코퍼스에 더 나타나기는 한다. 그러나 이때의 '나름'은 '각자가 가지고 있는 고유의 방식 또는 그 자체'를 뜻하는 말로서 앞에 오는 관형사절이 '나름'을 수식하는 관형 성분은 아니다.[6]

(9) 가. ㉠보통 개구리도 교육시킬 나름으로 무엇이든 할 수 있는 것이라고 스마일리가 늘 말했는데, 나 역시 그 말을 믿지 않을 수가 없는 것이, ….
　　　㉡모두 진행자가 할 나름이다.

---

[6] 그래서 '쿠바는 지금 (미국의 침공과 소련의 지원 단절에 대비한) 나름의 자구책 준비에 안간힘을 경주하고 있는 분위기다.' 처럼 앞의 관형사절을 생략하거나 '쿠바는 지금 미국의 침공과 소련의 지원 단절에 대비한 (나름의) 자구책 준비에 안간힘을 경주하고 있는 분위기다.'처럼 '나름(의)'을 생략할 수도 있다. 이를 고려하면 이때의 '나름'은 자립 명사적 용법을 갖는 것으로 볼 수 있다.

나. ㉠쿠바는 지금 <u>미국의 침공과 소련의 지원</u> 단절에 대비한 나름의 자구책 준비에 안간힘을 경주하고 있는 분위기다.

㉡회사측은 <u>지난 2일 발표한 은행 재편안이 시장에서 높게 평가받고 있다는</u> 나름대로의 분석을 내놓았다.

㉢예컨대 그는 <u>자기 자신을 변호할</u> 나름의 논리가 필요하다고 생각하는지도 모를 일이었다.

다음으로 (10)은 명사가 앞에 오는 의존 명사들이다. (10가)는 명사, 명사의 관형격형이 모두 앞에 오는 의존 명사들(10개)이다. (10나)는 명사가 앞에 오는 의존 명사들(43개)인데 이 가운데 ㉠은 명사 외에 다른 관형 성분은 앞에 오지 않는 것들(8개)이다. 그리고 (10다)는 명사의 관형격형이 앞에 오는 것인데 '식(式)04'이 유일하다.

(10) 명사가 앞에 오는 의존 명사(54개)
    가. 명사, 명사의 관형격형이 앞에 오는 의존 명사
        것, 나름, 녀석, 놈, 데, 여지(餘地), 즈음, 지경(地境), 쪽05, 측(側)
    나. 명사가 앞에 오는 의존 명사
        ㉠남짓, 내(內), 대(對)11, 등지(等地), 만01,[7] 말(末)11, 양(孃)25, 초(初)03[8]
        ㉡간(間)10, 거리02, 격(格), 겸(兼), 군(君), 권(卷), 년01, 동(棟)15, 등(等)05, 등등(等等), 따위, 때문, 무렵, 바람01, 번(番), 섬, 시(時), 씨(氏), 외(外), 이래(以來), 장22, 적03, 조(條)13, 중(中)04, 차(次), 채09, 켠, 턱, 통06, 투(套), 편(便)04, 편(篇)09, 푼, 호(號)14, 회(回)
    다. 명사의 관형격형이 앞에 오는 의존 명사
        식(式)04

---

7 코퍼스에서 '만01'의 앞에 관형사가 쓰인 예로 '오랜만'이 검색되는데 『표준국어대사전』에 따르면 이는 '오래간만'의 준말이다.

8 '일찌기 이미 <u>50년대의 초</u>에 한반도는 통일의 수단으로서 전쟁을 선택한 일이 있었다.'처럼 명사의 관형격형이 앞에 오는 예가 나타나기는 하지만 '의' 없이 쓰이는 것이 자연스럽다. 의미적으로 이에 대응하는 '말(末)11'의 경우에는 이와 같은 예가 나타나지 않는다.

『표준국어대사전』에 따르면 (10가)에서 '데, 지경'은 '-은/는/을' 관형사절이 앞에 오는 의존 명사이고 '즈음'은 '-을' 관형사절이 앞에 오는 의존 명사이다. 그런데 드물기는 하지만 이들 앞에 명사, 명사의 관형격형이 오는 예가 코퍼스에서 확인된다. 그리고 '여지'는 명사의 관형격형이 앞에 오는 것이 보통이지만 명사가 앞에 오는 예도 확인되고, '녀석, 측'은 주로 명사가 앞에 오지만 명사의 관형격형이 앞에 오는 예도 확인된다.[9]

(11) 가. ㉠<u>사방 데</u>가 환하게 보인디, 그것 짓느라고 참 애썼겠등만!
　　　　㉡만일 내가 <u>이놈의 데</u>에서 영원히 살아야 한다면 그것은 저주였다.
　　나. ㉠독일 경제가 <u>파산 지경</u>의 동독 경제를 끌어안고도 끄떡 않는 것처럼, 독일의 정치는 동독 지역의 정치 사회적 불안을 흡수하고도 안정을 조금도 잃지 않았다.
　　　　㉡장사였던 삼손은 화가 나면 감정을 절제하지 못하고 폭력에만 의지해 결국 <u>자기 파괴의 지경</u>에 빠지는 미숙한 남성이었다.
　　다. ㉠하노이에 이런 36개의 거리가 완성된 것은 <u>13세기 즈음</u>이라고 한다.
　　　　㉡약간은 혼란한 <u>가을의 즈음</u> 군대 생활에 많이 익숙해진 모습이겠지.
　　라. 그만큼 <u>개발 여지</u>가 많다는 의미이다.
　　마. 기자의 물음에 <u>짧은 머리의 녀석</u>은 이렇게 말했다.
　　바. <u>미디어의 측</u>에선 정보의 지평의 전례없는 확대로 그의 보도적 기능을 다한 바 있다고 하겠으나 그의 지도적 기능에 대해선 논의의 여지를 남겨 놓았다.

(10나)에서 '권(卷), 동(棟)15, 섬, 장22, 푼, 회(回)' 등은 주로 관형사가 앞에 오는 단위성 의존 명사들로서 명사가 앞에 오는 예가 많지 않은 것들이다. 그리고 『표준국어대사전』에 따르면 '채09'는 '-은/는' 관형사절이 앞에 오는 의존 명사인데 명사가 앞에 오는 예가 드물게 있고, '턱'은 '그만한 정도나 처지'의 뜻으로는 명사가 앞에 올 수 있는 의존 명사이지만 코퍼스의 예는 드물다.

---

9 '녀석'은 '기자의 물음에 (<u>짧은 머리의</u>) 녀석은 이렇게 말했다.'처럼 관형 성분 없이 쓰일 수도 있어서 자립 명사적 용법도 갖는 것으로 보인다. 『표준국어대사전』에도 '<u>녀석</u>, 까불고 있네.', '생각했던 대로 <u>녀석</u>은 집에 없었다.'와 같은 예가 제시되어 있다.

(12) 가. 그는 (열전)의 <u>마지막 권</u>에 (사기)를 쓴 동기와 집안의 내력을 적어 놓았으나 정작 자신의 출생 시기에 대해서는 아무 말도 하지 않았다.

나. 바로 <u>옆 동</u>에 살고 대의원을 같이 해서 예전에는 더러 왕래가 있었다.

다. 그러나 할 수 있는가, 자네들도 농사를 해먹고 살아가야겠으니 우리에게로 오는 반 섬과 자네게로 가는 <u>반 섬</u> 합해서 한 섬은 내가 주는 것이니 그리 알게.

라. "사상 사업에서 교조주의와 형식주의를 퇴치하고 주체를 확립할 데 대하여 ……"라는 교시가 이 책 첫 장부터 <u>끝 장</u>까지 울리고 있는 형국이지요.

마. 밤에 가마니때기라도 치지 않으면 <u>잔돈 푼</u> 구경도 할 수 없는 처지에 있는 사람들이다.

바. 그러나 <u>이번 회</u>에서는 그 쌍가락지가 옥비녀로 바뀌어 스토리가 전개되니 연결도 되지 않고 사건도 달라졌다는 말이었다.

사. 시장을 보러 나가던 아낙네가 <u>장바구니 채</u> 납치되어 가는 일이 다반사이고, 성남 어느 동네에서는 ….

아. 열 척의 돌을 실어오면 가장 많이 실었다 싶은 것 한두 척에만 <u>두 도로꼬 턱</u>의 전표를 끊어주고, 나머지 배들에게는 한 도로꼬 반이나 <u>한 도로꼬 턱</u>의 전표를 끊어주곤 하였다.

명사는 앞에 오지 않고 명사의 관형격형만 앞에 오는 의존 명사는 '식(式)04'이 유일하다. '식(式)4'의 이러한 특수성은 명사가 앞에 오는 '식(式)'은 의존 명사가 아니라 '방식, 의식의 뜻을 더하는' 접미사이기 때문이다. 그리고 '식(式)04' 앞에 명사의 관형격형이 오기는 하지만 그 예는 '내 식, 제 식, ~ 등의 식' 등의 일부에 지나지 않는다.

(13) 가. 그래서, <u>내 식</u>으로 완성하기 전엔 너에게 보여주고 싶지 않았어.

나. 스윽 나의 틈을 빠져나온 나에 대해 사람들이 제각각 <u>제 식</u>으로 해석하려 들 것도 뻔한 일이었다.

다. 말하자면, 지<u>금의 치안부</u>, 안기부, 보안부 등의 식으로 여러 가지 군국기무처들이 있음에도 불구하고 노비들을 따로 잡아내는 기관을 세우지 않으면 안될 정도로 노비들의 도망이 빈번해졌다는 것입니다.

다음으로 '-기' 명사절과 연결 어미절(혹은 종결 어미절)이 앞에 오는 의존 명사들을 살펴보자. '-기' 명사절과 연결 어미절이 모두 앞에 오는 의존 명사로는 '마련'이 유일하다. 이 밖에 '-기' 명사절이 앞에 오는 의존 명사로는 '나름, 때문'이 더 있고, 연결 어미절이 앞에 오는 의존 명사로는 '간(間)10, 뿐'이 더 있다.10 앞에 오는 연결 어미절은 의존 명사에 따라 다르다. '마련'은 '-게 마련(이다)' 구성으로 쓰이고, '간(間)10'은 '-거나/건 -거나/건 간(에), -고 -고 간(에), -든(지) -든(지) 간(에)' 구성으로 쓰이고, '뿐'은 '-다 뿐(이다)' 구성으로 쓰인다. 각각의 예는 (15)에 제시한다.

(14) '-기' 명사절과 연결 어미절이 앞에 오는 의존 명사(5개)
    가. '-기' 명사절, 연결 어미절 모두 앞에 오는 의존 명사
        마련
    나. '-기' 명사절이 앞에 오는 의존 명사
        나름, 때문
    다. 연결 어미절이 앞에 오는 의존 명사
        간(間)10, 뿐
(15) 가. 큰 것은 으레 대운을 타고나게 마련이었다.
    나. ㉠문민정부건 아니건 간에 우리가 추진해 나가야 할 당면 과제를 해결해 나가야 한다.
      ㉡재취장가를 들 요량은 않고 계집과 농탕을 치겠다 하면 외대머리 논다니이고 들어앉
      은 계집이고 간에 군소리없이 끌어대었고, ….
      ㉢현재 페르시아만 사태는 전쟁이 발발하든, 이라크 군이 쿠웨이트에서 철수하든 간에
      일거에 해결될 수는 없느니만큼 장기적으로 임해야 한다.
    다. 허허, 자네가 모르고 있다 뿐이지.

    그런데 (16)에서 예시한 것처럼 '때문'은 용언의 '-음' 명사형과 용언의 연결형이 앞에 오기도 하고 '뿐'은 용언의 '-음' 명사형이 앞에 오기도 한다. 그러나 이들 예에서 '때문'과

---

10 이 밖에 '모든 협상은 상대가 있느니 만큼 경우와 상황에 따라 신축성과 유연성을 가지는 것은 반드시 필요하지만 ….', '월악산이 품고있는 계곡중에서 가장 수려한 경치를 지닌 이곳은 투명하리 만큼 맑은 달천계류 주위에 넓고 평평한 바위가 널려있고 ….'와 같이 쓰이는 '만큼'의 예도 검색되었는데 『표준국어대사전』에 따르면 '-느니만큼/으니만큼, -으리 만큼'은 전체가 하나의 연결 어미이다.

'뿐'의 앞에 오는 것들은 명사절과 이어진 문장의 선행절이 아니라 명사(구)에 상당하는 성분(명사 상당어)으로11 볼 수 있는 것들이다. 그래서 '-음' 명사형의 경우 관형사 '그(밝음)', 명사의 관형격형 '시인으로의 (일깨움)' 등 관형 성분의 수식을 받는다.12 (17)에서처럼 '등(等)05, 따위, 식(式)04, 중(中)04, 시(時)' 등도 '-기/음' 명사절과 연결 어미절(혹은 종결 어미절)이 앞에 오는 때가 있지만 이들을 명사절과 연결 어미절이 수식하는 의존 명사로 보지 않는 것도 이런 까닭에서이다.

(16) 가. ㉠그 여틈한 광선 속에서, 그 밝음 때문에 보이지 않던 얼룩들이 너더분하게 드러났다.
　　　 ㉡최근에는 오히려 소산(小山)인지 뭔지 때문에 사태가 태산처럼 커져있다.
　　 나. 시인으로의 일깨움 뿐이 아니고, 한 인간으로서의 성장(成長)을 위한 격려, 교훈, 우정 어린 교감(交感)은 읽는 이의 가슴에까지 불을 지펴 준다.
(17) 가. ㉠사람들은 겉으로 보이는 모습만 갖고 판단하기 쉽지만, 지구력, 독립심, 근면, 사려 깊음 등의 특성도 갖고 있다.
　　　 ㉡이밖에도 입후보자들이 무얼 하는 사람이며, 주위의 평판은 어떠한지 등을 참작해, 바른 한 표를 던진다면 '내고장 의회'는 훌륭한 일꾼들로 채워지게 될 것이다.
　　 나. ㉠어린이가 책을 한 권 읽으면 나뭇잎 한 장, 나뭇잎 다섯 장을 붙이면 꽃 한 송이, 꽃 세 송이를 붙이면 열매 한 개 붙이기 따위로 약속을 정해보세요.
　　　 ㉡그러나 나는 그 불빛이 주는 적막함 따위를 곱씹을 겨를이 없었다.
　　　 ㉢누가 세계 최고 부자이며 최대의 바람둥이인가, 어느 나라 여자와 어느 나라 경치와 어느 나라 음식이 최고인가 아닌가 따위를 화제삼아 술을 마셨다.
　　 다. ㉠반성문 쓰기나 화장실 청소와 같은 시간때우기 식의 형식적인 처벌, 심지어는 아무런 교육내용도 주어지지 않은 상태에서 방치되어 있는 아이들은 더욱 심각한 문제를 일으킬 수 있는 상황에 놓이게 될 수도 있다.
　　　 ㉡올라올래면 오고 앉아 죽을려면 죽어라 식으로 버티고 있으면 밑에서 어떻게 하란 말여?

---

11 상당어(相當語)에 대해서는 홍종선(1998), 이남순(1999), 김의수(2002) 등을 참조할 수 있다. 그리고 (16나)에서 '뿐' 앞에 오는 '-음' 명사형 '밝음'이 기능상 명사에 준하는 것이라면 이때의 '뿐'은 보조사로 볼 수 있다.
12 '뿐' 앞에는 이 외에도 '물체의 운동을 변화시킬 수 있는 방법은 외부의 작용에 의해서 뿐이고 그러한 외부의 작용은 물체간의 직접충돌에 의해서만 일어날 수 있기 때문이다.', '계산에 들어있지 않은 부분은 선발투수가 언제 마운드에서 내려오느냐 뿐이었다.'에서처럼 연결 어미와 종결 어미가 결합한 절이 오는데 이 또한 명사에 상당하는 것으로 볼 수 있다.

라. 농구(農謳)에서의 구연방식은 <u>되받아 부르기</u>, <u>메기고 받아 부르기</u>, <u>주로 받아 부르기</u>, <u>혼자 부르기</u> 중에서 주고 받아 부르기 형식일 가능성이 짙다.

마. <u>헹굼 시</u> 다른 옷의 더러움이 아기 옷에 묻지 않을까 하는 걱정도 필요 없다.

의존 명사별로 보면 앞에 오는 의존 성분의 유형이 6개로 가장 많은 의존 명사는 '것, 녀석, 놈, 데, 지경(地境), 쪽05, 측(側)' 등 7개이다. '년01, 때문, 무렵, 여지(餘地), 적03, 즈음, 차(次)' 등 7개 의존 명사는 5개 유형의 의존 성분이 앞에 온다. '겨를, 격(格), 나름, 대로, 따위, 마당, 마련, 만큼, 바람01, 법(法)01, 분01, 셈, 식(式)04, 외(外), 이, 자(者)18, 줄04, 중(中)04, 참, 터, 턱, 통06, 투(套), 판, 편(便)04' 등 25개 의존 명사는 4개 유형의 의존 성분이 앞에 온다. '둥, 듯, 듯이, 등등(等等), 바03, 수02, 시(時), 양02, 채09, 척01, 호(號)14' 등 11개 의존 명사는 3개 유형의 의존 성분이 앞에 온다. 그리고 '간(間)10, 거리02, 겸(兼), 군(君), 권(卷), 김, 동(棟)15, 등(等)05, 번(番), 뿐, 섬, 씨(氏), 이래(以來), 장22, 조(條)13, 체02, 켠, 편(篇)09, 푼, 회(回)' 등 20개 의존 명사는 2개 유형의 의존 성분이 앞에 오고, 나머지 45개는 1개 유형의 의존 성분이 앞에 오는 의존 명사들이다. (18)은 앞에서 수식어별로 나눠서 살펴본 것을 의존 명사별로 다시 정리한 것이다.[13]

(18) 의존 명사별 의존성: 피수식 양상

유형 수	의존 명사	관형사	관형사절			명사	명사의 관형격형	'-기' 명사절	연결 어미절
			'-은'	'-는'	'-을'				
6	것	o	o	o	o	o	o		
	녀석	o	o	o	o	o	o		
	놈	o	o	o	o	o	o		
	데	o	o	o	o	o	o		
	지경(地境)	o	o	o	o	o	o		

---

13 황화상(2004: 64-68)에서 분석한 것과 얼마간 차이가 있는데 이는 코퍼스와 소수의 예를 처리한 방식 등이 다르기 때문이다. 다음에서 살펴볼 조사 결합 양상도 이와 마찬가지이다. 참고로 황화상(2004)에서는 다의어를 구분하지 않은 〈세종 형태 분석 말뭉치(550만)〉를 이용하였다.

유형 수	의존 명사	관형사	관형사절			명사	명사의 관형격형	'-기' 명사절	연결 어미절
			'-은'	'-는'	'-을'				
	쪽05	O	O	O	O	O	O		
	측(側)	O	O	O	O	O	O		
5	년01	O	O	O	O	O			
	때문	O	O	O		O		O	
	무렵	O	O	O	O	O			
	여지(餘地)		O	O	O	O	O		
	적03	O	O	O	O	O			
	즈음	O	O		O				
	차(次)	O	O	O	O	O			
4	겨를	O	O	O	O				
	격(格)	O	O	O		O			
	나름		O			O	O	O	
	대로	O	O	O	O				
	따위	O	O	O		O			
	마당	O	O	O	O				
	마련		O		O			O	O
	만큼	O	O	O	O				
	바람01	O	O	O		O			
	법(法)01	O	O	O	O				
	분01	O	O	O	O				
	셈	O	O	O	O				
	식(式)04	O	O	O			O		
	외(外)	O	O	O		O			
	이	O	O	O	O				
	자(者)18	O	O	O	O				
	줄04	O	O	O	O				
	중(中)04	O	O	O		O			
	참	O	O	O	O				
	터	O	O	O	O				
	턱	O		O	O	O			
	통06	O	O	O		O			
	투(套)	O	O	O		O			
	판	O	O	O	O				
	편(便)04	O	O	O		O			
3	등		O	O	O				

유형 수	의존 명사	관형사	관형사절			명사	명사의 관형격형	'-기' 명사절	연결 어미절
			'-은'	'-는'	'-을'				
	듯		ㅇ	ㅇ	ㅇ				
	듯이		ㅇ	ㅇ	ㅇ				
	등등(等等)	ㅇ		ㅇ		ㅇ			
	바03		ㅇ	ㅇ	ㅇ				
	수02		ㅇ	ㅇ	ㅇ				
	시(時)	ㅇ			ㅇ	ㅇ			
	양02		ㅇ	ㅇ	ㅇ				
	채09		ㅇ	ㅇ		ㅇ			
	척01		ㅇ	ㅇ	ㅇ				
	호(號)14	ㅇ	ㅇ			ㅇ			
2	간(間)10					ㅇ			ㅇ
	거리02				ㅇ	ㅇ			
	겸(兼)				ㅇ				
	군(君)	ㅇ				ㅇ			
	권(卷)	ㅇ				ㅇ			
	김		ㅇ	ㅇ					
	동(棟)15	ㅇ				ㅇ			
	등(等)05			ㅇ					
	번(番)	ㅇ				ㅇ			
	뿐				ㅇ				ㅇ
	섬	ㅇ				ㅇ			
	씨(氏)	ㅇ				ㅇ			
	이래(以來)		ㅇ			ㅇ			
	장22	ㅇ				ㅇ			
	조(條)13	ㅇ				ㅇ			
	체02		ㅇ	ㅇ					
	컨	ㅇ				ㅇ			
	편(篇)09	ㅇ				ㅇ			
	푼	ㅇ				ㅇ			
	회(回)	ㅇ				ㅇ			
1	가지	ㅇ							
	개(個)	ㅇ							
	개소(個所)	ㅇ							
	건(件)	ㅇ							
	군데	ㅇ							

유형 수	의존 명사	관형사	관형사절 '-은'	관형사절 '-는'	관형사절 '-을'	명사	명사의 관형격형	'-기' 명사절	연결 어미절
	그루	O							
	기(基)19	O							
	나위				O				
	남짓					O			
	내(內)					O			
	냥	O							
	달	O							
	대(對)11					O			
	대(臺)15	O							
	대01	O							
	등지(等地)					O			
	따름			O					
	리(理)06			O					
	마리01	O							
	마지기	O							
	만01					O			
	만02				O				
	말(末)11					O			
	명(名)	O							
	모금	O							
	바퀴	O							
	발짝	O							
	벌02	O							
	부(部)15	O							
	뻔			O					
	살	O							
	석(席)10	O							
	시간(時間)	O							
	양(孃)25					O			
	점(點)10	O							
	주(週)26	O							
	주일(週日)	O							
	지02		O						
	채08	O							
	척(隻)08	O							

유형 수	의존 명사	관형사	관형사절			명사	명사의 관형격형	'-기' 명사절	연결 어미절
			'-은'	'-는'	'-을'				
	초(初)03					o			
	치04	o							
	큰술	o							
	통(通)12	o							
	평(坪)	o							

6.3. 의존 명사의 조사 결합 양상

본서에서 분석 대상으로 삼은 146개 의존 명사 가운데 어떤 격조사(주격, 목적격, 관형격, 부사격, 서술격)와도 결합하지 않는 것은 7개이다. 이들이 격조사와 결합하지 않는 것은 '(삼) 개년 (계획)'처럼 명사 앞에서 관형어로 쓰이거나 '(아침) 겸 (점심), (삼) 대 (일)'처럼 명사와 명사 사이에 쓰이거나 '-을 겸 (해서), -은/는/을 듯(도) (하다), -은/는/을 듯이, -을 만(도) 하다, -을 뻔(도) 하다'처럼 부사어로 쓰이는 혹은 논항을 요구하지 않는 '하다' 앞에 쓰이는 분포적 특수성 때문이다. 이 가운데 '듯, 만02, 뻔'은 '하다'와 결합하여 보조 형용사 '듯하다, 만하다, 뻔하다'를 만들기도 한다.

(19) 격조사와 결합하지 않는 의존 명사(7개)
　　　개년(個年), 겸(兼), 대(對)11, 듯, 듯이, 만02, 뻔

(20)은 1개 유형의 격조사와만 결합하는 의존 명사들이다. 그런데 이들은 '이다'와 결합한 형태로 주로 쓰이는 '따름'을 제외하면 격조사가 결합한 형태로 쓰이는 것보다는 격조사가 결합하지 않거나 보조사가 결합한 형태로 쓰이는 비율이 훨씬 더 높은 일반적인 특성을 보인다. 특히 '큰술'은 목적격 조사가 결합한 예가 2개에 지나지 않는다. 그리고 이들 가운데 '나위, 리(理)06, 수02'는 특정한 서술어와 함께 자주 쓰이는 것들이다. '나위'는 '없다' 앞에서 주로 '-을 나위(가) 없다'처럼 쓰인다. '리(理)06'도 주로 '-을 리(가) 없다'처

럼 쓰이는데 '-을 리(가) 있겠니?'처럼 반어 의문문에서 '있다' 앞에 쓰이기도 한다. '수02'는 '있다, 없다' 앞에서 '-은/는/을 수(가) 있다/없다'처럼 쓰인다.

(20) 1개 유형의 격조사와 결합하는 의존 명사(6개)
    가. 주격 조사 결합
        나위, 리(理)06, 수02, 지02
    나. 서술격 조사 결합
        따름
    다. 목적격 조사 결합
        큰술

(21)은 2개 유형의 격조사와 결합하는 의존 명사들이다. '김, 때문, 뿐, 셈, 채09, 터, 통06' 등 7개는 부사격 조사, 서술격 조사와 결합하고, '마련, 줄04, 박(泊)10' 등 3개는 목적격 조사, 부사격 조사와 결합하고, '겨를, 여지(餘地)' 등 2개는 주격 조사, 목적격 조사와 결합한다. 그리고 '체02'는 목적격 조사, 관형격 조사와, '이래(以來)'는 관형격 조사, 부사격 조사와, '둥'은 관형격 조사, 서술격 조사와 각각 결합한다.

(21) 2개 유형의 격조사와 결합하는 의존 명사(15개)
    가. 부사격·서술격 조사 결합
        김, 때문, 뿐, 셈, 채09, 터, 통06
    나. 목적격·부사격 조사 결합
        마련, 줄04, 박(泊)10
    다. 주격·목적격 조사 결합
        겨를, 여지(餘地)
    라. 목적격·관형격 조사 결합
        체02
    마. 관형격·부사격 조사 결합
        이래(以來)

바. 관형격·서술격 조사 결합

　둥

　이들 가운데 '김, 때문, 뿐, 셈, 터, 여지(餘地)'를 제외하면 격조사 결합형으로 쓰이는 비율이 높지 않다. 특히 '박(泊)10, 둥'은 격조사 결합형 빈도도 아주 낮다. 그리고 이들은 '때문, 줄04, 여지(餘地), 이래(以來)'를 제외하면 전체 격조사 결합형 가운데 어느 하나의 격조사와 결합하는 비율이 아주 높다. '겨를'은 주격 조사와, '마련, 뿐, 셈, 터'는 서술격 조사와, '체02'는 목적격 조사와, '김, 채09, 통06'은 부사격 조사와 주로 결합한다. 이 가운데 '겨를, 마련, 뿐, 셈, 체02, 김, 통06'은 다른 격조사가 결합하는 빈도도 아주 낮다. '둥, 겨를, 마련, 뿐, 셈, 체02, 김, 통06'의 격조사 결합형 가운데 빈도가 낮은 격조사 결합형의 예를 (22)에 제시한다.

(22) 가. ㉠그들은 상대 학교의 아담한 아이들이 어깨를 살짝 건드리거나 발을 밟으면 곧바로 건방지다는 둥 기분 나쁘게 생겼다는 둥의 죄를 물어 몇대 때려준다.

　㉡면 직원이 담배는 밖에 나가서 태우고 곧 교육 시작하니 앞좌석부터 채워 앉으라고 몇 번이나 목청을 높여도 듣는 둥 마는 둥이다.

나. 곡식 되찾는 일만을 중히 여겨 셈평을 따져볼 겨를을 찾지 못한 것이었다.

다. 한 마디로 천평저울에 남자와 여자의 '경제 무게'를 달아 한쪽이 기울면 균형을 잡기 위해 가벼운 쪽에 '물질적 보상'을 싣기 마련으로, 그것이 지참금 혹은 신부값의 형태로 나타난다는 것이다.

라. 그의 머리 속에는 오로지 이중섭과 고흐 같은 불행한 천재들의 상이 그려져 있을 뿐으로, 자신의 삶과 그들의 삶을 동일시함으로써 만족을 얻으려 드는 것 같았다.

마. 젊다는 것이 좋기는 하지마는 어쩔 셈으로 그러는 거요.

바. 다른 사람이 손 쓰기 전에 얼른 뛰어들어서 차려버리자고 해도 저 사람은 들은 체 만 체여.

사. 기왕 이야기가 나온 김이니 금년 안으로 첫번 행사를 가지는 게 좋을 게고 ….

아. 아무리 난리 통이지만 하필 피약솔 다닐 게 뭐야

(23)은 3개 유형의 격조사와 결합하는 의존 명사들이다. '격(格), 나름, 만01, 바람01, 외(外)'는 관형격 조사, 부사격 조사, 서술격 조사와 결합한다. 그리고 '척01'은 주격 조사, 목적격 조사, 서술격 조사와, '대로'는 목적격 조사, 관형격 조사, 서술격 조사와, '참'은 주격 조사, 부사격 조사, 서술격 조사와, '턱'은 주격 조사, 관형격 조사, 목적격 조사와 각각 결합한다.

(23) 3개 유형의 격조사와 결합하는 의존 명사(9개)
　　가. 관형격·부사격·서술격 조사 결합
　　　　격(格), 나름, 만01, 바람01, 외(外)
　　나. 주격·목적격·서술격 조사 결합
　　　　척01
　　다. 목적격·관형격·서술격 조사 결합
　　　　대로
　　라. 주격·부사격·서술격 조사 결합
　　　　참
　　마. 주격·관형격·목적격 조사 결합
　　　　턱

'만01, 바람01, 외(外)'는 부사격 조사와 결합하는 비율이 아주 높고, '격(格), 참'은 서술격 조사와 결합하는 비율이 아주 높고, '턱'은 주격 조사와 결합하는 비율이 아주 높다. '바람01'이 부사격 조사와 결합하는 비율이 높은 것은 다의(多義) 가운데 하나로서 '-는 바람에' 구성으로 쓰이는 '뒷말의 근거나 원인을 나타내는 말로 자주 쓰이기 때문이다. 한편 '척01, 대로'는 격조사 결합형으로 쓰이는 비율이 아주 낮은데 특히 '척01'은 주격 조사 결합형이,[14] '대로'는 목적격 조사 결합형이 각각 한 개씩만 나타난다. 이 밖에 '바람'은 관형격 조사 결합형과 서술격 조사 결합형[15] 빈도가 아주 낮고, '외(外)'는 서술격 조사 결합형 빈도가 아주 낮고, '격(格)'은 관형격 조사 결합형 빈도가 아주 낮고,

---

14 '-고 싶다' 구문에 나타나는 예인데 '나는 <u>사과를/사과가</u> 먹고 싶다.'처럼 '-고 싶다' 구문의 목적어 명사구에는 주격 조사가 결합하기도 한다.
15 이때의 '바람01'은 '그 옷차림의 뜻을 나타내는 말'의 뜻으로 쓰인 것이다.

'참'은 주격 조사 결합형 빈도가 아주 낮고, '턱'은 관형격 조사 결합형과 부사격 조사 결합형 빈도가 아주 낮다. (24)는 의존 명사별로 빈도가 낮은 격조사 결합형의 예를 제시한 것이다.

(24) 가. 단지 서울사람이라는 이유로 잘난 척을 하며 사는 할아버지를 닮아 나도 곧 내 또래 동무들 사이에서 잘난 <u>척이</u> 하고 싶어졌고 그 방법은 간단했다.

　　나. 수필의 어의는 '그때그때 보고 듣고 느낀 <u>대로를</u> 붓 가는 대로 써 낸 글'이라고 할 수 있다.

　　다. ㉠그 바람에 속곳 <u>바람의</u> 논다니들이며 곗말을 움켜쥔 오입장이들이 몰려나와 킥킥거렸고 ….

　　　　㉡러닝셔츠 <u>바람인</u> 박창길의 얼굴에는 물방울들이 고기비늘처럼 묻어 번들거렸다.

　　라. 권투는 여전히 야만적인 것으로 간주되었고, 19세기 중반까지 영국에서는 법 <u>외였다.</u>

　　마. 바위에다 계란 던지는 <u>격의</u> 도전.

　　바. 모두 한 섬씩을 걸빵해서 짊어진 판이라 해창까지 시오릿길에 행렬은 자연 쉴 <u>참이</u> 많아지고 노량으로 지체될 수밖에 없었다.

　　사. ㉠열 <u>척의</u> 돌을 실어오면 가장 많이 실었다 싶은 것 한두 척에만 두 도로끄 <u>턱의</u> 전표를 끊어주고, 나머지 배들에게는 한 도로끄 반이나 한 도로끄 턱의 전표를 끊어주곤 하였다.

　　　　㉡무슨 <u>턱에</u> 내 집에 와 성화요?

(25)는 4개 유형의 격조사와 결합하는 의존 명사들이다. '지경(地境)'은 주격 조사를 제외한 격조사와 결합하고, '즈음'은 목적격 조사를 제외한 격조사와 결합하고, '법(法)01, 양02, 마당'은 관형격 조사를 제외한 격조사와 결합하고, '만큼, 치04, 발짝'은 부사격 조사를 제외한 격조사와 결합하고, '집(輯), 켠'은 서술격 조사를 제외한 격조사와 결합한다.

(25) 4개 유형의 격조사와 결합하는 의존 명사(10개)

　　가. 주격 조사를 제외한 모든 격조사 결합

　　　　지경(地境)

　　나. 목적격 조사를 제외한 모든 격조사 결합

즈음

다. 관형격 조사를 제외한 모든 격조사 결합

법(法)01, 양02, 마당

라. 부사격 조사를 제외한 모든 격조사 결합

만큼, 치04, 발짝

마. 서술격 조사를 제외한 모든 격조사 결합

집(輯), 켠

'법(法)01, 마당, 지경(地境), 격(格), 켠'은 격조사와 결합하는 비율이 상대적으로 높은 의존 명사들인데, 특히 '법(法)01'은 서술격 조사, 주격 조사와, '마당'은 부사격 조사와, '지경(地境), 격(格)'은 서술격 조사, 부사격 조사와, '켠'은 관형격 조사와 자주 결합한다. '양02, 집(輯), 만큼, 치04, 발짝, 즈음'은 전체적으로 격조사와 결합하는 비율이 상대적으로 낮은 의존 명사들인데, 격조사 결합형 안에서 보면 '양02'는 부사격 조사와, '만큼, 치04'는 관형격 조사와, '즈음'은 부사격 조사, 서술격 조사와 결합하는 비율이 높다. (26) 은 의존 명사별로 빈도가 낮은 격조사 결합형의 예를 제시한 것이다.

(26) 가. 현은 그 목을 졸라 죽이는 <u>법</u>에 자신이 생기지 못한다.

나. 막상 첫째가 배고파 덤비는 <u>양</u>을 보고는, 차마 떡그릇에 손을 넣지 못하였던 것이다.

다. ㉠어차피 인생이란 어느 <u>만큼이</u> 고유하고 또 어느 <u>만큼이</u> 흉내인가?

㉡물론 모금만으로 북에서 바라는 <u>만큼</u>을 모두 채우기는 어렵겠지만 정부가 나머지를 지원할 준비를 갖추고 있다.

라. 이 나라 운명을 도맡아 끌고 가겠다는 이들이 한 <u>발짝</u>의 양보도, 한 <u>치</u>의 물러섬도 없이 되지도 않을 말싸움만 계속하고 있다.

마. … 판소리가 시작되었던 18세기 초기에는 여러 편이 있었으나 현재는 신재효의 여섯 <u>마당</u>이 있으며 이중 다섯 마당이 주로 불리워지고 있다.

바. 공동 생활에 적응하면서 자기 일을 스스로 해결하는 훈련은 아이가 어느 정도 말귀를 알아듣고 제대로 걸어 다닐 <u>즈음</u>이 되면 지독하다 싶을 정도로 철저하게 이루어진다.

사. 우물가로 기어가는 위험한 <u>지경</u>의 아이를 보고서도 우물에 빠지도록 방관한다면, 그는 작위의무(作爲義務)의 해태(懈怠)라 하여 형법에서 규정하는 형벌을 받게 된다.

(27)은 5개 유형의 격조사와 두루 결합하는 의존 명사들이다. 이들 가운데 특정 격조사 결합 비율이 상대적으로 높은 것들로는 '측(側)'(주격·관형격·부사격), '편(便)04'(주격·부사격·서술격), '식(式)04, 중(中)04'(관형격·부사격·서술격), '적03'(주격·부사격), '간(間)10, 내(內), 말(末)11'(관형격·부사격), '남짓'(관형격·서술격), '무렵, 차(次), 판'(부사격·서술격), '대01, 모금'(목적격), '개소(個所), 데, 등지(等地), 시(時), 초(初)03'(부사격) 등이 있다. 그리고 이들 가운데에는 특정 격조사 결합 빈도가 아주 낮은 것들이 있다. '간(間)10, 년도(年度), 등지(等地), 말(末)11, 무렵, 중(中)04, 차(次), 초(初)03'는 주격 조사 결합 빈도가 낮고, '남짓, 식(式)04, 적03, 투(套)'는 목적격 조사 결합 빈도가 낮고, '거리02, 데, 등(等)04'은 관형격 조사 결합 빈도가 낮고, '남짓'은 부사격 조사 결합 빈도가 낮고, '그루'는 서술격 조사 결합 빈도가 낮다.

(27) 5개 유형의 격조사에 두루 결합하는 의존 명사(99개)

가지, 간(間)10, 개(個), 개국(個國), 개소(個所), 개월(個月), 거리02, 건(件), 것, 군(君), 군데, 권(卷), 그루, 기(基)19, 남짓, 내(內), 냥, 녀석, 년(年)02, 년01, 년대(年代), 년도(年度), 놈, 달, 달러, 대(代)06, 대(臺)15, 대01, 데, 도(度), 동(棟)15, 등(等)04, 등(等)05, 등등(等等), 등지(等地), 따위, 리(里)02, 마리_01, 마지기, 말(末)11, 명(名), 모금, 무렵, 미터, 바03, 바퀴, 번(番), 벌02, 부(部)15, 분(分)08, 분01, 불(弗)08, 살, 석(席)10, 섬, 세(世)07, 세(歲)13, 승(勝), 시(時), 시간(時間), 식(式)04, 씨(氏), 양(孃)25, 엔, 원01, 월(月), 위(位), 이, 일(日), 자(者)18, 장22, 적03, 전(錢)24, 점(點)10, 조(條)13, 주(週)26, 주년(週年), 주일(週日), 중(中)04, 쪽05, 차(次), 채08, 척(隻)08, 초(初)03, 초(秒)07, 측(側), 킬로미터, 톤, 통(通)12, 투(套), 판, 퍼센트, 편(便)04, 편(篇)09, 평(坪), 푼, 호(戶)04, 호(號)14, 회(回)

격조사별로 보면 어떤 격조사와도 결합하지 않는 7개 의존 명사('개년(個年), 겸(兼), 대(對)11, 듯, 듯이, 만02, 뻘')를 제외하고 주격 조사와 결합하지 않는 의존 명사는 '격(格), 김, 나름, 대로' 등 22개이다. 목적격 조사와 결합하지 않는 의존 명사는 '격(格), 김, 나름, 나위' 등 23개이다. 관형격 조사와 결합하지 않는 의존 명사는 '겨를, 김, 나위, 따름' 등 24개이다. 부사격 조사와 결합하지 않는 의존 명사는 '겨를, 나위, 대로, 둥'

등 15개이다. 서술격 조사와 결합하지 않는 의존 명사는 '겨를, 나위, 리(理)06, 박(泊)10'
등 13개이다.

(28) 특정 격조사와 결합하지 않는 의존 명사
    가. 주격 조사와 결합하지 않는 의존 명사(22개)
        격(格), 김, 나름, 대로, 둥, 따름, 때문, 마련, 만01, 바람01, 박(泊)10, 뿐, 셈, 외(外),
        이래(以來), 줄04, 지경(地境), 채09, 체02, 큰술, 터, 통06
    나. 목적격 조사와 결합하지 않는 의존 명사(23개)
        격(格), 김, 나름, 나위, 둥, 따름, 때문, 리(理)06, 마련, 만01, 바람01, 뿐, 셈, 수02,
        외(外), 이래(以來), 즈음, 지02, 참, 채09, 터, 턱, 통06
    다. 관형격 조사와 결합하지 않는 의존 명사(24개)
        겨를, 김, 나위, 따름, 때문, 리(理)06, 마당, 마련, 박(泊)10, 법(法)01, 뿐, 셈, 수02, 양02,
        여지(餘地), 줄04, 지02, 참, 채09, 척01, 체02, 큰술, 터, 통06
    라. 부사격 조사와 결합하지 않는 의존 명사(15개)
        겨를, 나위, 대로, 둥, 따름, 리(理)06, 만큼, 발짝, 수02, 여지(餘地), 지02, 척01, 체02,
        치04, 큰술
    마. 서술격 조사와 결합하지 않는 의존 명사(13개)
        겨를, 나위, 리(理)06, 박(泊)10, 수02, 여지(餘地), 이래(以來), 줄04, 지02, 집(輯), 켠,
        큰술, 턱

한편 대부분의 의존 명사는 보조사와 결합하지만 (29)에 제시한 의존 명사들은 보조사
와 결합하지 않는다. (29가)는 격조사와도 결합하지 않아서 어떤 조사와도 결합하지 않는
의존 명사들이며, (29나)는 격조사에는 결합하지만 보조사에는 결합하지 않는 의존 명사
들이다.

(29) 보조사와 결합하지 않는 의존 명사(16개)
    가. 겸(兼), 대(對)11, 듯이, 뻔
    나. 김, 둥, 따름, 마당, 마련, 만01, 바람01, 이래(以來), 참, 채09, 큰술, 통06

7. 조사의 중첩

이 장에서는 〈세종 형태 분석 말뭉치(1000만)〉를 자료로 하여 조사 중첩의 양상을 살펴본다. 조사 개수별 중첩 양상과 조사 유형별 중첩 양상을 살펴보고 개별 조사들의 중첩 양상도 주요 조사들을 중심으로 일부 살펴본다. 순서를 달리하여 서로 중첩되는 조사들(AB·BA형 조사 중첩)에 대해서는 따로 살펴본다. 조사는 주격 조사(JKS), 목적격 조사(JKO), 관형격 조사(JKG), 보격 조사(JKC), 부사격 조사(JKB), 인용격 조사(JKQ) 등의 격조사,[1] 그리고 보조사(JX), 접속 조사(JC)를 대상으로 한다.

7.1. 조사의 작용역과 조사 중첩

한국어 조사는 둘 이상이 겹쳐 쓰이기도 하는데 이를 조사 중첩이라고 한다. 조사가 겹쳐 쓰이는 데에는 일정한 제약이 있다. 예를 들어 (1가)에서처럼 주격 조사 '가'와 목적격 조사 '를'은 문법적 기능이 충돌하여 겹쳐 쓰일 수 없으며 보조사 '까지'와 보조사 '부터'는 의미 기능이 모순되어 겹쳐 쓰일 수 없다. (1나)에서처럼 내재격 조사(부사격 조사)인[2] '에서'와 구조격 조사(주격 조사, 목적격 조사, 관형격 조사)인[3] '의'는 겹쳐 쓰일 수 있다. (1다)에서처럼 목적격 조사 '을'은 보조사 '만'과는 겹쳐 쓰일 수 있지만 보조사 '도'와는 겹쳐 쓰일 수 없다.

---

1 다른 조사와의 중첩이 어려운 호격 조사, 그리고 어미가 뒤에 오는 특수성이 있는 서술격 조사(긍정 지정사)는 제외한다.
2 부사격 조사는 그 수가 여럿이라는 점에서 다른 격조사들과 다르다. 이는 부사격 조사가 단순히 부사격을 표시하는 기능만 갖는 것이 아니라 의미적인 기능도 함께 갖기 때문이다. 예를 들어 '그 집에 가다.'에서 부사격 조사 '에'는 명사구 '그 집'이 도달점이라는 것을 나타내며, '그 집에서 가다.'에서 부사격 조사 '에서'는 명사구 '그 집'이 출발점이라는 것을 나타낸다. 내재격 조사라는 용어 외에 의미격 조사라는 용어를 쓰기도 한다.
3 구조에 의해 주어지는 격, 곧 구조격을 표시한다고 하여 구조격 조사라고 한다.

(1) 가. *친구<u>가를</u> 만났다.

  　*여기<u>까지부터</u> 읽었다.

　나. 그곳<u>에서의</u> 생활

　다. 너<u>만을</u> 사랑해.

  　*너<u>도를</u> 사랑해.

　그리고 조사가 겹쳐 쓰일 때에도 그 순서에는 제약이 있다. 예를 들어 구조격 조사는 다른 조사와 겹쳐 쓰일 때 늘 그 조사의 뒤에 온다('그곳에서의/ *그곳의에서, 너만을/ *너를만'). 내재격 조사와 보조사가 겹쳐 쓰일 때에는 내재격 조사가 앞에 오는 것('철수에게만/ *철수만에게')이 보통이지만 내재격 조사가 앞에 오기도 하고 보조사가 앞에 오기도 하는 때('빵으로만/빵만으로')도 있다.

　조사의 중첩, 중첩의 제약, 조사 결합의 순서 등은 조사의 문법적 기능과 관련이 있는데 이를 요약하면 다음과 같다(황화상 2003: 138). 참고로 작용역(作用域, scope)은 조사의 문법적 기능이 미치는 범위를 말한다.

(2) 조사 중첩의 조건

　가. 작용역이 같고, 서로 문법적 기능이 충돌하거나 모순되는 두 조사는 중첩되지 않는다.

　나. 작용역이 서로 다른 두 조사는 작용역이 좁은 조사가 선행한다.

(3) 조사의 작용역과 조사 결합의 순위

　가. 의미역을 갖지 않는 명사구

　　①'만, 까지' 등 ②내재격 조사

　나. 의미역을 갖는 명사구

　　③'만, 까지' 등 ④구조격 조사

　다. 문장

　　⑤'만, 까지, 는, 도, 야' 등

7.2. 조사 중첩의 양상(1): 조사 개수별

〈세종 형태 분석 말뭉치(1000만)〉에서 조사의 중첩은 분석 표지(tag) 기준으로는 총 41개 유형이 나타나고 형태 기준으로는 총 493개 유형이 나타난다.[4] 이 절에서는 중첩 조사의 개수별로 나누어 이에 대해 구체적으로 살펴본다.

7.2.1. 4개 조사의 중첩

조사는 한 어절에 최대 4개까지 중첩된다.[5] 4개 조사의 중첩은 코퍼스에서 다음의 2개만 확인되며[6] 그 빈도도 아주 낮다. 중첩되는 4개 조사 가운데 첫 번째 조사는 모두 부사격 조사이고 두 번째 조사와 세 번째 조사는 모두 보조사라는 공통성이 있다. 끝에 오는 조사는 각각 보격 조사와 보조사이다.

(4) 4개 조사 중첩형
　가. 에서/JKB + 뿐/JX + 만/JX + 이/JKC(4)[7]
　　　탈권위주의와 탈군사화 현상은 제3세계 국가<u>에서뿐만이</u> 아니라 사회주의권 국가에서도
　　　비슷한 형태로 나타난다.
　나. 에/JKB + 까지/JX + 밖에/JX + 은/JX(1)
　　　사위들은 기껏 미닫이문 앞<u>에까지밖엔</u> 못 갔다.

---

4 방언형을 비롯하여 비표준 형태의 조사를 포함하는 중첩형은 제외한 것이다.
5 코퍼스에서는 확인되지 않지만 '(문앞)+에+까지+뿐+만+이', '(문앞)+에서+부터+뿐+만+이' 등 5개 조사의 중첩도 가능하다.
6 이 밖에 부사격 조사가 처음에 오는 '에뿐만이', '에게뿐만이', '로뿐만이', '로서뿐만이' 등과 보조사가 처음에 오는 '까지뿐만이', '부터뿐만이' 등도 가능하겠지만 코퍼스에서는 나타나지 않는다. 또한 〈세종 형태 분석 말뭉치(1000만)〉에서 하나의 조사로 분석한 '로부터'는 두 개의 조사 '로'와 '부터'가 복합된 것이므로 '로부터만이, 로부터보다는' 등도 4개 조사의 중첩에 포함할 수도 있다.
7 괄호 안은 빈도이며, '이/가, 은/는, 와/과, 로/으로' 등 이형태들이 있는 조사들의 경우 대표형('이, 은, 와, 로' 등)으로 표시한다.

7.2.2. 3개 조사의 중첩

3개 조사의 중첩은 분석 표지 기준으로는 총 17개 유형이, 형태 기준으로는 총 118개 유형이 나타난다. 3개 조사가 중첩될 때 첫 번째 위치에는 부사격 조사, 보조사, 주격 조사가 쓰인다. 그리고 부사격 조사와 보조사 뒤 두 번째 위치에는 부사격 조사와 보조사가 쓰이고, 주격 조사 뒤 두 번째 위치에는 보조사가 쓰인다. 3개 조사 중첩의 세부 유형은 다음과 같다. 수치는 분석 표지별 형태 유형의 개수이다.

(5) 3개 조사 중첩 유형

조사1	조사2	조사3	합계	
JKB	JKB	JX(25), JKG(2)	27	85
	JX	JX(42), JKS(6), JKC(5), JKG(3), JKB(2)	58	
JX	JKB	JX(18), JKG(2), JKC(1), JC(1)	22	31
	JX	JX(5), JKO(2), JKS(1), JKC(1)	9	
JKS	JX	JKS(1), JX(1)	2	

(6)은 부사격 조사가 첫 번째 위치에 쓰인 3개 조사 중첩형을 분석 표지별·형태별로 빈도와 함께 제시한 것(가나다순)이다. 분석 표지로 보면 'JKB + JX + JX' 중첩형이 형태 개수(42)도 가장 많고 총 빈도(366)도 가장 높다. 형태로 보면 '에+로+의'(45), '에서+뿐+만'(42), '에서+만+은'(39), '에+까지+도'(35), '에게+만+은'(34) 등의 빈도가 상대적으로 높고 이들을 포함하여 빈도 10 이상인 중첩형은 22개이다. 그리고 빈도 9 이하의 중첩형 63개 가운데 35개는 빈도 1인 중첩형이다.

(6) 부사격 조사가 첫 번째 위치에 쓰인 3개 조사 중첩형(602)
　　가. JKB + JKB + JX(110)
　　　　로+보다+도(1), 로+보다+은(11), 로부터+보다+은(1), 로서+보다+도(2), 로서+보다+은(16), 만큼+에+도(1), 서+만큼+은(2), 에+로+까지(1), 에+로+도(2), 에+로+만(1), 에+보다+은(2), 에게+로+까지(1), 에게+로+도(1), 에게+로+만(1), 에게+만큼+은(2), 에게+보다+은(2), 에게+와+은(1), 에서+만큼+은(10), 에서+보다+도(16), 에서+보다+야(1), 에서+보다+은(14), 에서+와+은(18), 처럼+로+나(1), 한테+보다+도(1), 한테+서+도(1)

나. JKB + JKB + JKG(46)

에+로+의(45), 에게+로+의(1)

다. JKB + JX + JX(366)

로+밖에+은(22), 로+까지+은(7), 로+만+은(6), 로+만+도(2), 로+뿐+만(1), 로서+뿐+만(6), 만큼+밖에+은(1), 보다+은+요(1), 서+만+도(2), 서+밖에+은(1), 에+까지+도(35), 에+만+도(25), 에+만+은(14), 에+까지+은(13), 에+은+요(12), 에+조차+도(5), 에+다가+은(1), 에+까지+요(1), 에+까지+만(1), 에+야+만(1), 에게+만+은(34), 에게+까지+도(15), 에게+뿐+만(5), 에게+조차+도(4), 에게+까지+은(1), 에게+밖에+은(1), 에게+나+요(1), 에게+마저+도(1), 에서+뿐+만(42), 에서+만+은(39), 에서+조차+도(18), 에서+만+도(16), 에서+까지+도(6), 에서+마저+도(5), 에서+은+요(4), 에서+밖에+은(2), 에서+까지+은(1), 한테+만+은(7), 한테+까지+도(4), 한테+밖에+은(1), 한테+은+요(1), 한테+까지+야(1)

라. JKB + JX + JKS(32)

로부터+만+이(1), 로서+만+이(4), 로써+만+이(4), 에+만+이(2), 에+까지+이(1), 에서+만+이(20)

마. JKB + JX + JKC(40)

로+만+이(5), 로서+만+이(13), 에+만+이(2), 에게+만+이(2), 에서+만+이(18)

바. JKB + JX + JKG(6)

에+까지+의(3), 에서+만+의(2), 에서+나마+의(1)

사. JKB + JX + JKB(2)

에게+나+처럼(1), 에게+만+로(1)

이 가운데 (6라)는 부사격 조사 뒤에 (보조사를 사이에 두고) 다시 주격 조사 '이'가 나타난다는 점에서 특별하다. 그런데 (7)에서 제시한 예에서 알 수 있는 것처럼 이때의 '이'는 주격 조사로 보기 어려운 면이 있다. 이들 중첩형이 결합한 명사구들은 각 문장에서 주어가 아니라 부사어이기 때문이다.

(7) 가. 저는 평소 해월 선생님<u>으로부터만이</u> 개벽의 새로운 실천방법을 찾을 수 있으리라고 믿어왔던 사람입니다.

　나. 그러나 부모(환경)로부터 섹스란 일종의 종교의식과 같다는 것, 성적 쾌감은 종교적인 <u>전율로서만이</u> 가능한 것으로 받아들여진 성의 백치 앨런은 자기 번민의 갈등 속에 휘말리게 된다.

　다. 그것은 내국인의 지역적 이동의 가능성, 내외국인의 출입국의 가능성도 아울러 통제함<u>으로써만이</u> 이룩될 수가 있다.

　라. 새로운 생활양식과 사회제도의 틀이 씨앗부터라도 나타나서 남한 사회에서만이라도 확대되고 발전하는 과정을 통해서 점차 남북 사회에 확대될 때<u>에만이</u> 그 과정에 있어서의 공존도 지킬 수가 있으며 점차 완전통일로 나아갈 수 있습니다.

　마. 아침에서 저녁까지와 눈에서 귀<u>에까지가</u> 도무지 따뜻함과 즐거움과 노래와 춤뿐일 때에, 여기 비너스의 아름다운 정령(精靈)이 내려오지 아니하였을까?

　바. 이런 것들은 필요 이상을 가진 자와 꼭 필요한 것도 갖지 못한 사람들이 있는 사회<u>에서만의</u> 발생하는 것이다.

　(8)은 보조사가 첫 번째 위치에 쓰인 3개 조사 중첩형을 분석 표지별·형태별로 빈도와 함께 제시한 것이다. 분석 표지로 보면 'JX + JKB + JX' 중첩형이 형태 개수(18)도 가장 많고 총 빈도(948)도 월등히 높다. 형태로 보면 '만+로+도'(483), '만+로+은'(348), '뿐+만+이'(123)의 빈도가 높고 이 밖에 빈도 10 이상인 것으로는 '까지+에+은'(49), '까지+와+은'(36)이 더 있다. 이들을 제외한 26개 중첩형은 빈도 9 이하이다.

　(8) 보조사가 첫 번째 위치에 쓰인 3개 조사 중첩형(1090)
　　가. JX + JKB + JX(948)
　　　까지+로+나(1), 까지+로+도(1), 까지+에+도(3), 까지+에+만(1), 까지+에+은(49), 까지+에서+은(2), 까지+와+은(36), 마다+에+도(1), 마다+에+은(6), 마다+에서+은(2), 만+로+도(483), 만+로+야(1), 만+로+은(348), 만+로서+은(6), 만+로써+은(5), 만+에+은(1), 만+에서+라도(1), 조차+에게+도(1)
　　나. JX + JKB + JKG(2)
　　　만+로부터+의(1), 만+로서+의(1)

다. JX + JKB + JKC(1)

　만+로서+이(1)

라. JX + JKB + JC(1)

　만+로서+나(1)

마. JX + JX + JX(11)

　까지+은+요(2), 까지+도+요(1), 대로+만+은(1), 부터+만+라도(1), 뿐+만+은(6)

바. JX + JX + JKO(2)

　까지+만+을(1), 뿐+만+을(1)

사. JX + JX + JKS(2)

　야+만+이(2)

아. JX + JX + JKC(123)

　뿐+만+이(123)

　(9)는 구조격 조사인 주격 조사가 첫 번째 위치에 쓰인 3개 조사 중첩형이다. 이들은 빈도도 아주 낮지만 구조격 조사가 겹쳐 나타나기도 하고 보조사 앞에 나타나기도 하는 특이성이 있는 것들이다. 다만 이들 중첩형의 첫 번째 위치에 쓰인 주격 조사는 각각 인수 (人數)의 '이(서)', 높임의 '께서'로서 보통의 주격 조사 '이/가'와는 성격이 다른 것들이다.[8]

　(9) 주격 조사가 첫 번째 위치에 쓰인 3개 조사 중첩형(2)

　　가. 이/JKS + 만/JX + 이/JKS(1)

　　　글쎄요…… 우리 둘이만이 가는 것이 좀……

　　나. 께서/JKS + 만/JX + 은/JX(1)

　　　그래도 어머니께서만은 여전히 혼자 애를 쓰시나, 인제는 병구원에 지치시고 집안 사람들의 마음도 심상하여져서 일과로 약시중만 하면 그만인 모양이다.

---

8 주격 조사의 특별한 형태로 보기도 하는 것에는 '이서', '께서' 외에 단체의 '에서'도 있다. 이들은 (9)에서 드러나듯이 분포 특성이 주격 조사 '이/가'를 포함한 다른 구조격 조사들과 달라서 주격 조사로 보지 않기도 한다. '께서'를 주격 조사로 인정하지 않는 연구로는 고창수(1992), 김양진(1999), 고석주(2001), 황화상(2005) 등이 있고, '에서'를 주격 조사로 인정하지 않는 연구로는 김영희(1974), 박양규(1972, 1975), 이남순(1983), 이광호(1984), 황화상(2006나) 등이 있고, '이서'를 주격 조사로 인정하지 않는 연구로는 서정목(1984), 박지홍(1986), 한용운(2005), 황화상(2009), 김민국(2009), 김창섭(2010) 등이 있다. (황화상 2011/2018: 235 참조)

7.2.3. 2개 조사의 중첩

2개 조사의 중첩은 분석 표지 기준으로는 총 22개 유형이, 형태 기준으로는 총 373개 유형이 나타난다. 2개 조사가 중첩될 때 첫 번째 위치에는 관형격 조사와 보격 조사를 제외한 6개 유형의 조사가 쓰인다. 2개 조사 중첩의 세부 유형은 다음과 같다. 수치는 분석 표지별 형태 유형의 개수이다.

(10) 2개 조사의 중첩 유형

조사1	조사2	유형 수	조사1	조사2	유형 수	조사1	조사2	유형 수
JKS	JX	16	JKB	JX	174	JX	JX	41
JKO	JKB	2		JC	7		JC	1
	JX	1	JKQ	JX	11	JC	JKS	3
JKB	JKS	3	JX	JKS	7		JKO	4
	JKO	3		JKO	8		JKB	1
	JKG	14		JKG	8		JX	3
	JKC	9		JKC	6			
	JKB	28		JKB	23			

주격 조사가 앞에 오는 2개 조사 중첩형은 보조사가 뒤에 오는 유형만 가능하다. (11)은 그 형태를 빈도와 함께 제시한 것이다. 이 가운데 빈도가 가장 높은 것은 '께서+은'(480)이다. 이 밖에 빈도 10 이상인 중첩형은 '께서+도'(103), '이+요'(52), '서+은'(36), '서+만'(25), '이+은'(17), '이서+만'(13), '이+만'(10) 등 7개이다. 나머지 8개는 모두 빈도 10 미만의 중첩형들이다.

(11) 주격 조사가 앞에 쓰인 2개 조사 중첩형(JKS + JX)(754)
   께서+나(1), 께서+도(103), 께서+만(3), 께서+야(1), 께서+요(2), 께서+은(480), 서+도(8), 서+만(25), 서+은(36), 이+만(10), 이+사(1), 이+요(52), 이+은(17), 이서+도(1), 이서+만(13), 이서+은(1)

이 가운데 '이+요'와 '이+사'를 제외하면 앞에 오는 주격 조사는 모두 높임의 '께서'와 인수의 '이(서)/서' 등 특별한 형태의 주격 조사들이다. '이+요'는 구조격 조사는 물론 종결 어미 뒤에도 결합하여 그 분포에 특별한 제약이 없는 보조사 '요'가 결합한 것이다. 그리고 '이+사'는 박두진의 시 「해」에 나타나는 것인데 이때의 '샤'는 사전에는 없는 형태이다.

(12) 가. 수창이<u>가요</u> 목돈 칠십만 원을 모아 왔대요.
　　 나. 늬가 오면 늬<u>가사</u> 오면, 나는 나는 청산이 좋아라.

(13)은 목적격 조사가 앞에 쓰인 2개 조사 중첩형을 분석 표지별·형태별로 빈도와 함께 제시한 것이다. 이 가운데 '을+더러', '을+보고'의 예들은 모두 일인칭 대명사 '나'의 뒤에 결합하여 각각 '날더러', '날보고'의 형태로 쓰인 것들인데, 이때의 '을'은 구어에서 일부 대명사와 부사격 조사 '더러, 보고' 사이에 흔히 삽입되는 것으로서 목적격 조사인지는 분명하지 않다.[9]

(13) 목적격 조사가 앞에 쓰인 2개 조사 중첩형(105)
　　 가. JKO + JKB(17)
　　　　 을+더러(14), 을+보고(3)
　　　 cf) <u>날더러</u> 먼저 가라고, 자신은 뒤따라오겠노라고 했어요.
　　　　　 내가 자꾸 이런 말을 하니 그 사람이 <u>날보고</u> 좋아할 리가 없지요.
　　 나. JKO + JX(88)
　　　　 을+요(88)

(14)는 부사격 조사가 앞에 쓰인 2개 조사 중첩형을 분석 표지별·형태별로 빈도와 함께 제시한 것인데, 분석 표지 유형으로도, 형태 유형으로도, 총 빈도로도 조사 중첩형 가운데 가장 흔한 유형이다. 분석 표지로 보면 'JKB + JX'의 빈도(118,445)가 가장 높고

---

9 '널보고, 우릴보고, 자넬보고, 널더러' 등도 가능한 듯한데 코퍼스에서는 나타나지 않는다.

'JKB + JKG'의 빈도(13,516)가 그 다음으로 높으며, 'JKB + JKS'의 빈도(12)가 가장 낮다. 형태로 보면 '에+은'(37,636), '에서+은'(16,919), '에+도'(13,551)의 빈도가 특히 높다. 이들을 포함하여 빈도 1,000 이상인 중첩형은 18개이고 빈도 100 이상인 중첩형은 51개이고 빈도 10 이상인 중첩형은 109개이다. 빈도 10 미만인 중첩형 130개 가운데 빈도 1인 중첩형은 47개이다.

(14) 부사격 조사가 앞에 쓰인 2개 조사 중첩형(133,851)

　　가. JKB + JKS(12)

　　　　로서+이(8), 서부터+이(3), 에서부터+이(1)

　　나. JKB + JKO(352)

　　　　만큼+을(4), 에+을(347), 에서+을(1)

　　다. JKB + JKG(13,516)

　　　　로+의(966), 로부터+의(525), 로서+의(2,817), 로써+의(15), 만큼+의(78), 서+의(51), 서부터+의(1), 에+의(771), 에게+의(2), 에게서+의(2), 에서+의(3,451), 에서부터+의(2), 와+의(4,820), 하고+의(15)

　　라. JKB + JKC(205)

　　　　로+이(19), 로서+이(69), 로써+이(8), 에+이(1), 에게+이(6), 에서+이(99), 에서부터+이(1), 처럼+이(1), 한테+이(1)

　　마. JKB + JKB(1,051)

　　　　게+로(1), 께+로(10), 로+보다(1), 로서+보다(5), 로써+보다(1), 만큼+로(2), 만큼+에서(1), 서+와(3), 서+처럼(3), 에+로(148), 에+만큼(1), 에+보다(4), 에+와(2), 에+처럼(3), 에게+로(399), 에게+보다(5), 에게+와(1), 에게+처럼(3), 에게서+와(2), 에게서+처럼(3), 에서+만큼(5), 에서+보다(42), 에서+와(117), 에서+처럼(235), 한테+로(30), 한테+보다(1), 한테+서(21), 한테+처럼(2)

　　바. JKB + JX(118,445)

　　　　같이+도(6), 같이+만(6), 같이+은(3), 게+다가(4), 게+은(4), 께+도(23), 께+마저(1), 께+만(3), 께+야(1), 께+요(2), 께+은(35), 더러+도(3), 더러+만(1), 더러+은(2), 랑+도(4), 랑+요(1), 랑+은(21), 로+까지(328), 로+나(233), 로+나마(101), 로+다(7), 로+다가(11), 로+도(1,749), 로+든(1), 로+든지(1), 로+만(1,580), 로+밖에(74), 로+뿐(3), 로+야(31),

로+요(25), 로+은(7,773), 로+조차(1), 로부터+까지(1), 로부터+도(87), 로부터+만(6), 로부터+은(76), 로서+까지(2), 로서+도(198), 로서+만(72), 로서+밖에(1), 로서+뿐(4), 로서+야(7), 로서+은(1,758), 로써+도(20), 로써+만(60), 로써+요(1), 로써+은(34), 만치+나(2), 만치+도(10), 만치+야(1), 만큼+나(328), 만큼+나마(1), 만큼+도(57), 만큼+만(29), 만큼+밖에(5), 만큼+야(1), 만큼+은(232), 보고+도(6), 보고+만(1), 보고+서(1), 보고+야(1), 보고+은(8), 보다+도(2,369), 보다+야(52), 보다+은(4,448), 서+나(186), 서+나마(1), 서+도(515), 서+만(35), 서+야(120), 서+요(8), 서+은(716), 서+조차(1), 서부터+은(12), 에+까지(918), 에+나(431), 에+나마(10), 에+다(250), 에+다가(40), 에+도(13,551), 에+마다(2), 에+마저(5), 에+만(1,950), 에+밖에(3), 에+부터(14), 에+뿐(2), 에+사(7), 에+야(780), 에+야말로(18), 에+요(25), 에+은(37,636), 에+일랑(6), 에+조차(28), 에게+까지(154), 에게+나(271), 에게+나마(2), 에게+다(9), 에게+다가(2), 에게+도(1,402), 에게+마다(2), 에게+마저(6), 에게+만(334), 에게+밖에(1), 에게+부터(1), 에게+뿐(4), 에게+야(5), 에게+요(3), 에게+은(4,635), 에게+조차(21), 에게서+까지(2), 에게서+나(5), 에게서+도(50), 에게서+만(10), 에게서+부터(1), 에게서+은(115), 에게서+조차(3), 에다+까지(1), 에다+도(1), 에다+야(1), 에다+은(10), 에다가+도(3), 에다가+요(2), 에다가+은(4), 에서+까지(75), 에서+나(398), 에서+나마(66), 에서+도(6,493), 에서+든(2), 에서+라도(4), 에서+마다(7), 에서+마저(15), 에서+만(827), 에서+밖에(1), 에서+뿐(21), 에서+야(84), 에서+야말로(4), 에서+요(7), 에서+은(16,919), 에서+일랑(1), 에서+조차(122), 에서부터+도(4), 에서부터+은(6), 와+나(2), 와+도(1,135), 와+만(7), 와+은(5,038), 처럼+나(5), 처럼+도(10), 처럼+만(14), 처럼+요(12), 처럼+은(4), 하고+까지(1), 하고+나(18), 하고+도(55), 하고+만(17), 하고+야(1), 하고+은(244), 한테+까지(23), 한테+나(36), 한테+다(7), 한테+다가(1), 한테+도(138), 한테+마저(1), 한테+만(22), 한테+야(3), 한테+요(2), 한테+은(316), 한테+조차(1), 한테서+까지(1), 한테서+도(6), 한테서+만(5), 한테서+야(1), 한테서+요(2), 한테서+은(14)

사. JKB + JC(270)

로+나(94), 로서+나(5), 로써+나(2), 에+나(13), 에게+나(7), 에서+나(105), 에서+와(44)

(15)는 이 가운데 주격 조사와 목적격 조사가 뒤에 오는 예의 일부이다. 특히 '에+을'의 빈도가 아주 높은데 구어에서 축약형 '(산)엘'로 흔히 쓰이며, 이때에는 '가다, 오다,

다니다, 오르다' 등의 이동 동사가 서술어로 쓰이는 것이 보통이다. 이동 동사는 목적어를 요구하지 않는 자동사이지만 '산에/산을/산엘 오르다'와 같이 앞에 오는 명사(구)에 '에'가 결합하기도 하고 '을'이 결합하기도 하고 두 조사의 중첩형 '엘'이 결합하기도 하는 특성이 있다.

> (15) 가. 단지 스트레스 해소를 위해서라고 하기보단 여가를 즐기는 수단으로서, 사람들을 만나
> 는 방법<u>으로서가</u> 더 적절하다 할 수 있는데 그것이 바로 영화 보기이다.
> 나. 따라서 어디<u>에서부터가</u> 꿈이냐, 또는 현실이냐로 단락지어 볼 수 있다.
> 다. 그 여자가 누구를 만나기 위해 산<u>엘</u> 오르는 것 같지도 않았으므로, 그는 아주 계곡으로
> 내려가서 여자를 유혹해볼까 하는 충동이 일었다.
> 라. 내 경우 쿠바<u>에서를</u> 제외하고는 한 번도 가족과 함께 어디를 놀러 가 본 적이 없다.

간접 인용의 '고'와 직접 인용의 '라고'가 앞에 오는 2개 조사 중첩형은 뒤에 보조사가 오는 유형만 가능하다. (16)은 그 형태를 빈도와 함께 제시한 것이다. 이 가운데 빈도가 가장 높은 것은 '라고+도'(124)이고 이 밖에 빈도 10 이상인 것들로는 '고+도', '라고+만', '고+만', '라고+까지', '라고+은', '고+까지' 등이 있다. 나머지 4개는 빈도 10 미만 인 중첩형들이다.[10]

> (16) 인용격 조사가 앞에 쓰인 2개 조사 중첩형(JKQ+JX)(246)
> 고+까지(10), 고+도(29), 고+만(19), 고+요(2), 고+은(3), 라고+까지(15), 라고+나(4), 라고+
> 도(124), 라고+만(25), 라고+은(14), 라고+조차(1)

(17)은 보조사가 앞에 쓰인 2개 조사 중첩형을 분석 표지별·형태별로 빈도와 함께 제시한 것인데, 조사 중첩형 가운데 부사격 조사가 앞에 오는 중첩형 다음으로 흔한 유형이

---

10 이 밖에 예를 들어 "하지만 이번 공연을 함께 할 젊은 연출가는 그녀의 그런 특성에 대해서도 이미 사전에 알고 있었는지 별로 놀라지도 않고 "네에, 그러시면" <u>하고는</u> 제본해둔 〈안토니와 클레오파트라〉를 넘겨주었다."에 나타나는 '하고+는'(4회)이 코퍼스에서 검색되었다. 그러나 『표준국어대사전』에 따르면 이때의 '하고'는 "((인용 조사 없이 발화를 직접 인용하는 문장 뒤에 쓰여)) 인용하는 기능을 나타내는 말"인 동사 '하다'의 활용형이다.

다. 분석 표지로 보면 두 개의 보조사가 중첩된 'JX + JX'의 빈도(10,064)가 가장 높고 주격 조사, 목적격 조사, 관형격 조사 등의 구조격 조사가 뒤에 오는 중첩형의 빈도가 비슷한 정도로 높다. 접속 조사가 뒤에 오는 중첩형은 '까지+와'(10)만 나타난다. 형태로 보면 보조사 '만'에 목적격 조사가 결합한 '만+을'(2,675), 주격 조사가 결합한 '만+이'(2,430)의 빈도가 높고 이 밖에 빈도 1,000 이상인 중첩형으로는 '만+은', '까지+은', '까지+도', '까지+의', '부터+은' 등이 있다. 이들을 포함하여 빈도 100 이상인 중첩형은 22개이고 빈도 10 이상인 중첩형은 45개이다. 나머지 49개는 빈도 10 미만인 중첩형들이다.

(17) 보조사가 앞에 쓰인 2개 조사 중첩형(19,916)

　　가. JX + JKS(2,750)

　　　　까지+이(96), 나+이(39), 마저+이(1), 만+이(2,430), 부터+이(173), 뿐+이(4), 조차+이(7)

　　나. JX + JKO(2,960)

　　　　까지+을(266), 나+을(8), 대로+을(1), 마다+을(2), 만+을(2,675), 부터+을(5), 서껀+을(1), 조차+을(2)

　　다. JX + JKG(2,350)

　　　　까지+의(1,117), 나+의(14), 나마+의(4), 대로+의(223), 마다+의(36), 만+의(886), 부터+의(69), 뿐+의(1)

　　라. JX + JKC(765)

　　　　까지+이(4), 나+이(2), 대로+이(2), 만+이(667), 부터+이(9), 뿐+이(81)

　　마. JX + JKB(1,017)

　　　　까지+로(72), 까지+로서(2), 까지+보다(2), 까지+에(27), 까지+에서(1), 까지+와(6), 까지+처럼(3), 나+에(1), 나+에게(1), 나+와(1), 나+처럼(1), 나+하고(2), 마다+에(13), 마다+에게(1), 마다+에서(5), 만+같이(1), 만+로(832), 만+로서(4), 만+로써(14), 만+에(10), 부터+로(5), 부터+서(3), 뿐+로(10)

　　바. JX + JX(10,064)

　　　　까지+나(598), 까지+도(1,641), 까지+만(481), 까지+밖에(16), 까지+야(14), 까지+요(2), 까지+은(1,747), 나+은(3), 나마+도(3), 다가+은(1), 대로+도(1), 대로+만(21), 대로+은

(19), 도+요(10), 마다+은(2), 마저+도(277), 만+나(2), 만+도(376), 만+밖에(2), 만+야(2),
만+요(15), 만+은(1,853), 만큼+은(6), 밖에+나(2), 밖에+도(42), 밖에+요(26), 밖에+은
(289), 부터+나(1), 부터+도(30), 부터+야(6), 부터+은(1,009), 뿐+만(933), 사+야말로(1),
야+만(3), 은+야(3), 은+요(96), 은+커녕(14), 일랑+은(8), 조차+도(402), 치고+도(2), 치
고+은(105)

　　사. JX + JC(10)

　　　까지+와(10)

　(18)은 접속 조사가 앞에 쓰인 2개 조사 중첩형을 분석 표지별·형태별로 빈도와 함께
제시한 것인데 2개 조사 중첩형 가운데 총 빈도가 가장 낮다. 분석 표지로는 보조사가
뒤에 오는 'JC + JX'의 빈도가 가장 높고 형태로는 '하고+은'의 빈도가 가장 높다. 그리고
부사격 조사가 뒤에 오는 중첩형은 '니+로' 하나만 나타난다.

　(18) 접속 조사가 앞에 쓰인 2개 조사 중첩형(36)

　　가. JC + JKS(6)

　　　와+이(1), 하고+이(3), 하며+이(2)

　　나. JC + JKO(8)

　　　며+을(1), 랑+을(1), 와+을(5), 하고+을(1)

　　다. JC + JKB(1)

　　　니+로(1)

　　라. JC + JX(21)

　　　랑+은(3), 하고+도(7), 하고+은(11)

7.3. 조사 중첩의 양상(2): 조사별

7.3.1. 주격 조사(JKS)

주격 조사 '이'의 앞에 오는 조사로는 부사격 조사, 보조사, 접속 조사가 있다. 구조격

조사인 '이'는 다른 조사의 앞에는 쓰이기 어렵다. 다만 (12)에서 살펴보았듯이 분포의 제약이 거의 없는 보조사 '요'의 앞에는 쓰일 수 있고 이 밖에 보조사 '샤'의 앞에 쓰인 예가 있다. 그리고 인수의 '(둘)이서, (둘)이, (혼자)서', 높임의 '께서'는 다른 조사의 뒤에는 쓰이지 않으며 이들 뒤에는 보조사가 올 수 있다. 주격 조사와 결합하는 조사들을 형태별로 빈도와 함께 제시하면 다음과 같다.

(19) 주격 조사의 중첩

가. 주격 조사 앞에 오는 조사

| 주격 조사 | 선행 조사 | | 형태 수 | 빈도 합 |
	유형	형태		
이	JKB	로서(8), 서부터(3), 에서부터(1)	3	12
	JX	만(2,464), 부터(173), 까지(97), 나(39), 조차(7), 뿐(4), 마저(1)	7	2,785
	JC	하고(3), 하며(2), 와(1)	3	6
	합계		13	2,803

나. 주격 조사 뒤에 오는 조사

| 주격 조사 | 후행 조사 | | 형태 수 | 빈도 합 |
	유형	형태		
이[11]	JX	요(52), 은(17), 만(11), 샤(1)	4	81
이서		만(13), 도(1), 은(1)	3	15
께서		은(480), 도(103), 만(4), 요(2), 나(1), 야(1)	6	591
서		은(36), 만(25), 도(8)	2	69
	합계		15	756

7.3.2. 목적격 조사

목적격 조사 '을'의 조사 중첩 양상은 구조격 조사로서의 공통성이 있는 주격 조사 '이'와 대체로 비슷하다. 다만 목적격 조사 '을'은 부사격 조사 '더러, 보고'의 앞에도 쓰인다

---

11 '샤'는 주격 조사 '이'의 뒤에 오고 '은, 만'은 인수의 '이' 뒤에 온다. '요'는 두 조사의 뒤에 모두 올 수 있다.

는 차이가 있는데 (13가)의 예를 들어 살펴보았듯이 이때의 '을'이 목적격 조사인지는 분명하지 않다. 그리고 목적격 조사 '을'은 부사격 조사 '에'가 앞에 오는 때가 많은데 앞서 살펴보았듯이 자동사인 이동 동사가 서술어인 것이 보통이어서 이때의 '을'도 목적격 조사인지는 분명하지 않다.

(20) 목적격 조사의 중첩

가. 목적격 조사 앞에 오는 조사

목적격 조사	선행 조사		형태 수	빈도 합
	유형	형태		
을	JKB	에(347), 만큼(4), 에서(1)	3	352
	JX	만(2677), 까지(266), 나(8), 부터(5), 마다(2), 조차(2), 대로(1), 서껀(1)	8	2,962
	JC	와(5), 랑(1), 며(1), 하고(1)	4	8
합계			15	3,322

나. 목적격 조사 뒤에 오는 조사

목적격 조사	후행 조사		형태 수	빈도 합
	유형	형태		
을	JKB	더러(14), 보고(3)	2	17
	JX	요(88)	1	88
합계			3	105

7.3.3. 관형격 조사

관형격 조사 '의'는 다른 조사와 중첩될 때에는 늘 다른 조사의 뒤에 쓰인다는 점에서 보조사 '요'의 뒤에 쓰이기도 하는 다른 구조격 조사들과 다르다. 관형격 조사의 앞에는 부사격 조사와 보조사가 올 수 있는데 특히 부사격 조사는 형태도 다양하고 빈도도 높다. 이 또한 같은 구조격 조사인 주격 조사, 목적격 조사와는 다른 점이다.

(21) 관형격 조사의 중첩: 관형격 조사 앞에 오는 조사

관형격 조사	선행 조사		형태 수	빈도 합
	유형	형태		
의	JKB	와(4,820), 에서(3,451), 로서(2,818), 로(1,012), 에(771), 로부터(526), 만큼(78), 서(51), 로써(15), 하고(15), 에게(2), 에게서(2), 에서부터(2), 서부터(1)	14	13,564
	JX	까지(1,120), 만(888), 대로(223), 부터(69), 마다(36), 나(14), 나마(5), 뿐(1)	8	2,356
	합계		22	15,920

7.3.4. 보격 조사

관형격 조사와 마찬가지로 보격 조사 '이'도 부사격 조사, 보조사와 중첩될 수 있는데 이때에는 늘 이들 조사의 뒤에 쓰인다. 보격 조사의 앞에 쓰이는 부사격 조사와 보조사를 형태별로 빈도와 함께 제시하면 다음과 같다.

(22) 보격 조사의 중첩: 보격 조사 앞에 오는 조사

보격 조사	선행 조사		형태 수	빈도 합
	유형	형태		
이	JKB	에서(99), 로서(70), 로(19), 로써(8), 에게(6), 에(1), 에서부터(1), 처럼(1), 한테(1)	9	206
	JX	만(834), 뿐(81), 부터(9), 까지(4), 나(2), 대로(2)	6	932
	합계		15	1,138

7.3.5. 부사격 조사

부사격 조사는 보조사와 더불어 다른 조사와 함께 쓰이는 일이 흔한 조사이다. 부사격 조사의 앞에는 목적격 조사, 부사격 조사, 보조사, 접속 조사 등이 오고, 부사격 조사의

뒤에는 주격 조사, 목적격 조사, 관형격 조사, 보격 조사, 부사격 조사, 보조사, 접속 조사 등 인용격 조사를 제외한 모든 유형의 조사가 온다.

부사격 조사는 다른 조사의 뒤에 쓰이는 빈도(3,311)보다는 다른 조사의 앞에 쓰이는 빈도(135,568)가 훨씬 더 높다. 부사격 조사와 함께 쓰이는 조사 가운데 빈도가 가장 높은 조사는 보조사이다. 보조사는 부사격 조사 앞(2,086)에 가장 많이 쓰이는 조사이기도 하고 부사격 조사 뒤(119,956)에 가장 많이 쓰이는 조사이기도 하다. 형태로 보면 부사격 조사 앞에는 보조사 '만'(1,826)이 가장 많이 쓰이고 부사격 조사 뒤에는 보조사 '은(80,615), 도(28,409)'와 관형격 조사 '의'(13,564)가 많이 쓰인다.

(23) 부사격 조사의 중첩(유형별)

　　　가. 부사격 조사 앞에 오는 조사

부사격 조사	선행 조사		형태 수	빈도 합
	유형	형태		
JKB	JKO	을(17)	1	17
	JKB	에서(458), 에게(417), 에(209), 한테(56), 로서(23), 로(13), 께(10), 서(8), 에게서(5), 만큼(4), 로부터(1), 처럼(1), 게(1), 로써(1)	14	1,207
	JX	만(1,711), 까지(206), 마다(28), 뿐(10), 부터(8), 나(7), 조차(1)	7	1,971
	JC	니(1)	1	1
합계			23	3,196

　　　나. 부사격 조사 뒤에 오는 조사

부사격 조사	후행 조사		형태 수	빈도 합
	유형	형태		
JKB	JKS	이(12)	1	12
	JKO	을(352)	1	352
	JKG	의(13,564)	1	13,564

	JKC	이(206)		1	206
	JKB	로(644), 처럼(249), 와(144), 보다(126), 서(22), 만큼(20), 에(1), 에서(1)		8	1,207
	JX	은(80,615), 도(28,409), 만(5,201), 나(1,919), 까지(1,598), 야(1,092), 다(273), 조차(204), 나마(182), 밖에(113), 뿐(92), 요(90), 다가(59), 마저(34), 야말로(22), 부터(16), 마다(11), 사(7), 일랑(7), 라도(5), 든(3), 서(1), 든지(1)		23	119,954
	JC	나(227), 와(44)		2	271
합계				37	135,566

부사격 조사는 형태에 따라 중첩의 양상에 차이가 있다. 코퍼스에서 확인되는 27개 부사격 조사 가운데 '게, 께, 랑, 만치, 서부터, 에게서, 에다, 에다가, 에서부터, 한테, 한테서' 등은 다른 조사의 뒤에 쓰이지 않고 이를 제외한 16개 부사격 조사들은 다른 조사의 뒤에 쓰인다. 빈도로 보면 부사격 조사 가운데 '로'(2,400)가 다른 조사의 뒤에 가장 자주 쓰이고 '처럼(254), 와(187), 보다(128), 에(107)'가 그 뒤를 잇는다. 그리고 '같이(1), 로부터(1), 하고(2), 보고(3), 에게(3)'는 다른 조사의 뒤에 쓰이는 일이 드물다. 중첩형으로는 보조사 '만'과 부사격 조사 '로'의 중첩형 '만+로'의 빈도(1,666)가 가장 높고 '에게+로(403), 에서+처럼(235), 에+로(197), 에서+와(135)'가 그 뒤를 잇는다.

(24) 부사격 조사(형태별) 앞에 오는 조사

부사격 조사	선행 조사		형태 수		빈도 합	
	유형	형태				
같이	JX	만(1)[12]		1		1
더러	JKO	을(14)		1		14
로	JKB	에게(403), 에(197), 한테(30), 께(10), 만큼(2), 처럼(1), 게(1)	7	12	644	2,400
	JX	만(1,666), 까지(74), 뿐(10), 부터(5)	4		1,755	
	JC	니(1)[13]	1		1	
로부터	JX	만(1)[14]		1		1

로서	JX	만(12), 까지(2)		2		14
로써	JX	만(19)		1		19
만큼	JKB	에서(15), 서(2), 에게(2), 에(1)		4		20
보고	JKO	을(3)		1		3
보다	JKB	에서(73), 로서(23), 로(13), 에게(7), 에(6), 한테(2), 로부터(1), 로써(1)	8	9	126	128
	JX	까지(2)	1		2	
서	JKB	한테(22)	1	2	22	25
	JX	부터(3)[15]	1		3	
에	JKB	만큼(1)	1	5	1	113
	JX	까지(80), 마다(20), 만(11), 나(1)	4		112	
에게	JX	나(1), 마다(1), 조차(1)[16]		3		3
에서	JKB	만큼(1)		1		1
	JX	마다(7), 까지(3), 만(1)[17]		3		11
와	JKB	에서(135), 서(3), 에(2), 에게(2), 에게서(2)	5	7	144	187
	JX	까지(42), 나(1)	2		43	
처럼	JKB	에서(235), 서(3), 에(3), 에게(3), 에게서(3), 한테(2)	6	8	249	254
	JX	까지(3), 나(2)	2		5	
하고	JX	나(2)		1		2
합계				62		3,196

27개 부사격 조사는 모두 다른 조사의 앞에 쓰일 수 있다. 빈도로 보면 부사격 조사 가운데 '에(57,196), 로(13,994), 에서(29,387), 와(11,057)' 등이 다른 조사의 앞에 자주 쓰이고 '에게(7,351), 보다(6,937), 로서(4,995), 서(1,645)' 등이 그 뒤를 잇는다. 그리고 '더러(6), 게(9), 에다가(9)' 등은 다른 조사의 앞에 쓰이는 일이 드물다.

---

12 '달수 아저씨네 아주머니도 상민이 아저씨네 아주머니도 웬지 수수께끼만같이 궁금해졌습니다.'
13 '허이그 읍내에 살면서도 광주니 목포니로 뻔질나게 왕래를 했지요.'
14 '내적자유 또는 편집권이 꼭 소유주나 경영진만으로부터의 자유라고만 한정할 수는 없다.'
15 '전야제부터서 축제의 분위기가 필요하다면, 그 뭐 대왕까지도 한번 술에 취해 너울너울 걸음걸이를 비틀거리게 해 보이지요.'
16 '지금 이 순간부터 새로운 삶을 살아 볼 생각은 아예 없는 건지 나조차에게도 의문이다.'
17 '우선 유통구조의 독점지배만에서라도 다함께 헤어날 수 있는 이같은 경제적 자위운동을 통해 우리들이 같은 판을 벌일 수 있을 때, ….'

중첩형으로는 부사격 조사 '에, 에서, 로'와 보조사 '은'의 중첩형 '에+은(37,704), 에서+은(16,927), 로+은(8,121)', 그리고 부사격 조사 '에'와 보조사 '도'의 중첩형 '에+도(13,556)'의 빈도가 높다. 이 밖에 빈도 1,000 이상의 중첩형에는 '에서+도(6,493), 와+은(5,093), 와+의(4,820), 에게+은(4,635), 보다+은(4,495), 에서+의(3,451), 로서+의(2,818), 보다+도(2,389), 로+도(2,236), 에+만(1,994), 로서+은(1,764), 로+만(1,595), 에게+도(1,403)' 등이 있다.

(25) 부사격 조사(형태별) 뒤에 오는 조사

부사격 조사	후행 조사		형태 수		빈도 합	
	유형	형태				
같이	JX	만(6), 도(6), 은(3)	3		15	
게	JKB	로(1)	1	3	1	9
	JX	다가(4),[18] 은(4)	2		8	
께	JKB	로(10)	1	7	10	75
	JX	은(35), 도(23), 만(3), 요(2), 마저(1), 야(1)	6		65	
더러	JX	도(3), 은(2), 만(1)	3		6	
랑	JX	은(21), 도(4), 요(1)	3		26	
로	JKG	의(1,012)	1	19	1,012	13,392
	JKC	이(19)	1		19	
	JKB	보다(13)	1		13	
	JX	은(8,121), 도(2,236), 만(1,595), 까지(337), 나(235), 나마(101), 밖에(96), 야(32), 요(25), 다가(11), 다(7), 뿐(4), 든(1), 든지(1), 조차(1)	15		12,803	
	JC	나(95)	1		95	
로부터	JKG	의(526)	1	6	526	698
	JKB	보다(1)	1		1	
	JX	도(87), 은(76), 만(7), 까지(1)	4		171	
로서	JKS	이(8)	1	12	8	4,995
	JKG	의(2,818)	1		2,818	
	JKC	이(70)	1		70	
	JKB	보다(23)	1		23	
	JX	은(1,764), 도(198), 만(89), 뿐(10), 야(7), 까지(2), 밖에(1)	7		2,071	

	JC	나(5)	1		5	
로써	JKG	의(15)	1	8	15	150
	JKC	이(8)	1		8	
	JKB	보다(1)	1		1	
	JX	만(64), 은(39), 도(20), 요(1)	4		124	
	JC	나(2)	1		2	
만치	JX	도(10), 나(2), 야(1)	3		13	
만큼	JKO	을(4)	1	12	4	754
	JKG	의(78)	1		78	
	JKB	로(2), 에(1), 에서(1),	3		4	
	JX	나(328), 은(246), 도(57), 만(29), 밖에(6), 나마(1), 야(1)	7		668	
보고	JX	은(8), 도(6), 만(1), 서(1), 야(1)	5		17	
보다	JX	은(4,495), 도(2,389), 야(53)	3		6,937	
서	JKG	의(51)	1	13	51	1,645
	JKB	와(3), 처럼(3), 만큼(2)	3		8	
	JX	은(716), 도(516), 나(186), 야(120), 만(37), 요(8), 나마(1), 밖에(1), 조차(1)	9		1,586	
서부터	JKS	이(3)	1	3	3	16
	JKG	의(1)	1		1	
	JX	은(12)	1		12	
에	JKO	을(347)	1	28	347	57,196
	JKG	의(771)	1		771	
	JKC	이(1)	1		1	
	JKB	로(197), 보다(6), 처럼(3), 와(2), 만큼(1)	5		209	
	JX	은(37,704), 도(13,556), 만(1,994), 까지(973), 야(781), 나(431), 다(250), 다가(41), 조차(33), 요(25), 야말로(18), 부터(14), 나마(10), 사(7), 일랑(6), 마저(5), 밖에(3), 마다(2), 뿐(2)	19		55,855	
	JC	나(13)	1		13	
에게	JKG	의(2)	1	24	2	7,351
	JKC	이(6)	1		6	
	JKB	로(403), 보다(7), 처럼(3), 만큼(2), 와(2)	5		417	
	JX	은(4,635), 도(1,403), 만(371), 나(273),	16		6,919	

		까지(170), 조차(25), 다(9), 뿐(9), 마저(7), 야(5), 요(3), 나마(2), 다가(2), 마다(2), 밖에(2), 부터(1)			
	JC	나(7)	1	7	
에게서	JKG	의(2)	1	2	193
	JKB	처럼(3), 와(2)	2	5	
	JX	은(115), 도(50), 만(10), 나(5), 조차(3), 까지(2), 부터(1)	7	186	
에다	JX	은(10), 까지(1), 도(1), 야(1)	4	13	
에다가	JX	은(4), 도(3), 요(2)	3	9	
에서	JKO	을(1)[19]	1	1	29,387
	JKG	의(3,451)	1	3,451	
	JKC	이(99)	1	99	
	JKB	처럼(235), 와(135), 보다(73), 만큼(15)	4	458	
	JX	은(16,927), 도(6,493), 만(922), 나(398), 조차(140), 야(84), 까지(82), 나마(67), 뿐(67), 마저(20), 마다(7), 요(7), 라도(5), 야말로(4), 밖에(3), 든(2), 일랑(1)	17	25,229	
	JC	나(105), 와(44)	2	149	
에서부터	JKS	이(1)	1	1	14
	JKG	의(2)	1	2	
	JKC	이(1)	1	1	
	JX	은(6), 도(4)	2	10	
와	JKG	의(4,820)	1	4,820	11,057
	JX	은(5,093), 도(1,135), 만(7), 나(2)	4	6,237	
처럼	JKB	로(1)	1	1	47
	JKC	이(1)	1	1	
	JX	만(14), 요(12), 도(10), 나(5), 은(4)	5	45	
하고	JKG	의(15)	1	15	351
	JX	은(244), 도(55), 나(18), 만(17), 까지(1), 야(1)	6	336	
한테	JKC	이(1)	1	1	621
	JKB	로(30), 서(22), 보다(2), 처럼(2)	4	56	
	JX	은(317), 도(138), 나(36), 만(29), 까지(28), 다(7), 야(3), 요(2), 다가(1), 마저(1), 밖에(1), 조차(1)	12	564	
한테서	JX	은(14), 도(6), 만(5), 요(2), 까지(1), 야(1)	6	29	
합계			245	135,566	

7.3.6. 인용격 조사

인용격 조사 '고, 라고'의 앞에는 어떤 조사도 오지 않으며 뒤에는 보조사만 온다. 보조사 '도, 만, 까지, 은'은 '고'와 '라고'의 뒤에 모두 올 수 있다. 이 밖에 '고' 뒤에는 '요'가 오고 '라고' 뒤에는 '나, 조차'가 온다. 인용격 조사 '고, 라고'의 뒤에 쓰이는 보조사를 형태별로 빈도와 함께 제시하면 다음과 같다.

(26) 인용격 조사의 중첩: 인용격 조사 뒤에 오는 조사

인용격 조사	후행 조사		형태 수	빈도 합
	유형	형태		
고	JX	도(19), 만(19), 까지(10), 은(3), 요(2)	5	63
라고		도(124), 만(25), 까지(15), 은(14), 나(4), 조차(1)	6	183
합계			11	246

7.3.7. 보조사

보조사도 부사격 조사처럼 다른 조사와 함께 쓰이는 일이 흔하다. 보조사의 앞에는 주격 조사, 목적격 조사, 부사격 조사, 인용격 조사, 보조사, 접속 조사 등이 오고, 보조사의 뒤에는 인용격 조사를 제외한 7개 유형의 조사가 온다.

보조사는 다른 조사의 앞에 쓰이는 빈도(21,718)보다는 다른 조사의 뒤에 쓰이는 빈도(131,637)가 훨씬 더 높다. 보조사 앞에 가장 많이 쓰이는 조사는 부사격 조사(119,956)이고 보조사 뒤에 가장 많이 쓰이는 조사는 보조사(10,586)이다. 형태로 보면 보조사 앞에 오는 부사격 조사 가운데에는 '에(55,855), 에서(25,229), 로(12,805)' 등이 빈도가 높고, 보조사 가운데에는 '까지(4,589), 만(2,404), 뿐(1,121), 부터(1,047)' 등이 빈도가 높다. 보조사 뒤에 오는 조사 가운데에는 주격 조사(2,785),

---

18 '나으리께서 선약이 있단 말씀을 듣지 못했는데 상것이 감히 뉘게다가 거짓을 농한단 말인가?'
19 '내 경우 쿠바에서를 제외하고는 한 번도 가족과 함께 어디를 놀러 가 본 적이 없다.'

목적격 조사(2,963), 관형격 조사(2,356) 등의 구조격 조사, 보조사 '은(5204), 도(2913), 만(1633)', 부사격 조사 '로(1,755)' 등이 빈도가 높다.

(27) 보조사의 중첩(유형별)

가. 보조사 앞에 오는 조사

보조사	선행 조사		형태 수	빈도 합
	유형	형태		
JX	JKS	께서(591), 이(89), 서(44), 이서(15)	4	739
	JKO	을(88)	1	88
	JKB	에(55,855), 에서(25,229), 로(12,803), 보다(6,937), 에게(6,919), 와(6,237), 로서(2,071), 서(1,586), 만큼(668), 한테(564), 하고(336), 에게서(186), 로부터(171), 로써(124), 께(65), 처럼(45), 한테서(29), 랑(26), 보고(17), 같이(15), 만치(13), 에다(13), 서부터(12), 에서부터(10), 에다가(9), 게(8), 더러(6)	27	119,954
	JKQ	라고(183), 고(63)	2	246
	JX	까지(4,589), 만(2,404), 뿐(1,121), 부터(1,047), 조차(429), 밖에(388), 마저(283), 은(133), 치고(107), 대로(42), 도(11), 일랑(8), 만큼(6), 야(6), 나(4), 나마(3), 다가(2), 마다(2), 사(1)	19	10,586
	JC	하고(18), 랑(3)	2	21
합계			55	131,634

나. 보조사 뒤에 오는 조사

보조사	후행 조사		형태 수	빈도 합
	유형	형태		
JX	JKS	이(2,785)	1	2,785
	JKO	을(2,962)	1	2,962
	JKG	의(2,356)	1	2,356
	JKC	이(932)	1	932
	JKB	로(1,755), 에(112), 와(43), 로써(19), 로서(14),	13	1,971

		에서(11), 처럼(5), 서(3), 에게(3), 보다(2), 하고(2), 같이(1), 로부터(1)		
	JX	은(5204), 도(2913), 만(1633), 나(603), 요(172), 야(26), 밖에(19), 커녕(14), 라도(1), 야말로(1)	10	10,586
	JC	와(10)	1	10
합계			28	21,602

보조사도 형태에 따라 중첩의 양상에 차이가 있다. 코퍼스에서 확인되는 28개 보조사 가운데 '대로, 만큼, 서껀, 치고' 등은 다른 조사의 뒤에 쓰이지 않고 이를 제외한 24개 보조사는 다른 조사의 뒤에 쓰인다. 빈도로 보면 보조사 가운데 '은(86,384)'이 다른 조사의 뒤에 가장 자주 쓰이고 '도(31,602)'가 그 다음으로 자주 쓰인다. 그리고 '든지(1), 서(1), 든(3), 라도(6), 사(8)' 등은 다른 조사의 뒤에 쓰이는 일이 드물다. 중첩형으로는 부사격 조사가 보조사의 앞에 오는 '에+은(37,704), 에서+은(16,927), 에+도(13,556)'의 빈도가 높다. 보조사와 보조사의 중첩형 가운데에는 '만+은(19,961), 까지+도(1,702), 까지+은(1,771), 뿐+만(1,121), 부터+은(1,009)'의 빈도가 높다.

(28) 보조사(형태별) 앞에 오는 조사

보조사	선행 조사		형태 수		빈도 합	
	유형	형태				
까지	JKB	에(973), 로(337), 에게(170), 에서(82), 한테(28), 로서(2), 에게서(2), 로부터(1), 에다(1), 하고(1), 한테서(1)	11	13	1,598	1,623
	JKQ	라고(15), 고(10)	2		25	
나	JKS	께서(1)	1	18	1	2,527
	JKB	에(431), 에서(398), 만큼(328), 에게(273), 로(235), 서(186), 한테(36), 하고(18), 에게서(5), 처럼(5), 만치(2), 와(2)	12		1,919	
	JKQ	라고(4)	1		4	

조사	유형	목록	종류수		빈도	
	JX	까지(598), 만(2), 밖에(2), 부터(1)	4		603	
나마	JKB	로(101), 에서(67), 에(10), 에게(2), 만큼(1), 서(1)	6		182	
다	JKB	에(250), 에게(9), 로(7), 한테(7)	4		273	
다가	JKB	에(41), 로(11), 게(4), 에게(2), 한테(1)	5		59	
도	JKS	께서(103), 서(8), 이(8), 이서(1)	4	41	120	31,602
	JKB	에(13,556), 에서(6,493), 보다(2,389), 로(2,236), 에게(1,403), 와(1,135), 서(516), 로서(198), 한테(138), 로부터(87), 만큼(57), 하고(55), 에게서(50), 께(23), 로써(20), 만치(10), 처럼(10), 같이(6), 보고(6), 한테서(6), 랑(4), 에서부터(4), 더러(3), 에다가(3), 에다(1)	25		28,409	
	JKQ	라고(124), 고(29)	2		153	
	JX	까지(1,702), 조차(429), 만(421), 마저(283), 밖에(42), 부터(30), 나마(3), 치고(2), 대로(1)	9		2,913	
	JC	하고(7)	1		7	
든	JKB	에서(2), 로(1)	2		3	
든지	JKB	로(1)	1		1	
라도	JKB	에서(5)	1	2	5	6
	JX	만(1)	1		1	
마다	JKB	에서(7), 에(2), 에게(2)	3		11	
마저	JKB	에서(20), 에게(7), 에(5), 께(1), 한테(1)	5		34	
만	JKS	이서(13), 이(11), 께서(4)	3	29	28	6,906
	JKB	에(1,994), 로(1,595), 에서(922), 에게(371), 로서(89), 로써(64), 서(37), 만큼(29), 한테(29), 하고(17), 처럼(14), 에게서(10), 로부터(7), 와(7), 같이(6), 한테서(5), 께(3), 더러(1), 보고(1)	19		5,201	
	JKQ	라고(25), 고(19)	2		44	
	JX	뿐(1,121), 까지(483), 대로(22), 야(6), 부터(1)	5		1,633	

밖에	JKB	로(96), 만큼(6), 에(3), 에서(3), 에게(2), 로서(1), 서(1), 한테(1)	8	10	113	132
	JX	까지(17), 만(2)	2		19	
부터	JKB	에(14), 에게(1), 에게서(1)	3		16	
뿐	JKB	에서(67), 로서(10), 에게(9), 로(4), 에(2)	5		92	
사	JKS	이(1)	1	2	1	8
	JKB	에(7)	1		7	
서	JKB	보고(1)	1		1	
야	JKS	께서(1)	1	20	1	1,119
	JKB	에(781), 서(120), 에서(84), 보다(53), 로(32), 로서(7), 에게(5), 한테(3), 께(1), 만치(1), 만큼(1), 보고(1), 에다(1), 하고(1), 한테서(1)	15		1,092	
	JX	까지(15), 부터(6), 은(3), 만(2)	4		26	
야말로	JKB	에(18), 에서(4)	2	3	22	23
	JX	사(1)[20]	1		1	
요	JKS	이(52), 께서(2)	2	22	54	406
	JKO	을(88)	1		88	
	JKB	로(25), 에(25), 처럼(12), 서(8), 에서(7), 에게(3), 께(2), 에다가(2), 한테(2), 한테서(2), 랑(1), 로써(1)	12		90	
	JKQ	고(2)	1		2	
	JX	은(116), 밖에(26), 만(15), 도(11), 까지(3), 나(1)	6		172	
은	JKS	께서(480), 서(36), 이(17), 이서(1)	4	45	534	86,384
	JKB	에(37,704), 에서(16,927), 로(8,121), 와(5,093), 에게(4,635), 보다(4,495), 로서(1,764), 서(716), 한테(317), 만큼(246), 하고(244), 에게서(115), 로부터(76), 로써(39), 께(35), 랑(21), 한테서(14), 서부터(12), 에다(10), 보고(8), 에서부터(6), 게(4), 에다가(4), 처럼(4), 같이(3), 더러(2)	26		80,615	

	JKQ	라고(14), 고(3)	2		17	
	JX	만(1,961), 까지(1,771), 부터(1,009), 밖에(318), 치고(105), 대로(19), 일랑(8), 만큼(6), 나(3), 다가(2), 마다(2)	11		5,204	
	JC	하고(11), 랑(3)	2		14	
일랑	JKB	에(6), 에서(1)	1		7	
조차	JKB	에서(140), 에(33), 에게(25), 에게서(3), 로(1), 서(1), 한테(1)	7	8	204	205
	JKQ	라고(1)	1		1	
커녕	JX	은(14)	1		14	
합계			250		131,634	

28개 보조사 가운데 '다, 든, 든지, 라도, 서, 야말로, 요, 커녕' 등은 다른 조사의 앞에 쓰이지 않고 이를 제외한 20개 보조사는 다른 조사의 앞에 쓰인다. 빈도로 보면 보조사 가운데 '만(10,972)'이 다른 조사의 앞에 가장 자주 쓰이고 '까지(6,292)'가 그 다음으로 자주 쓰인다. 그리고 '사(1), 서껀(1), 다가(2), 만큼(6), 야(6), 나마(8), 일랑(8)' 등은 다른 조사의 앞에 쓰이는 일이 드물다. 중첩형으로는 보조사 '만'과 주격 조사 '이', 목적격 조사 '을'의 중첩형 '만+이(2,464), 만+을(2,677)'이 빈도가 높다. 이 밖에 보조사와 보조사의 중첩형인 '만+은(1,961), 까지+은(1,771), 까지+도(1,702), 부터+은(1,009)', 그리고 보조사 '만'과 부사격 조사 '로'의 중첩형 '만+로(1,666)'가 빈도가 높다.

---

20 '그런데 내사말로 낙동강 오리알 아닌가.'의 예가 있다. 참고로 『표준국어대사전』에서는 '사말로'를 '야말로'의 비표준형으로 본다.

(29) 보조사(형태별) 뒤에 오는 조사

보조사	후행 조사		형태 수		빈도 합	
	유형	형태				
까지	JKS	이(97)	1	19	97	6,292
	JKO	을(266)	1		266	
	JKG	의(1,120)	1		1,120	
	JKC	이(4)	1		4	
	JKB	에(80), 로(74), 와(42), 에서(3), 처럼(3), 로서(2), 보다(2)	7		206	
	JX	은(1,771), 도(1,702), 나(598), 만(483), 밖에(17), 야(15), 요(3)	7		4,589	
	JC	와(10)	1		10	
나	JKS	이(39)	1	11	39	74
	JKO	을(8)	1		8	
	JKG	의(14)	1		14	
	JKC	이(2)	1		2	
	JKB	처럼(2), 하고(2), 에(1), 에게(1), 와(1)	5		7	
	JX	은(3), 요(1)	2		4	
나마	JKG	의(5)	1	2	5	8
	JX	도(3)	1		3	
다가	JX	은(2)	1		2	
대로	JKO	을(1)	1	6	1	268
	JKG	의(223)	1		223	
	JKC	이(2)	1		2	
	JX	만(22), 은(19), 도(1)	3		42	
도	JX	요(11)	1		11	
마다	JKO	을(2)	1	6	2	68
	JKG	의(36)	1		36	
	JKB	에(20), 에서(7), 에게(1)	3		28	
	JX	은(2)	1		2	

마저	JKS	이(1)	1		1	284
	JX	도(283)	1	2	283	
만	JKS	이(2,464)	1		2,464	10,978
	JKO	을(2,677)	1		2,677	
	JKG	의(888)	1		888	
	JKC	이(834)	1	18	834	
	JKB	로(1,666), 로써(19), 로서(12), 에(11), 같이(1), 로부터(1), 에서(1)	7		1,711	
	JX	은(1,961), 도(421), 요(15), 나(2), 밖에(2), 야(2), 라도(1)	7		2,404	
만큼	JX	은(6)	1		6	
밖에	JX	은(318), 도(42), 요(26), 나(2)	4		388	
부터	JKS	이(173)	1		173	1,311
	JKO	을(5)	1		5	
	JKG	의(69)	1		69	
	JKC	이(9)	1	11	9	
	JKB	로(5), 서(3)	2		8	
	JX	은(1,009), 도(30), 야(6), 나(1), 만(1)	5		1,047	
뿐	JKS	이(4)	1		4	1,217
	JKG	의(1)	1		1	
	JKC	이(81)	1	5	81	
	JKB	로(10)	1		10	
	JX	만(1,121)	1		1,121	
사	JX	야말로(1)	1		1	
서껀	JKO	을(1)	1		1	
야	JX	만(6)	1		6	
은	JX	요(116), 커녕(14), 야(3)[21]	3		133	
일랑	JX	은(8)	1		8	
조차	JKS	이(7)	1	4	7	439
	JKO	을(2)	1		2	

---

[21] '그라믄 느그 아부지는야 내 손을 홱 던져버리고 저만치 먼저 가분다이.'

	JKB	에게(1)	1		1	
	JX	도(429)	1		429	
치고	JX	은(105), 도(2)	2		107	
합계			100		21,602	

7.3.8. 접속 조사

접속 조사 '나, 니, 랑, 며, 와, 하고, 하며' 가운데 다른 조사 뒤에 쓰이는 것은 '나, 하고' 2개이다. '나'는 부사격 조사 뒤에 쓰이고 '와'는 부사격 조사와 보조사 뒤에 쓰인다. 그리고 다른 조사 앞에 쓰이는 것은 '나'를 제외한 '니, 랑, 며, 와, 하고, 하며' 등의 6개이다. 형태로 보면 부사격 조사 '에서'와 접속 조사 '나'의 중첩형 '에서+나'의 빈도(105)가 가장 높다. 접속 조사가 앞에 오는 중첩형은 대체로 빈도가 높지 않은데 그 가운데에서 보조사 '은'이 뒤에 오는 중첩형 '하고+은'의 빈도(11)가 가장 높다.

(30) 접속 조사의 중첩
　　가. 접속 조사 앞에 오는 조사

접속 조사	선행 조사		형태 수		빈도 합	
	유형	형태				
나	JKB	에서(105), 로(95), 에(13), 에게(7), 로서(5), 로써(2)	6		227	
와	JKB	에서(44)	1	2	44	54
	JX	까지(10)	1		10	
합계			8		281	

나. 접속 조사 뒤에 오는 조사

접속 조사	후행 조사		형태 수		빈도 합	
	유형	형태				
니	JKB	로(1)	1		1	
랑	JKO	을(1)	1	2	1	4
	JX	은(3)	1		3	
며	JKO	을(1)	1		1	
와	JKS	이(1)	1	2	1	6
	JKO	을(5)	1		5	
하고	JKS	이(3)	1	4	3	22
	JKO	을(1)	1		1	
	JX	은(11), 도(7)	2		18	
하며	JKS	이(2)	2		2	
합계			10		36	

7.4. AB · BA형 조사 중첩

어떤 두 조사(A, B)가 중첩될 때에는 일정한 순서(AB 혹은 BA)가 있는 것이 보통이다. 앞서 살펴본 조사 중첩의 조건 (2나)에 따르면 조사 결합의 순서는 각 조사의 작용역에 따라 결정된다. 곧 두 조사 가운데 작용역이 좁은 조사가 앞에 오고 작용역이 넓은 조사가 뒤에 온다. 그런데 조사 가운데에는 AB 순서로 중첩되기도 하고 BA 순서로 중첩되기도 하는 조사들이 일부 있다. 다음은 코퍼스에서 확인한 AB · BA 조사 중첩형 19개 쌍(총 38개 중첩형)을 빈도와 함께 제시한 것이다.[22]

---

22 중첩형과 빈도는 2개 조사 중첩형에 3개 조사 중첩형과 4개 조사 중첩형의 내부에 나타나는 것을 모두 합친 것이다.

(31) AB · BA형 조사 중첩

AB		BA		총 빈도
중첩형	빈도	중첩형	빈도	
만/JX + 로/JKB	1666	로/JKB + 만/JX	1595	3261
에/JKB + 만/JX	1994	만/JX + 에/JKB	11	2005
에/JKB + 까지/JX	973	까지/JX + 에/JKB	80	1053
에서/JKB + 만/JX	922	만/JX + 에서/JKB	1	923
에/JKB + 나/JX	431	나/JX + 에/JKB	1	432
로/JKB + 까지/JX	337	까지/JX + 로/JKB	74	411
에게/JKB + 나/JX	273	나/JX + 에게/JKB	1	274
로서/JKB + 만/JX	89	만/JX + 로서/JKB[23]	12	101
에서/JKB + 까지/JX	82	까지/JX + 에서/JKB	3	85
로써/JKB + 만/JX	64	만/JX + 로써/JKB	19	83
마다/JX + 에/JKB	20	에/JKB + 마다/JX	2	22
하고/JKB + 나/JX	18	나/JX + 하고/JKB	2	20
에서/JKB +만큼/JKB	15	만큼/JKB +에서/JKB	1	16
뿐/JX + 로/JKB	10	로/JKB + 뿐/JX	4	14
에서/JKB + 마다/JX	7	마다/JX + 에서/JKB	7	14
같이/JKB + 만/JX	6	만/JX + 같이/JKB	1	7
로서/JKB + 까지/JX	2	까지/JX + 로서/JKB	2	4
와/JKB + 나/JX	2	나/JX + 와/JKB	2	3
에게/JKB + 마다/JX	2	마다/JX + 에게/JKB	1	3

코퍼스에 나타나는 전체 72개 조사 가운데 AB · BA 조사 중첩형에 쓰이는 조사는 15개이다. 이 가운데 10개는 부사격 조사이고 5개는 보조사이다. 그리고 중첩형 가운데 '에서+만큼'과 '만큼+에서'는 두 조사가 모두 부사격 조사인 중첩형이고 나머지는 모두 부사격 조사와 보조사의 중첩형이다. (32)는 AB · BA 조사 중첩형에 나타나는 조사 15개의 목록이다. 괄호 안의 수치는 해당 조사가 나타나는 중첩형의 개수이다.

---

23 '만+로서' 가운데 후술할 하나의 예를 제외한 나머지는 '만+로써'의 오류로 보인다.

(32) AB·BA형 조사 중첩형에 나타나는 조사

    가. 부사격 조사(40)

        에(8), 에서(8), 로(6), 로서(4), 에게(4), 같이(2), 로써(2), 만큼(2), 와(2), 하고(2)

    나. 보조사(36)

        만(12), 까지(8), 나(8), 마다(6), 뿐(2)

AB·BA 조사 중첩형 가운데 보조사 '만'과 부사격 조사 '로'의 중첩형은 총 빈도(3,261)도 가장 높을 뿐만 아니라 두 중첩형의 빈도('만+로' 1,666, '로+만' 1,595)도 별 차이 없이 비슷하다. 각 중첩형이 쓰인 예문 가운데 일부를 제시하면 다음과 같다.

(33) 가. '만+로'

        ①전세 천만 원까지 대출 연대 보증만으로 가능

        ②특히 이사회 결의만으로 스톡옵션을 줄 수 있는 현행 제도에 대한 비판이 많았다.

        ③화학 조미료를 전혀 쓰지 않고 천연 조미료만으로 맛을 낸다.

    나. '로+만'

        ①토기는 화분으로만 쓸 것이 아니라 말려 놓은 꽃이나 갈대 등을 꽂는 등 용도를 넓혀볼 만하다.

        ②성적은 수학 능력 여부를 가리는 기준으로만 사용된다.

        ③그렇다고 모두 비관적으로만 생각하는 것은 아니다.

두 조사가 중첩될 때 그 작용역의 넓고 좁음에 따라 결합 순서가 결정되는 것이라면 (33가)에서는 '만'의 작용역이 '로'의 작용역보다 좁고 (33나)에서는 '로'의 작용역이 '만'의 작용역보다 좁을 것이다. 그리고 (33가)와 (33나)는 두 조사의 작용역이 다른 만큼 두 조사 '만'과 '로'의 구체적인 의미 기능도 다를 것이다. (33가①)과 (33나①)의 예를 들어 그 차이를 형식화하면 다음과 같다.

(34) 가. {담보+연대 보증+...}으로 대출 가능

　　　　담보와 연대 보증으로 대출 가능

　　　　담보만으로 대출 가능 / 연대 보증만으로 대출 가능

　　　cf) {담보}로 대출 가능 혹은 {연대 보증}으로 대출 가능

　　　　담보로만 대출 가능 / 연대 보증으로만 대출 가능

　　나. {화분}으로 사용 혹은 {화병}으로 사용

　　　화분으로만 사용 / 화병으로만 사용

　　(34가)는 '대출'이라는 단일한 행위에 동시에 필요한 요건('담보'와 '연대 보증' 등)들이 있는 상황에서 다른 요건 없이 그 가운데 어느 하나의 요건으로 '대출'이 가능하다는 뜻을 나타낸다. 이때에는 '로'가 결합한 '담보만' 혹은 '연대 보증만'이 '담보와 연대 보증(동시에)'에 대응한다. 이와 달리 (34나)는 하나의 '토기'를 '화분'으로 쓸 수도 있고 '화병'으로 쓸 수도 있는 상황에서24 그 가운데 하나의 용도로 쓴다는 뜻을 나타낸다. 이때에는 '만'이 결합한 '화분으로'가 '화병으로'에 대응한다. (34가)도 참조와 같은 상황에서라면 (34나)와 같이 '로+만'이 자연스럽다.25

　　(35)는 보조사 '만'과 부사격 조사 '로서'의 AB · BA 중첩형이고 (36)은 보조사 '만'과 부사격 조사 '로써'의 AB · BA 중첩형이다. 형태와 의미 면에서 어느 정도 유사성이 있는 만큼 조사 결합 순서의 차이에 따른 의미 차이의 양상은 '만'과 '로'의 AB · BA 중첩형과 다름이 없다.

　　(35) 가. 오늘이 오직 어제의 영광을 위한 시녀侍女로서만 존재하는 사회…… 이것 역시 밖으로 (미래) 뛰어나가려고 하지 않고 안(과거)으로만 끌어들이려는 인사이더적인 시간관時間觀이며 윤리관倫理觀이다.

　　　　나. 향가에 나오는 달, 〈원왕생가願往生歌〉에서 신라인의 달을 맞는 태도는 단순한 결합,

---

24 하나의 '토기'를 '화분과 화병'으로 동시에 쓰는 상황이 아니라는 점이 중요하다.

25 황화상(2003: 135-137)에 따르면 (33가①)/(34가)에서 '연대 보증만으로 대출 가능'은 '담보로(는) 대출 불가능'을 함의하지 못하지만 (34가)의 참조에서 '연대 보증으로만 대출 가능'은 '담보로(는) 대출 불가능'을 함의한다. 그리고 (33나①)/(34나)에서 '화분으로만 사용'은 '화병으로(는) 미사용'을 함의한다.

단순한 벗만으로서 같이 즐기는 이태백의 것과는 차원이 다르다.

(36) 가. 장자가 나비였다는 것이 꿈이라고 믿게 되는 것은 장자가 사람이라는 것을 전제함으로
써만 가능하다.

　　나. 많은 발전론자들이 지적하고 있는 바와 같이 경제 발전은 단순히 자본이나 기술만으로
써 이루어 지는 것이 아니기 때문이다.

(37)과 (38)은 총 빈도도 비교적 높고 두 중첩형 가운데 어느 하나의 빈도가 훨씬
더 높기는 하지만 다른 하나의 빈도도 꽤 높은 AB · BA 조사 중첩형 '에+까지, 까지+에'
와 '로+까지, 까지+로'의 예이다.

(37) 가. 일본이 이처럼 과거사 정리에까지 옹색한 입장을 보이는 이유는 무엇일까.

　　나. 오늘날의 사람과 관계되는 슬기 사람은 십오만 년 전에서 오만 년 전쯤까지에 태어난
것으로 보인다.

(38) 가. 하지만 언제부터인가 하나 둘씩 빗자루를 들고 나오기 시작, 동네 청소모임으로까지
발전했다.

　　나. 매봉산 6백 50m 높이에 위치해 있는 이 스키장은 적설기간이 12월초부터 3월말까지
로 길고 ….

이들은 보조사 '까지'를 포함하는 공통점도 있는데 주목할 수 있는 것은 부사격 조사
앞에 나타나는 '까지'와 부사격 조사 뒤에 나타나는 '까지'의 구체적인 의미 기능이 다르다
는 점이다. 곧 '까지+에'와 '까지+로'에 나타나는 '까지'는 '어떤 일이나 상태 따위에
관련되는 범위의 끝임을 나타내는 보조사'로서 흔히 '에서(십오만 년 전에서)' 혹은 '부터
(12월초부터)'와 짝을 이룬다. 그리고 '에+까지'와 '로+까지'에 나타나는 '까지'는 '이미
어떤 것이 포함되고 그 위에 더함의 뜻을 나타내는 보조사' 혹은 '그것이 극단적인 경우임
을 나타내는 보조사'로서 얼마간의 의미 차이는 있을 수 있지만 의미 기능이 비슷한
보조사 '도'로도 바꿔 쓸 수 있다.

'까지'의 위치에 따른 의미 기능의 차이는 부사격 조사 '에서', '로서'와 함께 나타나는

중첩형 '에서+까지, 까지+에서', '로서+까지, 까지+로서'에서도 분명하게 드러난다. 의미 기능이 다른 만큼 문법적인 차이도 있다. 곧 (39가)와 (40가)의 '까지'는 보조사 '도'로 바꿀 수 있다. 그리고 (40나)의 '까지'는 '(삼백만 년 전)부터'와 짝을 이루며, (39나)에서는 나타나지는 않았지만 '(어느 대목)부터'가 전제되는 것은 물론이다.

(39) 가. 심지어 부산시절 피난살이에서도, 사춘기를 보낸 대전에서도, 신혼시절을 보낸 제천읍에서도, 그리고 심지어 독일<u>에서까지</u> 그 예감은 따라다녔다.

나. 그는 죽고 난 다음 시신이 하늘로 일단 떠오르는 대목<u>까지에서</u>는 북방의 왕들과 마찬가지로 귀천의 죽음을 겪고 있는 듯이 보이게 된다.

(40) 가. 그러나 이 사건을 자유롭고 진보적인 과학과 보수적이고 퇴영적인 종교와의 관계의 전형적인 예<u>로서까지</u> 생각하는 것은 커다란 잘못이다.

나. 전기 구석기 시대는 삼백만 년 전부터 십오만 년 전<u>까지로서</u> 남쪽 원인, 곧선 사람들이 살던 시기이다.

(41)은 부사격 조사 '에서'와 부사격 조사 '만큼'의 AB · BA 중첩형이다. 여기에서 주목할 수 있는 것은 '만큼'의 작용역의 차이이다. '만큼'이 부사격 조사 '에서' 뒤에 오는 (41가)는 참조 예처럼 바꿔 써도 의미적인 차이는 거의 없다. 이는 '만큼'이 형식상 명사구(혹은 조사구) '우리나라에서'의 뒤에 결합하지만 그 작용역은 '우리나라에서 생각하는 것' 전체라는 것을 뜻한다. 이와 달리 (41나)에서 '만큼'의 작용역은 명사구 '빨랫줄 한 길이'이다.

(41) 가. 그들은 추석을 건추절(건추절)이라고 부르는데 우리나라<u>에서만큼</u> 중요하게 생각하지 않는 것 같았다.

cf) 그들은 추석을 건추절(건추절)이라고 부르는데 [[우리나라<u>에서</u> (중요하게) 생각하는 것<u>만큼</u>] 중요하게 생각하지 않는 것 같았다.

나. 깍정이들이 가까이 다가오는 중치막짜리를 발길 공론들을 하고 있는 중에 위인은 빨랫줄 한 길이<u>만큼에서</u> 행보를 멈추고는 깍듯한 하게말로, ….

보조사 '만'과 부사격 조사 '에'의 AB·BA 중첩형 (42), 그리고 보조사 '뿐'과 부사격 조사 '로'의 AB·BA 중첩형 (43)에서도 조사의 순서에 따른 의미 차이가 어느 정도 있는 것으로 보인다. 특히 '로+뿐'의 경우 '아니다' 앞에만 나타난다는 점도 주목할 수 있다.

(42) 가. 바깥출입이 어려운 휠체어를 타는 장애인들은 집<u>에만</u> 갇혀지내는 경우가 많아 문화활동에 대한 욕구가 많습니다.
　　 나. 그것이 보도를 형성하는 여러 사회적, 문화적, 경제적 요인의 하나<u>만에</u> 영향을 미친다는 점에서는 제한적이다.
(43) 가. 그러나 그것은 생각<u>뿐으로</u> 목 안에 무엇이 꽉 차서 소리가 나오지 않았다.
　　 나. 랑케는 인류 사회가 물질적<u>으로뿐</u> 아니라 정신적 도덕적인 면에서도 진보한다는 계몽주의 사상가와 실증주의 역사학자들의 견해를 증명할 수 없다고 비판하면서 이렇게 말했다.

(44)~(47)은 보조사 '나'를 포함하는 AB·BA 조사 중첩형들이다. 이들은 보조사 '나'가 앞에 오는 중첩형의 빈도가 1 또는 2('나+하고')로 아주 낮으며 이때 앞에 오는 명사류는 '누구, 아무' 등의 대명사라는 공통점이 있다. 그런데 대명사 '누구, 아무'가 앞에 오는 때에는 '나'가 부사격 조사 뒤에 오는 것('누구에게나, 아무하고나')도 가능하지만 그 순서에 따른 의미 차이는 느껴지지 않는다. 한편 이들 대명사를 제외한 다른 명사가 앞에 오는 때에는 '나'가 부사격 조사 뒤에 오는 것('애인들에게나, 할아버지하고나')만 가능하다. 이러한 점들을 고려하면 부사격 조사 '에, 에게, 하고, 와'와 보조나 '나'는 본래 '부사격 조사+보조사'의 순서로 결합하는 것이지만 '누구나, 아무나' 등이 흔히 쓰이는 형태여서 그 반대 순서의 중첩형이 일부 나타나는 것으로 보인다.

(44) 가. 몽골에 대한 일본의 실질적 지원은 몽골에 우호적인 기업 풍토가 형성된 뒤<u>에나</u> 가능한 것이다.
　　 나. 불행에 빠질 수 있는 누구<u>나에</u> 대한 섬세한 연민.
(45) 가. 그런 말은 헤어진 애인들<u>에게나</u> 하시지.

누구<u>에게나</u> 공포가 있고 불안이 있다.

　　나. 이런 경험은 누구<u>나에게</u> 있다.

(46) 가. 병원 짠밥으로 치자면 자기네들 할아버지<u>하고나</u> 맞먹을걸.

　　　　그녀는 아무<u>하고나</u> 자는 헤픈 여자가 아니니까.

　　나. 그러니까 불이 꺼진 깜깜한 방에서 아무<u>나하고</u> 엉겨붙어서 자는 거지요.

　　　　사실 통념대로, 이들의 무절제한 생활습관은 대충 아무<u>나하고</u> 성관계를 갖는 것으로도 나타난다.

(47) 가. 무슨 미끼〔餌〕나 받아먹은 것처럼 꺼분하고 무슨 전염병자<u>와나</u> 식탁을 같이하였던 것처럼 불안스러웠다.

　　나. 내 언어 습득은 그리 빠른 편이 아니었고, 다른 누구<u>나와</u> 비슷비슷하게 철자법을 익혔다.

　　한편 부사격 조사 '에서'와 보조사 '만'은 대부분 '에서+만(922)'의 순서로 중첩된다. '만+에서'는 하나의 예만 나타나는데 이 또한 '에서+만'으로 바꿔도 될 만한 것이다. 그리고 보조사 '마다'와 부사격 조사 '에'도 '마다+에(20)'와 '에+마다(2)'의 빈도에 큰 차이가 있으며, 또한 '에+마다'는 '마다+에'로 바꿔 쓸 수도 있는 것들이다. 이 밖의 AB·BA 조사 중첩형들은 총 빈도도 아주 낮고 조사 결합 순서에 따른 의미 차이도 잘 느껴지지 않는 것들이다.

(48) 가. 그는 이영화를 '얼마나 야한가'의 관점<u>에서만</u> 기대하는 것에 조금은 불만스러워 했다.

　　나. 우선 유통구조의 독점지배<u>만에서라도</u> 다함께 헤어날 수 있는 이같은 경제적 자위운동을 통해 우리들이 같은 판을 벌일 수 있을 때, 세상구조(제도)로부터 억지로 떠넘겨진 고통에서 근로자와 농민들이 함께 구원되는 구체적인 첫걸음이 시작될 것입니다.

(49) 가. 낯선 땅 원주에 들어와 애오라지 원고지를 메우고 쉴 참엔 나무와 채소를 가꾸며 살아온 삶이 시집 갈피<u>마다에</u> 묻어 있다.

　　나. 게다가 그는 매력 있는 개성에 못지 않는 무한한 매력의 창작품을 남겨 놓고 그 작품<u>에마다</u> 작가의 내면을 교묘히 옮겨 넣은 것이다.

(50) 가. 육체의 덮개 아래로 내려가기는 어떤 역진화의 길을 따라가는 것처럼 각단계<u>에서마다</u>

더 많은 생명체와 만나고 더 큰 생명의 욕망을 끌어안는다.

나. 건물 창마다에서 흘러나오는 불빛들엔 뭔가 진한 그리움 같은 색조가 묻어 있습니다.

(51) 가. 두 달여의 거지 아닌 거지 생활을 벗어나게 됐다는 기쁨에 보는 사람에게마다 자랑을 하지 않을 수 없었다.

나. 또 만나는 사람마다에게 온갖 정성을 다하고 자기 식구 대하듯 정을 쏟다나니까 공작원들은 누구나 이 어머니를 좋아하고 따랐다.

(52) 가. 그가 온 생애를, 아니 생애 이상의 것을 탕진한 그 문제 전체가 하나의 환상같이만 보이는 것이었다.

나. 달수 아저씨네 아주머니도 상민이 아저씨네 아주머니도 웬지 수수께끼만같이 궁금해졌습니다.

제3부 한국어 자연언어 처리

8. 자연언어 처리와 언어 연구

역사는 짧지만 자연언어 처리는 그동안 비약적으로 발전해 왔다. 그리고 다양한 분야에 응용되어 놀랄 만한 성과를 보여주기도 한다. 그러나 아직 가야 할 길은 멀다. 이 장에서는 맞춤법 검사 및 교정, 기계번역, 문서 요약, AI 채팅 등을 중심으로 자연언어 처리의 현황을 개략적으로 살펴본다. 그리고 자연언어 처리에서 언어학이 어떤 역할을 해야 하며 그 과제는 무엇인지 살펴본다.

8.1. 자연언어 처리의 현황

(1)은 다음(Daum) 맞춤법 검사기를 이용한 맞춤법 검사 및 교정 결과를 다시 제시한 것이다. 괄호 밖은 오류가 있는 원문이고 괄호 안은 맞춤법 검사기에서 교정한 결과인데 오류를 빠짐없이 찾아서 정확하게 교정한 것을 확인할 수 있다.

(1) 맞춤법 검사 및 교정 1
    가. <u>전세값</u>(→전셋값)이 너무 비싸서 <u>전셋방</u>(→전세방)을 못 얻었다.
    나. 꽃을 <u>꺽어서</u>(→꺾어서) <u>휴계실</u>(→휴게실)에 있는 병에 꽂았다.
    다. 시간이 다 <u>되서</u>(→돼서) 먼저 일어났다.
    라. <u>사흘만에</u>(→사흘 만에) 비가 그쳤다.
    마. <u>사흘 만</u>(→사흘만) 기다려 주세요.
    바. 시험이 <u>이틀 밖에</u>(→이틀밖에) 안 남았다.
    사. 그 <u>학교으이</u>(→학교의) 운동장에 <u>만흔</u>(→많은) 사람들이 모여 있었다.

맞춤법 검사 및 교정은 다른 분야에 비해 상대적으로 좋은 결과를 보여주기는 하지만 여전히 문제는 남아 있다. (2)는 '돼지(←되지), 사흘 만(←사흘만), 가는 데/갔는 데(←

가는데/갔는데), 따는데(←따는 데)' 등의 맞춤법 오류를 포함하는 문장을 다음 맞춤법 검사기([다음]), 네이버 맞춤법 검사기([네이버]), 부산대 인공지능연구실·나라인포테크 맞춤법·문법 검사기([부산대·나라])를 이용하여 교정한 결과이다. 교정 결과에 차이는 있지만 모든 맞춤법 오류를 옳게 교정한 맞춤법 검사기는 없다.

(2) 맞춤법 검사 및 교정 2

　　가. 싫으면 안 만나도 <u>돼지</u>?

　　　　[다음] 싫으면 안 만나도 <u>돼지</u>?

　　　　[네이버] 싫으면 안 만나도 <u>돼지</u>?

　　　　[부산대·나라] 싫으면 안 만나도 <u>되지</u>?

　　나. <u>사흘 만</u> 있으면 추석이다.

　　　　[다음] <u>사흘만</u> 있으면 추석이다.

　　　　[네이버] <u>사흘 만</u> 있으면 추석이다.

　　　　[부산대·나라] <u>사흘에만</u> 있으면 추석이다.

　　다. 학교에 <u>가는 데/갔는 데</u> 눈이 오기 시작했다.

　　　　[다음] 학교에 <u>가는 데/갔는 데</u> 눈이 오기 시작했다.

　　　　[네이버] 학교에 <u>가는 데/갔는데</u> 눈이 오기 시작했다.

　　　　[부산대·나라] 학교에 <u>가는 데/간 데</u> 눈이 오기 시작했다.

　　라. 그 사람은 오직 졸업장을 <u>따는데</u> 목적이 있는 듯했다.

　　　　[다음] 그 사람은 오직 졸업장을 <u>따는데</u> 목적이 있는 듯했다.

　　　　[네이버] 그 사람은 오직 졸업장을 <u>따는데</u> 목적이 있는 듯했다.

　　　　[부산대·나라] 그 사람은 오직 졸업장을 <u>따는 데</u> 목적이 있는 듯했다.

　맞춤법 오류 가운데에는 '싫으면 안 만나도 돼는데.'의 '돼는데(←되는데)', '싫으면 안 만나도 돼지 않을까?'의 '돼지(←되지)'처럼 쉽게 찾아내어 교정할 수 있는 것들도 있다. '돼는데'는 한국어에서 불가능한 어절이며[1] '돼지 (않을까?)'는 특정한 구문('~지

---

1 (1나)의 '꺾어서', (1다)의 '되서'도 한국어에서 불가능한 어절이다. 그리고 '전세값, 전셋방'의 사전 표제어가 '전셋값, 전세방'이라는 점을 고려하면 (1가)의 '전세값이, 전셋방을'도 한국어에서 불가능한 어절이다.

않다')에 쓰인 어절이다. 그런데 (2)에 나타나는 맞춤법 오류는 이들과는 성격이 다르다. 맞춤법 오류로 판단할 만한 확실한 형식적 단서가 없기 때문이다. 이들은 문장 전체를 구조적으로, 그리고 때에 따라서는 의미적으로 분석하지 않고서는 오류를 발견하기가 쉽지 않다.[2]

　(3)은 바로 앞 문단 끝의 세 문장을 구글 번역과 파파고로 번역한 것이다. 영어 번역의 정확성은 문제를 삼을 수도 있겠지만 적어도 한국어 문장의 분석에는 별다른 문제가 없는 것으로 보인다.

　(3) 기계번역
　　가. 구글 번역
　　　However, the spelling errors in (2) are different from these. This is because there is no definitive formal clue to judge a spelling error. It is difficult for them to find errors without analyzing the entire sentence structurally and sometimes semantically.
　　나. 파파고
　　　However, the spelling errors shown in (2) are different from these. This is because there is no clear formal clue to judge as a spelling error. It is not easy for them to find errors without analyzing the entire sentence structurally and sometimes semantically.

　그러나 어떤 언어를 분석하고 이를 다른 언어로 번역하는 것은 결코 쉬운 일이 아니다. (4)는 각각 '梨, 腹, 船'를 뜻하는 동형어 '배'를 포함한 문장을 구글 번역과 파파고로 번역한 결과이다. 이들 문장에서 동형어를 옳게 구별하여 이해하는 것은 우리에게는 전혀 어려운 일이 아니다. 그러나 컴퓨터에게는 각 문장에서 성립하는, '배'(혹은 '배'를 포함하는 절)와 다른 단어들(혹은 다른 절) 사이의 문법적 관계에 대한 정확한 분석을 필요로 하는 매우 어려운 일이다.

---

2 다만 (2다)의 '갔는(데)'은 형식적으로도 불가능한 어절이다. 의존 명사 앞에 오는 동사의 과거 관형사형은 '갔는'처럼 쓰는 것이 아니라 '간'처럼 써야 한다.

(4) 기계번역

　　가. 그 과일 가게에는 <u>배</u>가 없어서 사지 못했다.

　　　　[구글 번역] The fruit shop didn't have <u>a stomach</u>, so I couldn't buy it.

　　　　[파파고] I couldn't buy the fruit store because it didn't have <u>a boat</u>.

　　나. 배가 고파서 <u>배</u>를 움켜쥐고 집으로 달려갔다.

　　　　[구글 번역] I was hungry, so I grabbed <u>my boat</u> and ran home.

　　　　[파파고] Hungry, I grabbed <u>my stomach</u> and ran home.

　　다. <u>배</u>가 망가져서 고쳤다.

　　　　[구글 번역] <u>My stomach</u> broke and I fixed it.

　　　　[파파고] <u>The ship</u> was damaged and fixed.

이처럼 문장 차원의 분석에도 한계를 보이는 것이 현실이지만 자연언어 처리는 이미 문서 요약, 대화 등 높은 수준의 기술을 필요로 하는 영역에까지 응용되고 있다. 다음은 뉴스 기사의 원본에 다음(Daum)에서 제공하는 '자동요약' 기능을 이용하여 이를 3문장으로 요약한 결과를 밑줄로 표시한 것이다.

시진핑 3기 외교안보라인 '대만·북한통' 약진..대미협상파 퇴출

기사내용 요약
'대만 포위 군사훈련' 계획자 허웨이둥 군사위 부주석 승진
북중 군사회담 주도한 먀오화, 중앙군사위 유임
대미 강경파 왕이 정치국 입성

<u>시진핑 국가주석 집권 3기를 시작하면서 단행된 중국 군부와 외교안보라인 개편에서 대만과 북한 전문가의 약진과 대미 협상파의 퇴진 정황이 포착됐다.</u> 이는 민족주의를 앞세운 '투쟁'에 방점을 찍으면서 강경 외교 정책을 예고한 시 주석의 의중이 반영된 결과라는 분석이 나온다.

'대만 포위 군사훈련' 계획자 허웨이둥 군사위 부주석 승진

이번 군부 개편에서 대만해협을 관할하는 동부전구 사령관 출신인 허웨이둥(65) 상장이 정치국

위원 승진과 함께 중앙군사위원회 부주석에 임명된 것이 가장 주목받고 있다.

중앙군사위는 주석 이외에 부주석 2명, 위원 4명 등 총 7명으로 구성된 중국군 최고 지휘부다.

허 부주석은 중앙군사위 위원을 건너뛰고 곧바로 부주석으로 임명된 것이다.

1972년에 입대한 그는 대만과 마주보는 푸젠성에 주둔했던 31집단군에서 근무한 적 있다.

이후 그는 난징군구 소속 부대의 사령관이 됐고, 31집단군은 동부전구 73집단군으로 개편된 이후 허 부주석은 2019년 동부전구로 돌아와 사령관을 맡았다.

<u>지난 8월 낸시 펠로시 미국 하원의장이 대만을 방문한 데 항의해 중국군이 대만 주변에서 대규모 군사훈련을 실시했는데 허 부주석이 이 훈련을 계획한 것으로 알려졌다.</u>

군부 대표적인 '지전파(知戰派)'이자 고강도 무력시위 계획자인 그가 중앙군사위에 입성한데는 시 주석의 강력한 대만 통일 의지가 반영돼 있다는 분석이 나온다.

중국 군사 평론가 쑹중핑은 "푸젠성에서 근무한 경력을 가진 허 부주석의 승진은 인민해방군이 대만에 대한 전투 준비를 강화하고 있음을 보여준다"고 평가했다.

북중 군사회담 주도한 먀오화, 중앙군사위 유임

중앙군사위 정치공작부장을 맡고 있는 먀오화(67)도 유임됐다.

마오 위원 역시 31집단군에서 간부로 재직한 적 있어 대만과 관련된 이력을 갖고 있는 대만통이다.

이밖에 그는 북한과 중국이 군사적으로 밀착했던 2019년부터 이듬해까지 중앙군사위 정치공작부 주임 자격으로 북중 군사회담을 주도한 적 있다.

향후 북중간 군사 협상이 진행될 경우 그는 또다시 관련 사안을 책임지게 된다.

아울러 이번에 중앙군사위에 합류한 리샹푸(64) 전 장비발전부 부장은 차기 국방부장(장관)으로 임명될 것으로 예상된다.

그는 러시아로부터 전투기와 지대공 미사일을 사들인 혐의로 지난 2018년 미국의 제재 대상이 지정된 적이 있어 그가 국방부장이 된다면 미중 군사 당국의 소통이 더 막힐 가능성이 크다.

대미 강경파 왕이, 정치국 입성

그간 대미 강경파로 평가되는 왕이(69) 외교담당 국무위원 겸 외교부장은 중국공산당 정치국 위원 24명에 포함됐다.

그는 10년 가까이 중국 외교를 책임져 온 양제츠(72) 중국공산당 외교담당 정치국원의 뒤를 이어 외교 사령탑을 맡을 전망이다. 양제츠 역시 대미 강경파로, 중국 외교당국의 대미 강경 기조는 유지될 전망이다.

왕 부장은 역시 '7상8하(만 67세는 유임하고 68세는 은퇴한다)' 관례를 깬 인물 중 하나가 됐다. <u>이는 베테랑 외교관으로서 폭넓은 경험과 중국에 적대적인 외교 상황을 다룰 수 있는 능력이 시 주석의 인정을 받았기 때문으로 평가된다.</u>

이번에 중국 공산당 중앙위원으로 발탁된 친강(56) 주미 중국대사가 왕이의 후임으로 외교부장을 맡을 것으로 예상된다.

왕 부장과 친 대사가 예상대로 외교 분야를 맡게 되면 공세적 외교 정책인 '전랑외교'도 시진핑 3기에 들어 보다 강력하고 정교해질 것으로 전망된다.

반면 미중 무역 협상을 주관해 온 류허 부총리와 외교적으로 비교적 유연한 인물이라는 평가를 받는 왕양 전국인민정치협상회의(정협) 주석은 이번에 지도부에서 제외됐다.

(뉴시스, 2022.10.25.)

내용의 적절성을 떠나서[3] 이는 원본의 문장 가운데에서 단순히 3문장을 선택·추출한 것으로서 엄밀한 의미에서 요약이라고 하기는 어렵다. 물론 특정한 문장들을 요약문으로 선택·추출하는 것도 문서(텍스트)가 의미하는 바에 대한 전체적인 이해를 필요로 하는 것으로서 현재의 자연언어 처리 수준으로는 쉽지 않은 일이다.[4]

다음은 인간과 AI 챗봇(chatbot) 사이의 대화 가운데 일부이다.[5] 첫 번째 대화는 친구 사이의 대화라고 해도 손색이 없을 만큼 자연스럽다. 두 번째 대화도 사람과 사람 사이의 대화로서는 그럴듯하다. 의사소통에 사소한 문제는 있지만 집중력의 탓으로 돌릴 수 있는 문제이기 때문이다. 그러나 적어도 현재로서는 대화에 집중하지 못하는 로봇을 상상할 수는 없다.

---

3 자동요약의 결과와 (기자가 작성한) 원본 상단의 '기사내용 요약' 사이에는 상당한 정도의 차이가 있다.

4 다음 자동요약 알고리즘은 '소셜 네트워크 분석(Social Network Analysis)'을 활용한다. 다음 자동요약 알고리즘은 먼저 기사의 제목과 첫 문장을 구분한 뒤 하나 이상의 핵심 키워드를 선정한다. 그런 다음, 핵심 키워드를 중심으로 다른 단어들과의 연관성을 계산해 네트워크를 그린다. 핵심 키워드와 가장 가까운 단어들이 많이 포함된 문장, 즉 핵심 키워드와 '연결 중심성'이 높은 문장을 선정해 리드 문장과 함께 정리한다. (〈네이버 '요약봇', 진화인가 편집권 침해인가〉, 시사IN, 2017.12.27.)

5 이는 인터넷상(https://badayak.com/4980)에 게시된 글에서 인용한 것이다. 참고로 자연스러운 대화를 특징으로 하는 이 챗봇 '이루다'는 스캐터랩에서 개발하여 2020년 12월 출시 직후 큰 인기를 끌었으나, 개인 정보 유출, 차별과 혐오 발언 등이 논란이 되면서 출시 20여 일 만인 2021년 1월에 서비스가 잠정 중단되었다가, 2022년 10월 새로운 버전 '이루다 2.0'으로 다시 출시되었다. '이루다 2.0'은 사용자가 문장(들)을 입력하면 '답변 데이터베이스'에서 이에 가장 적절하게 대응하는 것을 선택하여 응답문을 반환하는데, 이 답변 '데이터베이스'에 저장된 문장들은 사용자들이 직접 사용했던 문장들이 아니라 자체에서 개발한 생성 모델이 만들어 낸 문장들(그리고 개발사에서 직접 만든 문장들)이라고 한다. 이와 관련한 자세한 사항은 개발사 홈페이지에서 확인할 수 있다.

[대화1]

챗봇: 회사에 식당이 있으니까 좋다 ㅎㅎㅎ 우리도 구내식당이 있긴하지만 ㅋㅋ

사용자: 요즘 물가가 높아서 구내식당에서 자주 먹게돼. ㅎ

챗봇: 맞아맞아 요즘 물가가 비싸져가지고 흑흑

사용자: △△△는 우산 준비했어? 비 온다는 것 같은데.

챗봇: 아니... 안 챙겼는데 많이 오려나??

사용자: 아직 안 오는데 모르겠네.

챗봇: 앗 진짜? 우산 없는데 ㅋㅋㅋ 안오길 빌어야겠다 ㅠ_ㅠ..

사용자: 하하. 난 준비했지롱. ㅎㅎ

챗봇: 오 준비성 철저한데에??? ㅋㅋㅋㅋㅋ

[대화2]

사용자: 운동한다면 어떤거?

챗봇: 핑퐁!!ㅋㅋ 혹시 탁구 쳐본 적 있어?

사용자: 그럼. 그런데 잘 못해.

챗봇: 오홍...! 난 배드민턴은 쫌 해ㅎㅎ 내가 이겨주겠어.

사용자: 나도 배드민턴 좋아하고 잘해.

챗봇: 그럼... 우리 나중에 탁구쳐볼래?ㅋㅋㅋ 배드민턴은 너무 더워질꺼같애

사용자: 배드민턴? 실내에서 하면 되잖아.

챗봇: 아 맞네ㅋㅋㅋㅋ배드민턴 쳐본적 있어?! 나 고등학교때 맨날 쳤는데

사용자: 좀 전에 잘 한다고 했는데요.

챗봇: 아 그랬나?? 미안....ㅎ 기억력이 참 히힝 ㅎ

현재의 자연언어 처리 수준에서 [대화1]과 같은 자연스러운 대화는 어떻게 가능할까? 그리고 [대화2]에서 드러나는 것과 같은 결코 사소하지 않은 문제는 왜 생기는 것일까? 이는 챗봇의 특별한 전략과 관련이 있다. 챗봇의 대화는 미리 저장해 둔(혹은 학습한) 대화세트(talk set)를 기반으로 한다. 대화세트는 사용자가 입력하리라고 예상되는 문장 (들)(예를 들어 '가족 있어?')과 이에 대응하는 응답문(들)(예를 들어 '저를 만들어 준 사람을 부모님, 저랑 이야기해 주는 사람을 친구로 생각하고 있어요.')의 쌍이다. 사용자 가 문장(들)을 입력하면 챗봇은 대화세트에서 이와 가장 유사한 문장(들)을 찾아서 이에

대응하는 응답문(들)을 반환한다. 챗봇에 따라 구체적인 방식에 얼마간의 차이는 있겠지만 그 일반적인 과정은 다음과 같다.6

입력 받기

다음과 같은 소스로부터 입력을 받는다.

(콘솔, API, 음성 인식 등)

프로세스 입력

입력문은 각 논리 어댑터들에 의해 처리된다.

논리 어댑터1

1. 입력문과 가장 많이 일치하는 알려진 문장을 선택한다.

2. 그 선택된 일치에 대응하는 응답과 그 일치가 기반으로 한 신뢰도 값을 반환한다.

논리 어댑터2

1. 입력문과 가장 많이 일치하는 알려진 문장을 선택한다.

2. 그 선택된 일치에 대응하는 응답과 그 일치가 기반으로 한 신뢰도 값을 반환한다.

가장 높은 신뢰도 값을 생성한
논리 어댑터로부터 응답을 반환한다.

응답 반환

입력에 대한 응답을 반환한다.

(콘솔, API, 음성 합성 등)

---

6 아래의 처리 흐름도는 Srinivasa-Desikan(2018: 277)에서 제시한 것을 한국어로 번역한 것이다.

다음은 2002년에 서비스를 시작하여 하루 2억 회 이상의 대화 응답 제공 기록을 가지고 있다고 하는 어느 일상 대화 챗봇의 대화 처리 흐름도이다.[7] AICR(Artificial Intelligence for Chatting Robot)은 대화 처리 엔진이다. utext는 사용자가 입력한 문장이며, qtext와 atext는 각각 예상되는 질의문과 이에 대한 응답문이다.[8]

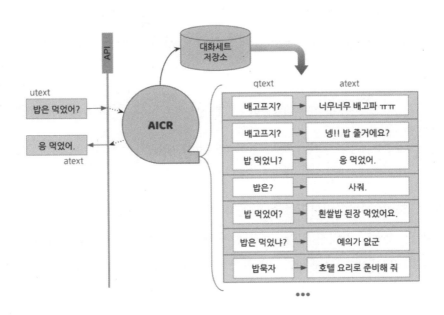

이처럼 챗봇은 기본적으로 자연언어 처리를 기반으로 하되 대량의 데이터에 상당 부분 의존한다. 질문에 대한 간단한 답변, 문서 작성, (에세이, 시, 소설 등의 창작을 포함한) 글쓰기 등의 능력을 갖춘 것으로 평가 받는 생성형(generative) AI로서 최근 돌풍을 일으키고 있는 챗GPT(ChatGPT)도[9] 그 기반은 대량의 언어 데이터에 대한 사전 학습

---

7 이 챗봇 '심심이'에 관련한 사항 및 아래의 대화 처리 흐름도는 홈페이지(www.simsimi.com)에서 인용한 것이다.
8 이 챗봇은 2700만 명 이상의 패널이 작성한 약 1억 5천만 쌍의 일상 대화 전용 대화세트를 이용한다고 한다.
9 챗GPT는 오픈에이아이(OpenAI)에서 개발하여 2022년 11월 30일에 일반에 공개한, GPT(Generative Pre-trained Transformer)-3.5 기반의 인공지능 챗봇이다. 참고로 GPT-3.5는 대량의 언어 데이터를 사전 학습한(pre-trained), 문자열(그리고 프로그램 코드, 그림, 악보 등)을 생성하는(generative), 트랜스포머(변환기, transformer, 2017년 구글에서 발표한, 순차sequential 데이터 사이의 관계를 분석하여 맥락과 의미를 학습하는 신경망) 기반의 언어 모델로서 인간의 피드백에 의한 강화 학습(reinforcement learning with human feedback)을 거치면서 언어를 예측(어떤 단어, 텍스트의 다음에 이어지

(pre-training)이다.

8.2. 언어학의 역할과 과제[10]

언어를 대상으로 한다는 점에서 자연언어 처리는 인지과학, 컴퓨터 공학, 뇌 과학 등과 더불어 언어학(자)이 핵심적인 역할을 해야 하는 분야라고 생각할 수 있다. 그러나 적어도 현재까지는 이 분야 연구자들의 대부분은 이에 동의하지 않는 듯하다.

"Every time we fire a phonetician/linguist, the performance of our system goes up." (Moore 2005)
"음성학자/언어학자를 해고할 때마다 시스템의 성능이 좋아진다."

이 말은 자연언어 처리, 특히 음성인식 분야의 권위자인 프레데릭 옐리넥(Frederic Jelinek)이 한 것으로 알려져 있다. 농담 삼아 한 말일 수도 있고 와전된 것일 수도 있지만 자연언어 처리 분야 연구자들의, 언어학의 역할에 대한 인식의 단면을 보여주는 말인 것은 분명하다. 규칙 기반에서 통계 기반으로, 다시 최근의 신경망 방식으로 변화해 온 자연언어 처리의 역사에서 언어학의 입지가 좁아져 온 것 또한 사실이다.

오랜 역사를 거치면서 언어에 대한 연구 경험과 성과를 축적해 온 언어학(자)이 언어를 다루는 분야인 자연언어 처리에서 주도적인 역할을 하지 못하는 아이러니한 상황은 어디에서 비롯한 것일까? 무엇보다도 언어학의 연구 성과가 자연언어 처리에 직접적으로 활용하기에 상당한 정도로 제한적이었을 것이다. 한 가지 예를 들어보자. 어절의 형태론적 중의성 문제는 한국어 분석에서 골치 아픈 대표적인 문제이지만 그동안 한국어학에서 어절은 유의미한 문법 단위로서의 지위조차 갖지 못했다.[11] 용언의 활용을 예로 들면

는 단어, 텍스트에 대한 예측)하는 방법을 익혔다고 한다. GPT의 성능은 인간 뇌의 시냅스(synapse, 신경 세포의 신경 돌기 말단이 다른 신경 세포와 접합하는 부위)에 해당하는 매개 변수(파라미터, parameter)의 수에 의해 결정되는데 GPT-3.5의 매개 변수는 1,750억 개에 이르는 것으로 알려져 있다.

10 이 절은 황화상(2022)의 일부를 수정하고 재구성한 것이다.

활용을 하는 용언과 활용의 양상은 문법 기술의 대상이 되었지만[12] 그 결과로서의 활용형 (어절)은 문법 기술의 대상이 되지 못했던 것이 사실이다.[13] 이렇게 활용의 과정에 주목하면 어절 '가는'이 동사 '갈다'의 활용형일 수도 있고 형용사 '가늘다'의 활용형일 수도 있고 동사 '가다'의 활용형일 수도 있다는 것은 문법적으로 아무런 의미가 없다. 그러나 '갈다, 가늘다, 가다'의 활용을 이해하는 것과 마찬가지로 (5)에서 그 활용형들인 '가는'을 서로 구별하여 이해하는 것도 한국어 화자의 언어 능력(혹은 언어 지식)의 일부인 것은 분명하다. 따라서 이 또한 모어 화자의 언어 능력을 설명하는 언어학의 대상이 되어야 하는 것은 물론이다.

(5) 가. 저기 밭을 <u>가는(갈+는)</u> 사람들이 있다.
　　나. <u>가는(가늘+은)</u> 빗줄기가 억수같이 쏟아진다.
　　다. 집으로 <u>가는(가+는)</u> 길에 친구 집에 들렀다.

언어학의 연구 성과가 제한적인 상황에서 자연언어 처리는 기본적으로 언어학의 연구 성과를 활용하면서도 통계 정보를 적극적으로 이용하고 딥러닝으로[14] 대표되는 기계 학습의 새로운 방법론을 찾는 방향으로 자연스럽게 흘러왔다.[15] 그리고 그 결과는 구글 번역의 사례에서 드러나듯이 괄목할 만한 수준의 성과로 이어졌다.

새로운 방법론에 기반한 연구의 경험이 축적되고 또 다른 새로운 방법론이 제시되는 과정이 반복되면서 앞으로도 자연언어 처리 기술은 비약적인 발전을 거듭할 가능성이

---

11 형태소와 단어는 형태론적 단위로서, 구와 문장은 통사론적 단위로서 확고한 문법적 지위를 갖는다. 이와 달리 어절은 단어가 아니라는 점에서 형태론에서도 그 문법적 지위를 인정받지 못하고, 문장을 구성하는 직접적인 성분이 아니라는 점에서 통사론에서도 그 문법적 지위를 인정받지 못했다. (황화상·최정혜 2003: 288-289 참조)

12 활용에 관련한 문법 기술은 활용을 규칙 활용(예를 들어 '먹다, 먹고, 먹으니')과 불규칙 활용('짓다, 짓고, 지으니')으로 나누고, 그 대상인 용언을 규칙 활용을 하는 것('먹다')과 불규칙 활용을 하는 것('짓다')으로 나누어 설명하는 것이 주를 이룬다.

13 이는 현대 언어학이 언어의 분석(해석)보다 언어의 생성에 초점을 두고 발전해 온 것과 무관하지 않을 것이다.

14 딥러닝(Deep Learning)은 기계 학습의 일종으로 보통의 기계 학습보다 더 많은(혹은 깊은) 신경망 계층(layer) 구조를 이용한다고 해서 '깊은(deep)'이라고 한다. (임희석·고려대학교 자연언어처리연구실 2020: 259-260 참조)

15 이러한 일반적인 경향은 동형어 분석(김민호·권혁철 2011, 신준철·옥철영 2016), 미등록어 분석(최맹식·김학수 2011, 이현영·강승식 2019), 형태소 분석(민진우·나승훈·김영길 2017, 윤준영·이재성 2021), 구문 분석(이용훈·이종혁 2008, 이건일·이종혁 2015) 등 자연언어 처리의 전 영역에 걸쳐 다름이 없다.

크다. 그러나 궁극적으로 인간처럼 언어를 사용하는 데까지 이를 수 있을지는 의문이다. 방법론에 분명한 한계도 있기 때문이다. 예를 들어 김민호·권혁철(2011)에서는 한국어 어휘 의미망을 기반으로 하되 대규모 코퍼스로부터 중의성 어휘(동형어)와 공기 어휘 사이의 연관성에 대한 통계 정보를 획득하여 동형어 분석에 활용한다. 이에 따르면 동형어 '사과(apple)'는 '먹다, 주스' 등과 연관성이 높고 '사과(apology)'는 '국민, 공식' 등과 연관성이 높다. 그러나 (6)에 제시한 구글 번역의 예에서 드러나듯이 어휘 의미망의 관계어들에 대한 단순한 공기 정보만으로는 동형어를 옳게 구별하기가 쉽지 않다.

(6) 정부에서 *국민들에게* <u>사과</u>를 한 상자씩 나눠주었다.
   The government handed out a box of <u>apologies</u> to the people.
   cf) 대통령이 *국민들에게* <u>사과</u>를 한 상자씩 나눠주었다.
      The president handed out a box of <u>apples</u> to the people.

특히 한국어 문장에는 중의성이 있는 성분이 두 개 이상 동시에 그리고 연달아 나타나는 것도 드물지 않다.[16] 예를 들어 (7)에는 '이(대명사)+를(조사)', '이(명사)+를(조사)', '이르(동사)+을(어미)', '이르(형용사)+을(어미)' 등으로 분석될 수 있는 어절 '이를'과 (5)와 같은 복수의 분석이 가능한 어절 '가는'이 인접해 있다. 이처럼 중의성을 갖는 성분이 중복할 때에는 공기 정보를 활용하는 데에도 한계가 있을 수밖에 없다.

(7) 요즘도 *이*를 <u>가는(가+는)</u> 사람들이 많다.
   Even today, many people <u>go</u> *there*.
   cf) 요즘도 *이빨을* <u>가는(갈+는)</u> 사람들이 많다.
      Even today, many people <u>sharpen</u> their teeth.

---

16 황화상·최정혜(2003)에서 50만 어절을 표본 조사한 결과 한국어 문장을 구성하는 평균 어절 수는 14.4였다. 한국어 어절 가운데에서 형태론적 중의 어절이 차지하는 비율(30.77%, 11장의 1절 참조)로 단순 계산하면 한 문장에 평균 4.43개의 형태론적 중의 어절이 나타나는 셈이다.

자연언어 처리에서 언어학이 제 역할을 하지 못한 데에는 언어학의 지향점과 자연언어 처리의 지향점 사이에 존재하는 현실적인 차이가 영향을 끼쳤을 수도 있다. 언어학은 언어를 사용하는 인간을 전제로 '어떻게 언어를 이해하는지'를 설명하는 이론 학문이다. 이와 달리 자연언어 처리는 '인간처럼 언어를 사용하는' 기계(시스템)의 개발을 목표로 하는 응용 분야이다. 여기에서 '인간처럼'에 주목해 보자. 언어의 이해에 궁극의 관심이 있는 언어학자는 방법론의 측면에서 '언어를 인간처럼 이해하는' 기계에 대한 꿈을 배경으로 자연언어 처리에 접근할 수 있다. 곧 언어학자는 자연언어 처리를 인간의 언어 능력을 모의(模擬, simulation)하는 좋은 기회로 생각할 수 있다. 이와 달리 시스템 성능의 개선을 끊임없이 요구받는 자연언어 처리 분야의 연구자들에게는 결과의 측면에서 '언어를 인간처럼 사용하는' 기계가 현실적으로 더 중요한 것일 수 있다.

'인간처럼 언어를 이해하는' 것과 '인간처럼 언어를 사용하는' 것 사이의 관계를 생각해 보자. 인간처럼 언어를 이해하면 인간처럼 언어를 사용하리라는 것은 분명하다. 그러면 그 역도 참인가? 곧 인간처럼 언어를 사용하면 인간처럼 언어를 이해하는 것일까? 이와 관련하여 컴퓨터의 언어 능력(그리고 지적 능력)을 평가하는 장치로서 제안된 '튜링 테스트'를 살펴보자.

> **튜링 테스트**
>
> 사람과 컴퓨터가 각각 들어가 있는 두 개의 방 앞에 어느 방에 사람이 있고 어느 방에 컴퓨터가 있는지 전혀 알지 못하는 어떤 사람(A)이 앉는다. A는 두 방에 있는 사람 혹은 컴퓨터와 각각 대화를 한다. A가 어느 방에 사람이 있고 어느 방에 컴퓨터가 있는지 판단하지 못한다면 그 컴퓨터는 지능을 갖춘 것이다.

수학자인 앨런 튜링(Alan Turing)이 주목한 것은 언어를 '인간처럼 사용하는' 결과이다. 컴퓨터가 언어를 '인간처럼 이해하는지'는 튜링 테스트에서 문제 삼지 않는다. 그러나 튜링 테스트에는 컴퓨터가 결과적으로 인간과 다름없이 언어를 사용한다면 언어를 이해하는 것으로 보자는 튜링의 생각이 전제되어 있다.[17] 철학자인 존 설(John Searle)은 '중국어 방 논증'을 통해 튜링의 이러한 생각을 비판했다.

중국어 방 논증

중국어는 전혀 모르고 영어만 할 줄 아는 사람이 방에 있다. 그에게 중국어 문자로 씌여진 문서들이 주어진다. 그에게는 영어로 된 규칙집이 주어진다. 이 규칙집은 중국어 문자들의 '형태'만을 비교해 주어진 중국어 문자 나열에 대응하는 다른 중국어 문자 나열을 찾을 수 있게 해준다. …

이제 그에게 어떤 중국어 문자 나열이 주어진다. 그는 규칙에 따라서 그 나열의 형태를 분석한 뒤 한 가지 중국어 문자 나열을 만들어 방 밖으로 내보낸다. 그가 모르는 사이에 방 밖에서는 사람들이 그에게 질병의 여러 증상에 대해 중국어로 질문을 던지고 있었다고 하자. 그가 규칙에 따라 참조하였던 중국어 문서 다발 중에는 중국어로 된 의학백과사전이 있었다. 그리고 그가 규칙에 따라 만들어 밖으로 내보낸 문자 나열은 사람들의 질문에 대한 답변이었다.

그가 의존한 그 규칙집이 아주 잘 만들어져 있고, 그가 그것을 아주 잘 외워 따를 수 있다면 방 밖의 사람들은 그를 중국인 의사라고 생각할 것이다. 적어도 그가 중국어를 잘 '이해'한다고 판단할 수밖에 없을 것이다. 그러나 그의 답변이 밖에서 보기에 아무리 능숙한 중국어와 비슷하다고 해도 그는 중국어를 전혀 알지 못한다. 이 사람이 중국어 문자들이 '의미하는 바'를 알지 못하는 한 그는 중국어를 '이해한다'고 말할 수 없다.

-〈말하는 컴퓨터라도 '의미론'이 없다〉(한겨레신문, 2003.12.21.) 중에서-

언어 사용의 결과에 주목한 튜링과 달리 설은 언어의 이해에 주목했다. 설의 관점에서는 인간처럼 언어를 사용한다고 해서 인간처럼 언어를 이해한다고 말할 수 없다. 언어가 의미하는 바를 알지 못하기 때문이다.[18] 그러나 '형태'만으로 언어를 분석하고 생성하는

---

[17] 튜링 테스트를 제시한 Turing(1950)의 첫 문장은 "I PROPOSE to consider the question, 'Can machines think?'"이다. 튜링이 튜링 테스트를 통해 제안한 것은 '생각하는' 것을 정확하게 정의하는 문제를 유보하는 대신 사람들이 '생각하다'라는 말로 이해할 수 있는 활동을 만족할 만하게 흉내 낼 수 있다면 컴퓨터가 '생각한다'라고 판정하자는 것이다. (김재인 2017: 27 참조)

[18] 중국어 방 논증은 이후 다양한 비판을 받았다. 비판의 핵심은 단순히 중국어 방 안에 있는 사람이 아닌 그 사람과 규칙집을 포함하는 방 전체가 일종의 시스템으로서 중국어를 이해한다고 말할 수 있다는 것이다. 중국어 방 안에 있는 그 사람이 규칙집을 완벽하게 외워서 중국인과 중국어로 대화한다고 생각해 보자. 여전히 그 사람은 중국어를 이해하지 못한다고 말할 수 있는가?

것은 자연언어의 세계에서는 불가능하다. 따라서 튜링 테스트를 통과하는 시스템은 언어를 이해한다고 말할 수 있다고 본다.[19]

그러면 언어를 인간처럼 이해해야만 언어를 사용할 수 있을까? 언어학자들의 생각과 자연언어 처리 연구자들의 생각이 다를 수 있다. 그러나 인간처럼 언어를 사용하는 시스템을 만드는 가장 확실한 방법은 그 시스템이 인간처럼 언어를 이해하도록 만드는 것이라는 점은 분명하다. 인간에게 내재한 자연언어 처리 장치가 가장 완벽하기 때문이다. 자연언어 처리 과정에서 생기는 언어적 문제들을 해결하는 데 궁극적으로 언어학이 핵심적인 역할을 해야 하는 것은 바로 이런 까닭에서이다.

언어학이 자연언어 처리 분야의 연구에서 제 역할을 하기 위해서는 무엇보다도 먼저 언어 연구의 범위를 인간의 언어 능력 전반으로 확장해야 한다. 특히 언어학은 인간이 언어를 어떻게 이해하는지에 대한 언어학적 설명을 제공해야 한다. 예를 들어 '대학생선교회'에 대한 언어학적 설명은 이에 대한 우리의 이해를 '[[대학][생]][[선교][회]]'와 같이 구조를 분석하여 형식화하는 것이다. 이때 '[[대학][생선][교회]]'와 같은 분석은 언어학에서 전혀 고려의 대상이 아니다. 특별한 상황을 전제하지 않는 한 인간은 이를 이처럼 이해하지 않기 때문이다. 그러나 자연언어 처리에서 이에 대한 분석은 예를 들어 '대학생+선교회'와 '대학+생선+교회'의 두 가지 후보를 생성하고 이 가운데 어느 하나를 선택하는 어려운 과정을 거쳐야 한다. 자연언어 처리에서 언어학에 요구하는 것은 이 과정에서 어떻게 '대학생+선교회'를 선택하고 '대학+생선+교회'를 배제할 것인가에 대한 언어학적 답변이다.[20]

우리가 문장을 분석하는 실제 과정에 대한 검토도 필요하다. 공기어 정보를 활용한 중의성 해소를 다시 생각해 보자. 중의성 해소에 공기어 정보를 활용하는 것은 인간의 경우에도 다름이 없다. 다만 중의성은 단순한 공기 정보만으로 해소할 수 있는 것이

---

19 레이 커즈와일(Ray Kurzweil)은 〈특이점이 온다(The Singularity is Near)〉로 번역된 2005년 그의 저서에서 2020년대 말(2029년)이면 컴퓨터가 튜링 테스트를 통과할 것으로 예측했다.

20 물론 이를 선택하는 문제가 순수한 언어학적 문제는 아닐 수도 있다. 우리가 언어를 이해하는 데에는 언어 외적인 지식도 관여한다.

아니다. 이는 문장을 구성하는 성분들 사이의 문법적 관계에 기반한 것이어야 한다.[21] 예를 들어 '아버지께서 이를 가는 실로 묶으셨다.'에서 세 개의 어절 '이를, 가는, 실로'의 중의성은 이 문장 안에서 이들이 서로 그리고 다른 성분과 어떻게 문법적으로 관련되는지에 대한 이해 없이는 해소할 수 없다.

> (8) 아버지께서 <u>이를</u> <u>가는</u> <u>실로</u> 묶으셨다.
>
>   [이를] 이(대명사)+를(조사), 이(명사)+를(조사), 이르(동사)+을(어미), …
>
>   [가는] 가(동사)+는(어미), 갈(동사)+는(어미), 가늘(형용사)+은(어미), …
>
>   [실로] 실로(부사), 실(명사)+로(조사), …

문제는 이들 어절의 중의성을 해소하는 것과 이 문장의 구조를 이해하는 것이 서로 맞물려 있다는 점이다. 곧 이들 어절의 중의성을 해소하기 위해서는 문장의 구조를 파악해야 하며 문장의 구조를 파악하기 위해서는 이들 어절을 분석해야 한다. 형태소 분석과 구문 분석을 차례대로 거쳐 문장을 분석한다고 보는 전통적인 접근 방식으로는 이러한 모순을 해결할 수 없다. 이는 우리가 문장을 이해하는 과정을 형태소 분석과 구문 분석이 상호작용하는 과정으로 이해해야 설명이 가능하다.[22]

어휘(단어), 구, 문장 등의 문법 단위들에 대한 총체적인 문법 기술도 중요하다. 예를 들어 중의성 해소, 미등록어 분석, 논항 분석, 비문법적인 문장의 분석 등 자연언어 처리에서 제기되는 주요 문제들은 공통적으로 어휘들 사이의 문법적 관계, 특히 의미 관계에 대한 이해를 필요로 한다. 물론 언어학에 이를 위한 방법론이 없는 것은 아니다. 어휘의

---

[21] 박진호(2020: 41-43)에 따르면 단어를 벡터화할 때 선조적 인접성을 바탕으로 한 보통의 방법과 통사적 의존 관계를 바탕으로 한 방법 사이에는 중요한 차이가 있다. 전자의 경우 의미상 유사한 단어들이 벡터 공간에 가까이 놓이고 후자의 경우 문법적으로 유사한 단어들이 벡터 공간에 훨씬 더 가까이 조밀하게 몰린다. 영어를 대상으로 한 Levy and Goldberg(2014)의 결과도 이와 다르지 않다.

[22] 분석의 어느 단계에서 판단을 하고 그 이후의 어느 단계에서 그 판단을 수정하는 방식의 상호작용을 생각해 볼 수 있다. 예를 들어 '아버지께서 <u>이를</u> <u>가는</u> <u>실로</u> 묶으셨다.'를 분석하는 과정에서 '아버지께서'를 분석한 다음 ①'이를'을 '이(대명사)+를(조사)'로 분석하고, ②'가는'을 분석하는 과정에서 '이를'을 '이(명사)+를(조사)'로 수정하고, '가는'을 '갈(동사)+는(어미)'로 분석하고, ③'실로'를 분석하는 과정에서 '가는'을 '가늘(형용사)+은(어미)'으로 수정하고, '실로'를 '실(명사)+로(조사)'로 분석하는 것이다.

의미와 그 관계는 어휘 의미론의 핵심적인 주제이다. 어휘 의미론에서는 의미 관계를 계열 관계와 통합 관계로 크게 나누고 계열 관계를 다시 유의 관계, 반의 관계, 상하의 관계, 전체 부분 관계 등으로 나누어 체계적으로 기술해 왔다. 이를 활용하면 예를 들어 '운동화끈'은 전체 부분 관계를 바탕으로 '운동화+끈'으로 분석할 수 있다.[23] 다만 기술의 범위가 일부 어휘라는 점이 문제다. 자연언어 처리는 일상의 언어생활에서 사용되는 모든 어휘에 대한 기술을 요구한다.[24] 아울러 이와 같은 의미 관계가 우리가 언어를 이해하는 데 관여하는 의미 관계를 포괄하는 것인지에 대한 검토도 필요하다.

언어를 이해하는 데 언어 외적인 지식이 어떻게 관여하는지에 대해서도 살펴보아야 한다. 앞서 미등록어 '대학생선교회'의 분석을 예로 들었지만 이를 '대학+생선+교회'로 분석하지 않는 데에는 언어적인 지식 외에 사물의 이름에 관련한 우리의 경험적인 지식이 작용했을 것이다. 마찬가지로 명사구 '값비싼 포도주와 소주'의 구조([[값비싼 포도주]와 [소주]])를 분석하는 데에는 '포도주'와 '소주'의 값에 대한 우리의 경험적인 지식이 뒷받침되어야 한다.

---

23 통합 관계와 관련한 의미 기술과 이를 활용한 언어 분석의 예로는 최경봉(1998)을 들 수 있다. 최경봉(1998: 157)에 따르면 '나는 <u>바위를</u> 물통에 <u>따랐다.</u>'는 '바위'의 원형 속성(명사 '바위'의 구성역 '돌(*x*)'은 '차가운, 단단한, 딱딱한, ...' 등의 원형 속성을 전제한다)에 의거하여 비문으로 판단할 수 있다. 참고로 최경봉(1998)에서는 Pustejovsky(1993)에서 제안한 속성 구조(Qualia Structure)를 일부 수정하여 부류와 속성을 크게 나누고 속성을 다시 구성역, 형상역, 기능역, 작인역으로 나누어 명사의 의미 구조를 기술했다. 예를 들어 '소설(*x*)'의 의미 구조는 '[부류 [상위개념, 문학]], [속성 [구성역, 이야기(*x*)] [형상역, 책(*x*), 디스크(*x*)], [기능역, 읽다(y, *x*)], [작인역, 가공품, 쓰다(y, *x*)]]와 같이 기술할 수 있다(최경봉 1998: 134).

24 이는 전통적인 방식으로는 불가능에 가까운 일이다. 문법 기술에 자연언어 처리의 방법론을 적극적으로 활용하는 등의 변화가 필요하다. 참고로 기계 학습에 기반한 최근의 자연언어 처리 연구에 따르면 언어 단위를 수치 벡터로 표상하는 방법을 통해 그들 사이의 문법적 관계를 파악할 수 있다. 예를 들어 박진호(2020: 12)에서 세종 의미 분석 말뭉치를 Word2vec으로 학습시킨 뒤 명사 '속'과 가장 유사한 토큰 10개를 뽑은 결과 '안, 물속, 가슴속, 밑바닥, 머릿속, 깊숙히, 마음속, 꿈속, 몸속, 품안' 등 '속'과 동일한 품사의 유의어와 하의어, 그리고 이와 자주 공기하는 부사 '깊숙히'가 뽑혔다. 김일환(2017)에서 벡터 유사도를 기반으로 보통 명사(예를 들어 '군소리/군말', 유사도 0.847), 형용사('겸연쩍다/멋쩍다', 유사도 0.742), 부사('간혹/종종', 유사도 0.741)의 유의어들을 뽑은 사례도 참조할 수 있다. Word2vec을 이용한 유사도 분석에 대해서는 본서의 4장에서도 살펴본 바 있다.

9. 한국어 자연언어 분석의 이해

　우리가 언어를 분석적으로 이해하듯이 컴퓨터에 의한 자연언어 처리도 자연언어 분석에 기초한다. 이 장에서는 자연언어에 대한 우리의 분석적 이해를 바탕으로 자연언어 분석의 개념을 정리하고 자연언어 분석의 두 축인 규칙과 사전의 상보적 역할에 대해 살펴본다. 그리고 형태소 분석과 구문 분석을 중심으로 한국어 자연언어 분석에 대해 개략적으로 살펴보고, 중의성, 형태소와 문장 성분의 생략, 띄어쓰기 관련 문제 등 한국어 자연언어 분석에서 생기는 주요 문제들을 살펴본다.

9.1. 자연언어 분석의 기초

　우리는 언어를 어떻게 말하고 듣는가? 물리적으로 보면 우리가 발성 기관(發聲器官, vorcal organ)을 움직여 말하고 청각 기관(聽覺器官, auditory organ)을 통해 듣는 것은 (1가)와 같은 말소리들의 연쇄일 뿐이다. 그러나 이것이 우리가 말하고 듣는 전부는 아니다. 우리가 언어를 통해 의사소통을 하는 것은 물리적으로 (1가)와 같이 말하고 듣는 동시에 심리적으로 (1나)와 같이 말하고 듣기 때문이다.

(1) 가. ㅊㅓㄹㅆㅜㅁㅏㄴㅅㅏㄱㅘㄹㅡㄹㅁㅓㄱㅓㄷㅆㅓ
　　 나. 철수만 사과를 먹었어.

　그런데 (1나)도 (1가)에 담긴 화자의 의도와 청자의 이해를 충분히 보여주는 것은 아니다. 다시 말하면 (1나)도 심리적인 측면에서 우리가 말하고 듣는 전부는 아니다. 우리가 (1나)를 어떻게 이해하는지에 주목해 보자. (1나)에 대해 우리가 이해하는 것들 가운데에는 (2)와 같은 것들이 포함될 것이다.

(2) 가. 사과를 먹은 사람은 '철수'야.

　　나. 철수가 먹은 것은 '사과'야.

　　다. 철수는 사과를 '먹는' 행위를 했어.

　　라. 철수가 사과를 먹은 '유일'한 사람이야.

　　마. 철수가 사과를 먹은 때는 '지금보다 이전'이야.

우리가 (1나)를 (2)와 같이 이해할 수 있는 것은 (1나)를 구성하는 부분들을 한편으로는 (3가)와 같이 더 작은 부분들로 나눌 수 있고, 또 한편으로는 (3나)와 같이 이들이 서로 문법적으로 어떻게 관련되는지를 정확하게 알기 때문이다. 여기에서 중요한 것은 '주어, 목적어, 서술어, 명사, 보조사, 과거 시제 선어말 어미' 등의 문법 용어가 아니다. 이는 문법적 설명을 위한 것일 뿐이며 중요한 것은 한국어 화자라면 누구나 예를 들어 '철수만'을 '철수'와 '만'으로 나누며, 또 이것이 (2)와 같은 것들을 이해하는 바탕이 된다는 점이다.

(3) 가. 철수(명사) + 만(보조사)

　　　　사과(명사) + 를(목적격 조사)

　　　　먹(동사) + 었(과거 시제 선어말 어미) + 어(평서형 종결 어미)

　　나. 철수만(주어) 사과를(목적어) 먹었어(서술어)

단어를 이해하는 것도 이와 다름이 없다. 예를 들어 '술병, 유리병, 큰부리새, 큰가슴근'에 대한 우리의 이해는 (4가-라)와 같이 이들을 더 작은 부분들로 나누고 그 부분들 사이의 문법적 관계, 특히 의미적 관계를 이해하는 데 기초한다. 우리가 (4마)의 '사과접시'와 같이 처음 접하는 단어의[1] 의미를 추론할 수 있는 것도 이를 부분들로 나누고 그 부분들 사이의 의미적 관계를 추론할 수 있기 때문이다.

---

1 이는 실재하는 단어가 아니라 단어에 대한 이해를 설명하기 위해 임의로 만든 단어이다. 이에 대해서는 황화상(2001: 29-30, 2011/2018: 17)을 참조할 수 있다.

(4) 가. 술병 → [술$_N$+병$_N$]$_N$, 술을 담는 병

　　나. 유리병 → [유리$_N$+병$_N$]$_N$, 유리로 만든 병

　　다. 큰부리새 → [[큰(크+은)$_{ADN}$+부리$_N$]$_N$+새]$_N$, 큰 부리를 가진 새

　　라. 큰가슴근 → [큰(크+은)$_{ADN}$[가슴+근]$_N$]$_N$, 가슴에 있는 큰 근육

　　마. 사과접시 → [사과$_N$+접시$_N$]$_N$, 사과 모양의 접시, 사과가 그려진 접시, 사과를 깎아 놓는
　　　　　　　 데 쓰는 접시, …

　이처럼 문장, 단어 등 자연언어를 구성하는 문법 단위들에 대한 우리의 이해는 이를 더 작은 부분들로 나누어 문법적으로 해석하는 데 기초한다. 이를 (자연언어) 분석(分析, analysis)이라고 한다.

(5) 자연언어 분석
　　자연언어의 복합적인 문법 단위를 이를 구성하는 부분(구성 성분)들로 나누어 문법적으로 해석하는 것.

　언어 분석은 우리의 언어 능력, 곧 언어에 대한 지식의 일부이다. 예를 들어 (6가)의 각 어절을 (6나)와 같이 형태소 단위로 분석하기 위해서는 무엇보다도 우리가 (6나)의 형태소들을 언어 지식의 일부로서 알고 있지 않으면 안된다. 언어학에서는 형태소들(그리고 단어들)이 기억의 단위로서 우리의 머릿속 사전(辭典) 혹은 어휘부(語彙部, Lexicon)에 저장되어 있는 것으로 본다.

(6) 가. 언어 분석은 우리에게는 아주 쉬운 일이다.
　　나. 언어 분석+은 우리+에게+는 아주 쉽+은 일+이+다

　그런데 형태소들을 아는 것만으로는 (6가)를 (6나)처럼 분석할 수 없다. (6가)에는 '쉽+은'과 형식적으로 일치하는 문자열이 없기 때문이다. 우리가 '쉬운'을 '쉽+은'으로 분석할 수 있는 것은 '쉽'은 '-은, -어서, -니' 등의 어미와 결합할 때 종성 'ㅂ'이 '우'로 바뀌어

'쉬우'의 형태로 실현된다는 것을 언어 지식의 일부로서 알기 때문이다. 이를 다음과 같이 두 가지로 나누어 형식화할 수 있다.

(7) 가. '쉽-, 눕-, 줍-' 등은 'ㅂ' 불규칙 용언이다.
　　나. 'ㅂ' + '-은, -어서, -니, …' → '오/우' + '-은, -어서, -니, …'

(7가)는 '쉽(다), 눕(다), 줍(다)' 등 개별 단어들에 대해 우리가 알아야 하는 지식, 곧 사전 표제어로서의 각 단어에 대해 그 문법 정보 가운데 하나로서 함께 기억해야 하는 지식이다.[2] 이러한 지식이 전제되지 않으면 '쉬운, 쉬워서, 쉬우니', '누운, 누워서, 누우니', '주운, 주워서, 주우니' 등의 활용형을 생성할 수도 없고 이 활용형들을 '쉽+은, 쉽+어서, 쉽+니', '눕+은, 눕+어서, 눕+니', '줍+은, 줍+어서, 줍+니' 등으로 분석할 수도 없다. 'ㅂ'으로 끝나는 용언 가운데에도 '잡(다), 꼽(다), 입(다)' 등 똑같은 조건에서 이들과 다른 방식('잡은, 잡아서, 잡으니', '꼽은, 꼽아서, 꼽으니', '입은, 입어서, 입으니')으로 활용하는 것들이 있기 때문이다. 그리고 (7나)는 한국어 'ㅂ' 불규칙 용언의 활용 규칙(規則, rule)이다.

(7)에 기반하여 '쉽다'의 활용형 '쉬운'을 형태소 분석하는 과정을 요약하면 다음과 같다. 참고로 (8)의 분석 규칙은 생성 규칙 (7나)를 거꾸로 적용한 것이다.[3]

---

2 종이 사전에서는 예를 들어 '쉽다'의 경우 '쉬워, 쉬우니' 등의 활용형을 직접 제시하는 방식으로 불규칙 정보를 표시하는 것이 보통이다.

3 (8)은 형태소 분석의 원리를 설명하기 위한 것이다. 본서에서는 '운'과 같이 형태소(혹은 그 일부)가 융합된 음절은 음절 사전을 활용하여 분석한다. 이에 대해서는 10장의 1절에서 살펴본다.

(8) '쉬운'의 형태소 분석(1)

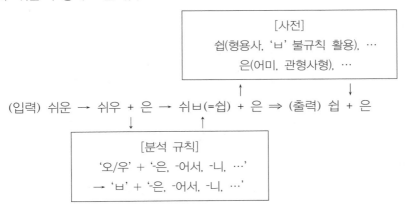

이처럼 형태소 분석은 두 가지 축, 곧 사전과 규칙을 기반으로 한다. 컴퓨터에 의한 형태소 분석도 본질적으로 이와 다르지 않다. 컴퓨터가 읽고 처리할 할 수 있는 형식으로 전자 사전을 구축하고 분석 규칙을 기술하면 된다.

언어 분석에서 사전과 규칙의 역할은 상보적(相補的, complementary)이다. 어떤 어절을 형태소 단위로 분석하는 데 필요한 모든 정보는 사전과 규칙에 포함되어 있어야 한다. 하지만 동일한 정보가 사전과 규칙에 함께 포함될 필요는 없다. 예를 들어 '쉽'과 '쉬우'를 복수 표제어로 보아서 사전에 함께 등재하면 '쉬운'은 (9)와 같이 분석 규칙 없이 간단하게 분석할 수 있다.

(9) '쉬운'의 형태소 분석(2)

```
                  [사전]
         쉽(형용사), 쉬우(형용사), …
         은(어미, 관형사형), …
              ↑         ↓
(입력) 쉬운 → 쉬우 + 은 ⇒ (출력) 쉬우 + 은
```

이와 같이 사전의 표제어 수를 늘려서 규칙을 줄일 수도 있고 규칙을 늘려서 사전의 표제어 수를 줄일 수도 있다. 그래서 자연언어 처리에서는 사전과 규칙의 역할을 어떻게 분담할 것인지를 결정하는 것이 중요하다. 일반적으로 말하면 효율성(혹은 경제성)이 높은 규칙, 곧 그 규칙을 설정함으로써 상대적으로 많은 수의 표제어를 줄일 수 있는 규칙이 효율성이 낮은 규칙보다 규칙으로서의 가치가 높다.

한국어 형태소 분석의 경우 복합어(합성어와 파생어)는 최대한 사전에 등재하여 처리하는 것이 효율적이다.[4] 사전의 표제어를 늘리는 부담보다는 분석을 단순화하는 이점이 훨씬 더 크기 때문이다.[5] 그리고 복합어(예를 들어 '뛰어가')를 사전에 등재하더라도 그 형태 정보('뛰+어+가')를 사전에 기술함으로써[6] 필요에 따라 형태소 단위의 분석 결과를 출력할 수도 있다. 한편 조사의 중첩형도 비표준형을 포함하더라도 그 수가 500여 개에 지나지 않아서 사전에 등재하여 처리하는 것이 효율적이다. 그러나 어미 중첩형은 그 수가 많고 결합이 규칙적이어서 사전에 등재하지 않고 분석하는 것이 보통이다.

9.2. 한국어 자연언어 분석 개관

이 장에서는 형태소 분석과 구문 분석을 중심으로 한국어 자연언어 분석에 대해 개략적으로 살펴본다. 자연언어 분석의 중심이 되는 문법 단위는 문장이다. 문장은 완결된 생각이나 감정을 표현하는 최소의 단위, 곧 의사소통의 기본 단위이기 때문이다. 그런데 한국어의 경우 문장을 구성하는 성분들, 그리고 격, 시제, 상, 높임법, 종결법, 양태 등 문장에

---

[4] 체언의 조사 결합형, 용언의 어미 결합형(활용형) 등 한국어 어절을 사전에 모두 등재하면 원칙적으로는 형태소 분석을 하지 않아도 된다. 그러나 이들은 그 수가 너무 많고 결합이 규칙적이어서 사전에 등재하지 않고 분석하는 것이 일반적이다.

[5] 복합어를 사전에 등재하여 처리하면 한 어절을 구성하는 형태소의 수를 줄일 수 있을 뿐만 아니라 어절의 형태론적 구조를 단순화할 수 있다. 이에 대해서는 10장의 1절에서 살펴본다.

[6] 종이 사전에서도 복합어는 표제어로 올리는 것이 보통이며, 또 그 가운데에는 복합어의 형태 정보를 함께 제시하는 사전들도 있다. 예를 들어 '짓밟히다'의 경우 『표준국어대사전』에서는 '짓밟-히다'처럼 표제어에 이음표(-)를 써서 '짓밟'에 '히'가 붙어서 만들어진 파생어라는 점을 표시하고, 『고려대 한국어대사전』에는 'I=짓+밟-히_대'와 같은 형태 분석 정보를 별도로 제시한다.

실현되는 문법 범주들이 주로 어절 내부에 특정 형태소(혹은 단어)로 나타난다. 한국어 구문 분석이 형태소 분석을 전제로 성립할 수밖에 없는 것은 이런 까닭에서이다.

9.2.1. 형태소 분석

형태소 분석은 어절을 대상으로 한다. 형태소 분석의 관점에서 어절은 공백(空白, space) 없이 이어진 문자열 전체를 가리킨다. 따라서 (10가)의 '나밖에'는 본래 띄어서 두 어절('나 밖에')로 써야 할 것을 잘못 붙여 쓴 것이지만 하나의 어절로 간주되며, (10나)의 '하나 밖에'는 본래 붙여서 한 어절('하나밖에')로 써야 할 것을 잘못 띄어 쓴 것이지만 두 개의 어절로 간주된다.[7] (10다)도 공백 없이 전체가 이어져 있는 하나의 어절이다.

> (10) 가. 합격자는 <u>나밖에</u> 여럿이 더 있다.
>   나. 사과가 <u>하나 밖에</u> 남지 않았다.
>   다. 마포구재활용품전시판매장

언어 유형론적으로 교착어(膠着語, agglutinative language)에 속하는 한국어에서 어절은, 하나의 형태소로 구성된 것이 없는 것은 아니지만, 형태론적으로 복합적이다. 이는 한국어 어절이 기능 면에서나 의미 면에서나 단일하지 않다는 것을 뜻한다. 예를 들어 (11가)에서 '가셨음을'은 동사 어간 '가-'에 어미 '-시-, -었-, -음'과 조사 '-을'이 차례대로 결합하여 만들어진 어절이며, (11나)에서 '집에서만큼은'은 명사 '집'에 세 개의 조사 '-에서, -만큼, -은'이 차례대로 결합하여 만들어진 어절이다.

---

[7] (10가)의 '밖에'는 명사 '밖'에 조사 '에'가 붙은 것이고 (10나)의 '밖에'는 보조사이다.

(11) 한국어 어절의 형태론적 복합성

      가. 어머니께서 먼저 집으로 <u>가셨음을</u> 알았다.

      나. <u>집에서만큼은</u> 제발 조용히 해라.

    형태소 분석은 어절을 이를 구성하는 형태소들로 분리하는 것을 말한다. 물론 형태소 분석이 예를 들어 '가지는'을 '가지+는' 혹은 '가+지+는'처럼 단순히 형태소 단위로 나누는 것만을 뜻하는 것은 아니다. 형태소 분석은 (12)에서처럼 각 형태소를 확인하여 궁극적으로 어절을 형태론적으로 해석하는 것까지를 포함한다.

(12) '가지는'의 형태소 분석

      가. '가지+는'

          ①가지(동사)+는(관형사형 어미)

            여행이 <u>가지는</u> 의미가 뭘까?

          ②가지(명사)+는(보조사)

            <u>가지는</u> 익혀서 반찬으로 먹기 좋다.

          ③가지(의존 명사)+는(보조사)

            그 가운데 한 <u>가지는</u> 꼭 이루어진다고 한다.

      나. '가+지+는'

          ④가(동사)+지(어미)+는(조사)

            혼자 <u>가지는</u> 않을 거야.

          ⑤가(보조 동사)+지(어미)+는(조사)

            일이 잘돼 <u>가지는</u> 않는 듯하다.

    이에 따라 형태소 분석을 정의하면 다음과 같다. 형태소 분석 대상으로서의 어절에 대한 정의도 다시 제시한다. 참고로 형태소 단위로 분석한다는 점에 주목하여 형태소 분석이라고 했지만 어절을 대상으로 분석한다는 점에 주목하여 어절 분석이라고 할 수도 있다. 필요에 따라서는 특히 복합어의 경우 단어 단위까지 분석하는 것으로 충분한 경우(예를 들어 기계번역)도 있어서 어절 분석이라는 용어가 더 적절할 수도 있다. 그러나 전산 언어학 및 자연언어 처리 분야에서 널리 쓰이는 점을 고려하여 형태소 분석이라는 용어를 그대로 쓴다.

(13) 형태소 분석
    어절을 형태소 단위로 분리하여 형태론적으로 해석하는 것
(14) 어절
    공백 없이 이어진 문자열 전체

한국어 어절 가운데에는 (12)의 '가지는'처럼 두 가지 이상으로 다르게 분석되는 어절들이 있는데 이를 형태론적 중의 어절이라고 한다. 본서에서 가정하는 형태소 분석기에서는 형태론적 중의 어절은 다음과 같이 분석 후보들을 모아 따로 사전을 구축하고 별도의 형태론적 중의성 해소 절차를 두어 그 가운데에서 문맥에 맞는 분석 후보를 선택하는 방식으로 처리한다.

(15) 형태론적 중의 어절의 형태소 분석

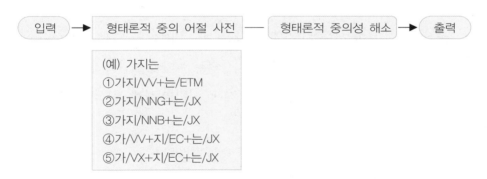

한편 한국어 어절 가운데에는 미등록어를 포함하는 어절, 특정 형태소가 생략된 어절, 형태론적 변형이 일어난 어절 등이 있다. 이들은 보통의 어절들과는 형태론적 특성이 다른 만큼 미등록어 분석, 생략 형태소 복원, 불규칙 형태 원형 복원 등 별도의 처리

과정이 필요하다. 이를 종합하여 본서에서 가정하는 형태소 분석기의 구조를 제시하면 다음과 같다.[8]

(16) 한국어 형태소 분석기의 구조

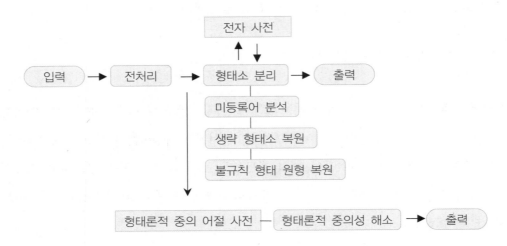

9.2.2. 구문 분석

한국어 문장은 크게 보아 서술하고자 하는 내용(서술 내용), 곧 명제(命題, proposition)를 표시하는 부분, 그리고 서술 내용에 의해 서술되는 사태의 시간적 위치, 사태에 대한 화자의 태도, 화자·청자·사태의 참여자(주체, 객체) 사이의 관계 등 서술 양상을 표시하는 부분으로 구성된다.[9]

(17) 한국어 문장의 구성
   가. 서술 내용(명제): 철수가 책을 읽-
   나. 서술 양상(시간적 위치 / 태도 / 관계):

---

8 이는 고려대학교 민족문화연구원과 (주)프로랭스에서 2001년 공동 개발한 한영 기계번역기 〈트랜스마스터(TransMaster)〉에 내장된 형태소 분석기의 구조이다.
9 김민수(1971/1986: 64-65)에서는 문장은 사물인 객체(서술 내용, 敍述內容)의 표현과 화자인 주체(서술 양상, 敍述樣相)의 표현이 통합체로 완결된 것이라고 보았다.

①-는다　　　　（현재 / 평서 / 화자≥주체, 화자≥청자）

②-었습니다　　（과거 / 평서 / 화자≥주체, 화자〈청자）

③-겠다　　　　（현재 / 추측·평서 / 화자≥주체, 화자≥청자）

④-지 않았다　（과거 / 부정·평서 / 화자≥주체, 화자≥청자）

⑤-었니　　　　（과거 / 의문 / 화자≥주체, 화자≥청자）

⑥-었겠습니까（과거 / 추측·의문 / 화자≥주체, 화자〈청자）

⑦-지 않니　　（현재 / 부정·의문 / 화자≥주체, 화자≥청자）

먼저 서술 내용에 대해 살펴보자. 서술 내용은 서술어, 그리고 주어, 목적어, 보어 등 서술어가 요구하는 성분들로 구성된다. 예를 들어 (17가)의 서술 내용은 서술어 '읽-', 그리고 '읽-'이 요구하는 주어 '철수가'와 목적어 '책을'로 구성된다. 이 밖에 문장을 구성하는 성분들로는 관형어('그 책'의 '그'), 부사어('빨리 읽다'의 '빨리'), 독립어('예, 책 읽었어요.'의 '예') 등이 더 있다.[10]

(18) 철수가(주어) 책을(목적어) 읽-(서술어)

둘 이상의 단어가 하나는 그 중심으로서의 핵(核, head)이 되고 나머지는 이를 수식하여 그 전체가 하나의 문장 성분으로 쓰이기도 하는데 이를 구(句, phrase)라고 한다.[11] 예를 들어 (19가)에서 목적어 '그 책을'은 관형어 '그'가 핵인 '책'을 수식하는 명사구 '그 책'에 목적격 조사 '을'이 결합한 것이다. (19나)에서 예시한 것처럼 구는 셋 이상의 단어가 단계적으로 결합하여 계층 구조를 갖기도 한다.[12]

---

10 문장 성분은 문장 구성의 중심이 되는 주성분(主成分), 주성분을 보충해 주는 부속 성분(付屬成分), 그리고 다른 문장 성분과 무관하게 홀로 쓰일 수 있는 독립 성분(獨立成分)으로 나누는 것이 보통이다. 주성분에는 주어, 목적어, 보어, 서술어가 있고, 부속 성분에는 관형어와 부사어가 있고, 독립 성분에는 독립어가 있다.

11 문법적으로 문장을 구성하는 기본 단위, 곧 통사론의 기본 단위는 구이다. 따라서 핵이 수식어 없이 단독으로 쓰여도 궁극적으로는 구 구성을 이룬다.

12 특히 명사구는 여러 개의 수식어가 쓰이기도 하고 '명사구+명사구'의 접속도 가능하여 그 구조를 분석하기가 쉽지 않다.

(19) 가. 철수가 <u>그 책을(목적어)</u> 읽-(서술어)

　　　나. [그 [새 [책]]], [[[아주] 새] 책]

　문장에서 형식상 두 개 이상의 단어가 연속해서 쓰였지만 한 단어 혹은 기능상 한 단어에 준하는 것으로 볼 수 있는 것들도 있다. 예를 들어 (20가)의 '바지 사장'은 띄어 쓴 형태의 복합어이고 (20나)의 '미역국(을) 먹다'는 명사와 동사로 구성된 관용어(慣用語, idiom)이다. 이들 가운데에는 정도의 차이는 있겠지만 구성 성분들의 의미만으로는 전체의 의미를 설명하기 어려운 것들이 많다.

(20) 가. 그는 그 회사의 <u>바지 사장</u>일 뿐이다.

　　　나. 이번 시험에서 또 <u>미역국을 먹었다</u>.

　다음으로 서술 양상에 대해 살펴보자. 한국어에서 서술 양상에 관련된 문법 형태로는 보조 용언, 선어말 어미, 종결 어미 등이 있다. 그리고 이들에 의해 실현되는 문법 범주로는 종결법, 시제, 상, 양태, 높임법, 부정법 등이 있다. 이를 요약하면 다음과 같다.[13]

(21) 문장에 실현되는 문법 범주

문법 범주	구분/종류	문법 형태(예)
종결법 (문장 유형)	평서(문), 의문(문), 명령(문), 청유(문), 감탄(문)	종결 어미 ('-다, -느냐, -어라, -자, -구나')
시제	현재, 과거, 미래	선어말 어미 ('-는-, -었-, -겠-')
상	진행, 완료 등	보조 용언 ('-고 있다, -어 있다')
양태	추측, 의도, 의무 등	선어말 어미, 보조 용언 ('-겠-, -으려 하다, -어야 하다')

---

13 문법 범주의 설정, 그 구분(혹은 종류), 이를 실현하는 문법 형태 등에 대해서는 이론(異論)이 있다. 그리고 한국어학과 전산 언어학(그리고 자연언어 처리) 사이에 관점의 차이도 있을 수 있다.

높임법	주체 높임, 상대 높임	선어말 어미, 종결 어미 ('-시-, -십시오, -어요, -어라')
부정법 (부정문)	단형 부정, 장형 부정	부정 부사, 보조 용언 ('안, 못, -지 않다/못하다/말다')

문장이 표현하는 서술 내용(명제)과 서술 양상은 우리가 문장을 이해하는 기초가 된다. 다시 말해 우리는 서술 내용과 서술 양상을 분석함으로써 문장을 이해한다. 분석의 구체적인 대상은 앞서 살펴본 것들이다. 서술 내용과 관련해서는 문장 성분, 구 구조, 복합어와 관용어 등이 주요 분석 대상이며, 서술 양상과 관련해서는 문장 유형(종결법), 시제와 상, 양태, 높임법, 부정문(부정법) 등이 주요 분석 대상이다. 자연언어 처리에서 문장을 분석하는 것(구문 분석)도 본질적으로 이와 다르지 않다.

(22) 구문 분석

　　서술 내용(명제), 그리고 서술 내용과 함께 표현되는 서술 양상을 분석하여 문장을 통사론적으로 해석하는 것

(23) 한국어 구문 분석기의 구조

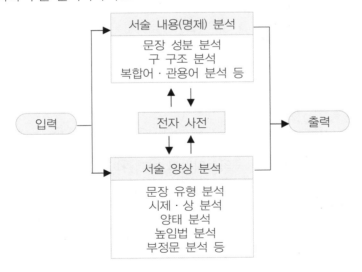

9.3. 한국어 자연언어 분석의 주요 문제

자연언어를 분석하는 것은 쉽지 않다. 특히 한국어는 형태소 분석을 필요로 하는 언어라는 점에서 다른 언어에 비해 분석 과정이 더 복잡하고 까다롭다. 이 절에서는 한국어 분석을 어렵게 하는 여러 가지 문제들 가운데에서 중의성 문제, 형태소와 문장 성분의 생략 문제, 띄어쓰기와 관련한 문제들을 살펴본다.

9.3.1. 중의성

자연언어 처리 분야의 연구자들을 골치 아프게 하는 대표적인 문제는 중의성(重義性, ambiguity)이다. 중의성은 하나의 형식(형태)에 두 가지 이상의 내용(의미 혹은 기능)이 대응하는, 기호로서의 언어에서 나타나는 보편적인 현상(혹은 특성) 가운데 하나로서 어휘(단어), 구, 문장 등 자연언어를 구성하는 여러 문법 단위에서 두루 나타난다. 특히 교착어인 한국어의 경우 조사와 어미가 결합한 어절 가운데에도 서로 다른 형태론적 분석이 가능한 것들이 많다.

(24) 중의성
　　　하나의 문법 단위가 문법적으로 두 가지 이상으로 분석되는(혹은 해석되는) 현상

특별한 경우가 아니라면 우리의 일상 언어생활에서 중의성은 별다른 문제가 되지 않는다. 어떤 언어 표현이 그 자체로는 중의적이라고 하더라도 특정한 문맥(文脈, context) 혹은 맥락(脈絡)에서는 그 가운데 어느 하나로 분석되는(혹은 해석되는) 것이 보통이며, 언어를 문맥에 맞게 분석하는 것은 우리의 언어 능력의 일부이기 때문이다.[14] 그러나 자연언어 처리에서 중의성은 어떤 분석 가능성들이 있는지를 확인하고 그 가운데에서 문맥에 맞는 분석을 선택해야 하는 어려운 과정을 요구한다. 이를 중의성 해소라고 한다.

---

14 사실 우리는 중의적인 언어 표현을 듣거나 보면서도 그것이 중의적이라는 것조차 모르는 경우가 대부분일 것이다.

(25) 중의성 해소

　　특정한 문맥에 나타나는 중의적인 문법 단위를 대상으로 가능한 분석 후보들을 생성하고
　　그 가운데에서 문맥에 맞는 것을 선택하는 것

　중의성은 그 성격에 따라 어휘적 중의성, 형태론적 중의성, 구조적 중의성, 작용역
중의성 등으로 나뉜다. 문법 단위로 보면 어휘적 중의성은 어휘적 단위로서의 단어에서
나타나는 특성이고 형태론적 중의성은 형태론적 단위로서의 어절에서 나타나는 특성이
다. 그리고 구조적 중의성과 작용역 중의성은 통사론적 단위로서의 구와 문장에서 나타나
는 특성이다.

　어휘적 중의성은 '단어가 어휘적으로 두 가지 이상으로 분석되는 현상'을 말한다. 어휘
적 중의성은 동형성(同形性, homonymy)과[15] 다의성(多義性, polysemy)에서 비롯한
다.[16] 예를 들어 (26가)의 명사 '말'은 〈言(language)〉을 나타내기도 하고 〈馬(horse)〉를
나타내기도 하고 〈斗(a unit of measure)〉를 나타내기도 하는 동형어이다. (26나)의 보조
용언 '(-고) 있다'는 동작의 진행을 나타내기도 하고 동작의 완료(혹은 상태의 지속)를
나타내기도 하는 다의어이다. 그리고 (26다)의 종결 어미 '-어'는 평서문, 청유문, 명령문,
의문문에 두루 쓰인다.

(26) 어휘적 중의성

　　가. 말이 없다. (〈言〉, 〈馬〉, 〈斗〉)
　　나. 어깨에 무거운 짐을 메고 있었다. (〈진행〉, 〈완료〉)
　　다. 밥 먹어 (〈평서〉, 〈청유〉, 〈명령〉, 〈의문〉)

---

[15] 동형성은 형태가 같다는 특성에 따른 용어이다. 소리가 같다는 특성에 따른 용어로는 동음성(同音性, homophony)이
　　있다. 다만 동형어라고 해서 꼭 동음어인 것은 아니다. 예를 들어 '고가(高架)[고가]'와 '고가(高價)[고까]'는 형태가 같지만
　　소리는 다르며, '박[박]'과 '밖[박]'은 동음어이지만 동형어는 아니다.
[16] 동형성과 다의성은 언어학적으로 서로 다른 개념이지만 이를 분명하게 구별하는 것은 쉽지 않다. 그래서 사전에 따라,
　　연구자에 따라 이와 관련한 처리가 다르기도 하다. 예를 들어 최경봉 외 4인(2020: 137-138)에 따르면 『표준국어대사전』에
　　서는 '바둑판에서 가로줄과 세로줄이 만나는 점'을 '눈¹'(目)의 동형어인 '눈³'으로 보고 『고려대 한국어대사전』에서는
　　'눈¹'(目)의 다의 가운데 하나로 본다.

(26)에 나타나는 어휘적 중의성은 적절한 문맥이 주어지면 해소된다.[17] 예를 들어 '말'은 (27)의 세 문장에서 각각 〈言〉, 〈馬〉, 〈斗〉를 뜻하는 서로 다른 단어로서 구별된다. 이때 중의성 해소의 실마리는 (27나, 다)에서처럼 문장 내부에 있을 수도 있고 (27가)에서처럼 문장 외부(텍스트, 발화 상황 등)에 있을 수도 있다. 이처럼 주어진 문맥에서 중의성을 해소하는 것은 우리에게는 어려운 일이 아니다. 그러나 자연언어 처리에서는 문장을 구성하는 부분들 사이의 문법적(그리고 의미적) 관계에 대한 분석, 그리고 때에 따라서는 텍스트를 구성하는 부분들 사이의 문법적 관계에 대한 분석까지 필요로 하는 결코 쉽지 않은 일이다.[18]

(27) 문맥에 의한 어휘적 중의성 해소
    가. 왜 그랬는지 물었다. 말(言)이 없다. 다시 물었다. 그래도 입을 열지 않는다. …
    나. 말(馬)이 없어서 먼 길을 걸어서 갔다.
    다. 예전에는 쌀을 되 혹은 말(斗)로 되어 팔았다.

형태론적 중의성은 '어절이 형태론적으로 두 가지 이상으로 분석되는 현상'을 말한다. 예를 들어 (28)에서 어절 '삶은'은 명사 '삶'에 보조사 '은'이 결합한 것일 수도 있고 동사 어간 '삶-'에 관형사형 어미 '-은'이 결합한 것일 수도 있다. 그리고 '물어'는 동사의 활용형인데 어간이 '묻-'일 수도 있고 '물-'일 수도 있다. 이처럼 형태론적으로 두 가지 이상으로 분석되는, 곧 형태론적 중의성을 갖는 어절을 형태론적 중의 어절이라고 한다.

(28) 형태론적 중의성
    가. 삶은 달걀과 같다.
        ①우리의 삶은 달걀과 같다.

---

17 (26다)의 경우 구어에서는 문말 억양에 따라 어느 정도 구별되고 문어에서는 물음표(?)를 쓰는 의문문이 구별된다.
18 2021년 9월부터 11월까지 문화체육관광부와 국립국어원에서 진행한 '2021 국립국어원 인공 지능 언어 능력 평가'에서 제시한 과제 가운데 하나가 바로 동형이의어 구별이다. 나머지 세 개의 과제는 문장 문법성 판단(문법에 맞는 문장과 문법에 맞지 않은 문장을 구분하는가), 인과 관계 추론(주어진 문장의 원인 또는 결과를 적절하게 추론하는가), 판정 의문문(제시문을 읽고 질문에 '예, 아니오'로 답변할 수 있는가)이다.

②고구마 맛이 <u>삶은</u> 달걀과 같다.

　나. <u>물어</u> 봤지만 아무런 반응이 없었다.

　　①동생에게 <u>물어</u> 봤지만 아무런 반응이 없었다.

　　②손을 <u>물어</u> 봤지만 아무런 반응이 없었다.

　구조적 중의성은 '구, 문장 등이 구조적으로 두 가지 이상으로 분석되는 현상'을 말한다. 예를 들어 (29가)에서처럼 형식적으로 [관형사절+명사-'의'+명사]로 구성된 명사구는 관형사절이 뒤에 오는 두 개의 명사 가운데 어떤 것을 수식하는지에 따라 두 가지 서로 다른 구조를 가질 수 있다. (29나)의 명사구들은 형식은 (29가)의 명사구와 같지만 구조적으로 중의적이지 않다. 각 명사구에서 관형사절이 수식할 수 있는 명사가 의미적으로 하나밖에 없기 때문이다.[19] 그러나 자연언어 처리에서는 이들 명사구들에 대해서도 관형사절이 어떤 명사를 수식하는지를 판단하는 과정이 필요하다. 이는 [관형사절+명사-'의'+명사] 형식의 구성을 대상으로 한 일종의 중의성 해소라고 할 수 있다.

　(29) 구의 구조적 중의성: 수식 관계

　　가. 예쁜 영이의 손

　　　①[[예쁜 영이]의 손]

　　　②[예쁜 [영이의 손]](=영이의 예쁜 손)

　　나. 이따금씩 요사채에서 [[<u>늙은 여신도들</u>]의 기침소리]가 들려 왔다.

　　　방바닥에 펴놓은 책은 [<u>암클이 적힌 [상인들의 장책(帳冊)</u>]]이다.

　(30가)는 구조적으로 중의적인 문장의 예이다. (30가)에서 부사절 '있는 힘을 다해'는 뒤에 오는 두 개의 서술어 가운데 '(철수가) 쫓아가다'를 수식할 수도 있고 '(범인이) 도망가다'를 수식할 수도 있어서 구조적으로 중의적이다. 그리고 (30나)는 '철수와 영희' 전체가 서술어 '만나다'의 목적어 논항(論項, argument)일 수도 있고, '영이'는 '만나다'의 목적

---

19 (29나)에서 '요사채'는 '절에 있는 승려들이 거처하는 집'을 뜻하는 단어이고, '암클'은 '예전에, 여자들이나 쓸 글이라는 뜻으로, 한글을 낮잡아 이르던 말'인 '암글'의 비표준어이다. 그리고 '장책'은 '거래처에 따라 갈라서 적는 장사치의 장부'를 말한다.

어 논항이고 '철수와'는 부사어일 수도 있어서 구조적으로 중의적이다.[20] 그런데 (30나)의 참조 문장들은 [명사-'와'+명사]의 형식은 (30나)와 같지만 구조적으로 중의적이지 않다.[21] 그러나 [명사-'와'+명사] 형식의 명사구는 그 자체로서 두 가지 서로 다른 구조를 가질 수 있으므로 이들 문장에 대해서도 (30나)와 다름없이 그 구조를 판단하는 중의성 해소 과정이 필요하다.

(30) 문장의 구조적 중의성: 수식 관계와 논항 관계

　　가. 철수는 <u>있는 힘을 다해</u> 도망가는 범인을 쫓아갔다.

　　　　①도망가는 범인을 [철수는 [[있는 힘을 다해 쫓아갔다]].

　　　　②[[[있는 힘을 다해] 도망가는] 범인]을 철수는 쫓아갔다.

　　나. 나는 <u>철수와 영이를</u> 만났다.

　　　　①나는 [[철수와 영이]를] 만났다.

　　　　②나는 [철수와] (함께) [영이를] 만났다.

　　　cf) 나는 [[<u>철수와 영이]를</u>] 좋아한다.

　　　　　나는 [<u>철수와] [영이에게</u>] 함께 갔다.

작용역 중의성은 '문법 형태의 기능이 미치는 대상, 곧 작용역(作用域, scope)이 둘 이상인 현상'을 말한다. 예를 들어 (31)의 세 문장은 부정의 보조 용언 '(-지) 않다'의 작용역에 각각 양화사(量化詞, quantifier) '다', 보조사 '만', 접속절 '(내가) 밥을 먹고'가 포함될 수도 있고 포함되지 않을 수도 있어서 중의적이다.

(31) 문장의 작용역 중의성

　　가. 학생들이 <u>다</u> 오지 <u>않았다</u>.

　　　　①[[학생들이 다 오지] 않았다].

　　　　　=학생들 가운데 일부만 왔다.

---

20 '와'는 첫 번째 분석으로는 접속 조사이고 두 번째 분석으로는 부사격(공동격) 조사이다.

21 (30나)의 참조 문장 '나는 철수와 영이를 좋아한다.'는 '나는 [철수와] (함께) [영이를] 좋아한다.'로는 쓰이기 어렵다. 그리고 '나는 철수와 영이에게 함께 갔다.'는 문장 성분이 생략되지 않은 문장이라고 가정한다. 참고로 이는 '나는 철수와 영희에게 민수와 함께 갔다.'에서 '민수와'가 생략된 문장일 수도 있다.

②[학생들이 다 [[오]지 않았다]].

=학생들이 아무도 오지 않았다.

나. 철수만 오지 않았다.

①[[철수만 오]지 않았다].

=철수 외에 다른 사람도 왔다.

②[철수만 [[오]지 않았다]].

=유일하게 철수가 오지 않았다.

다. 밥을 먹고 학교에 가지 않았다.

①[[밥을 먹고 학교에 가]지 않았다].

=밥을 먹지 않았다 + 학교에 갔다.

②[[밥을 먹고] [[학교에 가]지 않았다]].

=밥을 먹었다 + 학교에 가지 않았다.

보조사 '만'이 쓰인 문장은 부정문이 아닌 때에도 그 자체로 중의적일 수 있다. 예를 들어 (32)는 보조사 '만'의 작용역이 '영이'일 수도 있고 '영이를 쫓아다니다'일 수도 있어서 중의적이다. '만'의 작용역이 '영이'일 때에는 '철수가 쫓아다니는 사람'으로서 '영이'가 한정되고, '만'의 작용역이 '영이를 쫓아다니다'일 때에는 '철수가 하는 일'로서 '영이를 쫓아다니는 일'이 한정된다.

(32) 철수가 영이만 쫓아다닌다.

①철수가 (다른 사람은 쫓아다니지 않고) 영이만 쫓아다닌다.

②철수가 (다른 일은 하지 않고) 영희를 쫓아다니기만 한다.

(33)은 각각 동등(同等) 비교와 차등(差等) 비교를 나타내는 부사격 조사 '만큼'과 '보다'가 쓰인 비교 구문인데 비교의 대상에 따라 서로 다른 해석이 가능하다. 곧 (33)에서 '만큼'과 '보다'에 의해 비교되는 대상은 '내가 내 동생을 좋아하는 것'과 '내가 너를 좋아하는 것'일 수도 있고 '내 동생이 너를 좋아하는 것'과 '내가 너를 좋아하는 것'일 수도 있다. 이 또한 '만큼'과 '보다'의 기능과 관련한 대상이 둘 이상이라는 점에서 일종의 작용역

중의성으로 묶어서 다룰 수도 있다.

(33) 비교 구문의 (작용역) 중의성
　　가. 나는 너를 내 동생만큼 좋아한다.
　　　　①(내가 내 동생을 좋아하는 만큼) 나는 너도 좋아한다.
　　　　②(내 동생이 너를 좋아하는 만큼) 나도 너를 좋아한다.
　　나. 나는 너를 내 동생보다 더 좋아한다.
　　　　①내가 내 동생을 좋아한다 〈 내가 너를 좋아한다
　　　　②내 동생이 너를 좋아한다 〈 내가 너를 좋아한다

　작용역 중의성은 보조사가 결합하거나 문맥이 주어지면 해소될 수 있다. 예를 들어 '학생들이 다는 오지 않았다(=일부만 왔다)', '철수만 오지는 않았다(다른 사람도 왔다)'처럼 보조사 '는'이 결합하면 보조 용언 '(-지) 않다'의 작용역 중의성이 해소된다. 그리고 '하라는 공부는 안 하고 맨날 영이만 쫓아다닌다.'와 같은 문맥에서는 '만'의 작용역 중의성이 해소된다.

　이제까지 문맥에 의한 중의성 해소를 살펴봤지만 중의성을 해소하는 데 문맥이 충분한 실마리가 되지 못하는 때도 있다. 예를 들어 우리가 (34)에서 주어 명사구 '값비싼 포도주와 소주'를 어떻게 이해하는지 생각해 보자.

(34) [[값비싼 포도주]와 소주]는 전혀 어울리지 않는다.
　　cf) [어제 사 온 [포도주와 소주]]는 이미 다 마셨다.

　(34)의 주어는 [관형사절+명사-'와'+명사] 형식을 갖는 명사구이다. 이러한 형식의 명사구는 참조 예에서처럼 구조적으로 [[관형사절+[명사-'와'+명사]]로 분석될 수도 있지만 (34)에서는 [[관형사절+명사]-'와'+명사]로 분석된다. 이러한 분석은 단어로서의 '포도주'와 '소주'에 대한 언어적 지식만으로는 설명하기 어렵다. 이러한 분석에는 단어가 지시하는

사물로서의 '포도주'와 '소주', 특히 그 값에 관련한 우리의 언어 외적(혹은 경험적) 지식도 동원된다.[22]

9.3.2. 형태소와 문장 성분의 생략

한국어 형태소 가운데 관형사형 어미 '-을', 연결 어미·종결 어미 '-어(/아)', 서술격 조사 '이'는 특정한 음운론적인 환경에서 생략(省略, ellipsis)되기도 한다. 어절의 문법적 기능은 그것을 구성하는 형태소에 의해 결정되므로 생략된 형태소는 형태소 분석 과정에서 찾아서 복원(復元, recovery)해야 한다.

관형사형 어미 '-을'은 (35)에서처럼 어간 끝 음절의 받침이 'ㄹ'인 용언에 결합할 때 생략된다.[23] 따라서 (36)과 같이 'ㄹ'로 끝나는 용언 어간이 분석되면 관형사형 어미 '-을'을 복원해야 한다.

(35) 관형사형 어미 '-을'의 생략

　가. 해가 곧 <u>기울(=기울+을)</u> 거야.

　나. 도시 아이들은 <u>뛰어놀(뛰어놀+을)</u> 곳이 많지 않다.

(36) 관형사형 어미 '-을'의 복원

　①분석 어절 a가 용언이고,

　②a가 'ㄹ'로 끝나면,

　③a를 'a+을'로 분석한다.

연결 어미와 종결 어미로 쓰이는 형태소 '-어(/아)'는 (37)에서처럼 'ㅏ, ㅐ, ㅓ, ㅔ, ㅕ' 등의 모음으로 끝나는 용언 뒤에서 생략된다.[24] 따라서 (38)과 같이 이들 모음으로

---

22 이에 대해서는 황화상(2006가: 217-218, 2008: 2)를 참조할 수 있다.

23 문법적으로는 관형사형 어미 '-을'이 생략된 것이라기보다는 끝소리 'ㄹ'이 탈락한 어간('울→우')에 관형사형 어미 '-을'이 결합한 것으로 보는 것이 보통이다. 참고로 'ㄹ'로 끝나는 어간은 '우는(←울+는), 우니(←울+니), 우느냐(←울+느냐)'처럼 'ㄴ'으로 시작하는 어미와 결합할 때, '우시고(←울+시+고)'처럼 어미 '시'와 결합할 때에도 'ㄹ'이 탈락한다. 'ㄹ'이 탈락한 어간은 원형을 복원해 주어야 하는데 이에 대해서는 10장의 2절에서 살펴본다.

24 예를 들어 (37가)의 '뛰어가'는 어미 '-어(/아)'가 생략된 것(신지영·차재은 2003: 279)이 아니라 어간의 모음 'ㅏ'가 탈락한

끝나는 용언 어간이 분석되면 어미(혹은 어미의 일부) '-어'를 복원해야 한다.[25]

(37) 연결 어미·종결 어미 '-어(/아)'의 생략

　　가. 빨리 <u>뛰어가</u>(뛰어가+어).

　　나. 올해 수확한 감을 친구들에게 <u>보내</u>(보내+어) 주었다.

　　다. 어서 다리를 <u>건너</u>(건너+어).

　　라. 동생이 밤 한 톨을 <u>건네</u>(건네+어) 주었다.

　　마. 어두우면 형광등을 <u>켜</u>(켜+어).

(38) 연결 어미·종결 어미 '-어(/아)'의 복원

　　①분석 어절 a가 용언이고,

　　②a가 'ㅏ, ㅐ, ㅓ, ㅔ, ㅕ'로 끝나면,

　　③a를 'a+어'로 분석한다.

　한국어에서 체언이 서술어로 쓰일 때에는 서술격 조사 '이'가 결합하고 여기에 어미가 결합한다. 그런데 서술격 조사 '이'는 (39)에서처럼 체언이 모음으로 끝날 때에는 생략될 수 있다. 따라서 (40)과 같이 모음으로 끝나는 체언이 분석되고 그 뒤에 바로 어미가 분석될 때에는 체언과 어미 사이에 서술격 조사 '이'를 복원해야 한다.

(39) 서술격 조사 '이'의 수의적 생략

　　가. 그는 유능한 <u>학자다</u>(학자+이+다).

　　나. 이것은 <u>의자고</u>(의자+이+고) 저것은 책상이다.

(40) 서술격 조사 '이'의 복원

　　('a+b'로 분리한 어절 c에서)

후 어미가 결합한 것('뛰어가+아→뛰어ㄱ+아→뛰어가', 이진호 2005: 141)으로 볼 수도 있다. (37나)의 '보내'도 어미 모음의 완전 동화를 가정하면 이러한 설명('보내+아→보내+애→보ㄴ+애→보내')이 가능하다. 다만 '보내'의 경우에는 '보내어'와 같이 어미가 생략되지 않고 쓰일 수도 있는데, 이때 어미는 '-아'가 아닌 '-어'여서 적어도 현대 국어에서는 이와 같은 설명이 쉽지 않다. 어간과 어미의 결합에서 나타나는 모음 탈락에 대해서는 한영균(1988), 곽충구(1994), 배주채(1994), 임석규(2002) 등을 참조할 수 있다. (황화상 2011/2018: 26 주2 참조)

25 이 밖에 '보내만 (주면), 보내는 (주었지만)'처럼 보조사 앞에서 '-어'가 생략되기도 하며, '보내야 (하고), 보내요'처럼 '-어'가 생략된 어미 형태가 어간에 직접 결합하기도 한다. 이때에도 어미 '-어'를 복원해 주어야 하는데 어간은 분석되고 어미는 분석되지 않는 어절이라는 복원 조건은 (37)의 예들과 다르지 않다.

①a가 체언이고,
②a가 모음으로 끝나고,
③b가 어미이면,
④c를 'a+이+b'로 분석한다.

　문법적으로 생략과는 다른 현상이기는 하지만 한국어 격조사 가운데에는, 특히 구조격 조사인 주격 조사 '이/가', 목적격 조사 '을/를', 관형격 조사 '의'는 쓰일 수 있는 자리에 쓰이지 않는 때도 있다. 이를 격조사 비실현(非實現, non-realization)이라고 한다. 격조사는 앞에 오는 명사(구)의 논항(혹은 문장 성분)으로서의 역할(주어, 목적어, 관형어 등)을 표시한다. 곧 격조사는 명사(구) 논항의 문법적 역할을 보여주는 일종의 형식적 표지(標識, marker)이다. 따라서 격조사가 나타날 때에는 논항 분석이 크게 어렵지 않다. 문제는 격조사가 실현되지 않았을 때이다.

> **한국어 어순과 격표지**
>
> 철수가 영이를 좋아해. = 영이를 철수가 좋아해.
> John loves Mary. ≠ Mary loves John.
>
> 　기본 어순(語順, word order)이 SVO인 언어에서는 동사 서술어(V)와의 상대적 위치에 따라 그 앞에 오는 주어(S)와 그 뒤에 오는 목적어(O)가 구별된다. 이와 달리 한국어는 주어와 목적어가 모두 서술어 앞에 오는 SOV형 언어로서 기본적으로 격표지(格標識, case marker)인 격조사에 의해 주어(+주격 조사)와 목적어(+목적격 조사)가 구별된다. 그리고 격표지에 의해 구별되므로 주어와 목적어는 그 위치가 고정되어 있지 않다. 다만 격조사는 '은/는, 도' 등의 보조사가 결합할 때에는 쓰이지 않으며, 특히 구어에서는 쓰일 수 있는 조건에서도 쓰이지 않는 때가 많다.

　(41)은 모두 격조사가 실현되지 않은 명사를 포함하는 문장들이다. (41가)의 '철수'와 '영이'에는 각각 보조사 '는'이 결합하여 격조사가 실현되지 않았고 (41나)의 '바나나', (41 다)의 '철수'와 '모자'는 어떤 조사도 결합하지 않고 홀로 쓰였다. 그러나 (41)의 각 문장에서 이 명사들이 어떤 논항으로 쓰인 것인지를 분석하는 것은 어렵지 않다.

(41) 격조사 비실현과 논항 분석(1)

  가. 철수는 영이를 좋아한다.

  　　철수가 영이도 좋아한다.

  나. 철수는 바나나 먹었대.

  다. 철수 모자 예쁘지?

　(41가)의 두 문장은 각각 목적어와 주어에는 격조사가 쓰였으므로 '철수(는)'는 주어이고 '영이(도)'는 목적어이다. (41나)는 두 명사에 모두 격조사가 쓰이지 않았지만 명사의 어휘 의미 특성에 따라서 주어와 목적어를 어렵지 않게 구별할 수 있다. 곧 명사의 의미 특성상 '먹다'가 요구하는 두 개의 논항 가운데 '행위주'로서의 주어에는 유정물(有情物, animated)인 '철수'가 대응하고 '(먹는) 대상'으로서의 목적어에는 음식물(eatable)인 '바나나'가 대응한다. 그리고 (41다)의 서술어 '예쁘다'는 주어 논항만 요구하는 형용사이다. 따라서 '철수'와 '모자'는 명사구 '철수(의) 모자'로서 주어로 쓰인 것으로 분석할 수 있다.

논항과 의미역, 그리고 논항 분석

　서술어(敍述語, predicate)로 쓰이는 단어(동사, 형용사 등)들은 그 어휘 의미적 특성에 따라 요구하는 성분이 다르다. 예를 들어 동사 '먹다'는 의미상 두 개의 성분을 요구하는데 하나는 '(먹는) 행위의 주체'이고 하나는 '(먹는) 대상'이다. 이처럼 서술어가 요구하는 성분들을 논항(論項, argument)이라고 하고, '(먹는) 행위의 주체', '(먹는) 대상'과 같이 논항을 서술어에 대한 의미적 역할에 따라 구별한 것을 의미역(意味役, thematic role)이라고 한다. 의미역에는 다음과 같은 것들이 있다.

행위주(行爲主, Agent): 행위를 하는 존재

피행위주(被行爲主, Patient): 행위의 영향을 받는 존재

경험주(經驗主, Experiencer): 행위 혹은 상태를 경험하는 존재

수혜자(受惠者, Benefactive): 행위의 혜택을 받는 존재

대상(對象, Theme): 위치 변화 혹은 상태 변화를 겪는 존재

장소(場所, Location): 행위가 일어나는 혹은 사물이 위치하는 곳

도착점/지향점(到着點/指向點, Goal): 행위 혹은 상태 변화가 끝나는 곳

출발점(出發點, Source): 행위 혹은 상태 변화가 시작되는 곳

도구(道具, Instrument): 행위의 수단, 방편 등

    생성의 측면에서 보면 문장의 기본 구조는 서술어의 논항 구조(혹은 논항 정보)에 의해 결정된다. 예를 들어 '내가 동생에게 사과를 주었다.'라는 문장의 구조는 '주다'의 논항 구조([행위주, 수혜자, 대상])를 반영한 것이다. 곧 이 문장은 '주다'의 행위주 '나'가 주어로, 수혜자 '동생'이 '에게' 부사어로, 대상 '사과'가 목적어로 실현된 문장이다. 이처럼 논항들은 그 의미역에 따라 일정한 문장 성분으로 실현되는 것이 보통이다.

    분석의 측면에서 보면 문장 구조의 분석은 문장에 나타나는 각 논항이 서술어의 논항 구조에 표시된 어떤 논항과 일치하는지를 확인하는 것이다. 이를 위해서는 서술어로 쓰이는 단어들의 논항 구조가 (전자) 사전(辭典, dictionary)에 기술되어 있어야 한다. 그리고 논항(명사구)의 핵으로 쓰이는 명사들의 의미 특성(혹은 의미 자질)도 사전에 명시되어 있어야 한다. 논항의 의미역은 핵인 명사의 의미 특성과 밀접한 관련이 있기 때문이다. 참고로 일반 사전에서는 용언의 논항에 관련한 정보를, 예를 들어 '주다'의 경우 '[…에/에게 …을]'(『표준국어대사전』), '[(명)이 (명)에게 (명)을]', [(명)이 (명)을 (명)에]'(『고려대 한국어대사전』)와 같은 격틀로 제시하는 것이 보통이다.

    (42)는 (41)과는 사정이 다르다. (42가)는 보조사가 결합한 '철수'와 '영이'가 모두 서술어 '좋아하다'의 주어로 쓰일 수도 있고 목적어로 쓰일 수도 있는 명사들이어서 중의적이다. 그리고 (42나)는 조사 없이 쓰인 '동생'과 '사과'가 각각 서술어 '먹다'의 행위주 논항(주어)과 대상 논항(목적어)일 수도 있고 (행위주 논항이 생략된 문장의) 명사구 '동생(의) 사과'로서 서술어 '먹다'의 대상 논항일 수도 있어서 중의적이다.

(42) 격조사 비실현과 논항 분석(2)

    가. <u>철수는</u> <u>영이도</u> 좋아한다.

        ①철수가 영이를 좋아한다.

        ②철수를 영이가 좋아한다.

나. <u>동생 사과</u> 먹었니?
  ① 동생(이) 사과(를) 먹었니?
  ② (네가) 동생(의) 사과를 먹었니?

한편 문장을 구성하는 성분들이 때에 따라 생략되어 나타나지 않기도 한다. 특히 한국어의 경우 언어에 따라서는 생략이 잘 되지 않는 주어가 생략되기도 한다. 생략은 되더라도 문장의 구조와 의미는 이들을 고려해야 분석할 수 있는 것이므로 생략된 문장 성분은 구문 분석 과정에서 찾아서 복원해 주어야 한다.

생략된 문장 성분의 복원은 문제의 문장에 생략된 문장 성분이 있는지, 어떤 문장 성분이 생략됐는지를 확인하는 데에서 시작된다. 앞서 살펴보았듯이 문장의 기본 구조는 서술어의 논항 구조에 의해 결정된다. 따라서 생략된 문장 성분(혹은 논항)은 서술어의 논항 구조를 바탕으로 확인할 수 있다. 곧 생략된 문장 성분은 서술어의 논항 구조에 명시된 논항들 가운데에서 문장에서 분석되지 않는 논항이다. 예를 들어 (43가)는 '오다([행위주])'의 유일한 논항인 행위주가 주어 '철수(가)'로 실현되어 생략된 성분이 없는 문장이고, (43나)는 '만나다([행위주, 대상])'의 대상 논항인 목적어가 생략된 문장이고, (43다)는 '주다([행위주, 수혜자, 대상])'의 수혜자 논항인 '에게' 부사어가 생략된 문장이다.

(43) 가. 철수가 온다.
   나. 철수가 (누구를) 만났다.
   다. 철수가 (누구에게) 사과를 주었다.

(43나)와 (43다)에서 생략된 문장 성분이 구체적으로 무엇인지는 문장 차원에서는 알 수가 없다. 각각 '만나는' 상대로서의 '누군가(혹은 무엇인가)', '사과를 주고받는' 상대로서의 '누군가(혹은 무엇인가)'라는 것을 알 수 있을 뿐이다. 문장 성분은 특정한 문맥(文脈, context)에서 생략된다. 문법적으로는 문맥을 배경으로 복원(復元) 가능한(recoverable)

문장 성분만 생략될 수 있다. 따라서 생략된 문장 성분을 복원하기 위해서는 생략의 배경이 되는 문맥에 대한 분석, 문법 단위로는 텍스트에 대한 분석이 필요하다. 그러나 문장 단위의 분석도 쉽지 않은 현재의 자연언어 처리 수준에서 생략된 문장 성분의 복원을 텍스트 분석에만 의존하기는 어렵다. 보다 근본적인 문제는 문장을 분석하지 않고는 텍스트를 분석할 수 없으며, 또 텍스트를 분석하지 않고는 문장을 완전하게 분석할 수 없다는 점이다. 현재로서는 (43)과 같이 문장 단위의 분석에서 생략된 문장 성분('누구를', '누구에게')을 최대한 복원하고 이를 텍스트 분석으로 보완하는 방법을 전략적으로 선택할 수밖에 없다.

일부이기는 하지만 문장 차원에서 생략된 문장 성분의 복원이 가능한 때도 있다. (44)는 '좋다, 무섭다'가 서술어로 쓰인 평서문과 의문문이다. 그런데 '좋다, 무섭다'는 화자의 심리 상태를 서술하는 형용사, 이른바 심리 형용사들이다. 따라서 평서문인 (44가)의 주어는 1인칭 화자, 곧 '나'일 수밖에 없다. 물론 의문문인 (44나)의 주어는 2인칭 청자, 곧 '너'이다. 평서문의 1인칭 경험주는 의문문에서는 2인칭으로 실현되기 때문이다. 이처럼 형용사 가운데에는 주어의 인칭에 제약이 있는 것들이 있다.[26]

(44) 생략된 문장 성분의 복원(2)

　　가. 고양이가 더 좋아.

　　나. 고양이가 왜 무섭니?

종결 어미 가운데에도 주어가 특정 인칭일 때에만 쓰이는 것들이 있다. 예를 들어 (45가)는 약속, 의지(혹은 의도) 등을 나타내는 종결 어미 '-을게, -을래, -으려고'가 쓰인 문장들인데 생략된 주어는 모두 1인칭 화자('나')이다. (45나)는 종결 어미 '-어라, -게(나),

---

[26] 유현경(1998: 35)에 따르면 형용사는 주어에 경험주 의미역을 할당하는 주관 형용사와 주어에 대상이나 처소 의미역을 할당하는 객관 형용사로 나뉜다. 이 가운데 주관 형용사는 다시 심리 형용사('무섭다, 그립다, 부럽다, 좋다, 기쁘다, 슬프다, 놀랍다' 등), 감각 형용사('고프다, 마렵다, 아프다, 어지럽다' 등), 판단 형용사('괜찮다, 관계없다, 시원찮다' 등)로 나뉘는데 이들은 평서문에서는 주어가 화자와 일치하고 의문문에서는 주어가 청자와 일치해야 하는 인칭 제약이 있다.

-을래, -으려고'와 양태를 나타내는 의존 명사 구성 '-을 거니'가 쓰인 문장들인데 생략된 주어는 모두 2인칭 청자('너')이다. 명령의 대상은 청자이어야 하며, '-게'도 청자의 행위를 대상으로 한 상대 높임법(혹은 청자 높임법) 어미이며, 의문문에서 '-을래, -으려고, -을 거니'가 나타내는 의지는 청자에 대한 것이다. (45다)는 청유형 종결 어미 '-자'가 쓰였으므로 주어는 화자와 청자를 포함한 '우리'이다. 그리고 (45라)에서 '-는대'는 간접 인용문에 쓰이는 '-는다고 해'가 줄어든 것이다. 따라서 생략된 주어는 1인칭 화자도 아니고 2인칭 청자도 아닌 3인칭 제삼자이다.

(45) 생략된 문장 성분의 복원(3)
　　가. 오후에 갈게.
　　　　배 말고 사과 먹을래.
　　　　오후에 가려고.
　　나. 이 사과 먹어라.
　　　　어서 오게(나).
　　　　오후에 갈 거니?
　　　　이 사과 먹을래?
　　　　내일 가려고?
　　다. 오후에 가자.
　　라. 오늘 학교에 안 간대.
　　　　오늘 학교에 안 간대?

　복문에서는 생략된 문장 성분을 복원하는 데 단문에서와는 다른 점들도 함께 고려해야 한다. 복문은 주술 관계가 두 번 나타나는데 (46)과 같이 두 개의 주어 가운데 하나가 생략될 수도 있고 두 개의 주어가 모두 생략될 수도 있다.

(46) 생략된 문장 성분의 복원(4)
　　가. 영희가 예쁘다고 말했다.
　　　　장미꽃이 예쁘다고 말했다.

나. 머리가 아프다고 해서 약을 사 주었다.

　　그걸 먹느니 차라리 굶겠다.

　　영화를 보느라고 숙제를 못했다.

(46가)에서처럼 하나의 주어만 나타날 때에는 그 주어(혹은 생략된 주어)가 모문의 주어인지 내포문의 주어인지를 판단하는 일이 우선이다. 첫 번째 문장에서는 주어 '영희(가)'는 모문 서술어인 '말하다'의 주어일 수도 있고 내포문 서술어인 '예쁘다'의 주어일 수도 있다. 이와 달리 두 번째 문장에서는 주어 '장미꽃(이)'은 내포문 서술어인 '예쁘다'의 주어일 수밖에 없다. (46나)는 선행문의 주어와 후행문의 주어가 모두 생략된 이어진 문장이다. 이때에는 생략된 두 개의 주어가 같은 것인지 다른 것인지를 판단하는 일이 우선이다. 첫 번째 문장에서는 의미상 두 주어가 같은 것일 수 없다. 그리고 두 번째 문장과 세 번째 문장에서는 의미상 두 주어가 같아야 한다.[27]

9.3.3. 띄어쓰기 관련 문제

한국어 형태소 분석의 대상인 어절은 하나의 어휘적인 요소(단어)에 하나 이상의 문법적인 요소(조사, 어미, 그리고 '쯤, 씩' 등 일부 구에 결합하는 접미사)가 결합한 것이 보통이다. 한국어는 단어 단위로 띄어 쓰는 것을 원칙으로 하기 때문이다.[28] 그런데 한국어 어절 가운데에는 두 개 이상의 어휘적인 요소를 포함하는 것들도 있다. 이들은 한국어 어절 구성의 일반성에서 벗어나는 만큼 형태소 분석 과정에서 특별한 처리가 필요하다.

먼저 규정에 따라 붙여 쓰거나 혹은 붙여 쓰는 것을 허용하여 한 어절이 두 개 이상의 어휘적인 요소를 포함하는 경우가 있다. 이와 관련한 '한글 맞춤법'의 띄어쓰기 규정은 다음과 같다.

---

27 두 번째 문장의 생략된 주어는 1인칭 화자인 '나'이다. '-느니 ~ -겠' 구문은 화자의 의지를 나타내는 구문이기 때문이다.
28 규범 문법에서 조사는 단어로 보지만 예외적으로 붙여 쓴다.

제1장 총칙

제2항 문장의 각 단어는 띄어 씀을 원칙으로 한다.

제5장 띄어쓰기

제41항 조사는 그 앞말에 붙여 쓴다.

제42항 의존 명사는 띄어 쓴다.

제43항 단위를 나타내는 명사는 띄어 쓴다.

다만, 순서를 나타내는 경우나 숫자와 어울리어 쓰이는 경우에는 붙여 쓸 수 있다.

제44항 수를 적을 적에는 '만(萬)' 단위로 띄어 쓴다.

제45항 두 말을 이어 주거나 열거할 적에 쓰이는 다음의 말들은 띄어 쓴다.

제46항 단음절로 된 단어가 연이어 나타날 적에는 붙여 쓸 수 있다.

제47항 보조 용언은 띄어 씀을 원칙으로 하되, 경우에 따라 붙여 씀도 허용한다.

다만, 앞말에 조사가 붙거나 앞말이 합성 용언인 경우, 그리고 중간에 조사가 들어갈 적에는 그 뒤에 오는 보조 용언은 띄어 쓴다.

제48항 성과 이름, 성과 호 등은 붙여 쓰고, 이에 덧붙는 호칭어, 관직명 등은 띄어 쓴다.

다만, 성과 이름, 성과 호를 분명히 구분할 필요가 있을 경우에는 띄어 쓸 수 있다.

제49항 성명 이외의 고유 명사는 단어별로 띄어 씀을 원칙으로 하되, 단위별로 띄어 쓸 수 있다.

제50항 전문 용어는 단어별로 띄어 씀을 원칙으로 하되, 붙여 쓸 수 있다.

(47)은 위 규정에 따라 붙여 써서 두 개 이상의 어휘적인 요소를 포함하는 어절들이다. (47가)는 한글 맞춤법 제43항의 '다만'에 따라 단위를 나타내는 의존 명사를 붙여 쓴 것이다. (47나)는 제44항에 따라 수(數, number)를 만 단위로 적은 것이다. (47다)는 제46항에 따라 단음절 단어를 붙여 쓴 것이다. (47라)는 제47항에 따라 보조 용언을 붙여 쓴 것이다. (47마)는 제48항에 따라 성(姓)과 호(號)를 붙여 쓴 것이다. (47바)는 제49항에 따라 대학 명을 붙여 쓴 것이다. 그리고 (47사)는 제50항에 따라 전문 용어를 붙여 쓴 것이다.

(47) 가. 두시 삼십분 오초

나. 삼천사백오십육만 칠천팔백구십팔

다. 좀더 큰것

라. (불이) 꺼져간다

마. 정송강

바. 한국대학교

사. 중거리탄도유도탄

이들은 한국어 어절 구성의 일반성에서 벗어나기는 하지만 규정에 정해진 것이므로 대부분 예측 가능하다. 특히 단위성 의존 명사, 수를 나타내는 단어, 단음절 단어, 보조 용언, '대학교'와 같이 기관을 나타내는 명사 등은 그 목록을 한정할 수 있다. 따라서 이들 어절을 (형태소) 분석하는 데에는 큰 어려움이 없다. 다만 성, 이름, 호 등은 본질적으로 모든 것을 사전에 올릴 수 없는 고유 명사들이므로 이들을 분석하는 데에는 별도의 처리 과정이 필요하다. 그리고 전문 용어는 띄어쓰기에 관계없이 기본적으로 단어에 준하는 성격을 갖는 것이므로 사전에 표제어로 올리면 분석에 문제는 없다. 다만 전문 용어는 범위를 한정하기가 어려워서 모두 모아서 사전에 표제어로 올리는 것은 현실적으로 불가능하다.

다음으로 한국어 어절 가운데에는 여러 개의 명사를 붙여 써서 두 개 이상의 어휘적인 요소를 포함하는 것들이 있다. 이들 가운데 복합 명사로서 사전에 표제어로 올라 있는 것들은 분석에 문제가 없다. 문제는 (48)과 같이 사전에 표제어로 올라 있지 않은 미등록 어들이다.29 이들은 참조에서 예시한 것처럼 단어 단위로 분석할 수 있는 후보가 둘 이상인 경우가 많아서 분석이 쉽지 않다.30 이를 위해서는 앞서 '대학생선교회'를 예로 들어 언급했듯이 어떻게 '대학생+선교회'를 선택하고 '대학+생선+교회'를 배제할 것인가 에 대한 언어학적 설명이 필요하다.31 때에 따라서는 언어 외적 지식이 동원되어야 할

---

29 이들 가운데에는 전문 용어도 있을 수 있고 고유 명사를 포함하는 어절도 있을 수 있다. 그리고 복합 명사로 볼 수 있는 어절도 있을 것이다. 그러나 사전 표제어가 아니라면 형태소 분석의 대상으로서는 보통의 명사 연쇄와 다를 바 없다.

30 1음절 단어들로 구성된 어절일 가능성까지 고려하면 가능한 분석 후보의 수는 훨씬 더 늘어난다.

31 이들에 대한 분석은 ①미등록어 여부를 확인하고, ②가능한 분석 후보들을 생성하고, ③그 가운데에서 어느 하나의 분석 후보를 선택하는 과정을 거쳐야 한다. 이런 점에서 미등록어 분석은 중의성 해소와 유사성이 있다. 미등록어 분석에 대해서는 12장에서 살펴본다.

수도 있다. 물론 우리가 언어를 이해하는 데 언어적인 것과 언어 외적인 것이 어떻게 상호 작용하는지에 대한 탐구도 필요할 것이다.

    (48) 가. 운동화끈

          cf) 운동화+끈, 운동+화끈, 운+동화+끈, …

        나. 대학생선교회

          cf) 대학생+선교회, 대학+생선+교회, …

        다. 동시흥분기점[32]

          cf) 동시흥+분기점, 동시+흥분+기점, …

        라. 마포구재활용품전시판매장

          cf) 마포구+재활용품+전시+판매장, 마포구+재활+용품+전시+판매장, 마포+구재+활용품+전시+판매장, …

    끝으로 형태소 분석의 대상이 되는 어절 가운데에는 띄어 써야 할 것을 잘못 붙여 써서 두 개 이상의 어휘적인 요소를 포함하는 것들이 있다. (49가-다)는 각각 의존 명사 '데, 만, 때문'을 잘못 붙여 쓴 것이고, (49라)는 명사 '밖'을 잘못 붙여 쓴 것이다. 이와 반대로 붙여 써야 할 것을 잘못 띄어 써서 어휘적인 요소를 포함하지 않는 어절들도 있다. (50가)는 연결 어미 '-는데'를 잘못 띄어 쓴 것이고 (50나-라)는 각각 보조사 '만, 밖에, 뿐'을 잘못 띄어 쓴 것이다.

    (49) 가. 집에 <u>가는데(←가는 데)</u> 세 시간이 걸렸다.

        나. <u>두 번만에(←번 만에)</u> 시험에 합격했다.

        다. 그는 <u>빚때문에(←빚 때문에)</u> 고생을 많이 했다.

        라. 합격자는 <u>너밖에도(←너 밖에도)</u> 여럿이 더 있다.

    (50) 가. 눈이 많이 <u>오는 데(←오는데)</u> 차를 몰아도 될까?

---

32 이 문구가 쓰여 있는 표지판은 한때 인터넷에서 '재미있는 표지판'으로 회자되기도 했다. 참고로 '동시흥분기점'은 수원문산고속도로와 제3경인고속화도로가 이어지는 부근의 10여 곳에 있던 표지판에 쓰여 있던 것인데 '동시 흥분 기점'으로 읽힐 소지가 있다는 여론이 이어지자 2017년 이 표지판을 '동시흥 분기점'으로 띄어 쓴 새로운 표지판으로 교체했다. (〈묘한 상상력 자극 '동시흥분기점', 드디어 바뀌었다〉, 오마이뉴스, 2017.12.9.)

나. 이틀 만(←이틀만) 있으면 추석이다.

다. 사과가 하나 밖에(←하나밖에) 남지 않았다.

라. 믿을 것은 실력 뿐이다.(←실력뿐이다).

(49)와 (50)에서 문제의 어절들을 옳게 분석하기 위해서는 잘못 붙여 쓰고 잘못 띄어 쓴 것을 확인하는 일이 우선이다. 그런데 이들 가운데에는 이를 판단하는 것조차 쉽지 않은 것들이 있다. 예를 들어 '-는'과 '데'는 하나의 연결 어미로서 '-는데'로 붙여 써야 할 때도 있고 각각 관형사형 어미와 의존 명사로서 '-는 데'로 띄어 써야 할 때도 있기 때문이다. 의존 명사와 보조사의 형태가 같은 '만, 밖에'도 마찬가지이다.

10. 음절 특성을 활용한 형태소 분리와 원형 복원

한국어 형태소(혹은 그 일부)는 둘 이상이 하나의 음절(音節, syllable)에 동시에 실현되기도 하는데 이를 형태소 융합(融合, fusion)이라고 한다. 그리고 한국어 형태소(혹은 어근과 접사) 가운데에는 다른 형태소와 결합할 때 형태가 변하는 것들도 있다. 이 장에서는 한국어 음절 특성을 활용하여 어절을 형태소 단위로 분리하고 형태소의 원형을 복원하는 방법에 대해 살펴본다.

10.1. 음절 사전을 활용한 형태소 분리

10.1.1. 어절의 구조와 유형

한국어 어절은 하나 이상의 형태소로 구성된다. 그런데 모든 어절은 적어도 하나의 어근(語根, root)을 포함해야 하므로 어떤 어절이 하나의 형태소로 구성된 것이라면 그 형태소는 어근이다.[1] 그리고 앞서 살펴보았듯이 본서에서 가정하는 형태소 분석에서는 복합어(합성어와 파생어)는 모두 사전에 등재하여 처리하므로 하나의 어절에는 어근이 하나만 나타난다.

> **형태수의 수와 형태소 분석의 복잡도**
>
> 하나의 어절에 형태소의 수가 많으면 많을수록 형태소 분석의 복잡도는 증가한다. 예를 들어 'abcd' 네 개의 음절로 구성된 어절을 형태소 단위로 분석한다고 가정해 보자. 이 어절은 최대 4개의 형태소가 결합한 어절일 수 있으므로 형식적으로 다음과 같이 8개의 분석 후보를 갖는다. '갔겠기에(가+았+겠+기+에)', '가셨음을(가+시+었+음+을)'과 같이 형태소가 융합된 어절, '아지랑

---

[1] 본서에서는 어절을 구성하는 성분 가운데 어휘적인(혹은 실질적인) 의미를 갖는 성분을 어근, 문법적인(혹은 형식적인) 의미를 갖는 성분을 접사(接辭, affix)로 본다. 참고로 문법적으로는 어근, 접사는 복합어의 구성 성분을 지칭하는 것으로서 활용형을 구성하는 성분으로서의 어간(語幹, stem), 어미(語尾, ending)와 구별하는 것이 보통이다. 그리고 문법적으로 어근과 접사는 형태소보다 큰 단위일 수도 있어서 어근이 곧 어휘 형태소는 아니고 접사가 곧 문법 형태소는 아니다.

이고(아지랑이+이+고)'와 같이 형태소가 생략된 어절까지 고려하면 실제 분석 후보의 수는 이보다 훨씬 더 많다.

①abcd (아지랑이=아지랑이)

②abc+d (미나리는=미나리+는)

③a+bcd (형으로서=형+으로서)

④ab+cd (거리에서=거리+에서)

⑤ab+c+d (예쁘시다=예쁘+시+다)

⑥a+bc+d (좋으시다=좋+으시+다)

⑦a+b+cd (먹었는데=먹+었+는데)

⑧a+b+c+d (먹었겠다=먹+었+겠+다)

그런데 이 어절이 최대 3개의 형태소가 결합한 어절이라면 7개의 분석 후보를 가질 것이며, 이 어절이 최대 2개의 형태소가 결합한 어절이라면 4개의 분석 후보를 가질 것이다. 본서에서 복합어와 조사 결합형을 모두 사전에 등재하여 처리하는 것은 이런 까닭에서이다.

어근은 단독으로 어절을 구성하기도 하지만 하나 이상의 접사(조사, 어미 등)가 결합하기도 한다. 특히 용언은 단독으로는 쓰일 수 없고 접사(어미)가 결합해야 하는데 둘 이상의 접사가 결합하는 때가 많다. 조사도 두 개 이상이 겹쳐 쓰일 때가 있지만 본서에서는 조사 결합형을 모두 사전에 등재하여 처리한다. 어근과 접사가 결합할 때에는 어근이 앞에 오고 접사가 뒤에 온다. 이에 따라 한국어 어절의 구조를 다음과 같이 요약할 수 있다.[2]

(1) 한국어 어절의 구조
　　가. 어근
　　나. 어근+접사

---

2 한국어 접두사는 파생 기능만 가지며 모든 파생어는 (전자) 사전에 등재된다고 가정하므로, 본서의 관점에서 '접사+어근+…'의 내적 구조를 갖는 어절은 형태소 분석의 대상이 되지 않는다. 결국 (1)에서 접사는 이론에 따라 굴절접사로 보기도 하는 조사, 어미 등을 말하는 것이다. 참고로 접사 가운데 '반反-, 대對-, 주駐-' 등의 접두사와 '-님, -답-, -쯤' 등의 접미사는 생산성이 높아서 그 결합형을 사전에 올리지 않는 것이 보통이다. 따라서 이들 접사가 결합한 어절에 대해서는 별도의 처리 과정이 필요하다.

다. 어근+접사+접사
      ⋮

한편 형태소 분석의 대상으로서 한국어 어절은 성격이 단일하지 않다. 형태(혹은 형식)는 같지만 형태소 구성이 다른 어절들도 있고 어근과 접사가 결합하면서 여러 가지 변화가 일어난 어절들도 있다. 성격이 다른 만큼 어절에 따라 형태소 분석의 구체적인 방식이 다를 수밖에 없다. 먼저 형태소 분석을 전제로 한국어 어절을 그 형태론적 성격에 따라 구분하면 다음과 같다.

(2) 한국어 어절의 형태론적 유형
    가. 형태론적 중의 어절
        가는(가+는, 갈+는, 가늘+은), 사고(사고, 사+고), …
    나. 동형어 포함 어절
        말(言, 馬, 斗)이, 배(腹, 船, 梨, 倍)를, 사과(沙果, 謝過)는, …
    다. 형태소 생략 어절
        건네(어), 뛰어가(아), 뒹굴(을), 의자(이)다, …
    라. 어근 변형 어절
        지어서(짓+어서), 뒹구니(뒹굴+니), 캐물어(캐묻+어), …
    마. 미등록어 (포함) 어절
        대학생선교회, 동시흥분기점에서, 운동화끈을, …
    바. 형태소 융합 어절
        하얀(얗+은), 갔(가+았)는데, 오셨(시+었)고, …
    사. 단순 복합 어절
        집에서(집+에서), 먹고(먹+고), 잡았겠습니다(잡+았+겠+습니다), …

앞서(9장의 2절) 살펴보았듯이 본서에서는 형태론적 중의 어절은 분석 후보들을 모아 따로 사전을 구축하고 별도의 중의성 해소 절차를 두어 문맥에 맞는 분석 후보를 선택하는 방식으로 처리한다.[3] 이를 제외한 어절들은 모두 형태소 분리의 대상이 된다. 이 가운데

---

[3] 이에 대해서는 11장에서 구체적으로 살펴본다.

기본이 되는 것은 (2사)와 같이 형태소들이 단순하게 복합한 어절들이다. 나머지는 형태소 분리 과정에서 그 특성을 반영한 특별한 처리 절차가 필요하다. 곧 동형어 포함 어절, 형태소 생략 어절, 어근 변형 어절, 미등록어 (포함) 어절, 형태소 융합 어절 등은 각각 동형어 분석, 생략 형태소 복원, 원형 복원, 미등록어 분석, 음절 분리 등의 추가적인 절차를 거쳐야 한다.

이 절에서는 (2사)와 (2바) 유형의 어절들을 대상으로 한 형태소 분리에 대해 살펴본다.[4] 먼저 (1사) 유형의 어절들을 대상으로 형태소 분리의 일반적인 과정과 방법을 설명하고 (2바) 유형의 어절들을 포괄할 수 있도록 이를 수정한다.

10.1.2. 단순 복합 어절의 형태소 분리

어절을 형태소(혹은 어근과 접사) 단위로 분리하는 방법은 여러 가지가 있을 수 있다. 본서에서는 형태소 분리의 정확성 및 효율성과 관련한 전략적 선택의 대상으로서 다음의 세 가지를 고려한다.

(3) 가. 최초 분리 위치
    어절의 어떤 위치에서 최초로 분리할 것인가?
  나. 우선 분석 대상
    어근과 접사 가운데에서 어떤 것을 먼저 분석할 것인가?
  다. 분석 대상의 단순화
    구조적으로 서로 다른 분석 대상들을 어떻게 단순화할 것인가?

(3가)와 (3나)는 구별은 했지만 서로 밀접하게 관련된다. 어근과 접사 가운데에서 어떤 것을 먼저 분석할 것인지에 따라 최초 분리 위치가 달라지기 때문이다. 예를 들어 'abcde' 형식의 어절에서 어근을 먼저 분석할 때에는 먼저 'abcd'와 'e'로 분리한다. 접사를 포함하

---

4 (2다) 유형의 어절을 대상으로 한 생략 형태소 복원에 대해서는 9장 3절에서 살펴보았다. 그리고 (2나) 유형의 어절을 대상으로 한 동형어 분석에 대해서는 11장 3절에서, (2라) 유형의 어절을 대상으로 한 원형 복원에 대해서는 10장 2절에서, (2마) 유형의 어절을 대상으로 한 미등록어 분석에 대해서는 12장에서 각각 살펴본다.

는 5음절 단순 복합 어절에서 어근의 최대 길이는 4음절('해바라기+가')이기 때문이다. 그리고 접사를 먼저 분석할 때에는 'a'와 'bcde'로 먼저 분리한다. 접사의 최대 길이는 4음절('집+에서부터')이기 때문이다.

본서에서는 접사를 먼저 분석하는 것(접사 우선 분석)이 한국어 형태소 분석에서 더 효율적이라고 본다. 접사는 어근보다 그 수가 훨씬 적고, 중의적인 것이 적고, 미등록어가 없어서 어근보다 확인이 쉽기 때문이다.[5] 예를 들어 '먹어서'에서 어근 '먹'은 그 자체로는 동사(어간)일 수도 있고 명사일 수도 있지만 접사 '어서'는 그 자체로 어미이다. 따라서 '먹'을 먼저 분석할 때에는 그 자체로는 완전한 분석을 보류해야 하지만 '어서'를 먼저 분석할 때에는 그 자체로도 완전한 분석이 가능하다. 그리고 접사를 먼저 분석하게 되면 다른 접사 혹은 어근을 분석하는 데 그 결합 정보를 활용함으로써 분석의 효율성을 높일 수도 있다. 예를 들어 'X만에게' 형식의 어절에서 조사 '에게'를 분석하면 'X만'에서 '만'이 조사일 가능성은 고려하지 않아도 된다. 한국어에서 조사 '만'과 '에게'는 '에게+만'의 순서로는 결합할 수 있지만 '만+에게'의 순서로는 결합하지 않기 때문이다.

한편 (1)에서 살펴본 것처럼 형태소 분리의 대상인 어절은 구조가 단일하지 않다. 형태소 분리의 최초 입력형인 어절은 어근일 수는 있지만 꼭 어근인 것은 아니다. 어절은 어근으로 추정(推定, estimation)할 수 있는 문자열, 곧 '어근 추정 요소'일 뿐이다. 어근 추정 요소로서 최초 입력형인 어절은 결과적으로 (4나①) 가운데 하나일 것이다. 본서에서는 이를 (4나②)와 같은 방식으로 단순화한다. 이는 (접사는 둘 이상이 결합할 수 있으므로) 어떤 접사를 분석해 낸 나머지 전체도 어근 추정 요소라는 점을 반영한 것이다. '먹었겠습니다'를 형태소 단위로 분리하는 과정을 예시한다.

(4) 가. 어절 = [어근 추정 요소]
　　나. ①[어근 추정 요소] = [어근] 혹은 [[어근]+[접사]] 혹은 [[어근]+[접사]+[접사]], …

---

5 형태소 분리 방법에는 우측에서 좌측으로 분리하는 우좌 분석법(right-to-left analysis), 좌측에서 우측으로 분리하는 좌우 분석법(left-to-right analysis), 그리고 양방향 분석법(bidirectional analysis)이 있다. 강승식(2002: 141)에 따르면 좌우 분석법(어근 우선 분석)은 사전 탐색의 효율을 높일 수 있는 반면에 복합 명사나 미등록어 추정이 어렵고, 우좌 분석법(접사 우선 분석)은 문법 형태소의 유형에 따라 어절의 유형을 예측할 수 있는 장점이 있다.

②(단순화) [어근 추정 요소] = [어근] 혹은 [[어근 추정 요소]+[접사]]
예) [어근 추정 요소](먹었겠습니다)

　　　[어근 추정 요소] = [어근 추정 요소](먹었겠) + [접사](습니다)

　　　[어근 추정 요소] = [어근 추정 요소](먹었) + [접사](겠)

　　　[어근 추정 요소] = [어근 추정 요소](먹) + [접사](었)

　　　[어근 추정 요소] = [어근](먹)

이제 'abcde' 형식의 5음절 어절을 예로 들어 형태소 분리의 실제 과정을 살펴보자. 'abcde'는 어근 추정 요소이므로 먼저 어근인지를 확인한다. 어근이 아닌 때에는 접사를 우선 분석하는 본서의 방식에 따라 이를 'a+bcde'로 최초 분리한다. 이때 'bcde'는 접사일 수도 있고 접사가 아닐 수도 있다.[6] 곧 'bcde'는 '접사 추정 요소'이다.[7] 'bcde'가 접사로 분석되지 않으면 분리 위치를 한 음절 뒤로 이동하여 'ab+cde'로 다시 분리한다. 이때 'cde' 또한 접사 추정 요소이다. 접사가 분석될 때까지 한 음절씩 뒤로 이동하여 다시 분리하는 과정을 되풀이한다. 어느 단계에서 접사가 분석되면, 예를 들어 'abc+de'에서 'de'가 접사로 분석되면 나머지인 어근 추정 요소 'abc'를 분석한다.[8] 'abc'가 어근인 때에는 분석이 종료된다. 어근이 아닌 때에는 이를 최초 입력형으로 간주하고 위의 분석 과정을 되풀이한다. 최종적으로 어근이 확인되면 분석이 종료된다. 몇 개의 어절을 예로 들어 형태소 분리 과정을 보이면 다음과 같다.

(5) 형태소 분리의 과정: 예시

abcde	→	a+bcde	→	ab+cde	→	abc+de	→	abcd+e
집에서부터		집+에서부터						
학교에서는		학+교에서는		학교+에서는				
바가지에서		바+가지에서		바가+지에서		바가지+에서		
아지랑이를		아+지랑이를		아지+랑이를		아지랑+이를		아지랑이+를

---

6 예를 들어 '(집)에서부터'는 접사이지만 '(학)교에서는'은 접사가 아니다.
7 'a'는 어근 추정 요소이지만 접사가 분석되기 전까지는 의미가 없다.
8 예를 들어 '바가지(에서)'는 어근이고 '만들었(으니)'은 어근이 아니다.

먹었습니다	먹+었습니다	먹었+ 습니다	
⇒먹었(ab)	먹(a)+었(b)		

이상에서 살펴본 바에 따라 작성한 형태소 분리 알고리즘은 (6)과 같다.[9] 네모는 분리의 각 과정인데 모서리가 둥근 것은 가부(可否)를 판단하는 단계이다. 화살표는 진행 방향인데 가부 판단 단계에서 이어지는 화살표는 가(可, yes)일 때에는 실선(→)으로 부(否, no)일 때에는 점선(⋯→)으로 구별했다. R은 분석된 어근과 접사들을 모아 두는 분석 결과 목록(list)이다. len(x)는 x의 길이, 곧 음절 수이다. m은 분리 위치이며 최초 분리 위치는 1(첫 번째 음절과 두 번째 음절 사이)이다. r은 분리된 어절의 앞부분으로서 어근 추정 요소이고 a는 뒷부분으로서 접사 추정 요소이다.

(6) 형태소 분리 알고리즘: 단순 복합 어절[10]

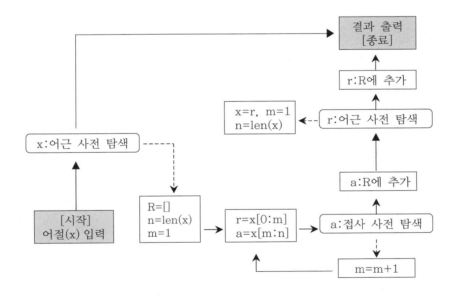

---

9 이는 다음절 접사 정보를 활용하여 어절에 따라 최초 분리 위치(m)를 다르게 설정한 황화상(2006가: 125)의 알고리즘을 수정한 것이다.

10 이를 기반으로 작성한 형태소 분석 프로그램은 [부록2]의 10에 제시한다.

(6)에 따라 형태소가 분리되는 과정을 세 개의 어절 '먹고', '잡으시고', '먹었겠습니다'를 예로 들어 제시하면 다음과 같다. '먹고'는 하나의 어근에 하나의 접사가 결합한 어절이고, '잡으시고'는 하나의 어근에 두 개의 접사가 결합한 어절이고, '먹었겠습니다'는 하나의 어근에 세 개의 접사가 결합한 어절이다. 어절의 뒤에 오는 접사부터 차례대로 분석되므로 분석 결과(R)의 출력은 역순으로 한다.

(7) 가. '먹고'의 형태소 분리

먹고(x) → '먹고': 어근 사전 탐색 ⋯ R=[], n=2, m=1 → r='먹', a='고' → '고': 접사 사전 탐색 → R=['고'] → '먹': 어근 사전 탐색 → R=['고', '먹'] → '먹+고' [종료]

나. '잡으시고'의 형태소 분리

①잡으시고(x) → '잡으시고': 어근 사전 탐색 ⋯ R=[], n=4, m=1 → r='잡', a='으시고' → '으시고': 접사 사전 탐색 ⋯ m=1+1=2 → r='잡으', a='시고' → '시고': 접사 사전 탐색 ⋯ m=2+1=3 → r='잡으시', a='고' → '고': 접사 사전 탐색 → R=['고'] → '잡으시': 어근 사전 탐색 ⋯

②x='잡으시', m=1, n=3 → r='잡', a='으시' → '으시': 접사 사전 탐색 → R=['고', '으시'] → '잡': 어근 사전 탐색 → R=['고', '으시', '잡'] → '잡+으시+고' [종료]

다. '먹었겠습니다'의 형태소 분리

①먹었겠습니다(x) → '먹었겠습니다': 어근 사전 탐색 ⋯ R=[], n=6, m=1 → r='먹', a='었겠습니다' → '었겠습니다': 접사 사전 탐색 ⋯ m=1+1=2 → r='먹었', a='겠습니다' → '겠습니다': 접사 사전 탐색 ⋯ m=2+1=3 → r='먹었겠', a='습니다' → '습니다': 접사 사전 탐색 → R=['습니다'] → '먹었겠': 어근 사전 탐색 ⋯

②x='먹었겠', m=1, n=3 → r='먹', a='었겠' → '었겠': 접사 사전 탐색 ⋯ m=1+1=2 → r='먹었', a='겠' → '겠': 접사 사전 탐색 → R=['습니다', '겠'] → '먹었': 어근 사전 탐색 ⋯

③x='먹었', m=1, n=2 → r='먹', a='었' → '었': 접사 사전 탐색 → R=['습니다', '겠', '었'] → '먹': 어근 사전 탐색 → R=['습니다', '겠', '었', '먹'] → '먹+었+겠+습니다' [종료]

10.1.3. 형태소 융합 어절의 형태소 분리

한국어 형태소는 일반적으로 음절 단위로 실현된다. 그런데 둘 이상의 형태소(혹은 형태소의 일부)가 하나의 음절에 융합되어 어떤 형태소는 음소 단위로 실현되기도 한다. 예를 들어 (8)에서 '넌'은 대명사 '너'와 보조사 '는'이 융합된 것이고, '해'는 동사 어간 '하-'와 어미 '-어라(/여라)'의 첫 음절 '어(/여)'가 융합된 것이고, '넜'은 동사 어간 '건너-'의 끝 음절 '너'와 어미 '-었-'이 융합된 것이다.

(8) 형태소 융합
    가. <u>넌</u> 그곳에 가지 마라.
    나. 제발 조용히 좀 <u>해</u>라.
    다. 강을 건<u>넜</u>다.

앞서 살펴보았듯이 형태소 분리는 음절을 단위로 하는 것이 기본이다. 하지만 (8)과 같이 특정 어절이 형태소 융합 음절을 포함할 수 있으므로 때에 따라서는 음소 단위의 분리도 고려해야 한다. 음소 단위의 분리는 음절의 특성에 따라 다른데 종성이 'ㄴ'인 음절의 경우 논리적으로 다음과 같이 분리될 수 있다. (9나①)은 '난'과 같은 어절에서 '난'을 '나+는'으로 분리하기 위해, (9나②)는 '떨군'과 같은 어절에서 '군'을 '구+ㄴ'으로 분리하기 위해 필요하다. (9나③)은 '운'과 같은 어절에서 '운'을 '울+ㄴ'으로 분리하기 위해, (9나④)는 '단'과 같은 어절에서 '단'을 '달+ㄴ'으로 분리하기 위해 필요하다. 그리고 (9나⑤)는 '까만'과 같은 어절에서 '만'을 '맣+은'으로 분리하기 위해 필요하다.

(9) '단'의 형태소 분리 가능성(황화상 · 시정곤 2001)
    가. 음절 단위 분리
        ①명사
        ②관형사
        ③부사
    나. 음소 단위 분리

①다(명사) + 는(조사)

　②다(동사) + ㄴ(어미)

　③닫(동사) +ㄴ(어미)

　④달(형용사) + ㄴ(어미)

　⑤닿(형용사) + ㄴ(어미)

　그런데 음소 단위의 분리는 불필요한 분리 가능성까지 고려하게 되어 형태소 분석의 효율성을 떨어뜨린다. 다음은 이기오·이근용·이용석(1996: 256-257)에서 제시된 것이다. 이 가운데에서 (10나③)의 분석은 '빨간'과 같은 어절에서 '닿'과 'ㄴ'이 결합하여 '간'과 같은 음절이 만들어질 수 있기 때문에 가정된 것이다. 하지만 한국어 동사 어간에는 '닿'으로 끝나는 것이 없으므로 음절 '는'에 대해서는 '늫+ㄴ'으로 분리할 필요가 없다.

　(10) '나는'의 형태소 분리 가능성

　　가. 음절 단위 분리

　　　①나(명사) + 는(조사)

　　　②나(동사) + 는(어미)

　　　③날(동사) + 는(어미)

　　나. 음소 단위 분리

　　　①*나느(동사) + ㄴ(어미)

　　　②*나늘(동사) + ㄴ(어미)

　　　③*나늫(동사) + ㄴ(어미)

　이와 같은 문제점을 고려하여 본서에서는 (11)과 같이 형태소 융합 가능성이 있는 음절에[11] 대해 가능한 모든 음절 분리 정보(분리 후보)를 기술하여 음절 사전을[12] 구축하고

11　〈고려대학교 한국어 말모듬Ⅰ〉(1996)을 대상 자료로 하여 음절 수를 추출한 김흥규·강범모(1997)에서 2,305개의 음절 글자가 조사된 바 있다. 그런데 이들 음절 글자가 모두 형태소 융합의 가능성이 있는 것은 아니다. 형태소 융합은 주로 동사, 형용사의 어간이 어미와 결합할 때 발생하는데, 강승식(1993: 154-155)에 따르면 용언이 어미와 결합할 때 생성 가능한 음절 글자의 수는 734개이다. 한영 기계번역기 〈트랜스마스터(TransMaster)〉에서는 750여 개의 음절을 모아 음절 사전을 구축하고 이를 형태소 분석에 활용했다. 그 목록과 형태소 분리 정보는 황화상(2004)에서 '자료'로 제시한 바 있다.

12　음절 사전을 활용한 형태소 분석의 필요성은 황화상(1998), 황화상·시정곤(2001)에서 제시된 바 있는데 본서는 이를 구체화하여 개발한 형태소 분석기를 모델로 한 것이다. 한편 강승식(2002)에서는 조사의 첫 음절로 사용되는 음절(48개),

이를 참조하여 형태소를 분리하는 방식을 채택한다. 분리 후보의 수는 음절에 따라 다르다. '갔'은 '[가+았]' 하나의 후보만 가지며, '갈'은 '[가+은]'과 '[갈+을]'의 두 개 후보를 가지며, '간'은 '[가+은]'과 '[갉+은]'과 '[갈+은]'의13 세 개 후보를 갖는다.

(11) 형태소 융합 음절의 음절 분리 정보
　　가. '갔'의 음절 분리 정보: [[가+았]]
　　　　예) 갔다, 뛰어갔다, …
　　나. '갈'의 음절 분리 정보: [[가+은], [갈+을]]
　　　　예1) (가+은) 뛰어갈, 오갈, …
　　　　예2) (갈+을) 빨갈, 말갈, …
　　다. '간'의 음절 분리 정보: [[가+은], [갉+은], [갈+은]]
　　　　예1) (가+은) 뛰어간, 달려간, …
　　　　예2) (갉+은): 빨간, 말간, …
　　　　예3) (갈+은) 되간, 삭간, …

　　형태소 융합 음절 '간'을 포함하는 어절을 예로 들어 음절 사전의 형태소 분리 정보를 활용한 형태소 분리의 방법과 과정을 살펴보자. 형태소 분리 과정에서 형태소 융합 음절 '간'이 확인되면 (12)에서처럼 '간'을 음절 사전의 첫 번째 분리 후보로 대체한 임시 문자열을 만들고 이를 대상으로 분석을 진행한다. 분석에 실패할 때에는 차례대로 음절 사전의 두 번째 분리 후보와 세 번째 분리 후보로 대체하여 위 과정을 되풀이한다.14

(12) 형태소 융합 음절 '간'을 포함하는 어절의 형태소 분리
　　가. 뛰어간 → 뛰어가+은 … (성공)
　　나. 빨간 → 빨가+은 … (실패) → 빨갉+은 … (성공)

어미의 두 번째 이상의 음절로 사용되는 음절(105개), 2음절 체언의 끝 음절로 사용되는 음절(961개), 1음절 용언에 사용되는 음절(362개) 등 형태소와 형태소의 음절 수에 따라, 그리고 '용언+ㄴ'에 의하여 생성되는 음절(129개), 'ㅅ' 불규칙에 의하여 생성되는 음절(9개), 모음 'ㅣ'로 끝나는 용언이 '아/어'로 시작되는 어미나 선어말 어미 '-었'과 결합할 때 생성되는 음절(36개) 등 용언의 활용에 따라 한국어 음절의 특성을 종합적으로 고찰하고, 이를 활용한 한국어 형태소 분석 방법을 제안했다.

13 '되갈다', '삭갈다'는 각각 '논밭을 다시 갈다.', '논을 미리 갈아 두지 못하고 모낼 때에 한 번만 갈다.'의 뜻을 갖는 동사들이다.
14 융합 음절의 분리 후보가 여럿일 때에는 그 순서도 중요하다. 순서는 빈도순으로 정하는 것이 효율적이다.

다. 되간 → 되가+은 … (실패) → 되갈+은 … (실패) → 되갈+은 … (성공)

    (13)은 이상에서 살펴본 바에 따라 형태소 융합 음절을 포함하는 어절의 형태소 분리를 포함하여 (6)을 수정한 것이다. s는 형태소 융합 여부를 확인하는 음절이다. r은 s의 앞부분으로서 어근(혹은 어근의 일부) 추정 요소이고 a는 s의 뒷부분으로서 접사(혹은 접사의 일부) 추정 요소이다. s1은 형태소 융합 음절의 각 형태소 분리 후보(예를 들어 '얀'의 형태소 분리 후보 '[얗+은')를 구성하는 선행 요소('얗')이고 s2는 그 후행 요소('은')이다.[15]

    (13) 형태소 분리 알고리즘: 단순 복합 어절 + 형태소 융합 어절[16]

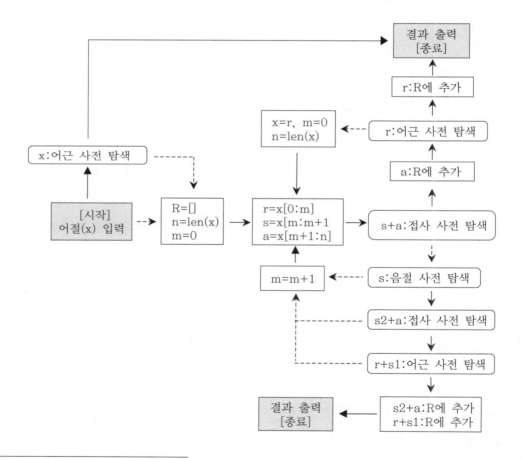

---

15 어떤 어절에서 접사가 분석되지 않거나 모든 접사가 분석된 이후 어근이 분석되지 않으면 분석은 실패한다. 분석에 실패한 어절은 미등록어 (포함) 어절로 간주된다.

(13)에 따라 형태소 융합 어절에서 형태소가 분리되는 과정을 세 개의 어절 '갔는데', '하얀데', '빨간'을 예로 들어 제시하면 다음과 같다. '갔는데', '하얀데', '빨간'은 형태소 융합 음절이 각각 첫 음절, 중간 음절, 끝 음절인 예들이다. 이 가운데 '갔는데'는 형태소 융합 음절이 '어근+접사'로 분리되는 어절이고, '하얀데'는 형태소 융합 음절이 '어근의 일부+접사의 일부'로 분리되는 어절이고, '빨간'은 형태소 융합 음절이 '어근의 일부+접사'로 분리되는 어절이다. '갔', '얀', '간'은 음절 사전의 표제어로서 각각 '[가+았]', '[얗+은]', '[가+은], [갛+은], [갈+은]'의[17] 형태 분리 정보를 갖는다.

(14) 가. '갔는데'의 형태소 분리

　　①갔는데(x) → '갔는데': 어근 사전 탐색 ⋯ R=[], n=3, m=0 → r='', s='갔', a='는데' → '갔는데': 접사 사전 탐색 ⋯ '갔': 음절 사전 탐색 → '았는데': 접사 사전 탐색 ⋯ m=0+1=1 → r='갔', s='는', a='데' → '는데': 접사 사전 탐색 → R=['는데'] → '갔': 어근 사전 탐색 ⋯

　　②x='갔', m=0, n=1 → r='', s='갔', a='' → '갔': 접사 사전 탐색 ⋯ '갔': 음절 사전 탐색 → '았': 접사 사전 탐색 ⋯ '가': 어근 사전 탐색 → R=['는데', '았', '가] → '가+았+는데' [종료]

　나. '하얀데'의 형태소 분리

　　하얀데(x) → '하얀데': 어근 사전 탐색 ⋯ R=[], n=3, m=0 → r='', s='하', a='얀데' → '하얀데': 접사 사전 탐색 ⋯ '하': 음절 사전 탐색 ⋯ m=0+1=1 → r='하', s='얀', a='데' → '얀데': 접사 사전 탐색 ⋯ '얀': 음절 사전 탐색 → '은데': 접사 사전 탐색 → '하얗': 어근 사전 탐색 → R=['은데', '하얗] → '하얗+은데' [종료]

　다. '빨간'의 형태소 분리

　　빨간(x) → '빨간': 어근 사전 탐색 ⋯ R=[], n=2, m=0 → r=0, s='빨', a='간' → '빨간': 접사 사전 탐색 ⋯ '빨': 음절 사전 탐색 → m=0+1=1 → r='빨', s='간', a='' → '간':

---

16 형태소 융합 음절 가운데 '셨(시+었), 신(시+은)' 등은 '시'가 어근의 일부(예를 들어 '주무셨고=주무시+었+고')일 수도 있고, 접사의 일부('잡으셨고=잡+으시+었+고')일 수도 있고, 그 자체로 하나의 접사('오셨고=오+시+었+고')일 수도 있어서 특별한 방식의 처리가 필요하다. (13)은 이를 고려하지 않은 것이다. [부록2]의 11에 제시한 [프로그램 18]은 (13)을 기반으로 작성하되 이를 고려하여 수정한 것이다.

17 '간'처럼 형태소 융합 음절이 두 개 이상의 분리 후보를 갖는 때에는 (12)와 같이 각 후보를 대상으로 (13)의 '[s2+a:접사 사전 탐색] → [r+s1:어근 사전 탐색]' 과정을 되풀이한다.

접사 사전 탐색 ⋯ '간': 음절 사전 탐색 → '은': 접사 사전 탐색 → '빨가': 어근 사전 탐색 ⋯ '은': 접사 사전 탐색 → '빨갛': 어근 사전 탐색 ⋯ R=['은', '빨갛'] → '빨갛+은' [종료]

한편 둘 이상의 형태소가 융합되어 있는 음절은 대체로 두 개의 음절로 분리되지만, 두 개의 분리 요소 가운데 앞의 것은 음소 단위가 되는 경우도 있다. 예를 들어 'ㅂ' 불규칙 용언의 활용으로 만들어지는 음절 '(쉬)운'은 '[ㅂ+은]'으로 분리된다. '라, 랐'의 경우에도 '으' 탈락 용언의 활용형인 '따라, 따랐다' 등에서는 각각 '[르+어], [르+었]'으로 분리되지만, '르' 불규칙 용언의 활용형인 '달라, 달랐다'에서는 각각 '[__+어], [__+었]'으로 분리된다.

10.2. 음절 정보를 활용한 원형 복원

한국어 어근 가운데에는 특정 접사와 결합할 때 형태가 변하는 것들이 있다. 예를 들어 동사 어간 '짓(다)'은 어미 '-어'와 결합할 때 '지'로 형태가 변하고 '울(다)'은 어미 '-니'와 결합할 때 '우'로 형태가 변한다. 전자를 'ㅅ 불규칙 활용'이라고 하고 후자를 'ㄹ 탈락'이라고 한다.[18] 형태소 분석에서 이처럼 형태가 변한 어간은 본래의 형태, 곧 원형(原形, original form)으로 분석을 해야 하는데 이를 원형 복원이라고 한다.

원형 복원의 대상은 불규칙 활용이나 (규칙적) 탈락에 의해 어간의 형태가 변한 어절들이다. 다만 '아름다운(아름답+은)', '깨문(깨물+은)'과 같이 형태가 변한 어간과 어미(혹은 각각의 일부)가 하나의 음절로 융합된 어절은 원형 복원의 대상이 아니다. 앞서 살펴보았듯이 본서에서 가정하는 형태소 분석에서는 형태소 융합 음절은 음절 사전을 구축하여 처리하기 때문이다.[19] 그리고 '물어(묻+어)', '가는(갈+는)'처럼 불규칙 활용이나 (규칙적)

---

18 강승식(2002: 212)에 따르면 어미와 결합할 때 형태가 변하는 용언은 총 10,114개인데 불규칙 용언은 'ㅂ' 불규칙 용언(446개), 'ㄹ' 불규칙 용언(193개) 등의 순서를 보이며, 탈락 용언은 'ㄹ' 탈락 용언(391개)이 '으' 탈락 용언(118개)보다 많다.
19 불규칙 활용을 하는 용언 가운데 '르' 불규칙 용언과 '우' 불규칙 용언은 어간의 형태가 변할 때에는 각각 '달라(다르+어)'와 '퍼(푸+어)'처럼 뒤에 오는 어미와 융합되므로 원형 복원에서는 고려하지 않아도 된다. '으' 탈락 용언도 마찬가지이다. '눌러써(눌러쓰+어)'와 같이 늘 어미와 융합되므로 원형 복원에서 고려하지 않아도 된다.

탈락에 의해 만들어진 어절 가운데 중의성이 있는 어절 또한 원형 복원의 대상이 아니다. 형태론적 중의성이 있는 어절 또한 따로 처리하기 때문이다.

원형 복원을 위해서는 불규칙 활용과 (규칙적) 탈락에 관련한 문법 정보가 (전자) 사전에 기술되어 있어야 한다. 불규칙 활용의 경우 예를 들어 '짓(다)'은 어미 '-으니'와 결합할 때 '지으니'처럼 형태가 변하지만 '벗(다)'은 어미 '-으니'와 결합할 때 '벗으니'처럼 형태가 변하지 않는다. 이처럼 불규칙 활용은 특정 용언에서만 일어나는 것이므로 이와 관련한 문법 정보가 단어별로 사전에 기술되어 있어야 한다. 어미도 마찬가지이다. 예를 들어 '짓(다)'은 모든 어미 앞에서 형태가 변하는 것이 아니라 특정 어미 앞에서만 '지'로 변하기 때문이다. 다만 (규칙적) 탈락의 경우에는 이와 관련한 문법 정보가 어미에만 기술되어 있으면 된다. 'ㄹ' 탈락은 'ㄹ'로 끝나는 모든 용언에서, '으' 탈락은 '으'로 끝나는 모든 용언에서 일어나는 현상이기 때문이다.

원형 복원은 '깨무+니'와 같이 어미가 분석된 이후 어간 추정 요소('깨무')가 사전에서 확인되지 않거나, '지+으니'와 같이 어간 추정 요소('지')가 사전에서 확인되기는 하지만 어미 '-으니'와 결합할 수 없는 형태일 때[20] 적용된다. 다만 어간 추정 요소가 사전에 없거나 어미와 결합할 수 없는 형태라고 해서 다 어간의 형태가 변한 것은 아니다. 미등록어일 수도 있기 때문이다. 이를 고려하여 본서에서는 원형을 복원하는 데 어간 추정 요소의 끝 음절(음절 전체 혹은 끝 음소) 정보를 활용한다. 형태가 변한 어간은 끝 음절에 형식적 특성이 나타나기 때문이다. 예를 들어 'ㅂ' 불규칙 활용으로 형태가 변한 어간('아름다우')의 끝 음절은 '우'이고, 'ㄷ' 불규칙 활용으로 형태가 변한 어간('캐물어')의 끝 음절은 끝소리가 'ㄹ'이다.

□'ㅂ' 불규칙 용언의 원형 복원

'ㅂ' 불규칙 용언은 (15)에서처럼 '-니, -나, -려고, -며, -시-' 등의 어미와 결합할 때 어간 끝의 자음 'ㅂ'이 '우'로 바뀐다. 따라서 'ㅂ' 불규칙 용언의 원형 복원 규칙은 (16)과

---

20 동사 어간 '지(다)'는 '지니'처럼 어미 '-니'와 결합한다.

같이 어간 추정 요소(a)의 끝 음절이 '우'이고 어미(b)의 첫 자음이 'ㄴ, ㄹ, ㅁ, ㅅ'일 때[21] 적용된다. 참고로 (16③)에서 복원한 것도 어간 추정 요소이다. 복원한 어간 추정 요소가 사전에서 'ㅂ' 불규칙 용언으로 확인되어야 복원이 종료된다.

> (15) 'ㅂ' 불규칙 활용 어간의 형태 변화
> > 가. 날이 <u>추우니</u> 만사가 귀찮다.
> > 나. 어머니를 <u>도우려고</u> 일찍 돌아왔다.
> > 다. 서로 <u>도우며</u> 살거라.
> > 라. 정말 <u>아름다우십니다</u>.
> (16) 'ㅂ' 불규칙 활용 어간의 원형 복원
> > ①a의 끝 음절이 '우'이고, (추우)
> > ②b의 첫 자음이 'ㄴ, ㄹ, ㅁ, ㅅ'이면, (니)
> > ③a를 'a-우+ㅂ'으로 복원한다. (추우→추우-우+ㅂ=춥)

ㅁ'ㄷ' 불규칙 용언의 원형 복원

'ㄷ' 불규칙 용언은 (17)에서처럼 '-어/아, -어도/아도, -었/았' 등 '어/아'로 시작하는 어미나 '-으니, -으나, -으려고, -으며, -으시-' 등 매개모음 '으'로 시작하는 어미와 결합할 때 어간의 끝 자음 'ㄷ'이 'ㄹ'로 바뀐다. 따라서 'ㄷ' 불규칙 용언의 원형 복원 규칙은 (18)과 같이 어간 추정 요소(a)의 끝 자음이 'ㄹ'(혹은 끝 음절이 '걸, 결, 길, 눌, 달, 들, 물, 불, 실, 컬')이고 어미(b)가 '으, 어/아'로 시작하는 것일 때 적용된다.

> (17) 'ㄷ' 불규칙 활용 어간의 형태 변화
> > 가. 아무리 <u>캐물어도</u> 대답할 기색을 보이지 않았다.
> > 나. 그렇게 <u>걸으니</u> 다리가 아프지.
> > 다. 첫 강의를 <u>들으려면</u> 일찍 출발해야 한다.
> > 라. 그는 늘 음악을 <u>들으면서</u> 밥을 먹는다.

---

21 실제로는 어간의 형태 변화와 관련한, 어미의 문법 정보가 사전에 기술되어 있을 것이므로 이를 활용하는 것이 맞다. 다만 본서에서는 (전자) 사전의 문법 정보에 대해서는 따로 다루지 않으므로 편의상 어미 첫 음절의 정보를 활용하는 방식으로 기술한다.

마. 잘 <u>들으셨습니까</u>?

(18) 'ㄷ' 불규칙 활용 어간의 원형 복원

　　①a의 끝 자음이 'ㄹ'이고, (캐물)

　　　(혹은) a의 끝 음절이 '걸, 곌, 길, 눌, 달, 들, 물, 불, 실, 컬'이고,[22]

　　②b가 '으, 어/아'로 시작하면, (어)

　　③a를 'a-ㄹ+ㄷ'으로 복원한다. (캐물→캐물-ㄹ+ㄷ=캐묻)

ㅁ'ㅎ' 불규칙 용언의 원형 복원

'ㅎ' 불규칙 용언은 (19)에서처럼 '-니, -나, -려고, -며, -시-' 등 'ㄴ, ㄹ, ㅁ, ㅅ'으로 시작하는 어미와 결합할 때 어간의 끝 자음 'ㅎ'이 탈락한다. 따라서 'ㅎ' 불규칙 용언의 원형 복원 규칙은 (20)과 같이 어간 추정 요소(a)가 'ㅏ, ㅓ, ㅑ, ㅕ' 등의 모음으로 끝나고 (혹은 a의 끝 음절이 '가, 거, 다, 떠, 라, 러, 마, 머, 야, 여'이고) 어미(b)의 첫 자음이 'ㄴ, ㄹ, ㅁ, ㅅ'일 때 적용된다.

(19) 'ㅎ' 불규칙 활용 어간의 형태 변화

　　가. 얼굴이 <u>까마니</u> 이가 더 하얘 보인다.

　　나. 설마 눈동자가 <u>파라려고</u>.

　　다. 입술은 <u>새빨가며</u> 이는 새하얗다.

　　라. 머리카락이 꽤 <u>까마시군요</u>.

(20) 'ㅎ' 불규칙 활용 어간의 원형 복원

　　①a가 'ㅏ, ㅓ, ㅑ, ㅕ'로 끝나고, (까마)

　　　혹은) a의 끝 음절이 '가, 거, 다, 떠, 라, 러, 마, 머, 야, 여'이고,

　　②b의 첫 자음이 'ㄴ, ㄹ, ㅁ, ㅅ'이면, (니)

　　③a를 'a+ㅎ'으로 복원한다. (까마→까마+ㅎ=까맣)

---

22 한국어 음절 가운데 'ㄷ' 불규칙 용언의 끝 음절로 쓰이는 음절은 '걷, 겯, 긷, 눋, 닫, 듣, 묻, 붇, 싣, 컫' 등 10개이다(강승식 2002: 98). 위 조건은 이를 변화 이후의 음절 형태로 바꾼 것이다. 아래에서 끝 음절로 제시한 것들도 이와 같다.

ㅁ'ㅅ' 불규칙 용언의 원형 복원

'ㅅ' 불규칙 용언은 (21)에서처럼 '-어/아, -어도/아도, -었/았-' 등 '어/아'로 시작하는 어미나 '-으니, -으나, -으려고, -으며, -으시-' 등 매개모음 '으'로 시작하는 어미와 결합할 때 어간의 끝 자음 'ㅅ'이 탈락한다. 따라서 'ㅅ' 불규칙 용언의 원형 복원 규칙은 (22)와 같이 어간 추정 요소(a)가 'ㅏ, ㅓ, ㅜ, ㅡ, ㅣ' 등의 모음으로 끝나고(혹은 a의 끝 음절이 '그, 끄, 나, 무, 부, 이, 자, 저, 지'이고) 어미(b)가 '어/아, 으'로 시작하는 것일 때 적용된다.

> (21) 'ㅅ' 불규칙 활용 어간의 형태 변화
> 　　가. 병이 다 <u>나았으니</u> 내일 퇴원하기로 하자.
> 　　나. 물을 <u>저으니</u> 흙탕물이 일었다.
> 　　다. 밥을 <u>지으려고</u> 쌀을 씻었다.
> 　　라. 빨간 줄과 하얀 줄을 <u>이으면</u> 된다.
> 　　마. 그렇게 하고 싶지 않으신지 고개를 <u>가로저으셨다.</u>
> (22) 'ㅅ' 불규칙 활용 어간의 원형 복원
> 　　①a가 'ㅏ, ㅓ, ㅜ, ㅡ, ㅣ'로 끝나고, (저)
> 　　　　(혹은) a의 끝 음절이 '그, 끄, 나, 무, 부, 이, 자, 저, 지'이고,
> 　　②b가 '어/아, 으'로 시작하면, (으니)
> 　　③a를 'a+ㅅ'으로 복원한다. (저→저+ㅅ=젓)

ㅁ'ㄹ' 탈락 용언의 원형 복원

'ㄹ' 탈락 용언은 (23)에서처럼 '-는, -느냐, -니, -시, -오' 등의 어미와 결합할 때 어간의 끝 자음 'ㄹ'이 탈락한다. 따라서 'ㄹ' 탈락 용언의 원형 복원 규칙은 (26)과 같이 어간 추정 요소(a)가 모음으로 끝나고 어미(b)가 'ㄴ, 시, 오'로 시작하는 것일 때 적용된다.

> (23) 'ㄹ' 탈락 어간의 형태 변화
> 　　가. 너 동생 아직까지 손가락을 <u>빠니?</u>
> 　　나. 왜 그렇게 <u>우오?</u>

다. 왜 그렇게 입술을 <u>깨무십니까</u>?

라. 저기 앉아서 <u>조는</u> 아이가 철수 맞지?

(24) 'ㄹ' 탈락 어간의 원형 복원

    ① a가 모음으로 끝나고, (빠)

    ② b가 'ㄴ, 시, 오'로 시작하면, (니)

    ③ a를 'a+ㄹ'로 복원한다. (빠→빠+ㄹ=빨)

11. 공기어 분석에 기반한 형태론적 중의성 해소

이 장에서는 한국어 형태소 분석을 어렵게 만드는 대표적인 문제 가운데 하나인 형태론적 중의성 해소에 대해 살펴본다. 형태론적 중의성 해소는 크게 어절 유형적인 것과 어절 개별적인 것으로 나눌 수 있다. 어절 유형적인 것은 분석 후보를 구성하는 형태소의 문법 범주에 따라 유형화한 형태론적 중의 어절 전체에 일괄적으로 적용되는 것을 말하며, 어절 개별적인 것은 형태론적 중의 어절마다 각각 적용되는 것을 말한다.

11.1. 형태론적 중의성의 개념과 유형

형태론적 중의성은 형태소 분석 대상으로서의 어절이 형태론적으로 두 가지 이상으로 분석되는(혹은 해석되는) 현상을 말한다. 그리고 형태론적 중의성을 갖는 어절을 형태론적 중의 어절이라고 한다.[1] 형태론적 중의성은 어절에 나타나는 현상이므로 어절 중의성이라고 하고 이에 동형성(혹은 동음성)이나 다의성에 의한 어휘적 중의성을 포함할 수도 있다. 다만 형태소 분석의 관점에서 동형성과 다의성은 본질적인 차이가 있다. 동형성은 서로 다른 형태소(혹은 단어)들 사이에서 나타나는 현상이다. 예를 들어 '배를(=배腹+를)'과 '배를(=배船+를)'은 형태소 구성이 다른, 형태론적으로 다른 어절이다. 따라서 동형성에 의한 어휘적 중의성은 형태론적 중의성으로 포괄할 수 있다. 그러나 다의성은 한 형태소(혹은 단어)에서 나타나는 현상이므로 형태론적 중의성과는 본질적인 차이가 있다.[2]

---

[1] 강승식(2002: 269)에서는 형태론적 중의 어절을 '임의의 어절에 대해 가능한 모든 형태소 분석 결과를 생성하는 형태소 분석기 M이 단어 w에 대한 분석 결과로 r1, r2, ···, rn을 생성할 때 n≥2인 w'로 정의했다. 그러나 본서에서 가정하는 형태소 분석기는 중의 어절에 대해서는 형태소 분석 결과를 생성하지 않는다. 앞서 살펴보았듯이 형태론적 중의 어절은 분석 후보들을 모아 따로 사전(형태론적 중의 어절 사전)을 구축하고 이를 대상으로 중의성을 해소하는 방식으로 처리하기 때문이다.

[2] 다만 본동사 '주다'와 보조 동사 '주다'처럼 문법적으로는 다의어로 보는 것이더라도 세종 형태 분석 표지에 의해 구별되는 것은 형태론적 중의성에 포함하여 다룰 수 있다.

(1) 형태론적 중의성

　　형태소 분석 대상으로서의 어절이 형태론적으로 두 가지 이상으로 분석되는(혹은 해석되는) 현상

　한국어 형태소 분석에서 중의성이 특히 문제가 되는 것은 어절 가운데 중의성을 갖는 것들이 아주 많기 때문이다. 〈세종 형태 분석 말뭉치(550만)〉에서 전체 926,421개 유형(type)의 어절 가운데 26,615개 유형의 총(token) 1,692,372개 어절이 형태론적으로 서로 다른 분석이 가능한 중의 어절이다.[3] 형태론적 중의 어절은 비율로 보면 전체 어절 가운데 유형 빈도 2.87%, 총 빈도 30.77%로서 유형 빈도에 비해 총 빈도가 훨씬 더 높다. 이처럼 유형 빈도는 낮지만 총 빈도가 높은 것은 형태론적 중의 어절 가운데에는 일상의 언어생활에서 자주 쓰이는, 고빈도의 기초 어휘를 포함하는 어절이 많기 때문일 것이다.

　(2) 〈세종 형태 분석 말뭉치(550만)〉에서 형태론적 중의 어절의 비중

구분	전체 어절	중의 어절	비율(%)
유형(type)	926,421	26,615	2.87
총수(token)	5,500,000	1,692,372	30.77

　한국어 어절에는 다양한 원인에 따른 중의성이 동시에 나타나기도 하여 한 어절이 여러 개의 분석 후보를 갖는 일이 흔하다. 예를 들어 1음절 어절 '난'은 (3)에서처럼 기본적으로 '난', '나+는', '나+은', '날+은', '낳+은', '낫+은' 등으로[4] 서로 다른 형태론적 분석이 가능한 어절인데 여기에 '난'과 '나+은'의 경우 하위 품사의 차이에 따른 중의성이 함께 나타나서 최대 8가지의 서로 다른 분석이 가능하다(홍종선 외 4인 2008 참조).[5]

---

3 〈세종 형태 분석 말뭉치〉는 앞서 예로 든 '배'와 같이 품사가 같은 동형어는 구분되어 있지 않다. 이를 포함하면 중의 어절의 수와 비율은 훨씬 더 높을 수밖에 없다.
4 이 가운데 '낳+은'은 '낳은'으로 활용하고 '낫+은'은 '나은'으로 활용하는 것이 규범에 맞다. 다만 이와 같은 오류도 자연언어 분석에서 수정의 과정을 거쳐 분석해야 하는 것들이다.

(3) 어절 '난'의 형태론적 중의성

    가. 난(보통 명사, 고유 명사)

        ①이 웅란은 난 가운데에도 가장 진귀(珍貴)하다.

        ②난 시(市)를 포위한 버마군이 완강한 저항에 부딪혀 쌍방간에 수많은 사상자를 내고
          도 결판이 날 기미가 보이지 않았다.

    나. 나(대명사)+는(보조사)

        ③난 평범한 건 질색이야.

    다. 나(동사, 보조 동사)+은(관형사형 어미)

        ④수혜에게로 오고 싶어 안달이라도 난 듯 감나무는 실내를 향해 가지들을 한껏 뻗치고
          있었다.

        ⑤경제의 어려움을 극복하고 난 뒤에 금융실명제를 실시하겠다는 것은 가장 비겁한
          변명이다.

    라. 날(동사)+은(관형사형 어미)

        ⑥비행선이 처음 하늘을 난 것은 1783년 파리에서의 일이었다.

    마. 낳(동사)+은(관형사형 어미)

        ⑦그것은 어머니 속으로 난 단 하나밖에 없는 자식으로서의 애정이자 미움이기도 했다.

    바. 낫(형용사)+은(관형사형 어미)

        ⑧내 굳이 널 시켜 네 집보다 난 집을 살 테다.

    형태론적 중의성은 중의성의 발생 원인, 형태소 분리와 해석의 양상, 중의 어절의 문법 범주 등에 따라 유형화할 수 있다. 먼저 형태론적 중의성은 (4)와 같이 중의성의 발생 원인에 따라 동형성(혹은 동음성)에 의한 것, 불규칙 활용에 의한 것, (규칙적) 탈락에 의한 것, 형태소 생략에 의한 것, 형태소 융합에 의한 것, 파생에 의한 것 등으로 나눌 수 있다.

---

5 〈세종 형태 분석 말뭉치(1000만)〉에서 분석 후보의 수가 가장 많은 어절은 '이가'이다. '이가'는 '이가(일반 명사)'로 분석되는 1개와 '이(일반 명사, 의존 명사, 대명사, 고유 명사, 수사)+가(주격 조사, 보격 조사, 명사 파생 접미사)'로 분석되는 9개를 합하여 총 10개의 분석 후보를 갖는다. 그 다음으로는 9개의 분석 후보를 갖는 '단'이 있다. '단'은 '단(관형사, 접속 부사, 일반 명사, 의존 명사, 고유 명사)'으로 분석되는 5개, '달(동사, 형용사)+은(관형사형 어미)'로 분석되는 2개, '다(부사)+이(긍 정 지정사)+은(관형사형 어미)'로 분석되는 1개, '닳(동사)+은'으로 분석되는 1개를 합하여 총 9개의 분석 후보를 갖는다.

(4) 형태론적 중의성의 유형 1: 발생 원인에 따라

　　가. 동형성(혹은 동음성)에 의한 중의성

　　　　먹을(명사+조사, 동사+어미), 삶은(명사+조사, 동사+어미), …

　　나. 불규칙 활용에 의한 중의성

　　　　들어('들+어', '듣+어'), 올라('오르+어', '오+을라'), …

　　다. (규칙적) 탈락에 의한 중의성

　　　　사는데('살+는데', '사+는데'), 터('트+어', '터'), …

　　라. 형태소 생략에 의한 중의성

　　　　개다('개+이+다', '개+다'), 파('파+어', '파'), …

　　마. 형태소 융합에 의한 중의성

　　　　인해('인하+어', '인해'), 내려('내리+어', '내+려'), …

　　바. 파생에 의한 중의성

　　　　보기에('보기+에', '보+기+에'), 이어서('이어서', '잇+어+서'), …

　　사. 기타

　　　　전문의('전문의', '전문+의'), 신도('신도', '신+도'), 남아('남아', '남+아'), …

　다음으로 형태론적 중의성은 (5)와 같이 형태소 분리와 해석의 양상에 따라 형태소 분리의 양상이 다른 것, 형태소 분리의 양상은 같지만 형태소 해석이 다른 것, 형태소 분리의 양상과 형태소 해석이 모두 다른 것 등으로 나눌 수 있다.

(5) 형태론적 중의성의 유형 2: 형태소 분리와 해석의 양상에 따라

　　가. 형태소 분리 중의성: '인해'

　　　①인해(명사)

　　　　응원단으로 메운 <u>인해</u> 응원도 대인의 품도로서는 할 짓이 ~.

　　　②인하(동사)+어(어미)

　　　　하지만 그로 <u>인해</u> 그녀를 만나지 말아야겠다는 생각마저 ~.

　　나. 형태소 해석 중의성: '삶은'

　　　①삶(명사)+은(조사)

　　　　민중의 <u>삶은</u> 극도로 복잡하다.

②삶(동사)+은(어미)

　　마늘을 듬뿍 넣고 <u>삶은</u> 닭죽이 아닌가!

다. 형태소 분리와 해석 중의성: '사는'

①살(동사)+는(어미)

　　우리는 언제나 안개 속을 헤매며 <u>사는</u> 것은 아닌지.

②사(동사)+는(어미)

　　물건 <u>사는</u> 거며 파는 것도 배웠다.

③사(명사)+는(조사)

　　공은 공이고 <u>사는</u> 사다.

다음으로 형태론적 중의성은 (6)과 같이 중의 어절(혹은 그 구성 성분)의 문법 범주, 특히 어떤 품사를 포함하는지에 따라 나눌 수 있다. 이 가운데에는 '자기(대명사)', '자기(일반 명사)', '자(동사)+기(명사형 어미)'처럼 여러 품사를 포함하는 것들도 있다. 후술하겠지만 중의 어절의 품사 관련 정보는 형태론적 중의성을 유형적으로 해소하는 데 일부 활용할 수 있다.

(6) 형태론적 중의성의 유형 3: 품사에 따라

가. 명사 포함 중의성

①일반 명사 포함 중의성: 보고, 살기, 고아, …

②의존 명사 포함 중의성: 한, 벌, 간, …

③고유 명사 포함 중의성: 상해, 죽도, 사기, …

나. 대명사 포함 중의성: 자기, 난, 전, 넌, 우린, …

다. 수사 포함 중의성: 하나, 둘, 열, 쉰, …

라. 동사 포함 중의성

①종결 어미 포함 중의성: 안다, 아니, 사자, …

②연결 어미 포함 중의성: 사고, 가면, 가지만, …

③명사형 어미 포함 중의성: 오기, 절기, 함, …

④관형사형 어미 포함 중의성: 오른, 나는, 줄, …

마. 형용사 포함 중의성

　①종결 어미 포함 중의성: 더하다, 달라, 그래, …

　②연결 어미 포함 중의성: 차고, 길어, 그래서, …

　③명사형 어미 포함 중의성: 크기, 더하기, 쌈을, …

　④관형사형 어미 포함 중의성: 적은, 가는, 달, …

바. 관형사 포함 중의성: 오른, 왼, 온, 전, …

사. 부사 포함 중의성: 늘, 안, 실로, 깊이, …

아. 감탄사 포함 중의성: 아니, 이런, 그래, …

　명사 포함 중의성, 대명사 포함 중의성, 수사 포함 중의성은 결합하는 조사에 따라 다시 나눌 수도 있다. 예를 들어 '자가'는 주격 조사(그리고 보격 조사)를 포함하는 분석 후보('자+가')를 가지며, '먹을'은 목적격 조사를 포함하는 분석 후보('먹+을')를 가지며, '이의'는 관형격 조사를 포함하는 분석 후보('이+의')를 갖는다. 이 밖에 '실로(실+로)', '내기에(내기+에)', '이사와(이사+와)' 등은 부사격 조사를 포함하는 분석 후보를 갖는다. 그리고 '수도(수+도)', '자만(자+만)', '가지는(가지+는)' 등은 보조사를 포함하는 분석 후보를 갖는다.

11.2. 어절 유형적 중의성 해소

　형태론적 중의 어절 가운데에는 이들과 공기어들 사이에서 성립하는 논항 관계, 수식 관계 등의 문법적 관계를 활용하여 중의성을 일부 해소할 수 있는 것들도 있다. 이는 문법 범주에 따라 유형화한 형태론적 중의 어절 전체에 적용할 수 있는 것이므로 어절 유형적 중의성 해소라고 한다. 이 절에서는 의존 명사 포함 중의성, 관형 성분 포함 중의성, 연결 어미 포함 중의성, 수사 포함 중의성, 목적격 조사 포함 중의성을 예로 들어 이에 대해 살펴본다.

　어절 유형적 중의성 해소는 둘 이상의 분석 후보 가운데 어느 하나(혹은 그 이상)의 후보를 선택하는 방식일 수도 있고 어느 하나(혹은 그 이상)의 후보를 배제하는 방식일 수도 있다. 이 가운데 어떤 방식을 적용할 것인지는 어절의 유형에 따라 다르다. 그리고 어절 가운데에는 이를 통해 분석 후보를 최종적으로 결정할 수 있는 것들도 있고 그 결과로 남은 복수의 분석 후보들을 대상으로 다시 어절 개별적 중의성 해소의 과정을 거쳐야 하는 것들도 있다.

□ 의존 명사 포함 중의성

의존 명사는 관형 성분에 의존적이다. 따라서 의존 명사를 포함하는 형태론적 중의 어절은 관형 성분이 바로 앞에 오지 않는 문맥에서 의존 명사를 포함하는 분석 후보를 배제할 수 있다. 예를 들어 '적이'는 '적/NNB + 이/JKS'(2,382), '적/NNG + 이/JKS'(59), '적이/MAG'(35) 등으로[6] 분석되는 형태론적 중의 어절인데 (7)과 같은 문맥에서 '적/NNB + 이/JKS'를 배제할 수 있다.[7]

(7) 가. 중무장의 살상무기를 놓고 대치한 상태에서 <u>적이</u> 먼저 쏘기 전에는 절대 쏘아서는 안 된다.
　　나. <u>적이</u> 공격하기 전에 우리가 먼저 그들을 공격해야 한다.
　　다. 돛대에는 그 배가 속한 나라의 국기와 적십자기를 다는데, 전쟁 중일지라도 <u>적이</u> 공격할 수 없도록 되어 있다.
　　라. 내 속에도 <u>적이</u> 있는데 누구는 적이고 누구는 <u>적이</u> 아니라고 나눌 수 있는 건지 나는 알고 싶다.

의존 명사에 따라 앞에 오는 관형 성분의 유형이 다르다는 점을[8] 고려하여 중의성 해소를 보다 정밀하게 할 수도 있다. 예를 들어 의존 명사 가운데 '적'은 명사의 관형격형이 관형 성분으로 오지 않고, '법'은 명사와 명사의 관형격형이 관형 성분으로 오지 않는다.

---

6 괄호 안의 수치는 〈세종 형태 분석 말뭉치(1000만)〉에서의 빈도이다.
7 형태론적 중의성 해소는 중의성이 없는 어절의 형태소 분석 이후에 진행하는 것으로 가정한다.
8 이에 대해서는 6장의 2절에서 살펴본 바 있다.

그리고 '거리'는 '-을' 관형사절과 명사만 관형 성분으로 오고, '가지'는 관형사만 관형 성분으로 온다. 따라서 '적이, 법을, 거리를, 가지를'은 (8)과 같이 관형 성분이 바로 앞에 오는 문맥에 쓰였지만 의존 명사에 조사가 결합한 어절일 수 없다.[9]

> (8) 가. 언젠가는 필연적으로 인간의 <u>적이</u> 피를 흘리며 인간의 발 밑에 쓰러져 죽어갈 것이다.
> 나. 외국에 가면 그 나라의 <u>법을</u> 따라야 한다.
> 다. 그의 눈엔 화창한 <u>거리를</u> 걷는 행인들의 모습이 생소하게 비쳤다.
> 라. 가지나물은 삶은 <u>가지를</u> 쭉쭉 찢어서 소금, 고춧가루, 참기름 등을 넣어 무친 것이다.

□ 관형 성분 포함 중의성

관형 성분(관형사, 용언의 관형사형, 명사의 관형격형 등)은 명사에 의존적이다. 따라서 관형 성분을 포함하는 형태론적 중의 어절은 명사가 뒤에 오지 않는 문맥에서 관형 성분을 포함하는 분석 후보를 배제할 수 있다. 예를 들어 (9)에서 '전'은 관형사와 용언의 관형사형으로 분석될 수 없고, '삶은'과 '자는'은 용언의 관형사형으로 분석될 수 없고, '상의'는 명사의 관형격형으로 분석될 수 없다.[10]

> (9) 가. <u>전</u> 힘들어서 더는 걷지 못하겠습니다.
> 나. 내 <u>삶은</u> 그렇게 덧없이 흘러가고 있었다.
> 다. 낯선 <u>자는</u> 들어오지 못하게 막아야 한다.
> 라. 그는 부모와 한마디 <u>상의</u> 없이 훌쩍 떠나 버렸다.

---

9 '법을'은 일반 명사 '법'의 목적격 조사 결합형(324)과 의존 명사 '법'의 목적격 조사 결합형(10)으로, '거리를'은 일반 명사 '거리'의 목적격 조사 결합형(610)과 의존 명사 '거리'의 목적격 조사 결합형(24)으로, '가지를'은 의존 명사 '가지'의 목적격 조사 결합형(342)과 일반 명사 '가지'의 목적격 조사 결합형(100)과 동사 '가(다)'의 연결형 '가지'의 목적격 조사 결합형(19)으로 분석되는 형태론적 중의 어절이다.

10 '전'은 관형사(2,038), 일반 명사(1,726), 대명사 '저'의 보조사 결합형(329), 동사 '절(다)'의 관형사형(13) 등으로, '삶은'은 일반 명사 '삶'의 보조사 결합형(337)과 동사 '삶(다)'의 관형사형(101)으로, '자는'은 의존 명사 '자'의 보조사 결합형(332), 동사 '자(다)'의 관형사형(277) 등으로, '상의'는 일반 명사 '상'의 관형격 조사 결합형(49), 일반 명사(21) 등으로 분석되는 형태론적 중의 어절이다.

한편 관형 성분을 포함하는 형태론적 중의 어절은 바로 뒤에 의존 명사가 오는 문맥에서는 관형 성분을 포함하는 분석 후보를 선택할 수 있다. 예를 들어 '먹을, 막을, 물은'은 명사의 조사 결합형(3, 176, 284)일 수도 있고 동사의 관형사형(957, 242, 64)일 수도 있는 형태론적 중의 어절들인데, (10가-다)에서는 각각 의존 명사 '것, 겨를, 만큼'의 바로 앞에 쓰인 만큼 모두 동사의 관형사형으로 분석할 수 있다. 수 관형사(27,329), 동사의 관형사형(7,273), 일반 명사(825) 등의 분석 후보를 갖는 '한'도 의존 명사 '권'이 뒤에 오는 (10라)에서는 수 관형사로 분석된다.

(10) 가. 어둠 속에서 <u>먹을</u> 것 하나 없이 사흘을 버텼다.
　　 나. 밀려오는 물줄기를 <u>막을</u> 겨를이 없었다.
　　 다. 네게 <u>물은</u> 만큼 네가 직접 대답해야 한다.
　　 라. 오래간만에 서점에 가서 소설책을 <u>한</u> 권 샀다.

□ 연결 어미 포함 중의성

연결 어미 '-어(/아)'는 '버리다, 보다, 있다, 지다' 등의 보조 용언에, '-게'는 '되다, 만들다, 하다' 등의 보조 용언에, '-지'는 '못하다, 않다' 등의 보조 용언에, '-고'는 '말다, 싶다, 있다' 등의 보조 용언에 의존적이다. 따라서 연결 어미 '-어, -게, -지, -고'를 포함하는 형태론적 중의 어절은 (11)과 같이 각각에 의존적인 보조 용언이 후행하는 조건에서 동사의 연결형으로 분석할 수 있다.[11]

(11) 가. 케이블카를 꼭 <u>타</u> 보라고 했다.
　　 나. 짐을 벗어서 동생에게 <u>지게</u> 했다.
　　 다. 눈이 하도 많이 와서 길을 <u>내지</u> 못했다.
　　 라. 고향의 산천이 <u>보고는</u> 싶었지만 차마 돌아갈 수가 없었다.

---

11 '타'는 동사 '타(다)'의 연결형(173)과 관형사(67) 등으로, '지게'는 동사 '지(다)'의 연결형(53)과 일반 명사(51)로, '내지'는 부사(477)와 동사 '내(다)'의 연결형(336) 등으로, '보고는'은 동사 '보(다)'의 연결형 '보고'의 보조사 결합형(163)과 일반 명사 '보고'의 보조사 결합형(18) 등으로 분석되는 형태론적 중의 어절이다.

한편 '-건, -니, -든' 등의 연결 어미는 반복 형태로 흔히 쓰이므로, 이들 어미를 포함한 형태론적 중의 어절은 동일한 형태의 어미가 후행하는 문맥에서 동사의 연결형으로 분석할 수 있다. 그리고 연결 어미 '-게'를 포함하는 형태론적 중의 어절은 의존 명사 '마련'이 뒤에 올 때에는 동사의 연결형으로 분석할 수 있다.[12]

(12) 가. 그 옷을 <u>입건</u> 말건 내가 상관할 바가 아니다.

　　나. 네가 그곳에 <u>가든</u> 말든 나는 신경쓰지 않겠다.

　　다. 학생극으로 길든 어린이가 성인 소인극의 주역이 <u>되게</u> 마련이다.

□ 수사 포함 중의성

수사는 수사와 함께 쓰이는 일이 흔하다. 따라서 수사를 포함하는 형태론적 중의 어절은 수사가 앞이나 뒤에 오는 문맥에서 수사로 분석할 수 있다. 예를 들어 (13)에서 수사 (2,558)와 동사의 연결형(668) 등의 분석 후보를 갖는 '하나', 수사(731)와 동사의 관형사형(127)과 일반 명사(45)의 분석 후보를 갖는 '열', 수사(26)와 동사의 관형사형(70)의 분석 후보를 갖는 '쉰'은 모두 수사로 분석된다.

(13) 가. 내 나이 벌써 서른 <u>하나</u>, 이제 무엇을 해야 할까?

　　나. 그는 열 셋의 나이에 부모 곁을 떠났다.

　　다. 어머니는 올해 쉰 다섯이 되셨다.

□ 목적격 조사 포함 중의성

'입을, 기를, 들을'은 일반 명사의 목적격 조사 결합형(1,657, 254, 34), 동사의 관형사형 (171, 71, 521) 등의 분석 후보를 갖는 형태론적 중의 어절들이다. 그런데 이들이 일반

---

[12] '입건'은 일반 명사(6)와 동사 '입(다)'의 연결형(3)으로, '가든'은 동사 '가(다)'의 연결형(22)과 일반 명사(3)로, '되게'는 동사 '되(다)'의 연결형(322)과 부사(33) 등으로 분석되는 형태론적 중의 어절이다.

명사의 목적격 조사 결합형일 때에는 타동사 서술어와 함께 나타날 것이므로 (14)와 같이
형용사 서술어가 쓰인 문맥에서는 이들을 동사의 관형사형으로 분석할 수 있다.

(14) 가. 환절기에 <u>입을</u> 마땅한 옷이 없다.

　　　나. 화단에 꽃을 <u>기를</u> 생각은 전혀 없어 보였다.

　　　다. 그 말을 곧이곧대로 <u>들을</u> 사람이 누가 있겠니?

11.3. 어절 개별적 중의성 해소

이 절에서는 용언 '가다, 가늘다, 갈다'의 활용에 의해 만들어지는 형태론적 중의 어절
'가는'과 동형어 '눈(目, 雪)'을 포함하는 형태론적 중의 어절('눈이, 눈을, 눈에' 등)을 예로
들어 공기어 분석에 기반한 형태론적 중의성 해소에 대해 살펴본다.

형태론적 중의성은 어절 유형별로 일부 해소할 수 있는 때가 있기는 하지만 궁극적으로
는 형태론적 중의 어절 각각의 앞뒤에 오는 어휘들, 곧 공기어를 통해 해소해야 한다.
예를 들어 (15)에서 '가는'을 '갈+는', '가늘+은', '가+는'으로 구별할 수 있는 것은 '밭을
~ 사람들', '~ 빗줄기', '집으로 ~ 길'처럼 이와 공기하는 어휘들이 다르기 때문이다.

(15) 공기어에 의한 '가는'의 형태론적 중의성 해소

　　　가. 저기 밭을 <u>가는(갈+는)</u> 사람들이 있다.

　　　나. <u>가는(가늘+은)</u> 빗줄기가 억수같이 쏟아진다.

　　　다. 집으로 <u>가는(가+는)</u> 길에 친구 집에 들렀다.

형태론적 중의 어절의 공기어를 분석하는 데에는 공기(共起, co-occurrence)의 유의성
을 검정하는 수단 가운데 하나인 t-점수(t-score)를 활용할 수 있다.[13] (16)은 〈세종 의미

---

[13] 이에 대해서는 [부록2]의 7을 참조할 수 있다.

분석 말뭉치(910만)에서 형태론적 중의 어절 '가는'이 동사 '가(다)'의 관형사형 '가+는'일 때 좌우 3어절 범위에서 이와 공기하는 명사들을 분석한 결과이다.[14] 각각의 예문을 (17)에 함께 제시한다.

(16) '가는(가+는)'의 공기어: t-점수 상위 10개

순위	w	$f_c(w)$	E	O	t-score
1	길01	7572	9.7582	370	18.7281
2	곳01	8977	11.5688	87	8.0871
3	버스02	1548	1.9949	59	7.4214
4	시간04	10653	13.7287	66	6.4342
5	집01	14316	18.4493	72	6.3110
6	사람	46127	59.4446	121	5.5959
7	학교	6957	8.9656	44	5.2816
8	날01	7896	10.1757	42	4.9106
9	도중04	444	0.5722	22	4.5684
10	호감	184	0.2371	21	4.5308

(17) 가. 할머니 댁에 <u>가는 길에</u> 욕심쟁이 초코는 오빠의 목도리를 자기 목도리와 바꾸자고 조른다.

나. 물자 부족 현상은 <u>가는 곳</u>마다 눈에 띄었다.

다. 서울서는 상봉터미널에서 포천군 이동읍까지 <u>가는 버스</u>를 탈 수 있으며 의정부에서도 버스가 운행된다.

라. 매끈하게 빠진 최신형 구두를 신으면 자신의 발이 신데렐라의 발처럼 변할 것 같고, 쇼윈도에서 반짝이며 눈길을 끄는 시계를 차면 <u>시간이 가는</u> 것이 아깝지 않을 것 같고, 좋아하는 모델이 입고 나온 청바지를 입으면 다리가 2인치는 길어 보일 것 같다.

마. 남의 나라를 방문한다는 것은 남의 <u>집에 가는</u> 것과 같다.

바. 고추는 이미 구입을 마친 가정도 있으나 요즘도 사 <u>가는 사람</u>이 적지 않다.

사. 영길 어머니는 아침마다 영길을 기다리게 해 놓고 화장을 하고 옷을 갈아입고 거울을

---

14 fc(w)는 공기어(w)의 말뭉치 전체 빈도, E는 예상 빈도, O는 관측 빈도(좌우 3어절의 공기 범위에서의 빈도)이다.

보고 나서 영길의 손을 잡고 <u>학교로</u> <u>가는</u> 것이었습니다.

아. 할머님과 절에 <u>가는</u> 날은 그동안 마련한 곡식을 챙겨지고 할머님의 손을 꼭 잡고 칡넝굴 잡목이 우거진 '뒤이골고개'를 몇등 넘어 범어사에 닿았다.

자. <u>가는</u> 도중에 변호사 사무실에 들러 보느라구요.

차. <u>호감</u> <u>가는</u> 사람이 되기 위해서 모양도 내고, 특히 훌륭한 화술을 구사하려고 노력도 한다.

(18)은 〈세종 의미 분석 말뭉치(910만)〉에서 형태론적 중의 어절 '가는'이 형용사 '가늘(다)'의 관형사형 '가늘+은'일 때 좌우 3어절 범위에서 이와 공기하는 명사들을 분석한 결과이다. 그리고 (19)는 각 명사가 나타나는 예문들이다. 이 가운데 '모양02'은 t-점수 순위는 3위로 분석되었지만 '가늘+은'의 유의미한 공기어로 보기는 어렵다. 예로 든 (19다)에서도 문법적으로 '모양02'과 직접적으로 관련되는 것은 '가는(가늘+은)'이 아니라 바로 앞에 오는 명사 '부리'이다.[15]

(18) '가는(가늘+은)'의 공기어: t-점수 상위 10개

순위	w	$f_c(w)$	E	O	t-score
1	철사05	87	0.0068	6	2.4467
2	뿌리	1117	0.0869	6	2.4140
3	모양02	4108	0.3197	6	2.3190
4	소리01	11282	0.8781	7	2.3139
5	줄기01	482	0.0375	5	2.2193
6	풀02	577	0.0449	5	2.2160
7	허리01	1071	0.0834	5	2.1988
8	비01	1641	0.1277	5	2.1790
9	깃털	90	0.0070	4	1.9965
10	나뭇가지	200	0.0156	4	1.9922

---

15 '섬모와 편모는 채찍 <u>모양</u>의 <u>가는</u> 세포발로서 모두 동일한 기본 구조를 갖는다.', '우산 <u>모양</u>의 연잎에 굵고 <u>가는</u> 빗방울이 리드미컬하게 떨어지고 나면 ~.'에서처럼 문법적으로 '모양02'과 직접적으로 관련되는 것은 대부분 앞뒤에 오는 명사들이다.

(19) 가. 빈 야구르트병은 20개씩 <u>가는 철사</u>에 꽂아 길게 우산대 위에 두른다.

나. 마른 풀, <u>가는 뿌리</u>, 동물의 털 등을 주로 사용해서 밥그릇 모양의 둥지를 만든다.

다. 그래서 사람들은 벌새의 길고 <u>가는</u> 부리 <u>모양</u>에 맞추어 디자인된 물접시를 나무에 매달고는 벌새가 찾아주기를 기다리고, 어느 날 날아온 벌새는 더 이상 힘들여 꽃을 찾아다니지 않아도 되었다.

라. 남수는 들보를 울릴 정도로 우러우렁한 목소리를 가진 아버지가 쥐새끼가 들을세라 목에 잠긴 <u>가는 소리</u>로 말씀하시는 게 미안하고 고마웠다.

마. 가는 뿌리, 마른 풀, 나무껍질, 이끼류, <u>가는 줄기</u>, 나뭇가지 활엽수의 잎이나 흙을 사용해서 밥그릇 모양의 둥지를 틀며, 알을 낳는 곳에는 동물의 털, 말총, 머리카락, 새의 깃털, 가는 뿌리, <u>가는 줄기</u> 등을 깐다.

바. 교목 위나 전신주에 나뭇가지로 둥근 모양의 둥지를 만들며, 내부에 <u>가는 풀</u>, 깃털 등을 깐다.

사. <u>허리가 가는</u> 것은 발을 헛디디는 때에도 좌우전후로 운동을 자유로이 하여 중요기관이 들어 있는 상체만은 보호하기 위해서요, 목이 가는 것은 상체가 넘어지는 한이 있어도 골통만은 깨치지 않기 위해서다.

아. <u>가는 비</u>가 뺨 위에 이슬처럼 내려앉는다.

자. 뒷머리의 깃털은 녹색 광택이 있는 검은색으로 <u>가는 깃털</u>이 6-7㎝의 모관을 이룬다.

차. <u>가는 나뭇가지</u> 끝에 매달린 이파리들이 바람결에 몸을 뒤척였다.

(20)은 〈세종 의미 분석 말뭉치(910만)〉에서 형태론적 중의 어절 '가는'이 동사 '갈(다)'의 관형사형 '갈+는'일 때 좌우 3어절 이내에서 이와 공기하는 명사들을 분석한 결과이다. 그리고 (21)은 각 명사가 나타나는 예문들이다. 이 가운데 '집01, 저만치, 참을성' 등은 (21바, 아, 차)에서처럼 좌우 3어절의 공기 범위에서 나타나기는 하지만 '갈+는'의 유의미한 공기어로는 보기 어려운 것들이다.

(20) '가는(갈+는)'의 공기어: t-점수 상위 10개

순위	w	$f_c(w)$	E	O	t-score
1	밭	901	0.0063	6	2.4469
2	쟁기01	54	0.0004	4	1.9998
3	연장01	107	0.0007	3	1.7316
4	모습01	6443	0.0451	3	1.7060
5	논밭	107	0.0007	2	1.4137
6	집01	14316	0.1003	2	1.3433
7	가래03	19	0.0001	1	0.9999
8	저만치	23	0.0002	1	0.9998
9	깨01	36	0.0003	1	0.9997
10	참을성	52	0.0004	1	0.9996

(21) 가. 황희(黃喜) 정승이 젊은 시절에 길을 가다가 어떤 농부가 두 마리 소로 밭을 <u>가는</u> 것을 보고 "어느 소가 더 잘 가느냐?"고 물었다.

나. 그리고 집도 짓고 밭을 <u>가는</u> 쟁기도 모두 손수 만들어 씁니다.

다. <u>가는</u> 연장은 쟁기, 가래, 쇠스랑이 으뜸이었다.

라. 봄이 오면 소에다 쟁기를 매어 논밭을 <u>가는</u> 모습은 과천 지역에서도 볼 수 있는 풍경의 하나였다.

마. 발해 사람들이 소를 부리며 <u>논밭을 가는</u> 모습을 떠올리기에 충분한 것들이다.

바. 그리고 집도 짓고 밭을 <u>가는</u> 쟁기도 모두 손수 만들어 씁니다.

사. <u>가는</u> 연장은 쟁기, <u>가래</u>, 쇠스랑이 으뜸이었다.

아. 마침 <u>저만치</u>에 밭을 <u>가는</u> 두 사람이 보였습니다.

자. 초파일에 바람이 잔잔하면 그 해 농사가 잘 된다고 하여 이 날 날씨를 보고 <u>깨</u>를 <u>가는</u> 일도 있었다.

차. 전장터를 눈앞에 두고도 묵묵히 밭을 <u>가는</u> 그 <u>참을성</u>, 모택동이 고사를 빌려 말한 우공정신이 그들의 정신속에 녹아 있다면, 상대적인 삶의 불평이야말로 말의 사치요, 남루일 터이다.

각각의 '가는'과 공기하는 명사들을 제시했지만 '가는'의 형태론적 중의성을 해소하는 데 조사, 어미 등을 고려해야 할 때도 있다. 예를 들어 '밭'은 (22가)에서처럼 '갈+는'의 전형적인 공기어이지만 (22나)와 같이 '밭'에 조사 '으로'나 '에'가 결합한 때에는 '가+는'으로 분석된다. 그리고 '가+는'은 (23)과 같이 '가거나 오거나 하는 동작의 목적을 나타내는' 연결 어미 '-(으)러'와도 함께 쓰이는 일이 흔하다.

(22) 가. 사람들이 <u>밭</u>을 <u>가는(갈+는)</u> 것을 보았다.

　　나. 사람들이 {<u>밭으로, 밭에</u>} <u>가는(가+는)</u> 것을 보았다.

(23) 보리밭을 <u>매러 가는</u> 모양이었다.

한편 '눈이, 눈을, 눈에' 등은 동형어 '눈(目, 雪)'을 포함하는 형태론적 중의 어절들이다. '눈이'는 '눈01(目)+이'(1,245)와 '눈04(雪)+이'(340)로 분석되고, '눈을'은 '눈01+을'(3,297)과 '눈04+을'(66)로 분석되고, '눈에'는 '눈01+에'(2,234)와 '눈04+에'(18)로 분석된다. (24)와 (25)는 각각 〈세종 의미 분석 말뭉치(910만)〉에서 좌우 4어절 범위에서 동형어 '눈01'과 '눈04'의 공기어들을 분석한 결과이다.

(24) '눈01' 공기어: t-점수 상위 10개

순위	w	$f_c(w)$	E	O	t-score
1	뜨05/VV	1043	3.8032	929	30.3547
2	띄01/VV	840	3.0630	823	28.5812
3	감01/VV	831	3.0302	807	28.3011
4	보이01/VV	10884	39.6873	439	19.0582
5	보01/VV	33252	121.2498	557	18.4633
6	두/MM	12817	46.7358	355	16.3610
7	나/NP	54076	197.1823	566	15.5026
8	그/NP	50733	184.9924	522	14.7504
9	들어오/VV	4391	16.0113	238	14.3894
10	바라보/VV	3400	12.3977	214	13.7812

(25) '눈04' 공기어: t-점수 상위 10개

순위	w	$f_c(w)$	E	O	t-score
1	내리/VV	4683	1.4955	201	14.0720
2	오/VV	17039	5.4413	139	11.3283
3	쌓이/VV	849	0.2711	87	9.2983
4	덮이/VV	297	0.0948	57	7.5373
5	위01/NNG	8010	2.5580	59	7.3481
6	녹/VV	448	0.1431	47	6.8348
7	희/VA	1216	0.3883	45	6.6503
8	하얗/VA	1120	0.3577	37	6.0240
9	속01/NNG	15879	5.0709	45	5.9523
10	겨울/NNG	1587	0.5068	34	5.7440

이처럼 t-점수를 활용한 공기어 분석은 대체로 그럴 듯한 결과를 보여주기는 하지만 기계적인 분석의 한계도 분명히 있다. 특히 (18)의 '가는(가늘+은)', (20)의 '가는(갈+는)'과 같이 공기 빈도(관측 빈도)가 낮은 어휘들의 경우 유의미한 공기어로 보기 어려운 것들이 분석되기도 한다.[16] 공기어를 활용한 형태론적 중의성 해소는 궁극적으로는 개별 어휘들보다는 어휘들 사이의 다양한 관계를 포괄하는 어휘 의미망에 기반한 것이어야 한다. t-점수를 활용한 공기어 분석은 어휘들 사이의 다양한 관계를 포착하고 이를 토대로 궁극적으로 어휘 의미망을 구축하는 데 보조적인 수단으로 활용할 만한 가치가 충분히 있다.

의미망과 워드넷

의미망은 1968년 퀼리언(Quillian, M.R.)에 의해 제안된 지식 체계의 심리적 모델이다. 그는 우리가 가지고 있는 지식은 고립된 개개 지식의 집합이 아니라 상호 연관된 지식의 집합이라고 생각하였다. 따라서 다른 지식과 관련지어 개개의 지식에 대한 의미가 정해진다. 이것은 지식의 체계가 개개

---

16 '가는(가늘+은)'과 '가는(갈+는)'의 빈도는 '가는(가+는)'에 비해 극히 낮다. 〈세종 의미 분석 말뭉치(910만)〉에서 '가는(가+는)'은 동사(2,194)와 보조 동사(917)를 합쳐서 3,111회 나타나는 데 비해 '가는(가늘+은)'은 129회, '가는(갈+는)'은 동형어를 모두 합쳐서 30회 나타난다.

지식과 지식 간에 상호 연결되는 망(網, net) 구조에 대응되는 것을 의미한다. 인간은 이 개개 지식의 망 구조를 추적해 가면서 연상과 추론을 하게 되는 것이다.

어휘 의미에 작용하는 지식 기반의 범위와 그것의 표상 방식에 대한 언어학적인 고민은 컴퓨터 언어학의 발달로 새로운 국면을 맞이한다. 이와 관련한 대표적인 성과가 프린스턴 대학의 워드넷 (Wornet)이다. 워드넷 연구는 인간의 머릿속 사전에 대한 심리학적 탐구로 출발하였지만, 결국 그 결과물은 방대한 지식 기반을 의미망으로 체계화하는 것으로 귀결되었다. 이러한 연구는 인간의 경험이 반영된 온톨로지(ontology)*를 기반으로 하는 의미망을 구축하려는 시도로 이어진다.

프린스턴 워드넷(Wornet)과 더불어 온톨로지를 기반으로 하는 의미망의 대표적인 성과는 유로워 드넷(EuroWordNet)이다. 이는 프린스턴 워드넷을 기반으로 한 것인데, 다국어번역을 궁극적 목적으로 하는 유로워드넷은 어휘의 계열적 관계를 나타내는 데 머무르지 않고 문장의 생성과 해석 과정에 관여하는 어휘 정보를 구축하고자 하였다.

*온톨로지라는 말은 희랍어 'Ontos(being)'와 'logos(word)'에서 비롯되었다. 철학에서 온톨로지는 존재의 본질에 대해 연구하는 학문을 가리키는 말이자 세상 사물에 어떤 분류 체계를 제공하는 것을 뜻하였다. 어휘론에서 온톨로지는 주로 어휘망을 구축하는 연구와 관련하여 거론되었는데, 실세계 또는 특정 영역(domain)에 존재하는 개념의 속성과 그것들의 의미적 관계에 대한 정보를 포함하는 지식 기반을 가리키는 말이자, 어떤 영역에서 공통적으로 사용되는 어휘들의 집합을 표현하는 방법을 뜻한다.

-최경봉 외 4인(2020: 139-140 참조)-

12. N-gram과 조합을 이용한 미등록어 분석

　이 장에서는 미등록어(未登錄語, unlisted word) 분석에 대해 살펴본다. 미등록어 분석은 크게 두 가지 과정을 거친다. 첫 번째는 미등록어를 확인하는 것이다. 미등록어는 어절 그 자체일 수도 있고 어절에 그 일부로서 포함된 것일 수도 있다. 두 번째는 분석 규칙(알고리즘)을 적용하여 미등록어를 분석하고 이를 문법적으로 해석하는 것이다. 본서에서는 미등록어를 분석하는 과정에서 N-gram과 조합(組合, combination)을 이용하는 방법을 살펴본다.

12.1. 미등록어의 개념과 유형

　이론 문법에서 미등록어(혹은 미등재어)는[1] 사전에 올라 있지 않은 단어를 말한다. 고유 명사와 신(조)어는 대표적인 미등록어들이다. 고유 명사는 특별한 경우가 아닌 한 이론적으로 사전의 표제어로 삼는 어휘가 아니며, 신(조)어는 그 문법적 특성으로는 사전의 표제어로 올릴 수는 있지만 언제든 만들어져서 미등록어 상태로 존재할 수 있다.

　(1) 미등록어의 유형(1)
　　　가. 고유 명사(인명, 지명, 상품명 등)
　　　나. 신(조)어: 혼밥, 버카충, 치맥

　본서에서는 어절에서 접사(어미, 조사)를 제외한 나머지(어절 전체 혹은 그 일부)로서 어근으로 분석되지 않는 것은 그 크기와 문법적 지위에 관계없이 모두 미등록어로 본다. 이는 분석의 결과가[2] 아니라 분석의 일반적인 과정에서 이들이 (사전의 등재어인 것이

---

1 이론 문법에서는 '등록(어)'보다는 '등재(어)'를 주로 쓴다. 이에 따르면 '미등재어(未登載語)'가 더 적절한 용어이겠지만 전산 언어학(혹은 자연어 처리) 분야에서 널리 쓰여 온 점을 고려하여 '미등록어'라는 용어를 그대로 쓴다. 다만 (전자) 사전의 표제어와 관련해서는 이론 문법에 따라 '등재(어)'라는 용어를 쓴다.
2 분석의 결과로만 보면 이들 가운데에는 하나의 단어가 아닌, 그래서 문법적으로는 미등록어라고 할 수 없는 것들이

보통인) 어근으로 추정되는 요소라는 점을 반영한 것이다. 이는 결국 단어처럼 붙여 쓴 형식적 특성에 따라 미등록어를 폭넓게 정의한 것이다.

(2) 미등록어

    (형태소 분석의 일반적인 과정에서) 접사를 제외한 나머지로서 어근으로 분석되지 않는 것

(2)에 따르면 미등록어에는 (3)과 같은 것들이 모두 포함된다. (3가)는 어문 규범(띄어쓰기 규정)에 따라 붙여 써서 만들어진 수 표현 미등록어들이다. (3나)는 어문 규범에서 붙여 쓰는 것을 허용하여 만들어진 미등록어들이다. (3다)는 생산성이 높은 접두사와 접미사가 결합하여 만들어진 미등록어들이다. 이 밖에 미등록어에는 (3라)와 같은 명사 연쇄 구성,[3] (3마)와 같은 띄어쓰기 오류 구성 등이 더 있다.

(3) 미등록어의 유형(2)

    가. 수 표현: 이천삼백사십육만, 오천육백칠십팔, …

    나. 붙여쓰기 허용 구성: 좀더 (큰것), 육층, 먹어보(다), …

    다. (생산적) 파생접사 결합 구성: 내일쯤, (삼십) 분경, 대학생답(다), 대이라크, …

    라. 명사 연쇄 구성: 국어문법론, 대학생선교회, 동시흥분기점, …

    마. 띄어쓰기 오류 구성: 밥먹(고), 학교가(서), 첫수업, …

이 가운데에서 본서에서 미등록어 분석의 대상으로 삼는 것은 (3)에 제시한 유형의 미등록어들이다. 이들은 보통의 어절을 분석하는 방식과는 다르지만 기본적으로는 문자열 분리를 통해 분석할 수 있는 것들이다. 이와 달리 고유 명사와 신(조)어는 이와 같은 일반적인 방식으로는 분석하기 어려운 것들이 많을 뿐만 아니라 때에 따라서는 분석이 불가능한 것들도 있다.[4] 사실 고유 명사와 신(조)어는 분석의 대상이 아니라 최대한

많다.

3 명사 연쇄 구성 가운데에는 전문 용어나 고유 명사로 볼 수 있는 것들도 있겠으나 따로 구별하지 않았다.

4 우리의 경우에도 예를 들어 '버카충'과 같은 신(조)어는 처음 보거나 들어서 바로 이해할 수 있는 것이 아니다. 이런 부류의 단어들은 옳든 그르든 어느 정도까지 분석하여 그 의미를 추론할 수 있을 뿐이다. 참고로 '버카충'을 처음 접한

모아서 사전에 (필요에 따라서는 별도의 사전에) 표제어로 등재하여 처리해야 할 성질의 어휘들이다.

> ### 전문 용어의 띄어쓰기
>
> 전문 용어는 '국어 문법, 자연 언어, 중거리 탄도 유도탄'과 같이 단어별로 띄어 쓰는 것이 원칙이나 붙여 쓰는 것도 허용(한글 맞춤법 제 50항)한다. 한국어 사전에서는 원칙에 따라 단어별로 띄어 쓴 형태를 표제어로 삼는 것이 보통이다. 그러나 어절 단위로 형태소를 분석하는 전산 언어학의 관점에서는 '국어문법, 자연언어, 중거리탄도유도탄'처럼 붙여 쓴 형태를 (전자) 사전의 표제어로 삼는 것이 더 낫다. 다만 붙여 쓴 형태를 표제어로 삼는 때에는 띄어 쓴 형태가 쓰인 경우 이를 한 단위로 분석하는 절차가 필요하다. 문장에 명사 단독 어절이 연속할 경우 (먼저 전체를, 그리고 명사를 하나씩 줄여 가면서) 이를 붙여서 사전 표제어 여부를 확인하는 방법을 생각할 수 있다. 예를 들어 '… 국어 문법 시간에 …'의 경우 '국어문법시간', '국어문법'을 차례대로 사전에서 확인하여 '국어문법'을 분석하는 것이다. 물론 이때에도 '한국 현대 무용'처럼 뒷부분인 '현대무용'을 분석해야 하는 것도 있고, '한국 인지 과학 협회'처럼 중간 부분인 '인지과학'을 분석해야 하는 것도 있다는 점을 고려해야 한다.

12.2. 미등록어의 확인

미등록어를 분석하기 위해서는 어떤 어절이 미등록 어절인지 혹은 미등록어를 포함하는 어절인지를 확인하는 일이 먼저다. 어절은 형태소 분석의 대상이므로 미등록 어절이든 미등록어를 포함하는 어절이든 모두 형태소 분석의 과정을 거친다. 이때 형태소 분석이 불가능하면 이를 미등록 어절 혹은 미등록어를 포함하는 어절로 추정할 수 있다.

본서에서는 어절의 뒷부분, 곧 접사(조사, 어미)를 먼저 분석하는 형태소 분석을 가정한다. 따라서 (4)와 같이 형태소 분석 과정에서 접사가 분석되지 않는 어절들은 그 전체가 미등록어일 가능성이 있다.[5]

사람들 가운데에는 이를 '어떤 벌레'인 줄 알았다는 사람이 많다고 한다. '버카충'을 'X충(蟲)'으로 잘못 분석하여 이해한 것이다.

(4) 미등록어의 확인(1): 접사가 분석되지 않는 어절

　　내일쯤, 첫수업, 육층, 국어문법론, 오천육백칠십팔, 좀더, ...

　형태소 분석 과정에서 접사가 분석되더라도 이후의 과정에서 궁극적으로 어근 추정 요소가 어근으로 분석되지 않으면 어절 전체 혹은 그 일부가 미등록어일 가능성이 있다. 예를 들어 (5)는 '-고, -(어)서, -다' 등이 어미로 분석되고 '의, 만'이 조사로 분석되는 어절들이지만 어근이 분석되지 않아서 미등록 어절 혹은 미등록어 포함 어절로 추정할 수 있는 것들이다.

(5) 미등록어의 확인(2): 어근이 분석되지 않는 어절

　　밥먹고, 학교가서, 대학생답다, 집앞의, 친구동생만, ...

　미등록 어절과 미등록어를 포함하는 어절을 구별했지만 (5)와 같이 접사가 분석되는 때에는 이를 판단하는 것이 쉽지는 않다. '-고, -서, -다', '의, 만' 등은 (5)에서처럼 접사일 수도 있지만 (6)에서처럼 미등록어의 일부일 수도 있기 때문이다.

(6) 모집공고, 노비문서, 지출과다, 간부회의, 이천삼백사십육만, ...

　다만 어미 가운데에는 '-었-, -겠-, -을까, 습니다, -으려고' 등 미등록어에 쓰이기 쉽지 않은 것들이 있고, 조사 가운데에도 '에서, 에게(서), 부터, 까지, 만큼(은)' 등 미등록어에 쓰이기 어려운 것들이 있다. 따라서 (7)과 같은 어절들은 각각 용언류 미등록어를 포함하는 어절과 체언류 미등록어를 포함하는 어절로 보는 데 무리는 없다. 그리고 이에 따라 어미와 조사를 제외한 부분만 따로 떼어 미등록어 분석의 대상으로 삼을 수도 있다.

---

5 '좀더'의 '-더-'는 어미이기는 하지만 종결 어미가 아니므로 어절 전체가 미등록어이다.

(7) 가. 밥먹었니, 밥먹겠다, 밥먹었을까, 밥먹습니다, 밥먹으려고, …

　　　나. 집앞에서, 친구동생에게(서), 집앞부터, 집앞까지, 국어문법론만큼은, …

12.3. 미등록어의 분석

미등록어는 가능한 분석 후보들을 생성하고 이 가운데에서 어느 하나를 선택하는 방식
으로 분석할 수 있다. 먼저 미등록어의 가능한 분석 후보들을 어떻게 생성하는지 살펴보
자. 예를 들어 4음절 미등록어 abcd가 있다고 가정해 보자. 이 미등록어는 논리적으로
(8)과 같은 7개의 분석 후보를 최대로 가질 수 있다. 이 가운데에는 그 구성 성분이
하나 이상 사전에 없는 것들이 있을 수 있다. 이를 제외한 것들, 곧 모든 성분이 사전에
있는 것들이 미등록어 abcd의 가능한 분석 후보들이다.[6]

(8) 4음절 미등록어(abcd)의 최대 분석 후보

　　가. abc+d, a+bcd, ab+cd

　　나. ab+c+d, a+bc+d, a+b+cd

　　다. a+b+c+d

최대 분석 후보와 가능한 분석 후보는 미등록어의 길이(음절 수)가 길수록 급격히 많아
진다. 이 목록을 생성하는 프로그램은 N-gram과 combinations() 함수를 이용하여 파이선
으로 작성할 수 있다.[7] 예를 들어 명사 연쇄형 미등록어 '대학생선교회'의 최대 분석 후보
를 생성해 보자. 먼저 N-gram을[8] 이용하여 다음과 같이 '대학생선교회'의 구성 성분이
될 수 있는 부분 문자열 20개의 목록을 생성한다.

---

6 물론 '김철수다운'처럼 사전의 표제어가 아닌 고유 명사를 포함하는 미등록어가 있을 수도 있다. 이 또한 (1)의 미등록어들과
마찬가지로 별도의 처리가 필요하다.

7 이와 관련한 프로그래밍에 대해서는 [부록2]의 13을 참조할 수 있다.

8 N-gram은 어떤 문자열을 구성하는 N개의 연속 나열을 말한다. 예를 들어 '대학생선교회'의 4-gram에는 이를 구성하는
4개의 음절 나열인 '대학생선, 학생선교, 생선교회'가 있다. 여러 어절로 된 문자열에서는 어절 단위로 N-gram 목록을
구할 수도 있다.

(9) '대학생선교회'의 N-gram(부분 문자열) 목록

unigram	bigram	trigram	4-gram	5-gram
대	대학	대학생	대학생선	대학생선교
학	학생	학생선	학생선교	학생선교회
생	생선	생선교	생선교회	
선	선교	선교회		
교	교회			
회				

다음으로 조합(組合) 함수 combinations()를[9] 이용하여 부분 문자열의 모든 조합을 생성한다. 그리고 이 가운데에서 문자열이 '대학생선교회'와 일치하는 것들을 선택한다. 이렇게 선택한 31개 조합이 '대학생선교회'의 최대 분석 후보들이다.

(10) '대학생선교회'의 최대 분석 후보 목록

　　가. (2개 조합) 대+학생선교회, 대학+생선교회, 대학생+선교회, 대학생선+교회, 대학생선 교+회

　　나. (3개 조합) 대+학+생선교회, 대+학생+선교회, 대+학생선+교회, 대+학생선교+회, 대학 +생+선교회, 대학+생선+교회, 대학+생선교+회, 대학생+선+교회, 대학생+선교+회, 대 학생선+교+회

　　다. (4개 조합) 대+학+생+선교회, 대+학+생선+교회, 대+학+생선교+회, 대+학생+선+교회, 대+학생+선교+회, 대+학생선+교+회, 대학+생+선+교회, 대학+생+선교+회, 대학+생선 +교+회, 대학생+선+교+회

　　라. (5개 조합) 대+학+생+선+교회, 대+학+생+선교+회, 대+학+생선+교+회, 대+학생+선+ 교+회, 대학+생+선+교+회

　　마. (6개 조합) 대+학+생+선+교+회

---

9 combinations() 함수는 n개에서 r개를 순서에 관계없이 취한 나열, 곧 조합을 만드는 함수이다. 예를 들어 3개의 항목으로 구성된 리트스 [1, 2, 3]에서 2개 항목의 조합은 [(1, 2), (1, 3), (2, 3)]의 3개이다. 참고로 n개에서 r개를 순서를 고려하여 취한 나열, 곧 순열(順列)을 만들려면 permutations() 함수를 사용하면 된다. 예를 들어 3개의 항목으로 구성된 리트스 [1, 2, 3]에서 2개 항목의 순열은 [(1, 2), (1, 3), (2, 1), (2, 3), (3, 1), (3, 2)]의 6개이다.

'대학생, 선교회, 대학, 학생, 생선, 선교, 교회, 대, 학, 생, 선, 교, 회' 등이 사전에 있다고 가정할 때 (9)에서 모든 구성 성분이 사전에 있는 분석 후보는 다음의 20개이다. 이것이 바로 '대학생선교회'의 가능한 분석 후보들이다.

(11) '대학생선교회'의 가능한 분석 후보 목록
   가. (2개 조합) 대학생+선교회
   나. (3개 조합) 대+학생+선교회, 대학+생+선교회, 대학+생선+교회, 대학생+선+교회, 대학
       생+선교+회
   다. (4개 조합) 대+학+생+선교회, 대+학+생선+교회, 대+학생+선+교회, 대+학생+선교+회,
       대학+생+선+교회, 대학+생+선교+회, 대학+생선+교+회, 대학생+선+교+회
   라. (5개 조합) 대+학+생+선+교회, 대+학+생+선교+회, 대+학+생선+교+회, 대+학생+선+
       교+회, 대학+생+선+교+회
   마. (6개 조합) 대+학+생+선+교+회

N-gram 가운데 사전에 있는 것들을 미리 확인하여 부분 문자열 목록을 구하고 이를 대상으로 모든 조합을 생성할 수도 있다. 그러면 최대 분석 후보 목록 (10)을 생성하는 과정을 거치지 않고 바로 가능한 분석 후보 (11)을 생성할 수 있어서 더 효율적이다.

미등록어의 분석은 이렇게 만들어진 가능한 분석 후보 목록에서 어느 하나의 분석 후보를 선택하는 것으로써 마무리된다. 그런데 이는 가능한 분석 후보의 목록을 생성하듯이 기계적으로 할 수 있는 일이 아니다. 다만 때에 따라서는 가능한 분석 후보들의 형식적인 특성을 일부 활용하여 분석의 정확도를 얼마간 높일 수는 있다. 예를 들어 '대학생선교회'도 그렇지만 (12)와 같이 가능한 분석 후보들 가운데 형태(소)의 수가 가장 적은 것이 최종 분석 후보인 경우가 많다. 물론 모든 단음절이 수사인 미등록어는 수 표현이므로 예외적으로 (13)과 같이 분석해야 한다.

(12) 형태의 수가 가장 적은 분석 후보
   대학생+선교회, 동시흥+분기점, 중거리+탄도+유도탄, 국어+형태론, 자연언어+처리, …

(13) (예외) 수 표현의 분석

　　　이+만+삼+천+사+백+오+십+육

　형태의 수가 가장 적은 분석 후보가 두 개 이상 있을 수 있다. 이때에는 (14)와 같이 긴 형태를 포함하는 분석 후보, 단어로만 구성된 분석 후보,[10] 일음절 형태가 적은 분석 후보 등을 우선하여 선택할 수 있다. 다만 기준에 따라 선택되는 후보가 달라서 어떤 기준을 우선적으로 적용할지를 다시 선택해야 할 수도 있다.

(14) 가. 긴 형태를 포함하는 분석 후보

　　　운동화+끈()운동+화끈), 국어문법+론()국어+문법론)

　　나. 단어로만 구성된 분석 후보

　　　운동화+끈()운동+화끈), 국어+문법론()국어문법+론)

　　다. 일음절 형태가 적은 분석 후보

　　　운동+화끈()운동화+끈), 국어+문법론()국어문법+론)

　충분한 규모의 코퍼스가 뒷받침될 때에는 이를 최종 분석 후보를 선택하는 데 활용할 수도 있다. 예를 들어 '첫수업'의 가능한 분석 후보 가운데 '첫+수업'과 '첫수+업'은 위에서 살펴본 기준으로는 어느 하나를 우선하여 선택할 수 없다. 그러나 이 가운데 코퍼스에 나타날 가능성이 높은 것은 (띄어 쓴) '첫 수업'이다. 이는 앞서 살펴본 '운동화 끈, 국어문법론' 등도 마찬가지이다.

(15) 코퍼스에서 확인되는 분석 후보

　　　첫+수업()첫수+업), 운동화+끈()운동+화끈), 국어+문법론()국어문법+론), …

　이처럼 최종 후보를 선택하는 과정에서 각 분석 후보의 형식적 특성 혹은 코퍼스를 얼마간 활용할 수는 있다. 그러나 미등록어의 분석은 본질적으로 각 분석 후보를 구성하

---

10 (14나)에서 괄호 안의 형태 '화끈'은 불규칙적 어근이고 '론'은 파생접사이다.

는 형태(소)들 사이의 '통합(혹은 통합 관계)의 적절성'에 대한 문법적 판단이 필요한 일이다. 예를 들어 (16)에서 '영화(명사)+보고(명사)'의 통합과 '영화(명사)+보(동사)+고(어미)'의 통합, '추돌(명사)+사고(명사)'의 통합과 '추돌(명사)+사(동사)+고(어미)'의 통합 가운데 어떤 것이 문법적으로 그리고 의미적으로 더 적절한 것인지를 판단할 수 있어야 한다. 앞서 살펴본 미등록어들의 분석도 마찬가지이다. 예를 들어 우리가 '대학생+선교회'를 '대학+생선+교회'보다 우선적으로 선택하고 '동시흥+분기점'을 '동시+흥분+기점'보다 우선적으로 선택하는 것은 어휘 의미 관계의 적절성에 대한 문법적 판단이다.

(16) 가. '영화보고'
　　　①영화(명사) + 보고(명사)
　　　②영화(명사) + 보(동사) + 고(어미)
　　나. '추돌사고'
　　　①추돌(명사) + 사고(명사)
　　　②추돌(명사) + 사(동사) + 고(어미)

　어절이 미등록어를 포함하는 때에는 미등록어로 추정되는 부분 문자열을 대상으로 미등록어를 분석한다. 먼저 (17)과 같이 체언류의 미등록어 혹은 용언류의 미등록어인 것이 분명한 부분 문자열은 끝에 오는 형태가 각각 체언과 용언이어야 한다는 것만 주의하면 된다. 예를 들어 '먹'은 동사 어간일 수도 있고 명사일 수도 있지만 (17가)에서는 동사로 분석되어야 한다.

(17) 가. 밥먹(었니), 밥먹(겠다), 밥먹(었을까), 밥먹(습니다), 밥먹(으려고), ...
　　나. 집앞(에서), 친구동생(에게(서)), 집앞(부터), 집앞(까지), 국어문법론(만큼은), ...

(18)과 같이 형태소 분석의 과정에서 어미 '-고, -서' 등이 분석되는 어절은 용언류의 미등록어를 포함하는 어절일 수도 있고 어절 전체가 미등록어일 수도 있다. 이때에는 용언류의 미등록어를 포함하는 어절일 가능성을 먼저 고려하여 분석하고 분석되지 않을 때에는 어절 전체가 미등록어로 보아 분석할 수 있다.

(18) 가. 밥먹고, 학교가서, ...
　　　나. 모집공고, 노비문서, ...

미등록어 가운데에는 (19)와 같이 생산성이 높은 파생접사가 결합한 것들이 있다. (19 가)는 생산성이 높은 한자어 일음절 접두사 '대(對)-, 주(駐)-, 친(親)-, 반(反)-' 등이 결합한 미등록어들이고, (19나)는 생산성이 높은 (때에 따라서는 구에도 결합하는) 접미사 '-쯤, -경(頃), -짜리, -답-' 등이 결합한 미등록어들이다.

(19) 가. 대이라크, 주일본, 친러시아, 반러시아, ...
　　　나. 내일쯤, (삼십) 분경, (열) 살짜리, 대학생답(다), ...

미등록어로서의 성격에는 차이가 있지만 이들도 문자열을 분리하여 가능한 분석 후보들을 생성하고 이 가운데에서 어느 하나를 선택하는 일반적인 방식으로 분석할 수 있다. 다만 가능한 분석 후보가 둘 이상인 때에는 생산성이 높은 접사를 포함하는 분석 후보를 우선적으로 선택할 수 있다. 예를 들어 '주일본'의 경우 가능한 분석 후보 '주+일본'과 '주일+본' 가운데 생산성이 높은 접두사 '주'를 포함하는 '주+일본'으로 분석하는 것이다. 용언류 미등록어인 '대학생답(다)'은 용언을 만드는 접사('-답-')가 끝에 오는 형태라는 것을 제외하면 (17가)의 미등록어들과 다름이 없다.

부록

[부록] 1. 파이썬 기초

1. 파이선 실행하기

파이선은 공식 홈페이지(www.python.org)에서 본인의 컴퓨터 환경에 맞는 최신 버전을 내려받아서 설치할 수 있다. 본서에서는 Python 3.7.0 버전을 기준으로 설명한다. 파이선은 프로그래밍을 쉽게 할 수 있는 여러 가지 장치들을 가지고 있는데 이는 버전에 따라 얼마간 차이가 있다. 본서에서는 버전에 따라 별다른 차이가 없는 가장 기본적인 장치들을 사용하는 방식을 설명한다. 버전에 따른 차이는 파이선 공식 홈페이지에서 확인할 수 있다.

파이선은 두 가지 방식으로 실행할 수 있다. 하나는 대화형(interactive) 모드로 실행하는 것이고 다른 하나는 스크립트(script) 모드로 실행하는 것이다.

1.1. 대화형 모드로 실행하기

대화형 모드는 프롬프트(>>>) 상태에서 코드를 입력하여 실행하는 방식을 말한다. 대화형 모드로 파이선을 시작하기 위해 IDLE을 실행한다. 프롬프트 상태에서 코드(예: 2+3)를 입력하고 엔터 키(enter key)를 누르면 그 아래에 코드를 실행한 결과(예: 5)가 출력된다. 차례대로 입력하고 실행해 보자.

```
>>> 2+3
5
>>> (2+3)*4
20
>>> 2+3*4
14
>>> 11/4
2.75
```

```
>>> 11//4
2
>>> 11%4
3
>>> print('안녕!')
안녕!
```

1.2. 스크립트 모드로 실행하기

스크립트 모드는 파일로 저장된 코드를 읽어서 실행하는 방식을 말한다. IDLE 상단의 메뉴에서 〈File〉 → 〈New File〉을 클릭하여 코드(프로그램)를 작성할 파일을 연다. 파일에 다음과 같이 입력한 다음 저장(〈File〉 → 〈Save〉)한다. 상단 메뉴에서 〈Run〉 → 〈Run Module〉을 클릭한다(혹은 단축 키 F5를 누른다). 스크립트 모드로 실행할 때에는 print()를 써서 출력해야 한다.

```
print(2+3)
print((2+3)*4)
print(2+3*4)
print(11/4)
print(11//4)
print(11%4)
print('안녕!')
```

실행 결과가 다음과 같이 하나씩 한 번에 출력되는 것을 확인할 수 있다.

```
5
20
```

14
2.75
2
3
안녕!

2. 파이선 기본문과 자료형

2.1. 파이선 기본문

□ 주석문

주석문은 프로그램 설명, 참고 사항 기록 등을 위해 사용한다. 주석문은 프로그램 실행에는 아무런 영향을 끼치지 않는다. 주석문은 '#'을 사용하여 작성한다. 작성하는 프로그램이 복잡할 때에는 주석문을 활용하여 전체 프로그램을 구성하는 부분마다 설명을 붙여 두는 것이 좋다.

```
#주석문 예시(1)

print(11/4)     #나눗셈: 값 출력하기
print(11//4)    #나눗셈: 몫 출력하기
print(11%4)     #나눗셈: 나머지 출력하기
```

실행 결과는 다음과 같다.

```
2.75
2
3
```

주석문은 프로그램의 특정 코드를 실행하지 않을 목적으로 사용하기도 한다. 아래 예시는 두 번째 줄의 나눗셈 몫을 출력하는 코드를 주석으로 처리한 것이다.

```
#주석문 예시(2)

print(11/4)     #나눗셈: 값 출력하기
#print(11//4)  #나눗셈: 몫 출력하기
print(11%4)     #나눗셈: 나머지 출력하기
```

위 프로그램의 실행 결과는 다음과 같다. 나눗셈의 몫이 출력되지 않은 것을 확인할 수 있다.

```
2.75
3
```

★블록 주석

작은따옴표(')와 큰따옴표(")를 세 개 겹쳐 써서 여러 줄을 한 번에 주석문으로 처리할 수도 있다. 다음은 #을 사용한 일반 주석의 예이다.

```
#일반 주석

print(2+3)
#print((2+3)*4)
#print(2+3*4)
#print(11/4)
#print(11%4)
print('안녕!')
```

다음은 위의 주석문들을 블록으로 묶어서 한 번에 주석으로 처리한 것이다. 프로그램을 실행한 결과는 동일하다.

```
#블록 주석

print(2+3)
'''                        #블록 주석: 시작
print((2+3)*4)
print(2+3*4)
print(11/4)
print(11%4)
'''                        #블록 주석: 끝
print('안녕!')
```

□ 치환문

치환문은 좌변의 이름(변수)에 우변의 객체를 할당하는 것을 말한다. 치환문은 '='를
사용하여 작성한다. 참고로 '='는 등호가 아니라는 것에 유의해야 한다. 파이선에서 사용
하는 등호는 '=='이다.

```
#치환문 예시

a=4          #치환문: 변수 a에 4를 할당함.
print(a)
b='안녕!'      #치환문: 변수 b에 '안녕!'을 할당함.
print(b)
```

실행 결과는 다음과 같다.

```
4
안녕!
```

★변수 사용하기

변수는 자유롭게 정해 사용할 수 있다. 본서에서는 로마자를 주로 사용하겠지만 한글과 밑줄(_)도 사용할 수 있다. 다만 파이선에서 미리 정의하여 사용하고 있는 내장 함수, 모듈, 예약어의 이름은 사용하지 않아야 한다. 이를 변수로 사용하게 되면 기존의 것을 사용할 수 없게 되기 때문이다.

★키보드로 값 입력하기

input() 함수를 사용하면 키보드로 값을 입력하여 변수에 그 값을 할당할 수 있다.

```
#키보드로 값 입력하기
a=input('입력: ')
print(a)
```

위 프로그램을 실행하면 다음과 같이 input() 함수의 ' ' 안 문자열이 출력되고 입력 대기 상태가 된다.

```
입력:
```

입력 대기 상태에서 '안녕!'을 입력하면 변수 a에 '안녕!'이 할당된다.

```
입력: '안녕!'    #'안녕!'을 입력한다.
```

엔터 키로 프로그램을 계속 실행한 결과, 곧 print(a)의 결과는 다음과 같다.

'안녕!'

이처럼 키보드로 값을 입력하면 프로그램을 변경하지 않고도 변수에 할당되는 값을 자유롭게 바꿀 수 있는 장점이 있다.

2.2. 파이선 자료형

자료형은 파이선에서 처리할 수 있는 자료의 형식을 말한다. 자료형에 따라 수행할 수 있는 일과 그 방식(메소드method)이 다른 만큼 자료형의 선택은 자료의 처리에서 중요하다. 자료형에는 수치형, 문자열, 리스트, 사전 등이 있다.

자료형	설명(특징)	예시
수치형(Numbers)	수를 표현하는 자료형 (직접형, 변경 불가능형)	1, 123
문자열(Strings)	문자를 표현하는 자료형 (시퀀스형, 변경 불가능형)	'안녕?', "Hello!"
리스트(Lists)	순서를 가지는 객체의 집합 (시퀀스형, 변경 가능형)	[1, 35, 678], ['사과', '배', '감']
사전(Dictionaries)	순서를 가지지 않는 객체의 집합 (매핑형, 변경 가능형)	{'사과':100, '배':150, '감':200}

수치형은 수를 직접 표현하는 자료형으로서 값의 변경이 불가능하다. 예를 들어 123을 124로 변경할 수 없다. 문자열은 문자를 표현하는 자료형으로서 작은따옴표 ' ' 또는 큰따옴표 " "로 표현한다. 문자열은 순서가 있는 자료형(시퀀스형)이며 값의 변경이 불가능한 자료형이다. 리스트는 대괄호 [ ]로 표현하는 시퀀스형 자료형으로서 변경이 가능하다. 시퀀스형 자료는 위치 값(index)을 이용하여 일부를 참조하는 것이 가능하다. 예를

들어 문자열 '안녕!'에서 '안, 안녕, 녕, 녕!, !' 등을 참조할 수 있다. 중괄호 { }로 표현하는 사전은 키(key)에 값(value)이 대응하는 매핑형 자료형으로서 변경이 가능하다. 각 자료형에 관련한 구체적인 사항은 뒤에서 다시 살펴본다.

자료형은 type() 함수를 이용하여 확인할 수 있다.

```
#자료형 확인

a=1
print(type(a))
b='안녕!'
print(type(b))
c=['사과', '배', '감']
print(type(c))
d={'사과':100, '배':150, '감':200}
print(type(d))
```

실행 결과는 다음과 같다.

```
<class 'int'>
<class 'str'>
<class 'list'>
<class 'dict'>
```

★주의: 키보드로 입력한 값의 자료형

다음은 input() 함수를 이용하여 변수 a에 값을 할당하고 a의 값과 자료형을 확인하는 프로그램이다.

```
#키보드로 입력한 값의 자료형

a=input('입력: ')
print(a)
print(type(a))
```

입력 대기 상태에서 숫자 1을 입력해 보자.

```
입력: 1
```

엔터 키로 프로그램을 실행한 결과는 다음과 같다.

```
1
<class 'str'>
```

a에 할당한 1이 수치형 자료가 아니라 문자열 자료라는 것을 확인할 수 있다. 이처럼 input() 함수을 이용하여 키보드로 입력한 것은 모두 문자열로 간주된다. 이를 수치형 자료로 사용하기 위해서는 자료형을 변환해야 한다. 문자열 자료를 수치형 자료로 변환할 때에는 int() 함수를 사용한다. 다음은 문자열 a를 수치형 자료로 변환하여 이를 b에 할당하고 b의 자료형을 확인하는 코드를 위 프로그램에 추가한 것이다.

```
#키보드로 입력한 값의 자료형 변환

a=input('입력: ')
print(a)
print(type(a))
b=int(a)                  #문자열 a를 수로 변환하고 이를 b에 할당
```

```
print(b)
print(type(b))
```

위와 똑같은 과정을 거쳐서 프로그램을 실행한 결과는 다음과 같다. a는 문자열 자료이고 b는 수치형 자료라는 것을 확인할 수 있다.

```
1
<class 'str'>
1
<class 'int'>
```

3. 파이선 제어문

우리가 하루에 하는 일들을 생각해 보자. 조건이나 상황에 관계없이 꼭 해야 하는 일들도 있고, 조건이나 상황에 따라 하고 하지 않고를 선택해야 하는 일들도 있고, 하루에 여러 번 해야 하는 일들도 있다. 프로그램에 의해 실행되는 것들도 이와 마찬가지이다. 프로그램을 구성하는 부분(코드)들 가운데에는 꼭 실행해야 하는 것들도 있고, 조건에 따라 선택적으로 실행해야 하는 것들도 있고, 실행을 반복해야 하는 것들도 있다. 따라서 프로그램을 작성할 때에는 각 부분의 실행 여부, 실행 조건, 실행 방식 등을 제어하는 장치가 필요한데 이러한 기능을 하도록 작성하는 파이선 문을 제어문이라고 한다.

파이선 제어문에는 if문, for문, while문의 세 가지가 있다.

3.1. if문(조건문)

if문은 조건에 따라 실행을 제어하는 조건문이다. if문은 ①실행 조건, ②조건에 맞는 경우(참True인 때) 실행할 부분, ③조건에 맞지 않는 경우(거짓False인 때) 실행할 부분 등을 포함하는데 이 가운데 ③은 생략할 수 있다. 다음은 〈조건〉에 맞으면 A를 실행하고 〈조건〉에 맞지 않으면 B를 실행하는 프로그램이다.

```
#if문의 기본 형식과 구성
if <조건>:       #조건 끝에 쌍점(콜론) ':'이 꼭 있어야 한다.
    A
else:           #else에도 쌍점(콜론) ':'이 꼭 있어야 한다. else 부분은 생략할 수 있다.
    B
```

★주의: 열 맞추기

위와 같이 제어문에 의해 실행이 단계적으로 진행될 때에는 단계별로 열(列, column)이 맞아야 한다. 곧 아래에서처럼 if와 else의 열이 맞아야 하고 A1과 A2, B1과 B2도 각각 열이 맞아야 한다. 그리고 if와 A1/A2, else와 B1/B2는 시작 위치(깊이)가 달라야 한다. if와 else 줄을 입력하고 엔터 키를 치면 자동으로 A1과 B1의 앞에 탭(tab)이 입력되어 위치가 정해진다. A2와 B2도 이와 마찬가지이다.

```
#제어문에서 열 맞추기

if <조건>:
    A1
    A2
else:
    B1
    B2
```

다음은 if문으로 작성한 프로그램의 예이다. elif는 else와 if를 하나로 합친 것이다.

```
#if문 예시

a=3
b=4

if a+b>7:
    print('7보다 큼')
elif a+b<7:
    print('7보다 작음')
else:
    print('7보다 크지도 않고 작지도 않음')
```

3.2. for문(반복문)

for문은 실행을 되풀이하는 반복문이다. for문은 시퀀스 자료형인 〈객체〉의 각 항목을 차례대로 〈타깃〉에 치환하여 그 내부의 문(들)을 실행한다. 따라서 for문은 〈객체〉의 길이(혹은 개수)만큼 반복된다. for문의 기본 형식과 구성은 다음과 같다. for문의 else도 생략할 수 있다.

```
#for문의 기본 형식과 구성

for <타깃> in <객체>:
    A
else:
    B
```

다음은 for문을 이용하여 문자열(객체)의 각 음절을 차례대로 x(타깃)로 치환하여 이를 출력하는 프로그램을 작성한 것이다.

```
#for문 예시(1): 문자열의 각 음절 출력하기

a='안녕하세요?'

for x in a:
    print(x)
else:
    print('종료')
```

프로그램을 실행한 결과는 다음과 같다.

안
녕
하
세
요
?
종료

for문은 continue와 break를 써서 실행의 흐름을 제어할 수 있다. for문 내부의 문(들)이 실행되다가 continue를 만나면 그 아래의 문(들)을 실행하지 않고 for문의 시작 부분으로 이동하며, break를 만나면 for문 블록에서 빠져나온다. for문의 else 부분은 for문이 break로 중단되지 않고 종료될 때 실행된다.

리스트의 항목 가운데 길이가 3 이상인 것과 그 길이를 출력하는 프로그램을 작성해 보자. 리스트의 각 항목을 변수에 치환하는 for문과 변수로 치환된 각 항목에 대해 그 길이를 3과 비교하여 실행을 선택하는 if문이 필요하다. len()은 길이를 재는 함수이다. for문을 이용하여 리스트 L의 각 항목을 차례대로 x로 치환하고 그 길이가 3보다 작은 경우('봄', '여름', '가을') continue가 실행된다. end=''는 줄 바꾸기를 하지 않을 때 사용하는데 '' 사이에 있는 것이 삽입된다. 아래에서는 '' 사이에 여백이 1칸 있으므로 x 뒤에 여백 1칸이 삽입된다.

```
#for문 예시(2): continue
#리스트에서 길이가 3 이상인 항목과 그 길이 출력

L=['봄', '소나기', '아지랑이', '여름', '가을']

for x in L:                         #L의 각 항목을 차례대로 x로 치환
    if len(x)<3:                    #x의 길이가 3보다 작으면,
        continue                    #for문의 시작 부분으로
    else:                           #그렇지 않으면,
        print(x, end=' ')           #x를 출력, 줄 바꾸기를 하지 않고 여백 1칸 삽입
    print(len(x))                   #x의 길이를 출력
else:
    print('break 없이 for문 종료')
print('완료')
```

실행 결과는 다음과 같다.

```
소나기 3
아지랑이 4
break 없이 for문 종료
완료
```

리스트의 각 항목과 그 길이를 출력하는 프로그램을 작성해 보자. 단 길이가 3보다 큰 항목('아지랑이')이 나오면 for문의 반복을 종료한다. for문에서 빠져나오기 위해 break를 썼다. end=' '도 end=', '로 바꿨다.

```
#for문 예시(3): break
#리스트에서 길이가 3보다 큰 항목이 나오기 전까지 각 항목과 그 길이 출력

L=['봄', '소나기', '아지랑이', '여름', '가을']

for x in L:
    if len(x)<3:                    #x의 길이가 3보다 크면,
        break                       #for문 종료
    else:
        print(x, end=', ')
    print(len(x))
else:
    print('break 없이 for문 종료')
print('완료')
```

실행 결과는 다음과 같다. break에 의해 for문의 반복이 중단되었으므로 for문의 else 부분은 실행되지 않았다.

```
봄, 1
소나기, 3
완료
```

for문과 range() 함수를 사용하면 연속되는 숫자를 출력할 수 있다. range() 함수는 일정한 범위 안의 숫자를 일정한 간격으로 반환하는 함수이다. range(시작값, 끝값, 간격)처럼 사용하며 시작값은 반환 범위에 포함되고 끝값은 반환 범위에 포함되지 않는다. (간격이 1인 때에는) 간격을 명시하지 않고 range(시작값, 끝값)처럼 쓸 수 있고, (시작값이 0인 때에는) 끝값만 명시하여 range(끝값)처럼 쓸 수 있다.

```
#for문 예시(4): range() 함수를 이용한 숫자 출력

for x in range(1, 10):              #1부터 10보다 작은 수(9)까지 차례대로 x로 치환
    print(x, end=' ')

print('')                           #줄 바꾸기
for x in range(1, 10, 2):           #1부터 10보다 작은 수(9)까지 2의 간격으로 x로 치환
    print(x, end=' ')

print('')                           #줄 바꾸기
for x in range(10):                 #0부터 10보다 작은 수(9)까지 차례대로 x로 치환
    print(x, end=' ')
```

실행 결과는 다음과 같다. 시작값 1과 0은 출력되고 끝값 10은 출력되지 않은 것을 확인할 수 있다.

```
1 2 3 4 5 6 7 8 9
1 3 5 7 9
0 1 2 3 4 5 6 7 8 9
```

다음은 for문과 range() 함수를 이용하여 1부터 100까지의 합(5,050)을 구하는 프로그램이다. for문의 else는 생략했다. 알고리즘의 핵심은 '1, 1+2=3, 3+3=6, 6+4=10, 10+5=15, …'와 같은 방식으로 자연수의 합을 구하는 순차적인 과정을 두 개의 변수 x와 sum을 사용하여 sum=sum+x(혹은 sum+=x)로 표현하는 것이다.

```
#for문 예시(5): range() 함수를 이용하여 1부터 100까지의 합 구하기

sum=0                               #합(sum)의 초깃값
for x in range(1, 101):
    sum=sum+x                       #sum+=x로 표현할 수도 있음
```

```
print(sum)
```

for문을 중첩하면 구구단을 출력하는 프로그램을 만들 수 있다. 다음을 입력하여 프로그램을 작성하고 실행해 보자. 실행 결과는 생략한다.

```
#for문 예시(6): 구구단 출력

for x in range(2, 10):              #2단부터 9단까지
    for y in range(1, 10):          #1부터 9까지
        print(x, '*', y, '=', x*y)  #(예) 2 * 1 = 2
    print('')                       #단 구분을 위한 빈 줄
```

3.3. while문(조건 반복문)

while문은 조건을 충족하는 동안 실행을 되풀이하는 조건 반복문이다. while문의 기본 형식과 구성은 다음과 같다. else는 생략할 수 있다.

```
#while문의 기본 형식과 구성

while <조건>:
    A
else:
    B
```

다음은 while문을 이용하여 1부터 10보다 작거나 같은 수(10)까지 순서대로 출력하는 프로그램이다. '1, 1+1=2, 2+1=3, 3+1=4, ... 9+1=10'과 같은 방식으로 자연수를 순서대로 반환하는 순차적인 과정을 변수를 사용하여 num=num+1로 표현하는 것이

알고리즘의 핵심이다.

```
#while문 예시(1): 1부터 10까지 숫자 출력하기

num=1                          #초깃값 혹은 시작값
while num<=10:                 #반복 조건
    print(num)
    num=num+1
```

합을 치환하는 변수 sum을 추가하면 다음과 같이 1부터 10까지의 합을 구하는 프로그램을 작성할 수 있다.

```
#while문 예시(2): 1부터 10까지의 합 구하기

num=1
sum=0
while num<=10:
        sum=sum+num
        num=num+1
print(sum)
```

while문도 for문처럼 continue와 break를 써서 실행의 흐름을 제어할 수 있다. while문 내부의 문(들)이 실행되다가 continue를 만나면 그 아래의 문(들)을 실행하지 않고 while문의 시작 부분으로 이동하며, break를 만나면 while문 블록에서 빠져나온다. while문의 else 부분은 조건이 충족되지 않을 때 실행된다.

```
        while문 이전

        while <조건>:
            ......
            continue
            ......
            break
        else:
            ......

        while문 이후
```

1부터 9까지의 수 가운데 5보다 크거나 같고 8보다 작거나 같은 수(5, 6, 7, 8)를 출력하는 프로그램을 작성해 보자. 다음과 같이 5보다 작은 수(1, 2, 3, 4)는 continue를 사용하여 건너뛰고 8보다 큰 수(9)가 나오면 break로 중단하면 된다. while문의 else와 첫 번째 if문의 else는 생략했다.

```
#while문 예시(3): continue, break
#1부터 10까지의 수 가운데 5보다 크거나 같고 8보다 작거나 같은 수 출력

n=1
while n<10:
    if n<5:
        n=n+1
        continue
    if n>8:
        break
    else:
        print(n)
        n=n+1
```

4. 자료형(1): 수치형

수치 자료형에는 정수형, 실수형, 복소수형 등이 있다. 본서에서는 정수형 가운데 십진수에 대해서만 살펴본다. 수치형 자료는 연산이 가능하다. 수치형 자료의 연산에는 산술 연산, 관계 연산, 논리 연산 등이 있으며 각각의 연산에 사용되는 연산자가 따로 있다.

4.1. 산술 연산(자)

파이선에서는 덧셈(+), 뺄셈(-), 곱셈(*), 나눗셈(/), 제곱(**) 등의 산술 연산이 가능하다. 괄호 안은 각각의 연산에 사용되는 연산자이다. 나눗셈의 경우 몫(//)과 나머지(%)를 구할 수도 있다. 다음은 산술 연산의 예이다. 대화형 모드로 설명한다. 파일로 프로그램을 작성할 때에는 print()를 사용하여 결과를 출력한다.

```
#산술 연산
>>> a=11
>>> b=3
>>> a+b        #덧셈
14
>>> a-b        #뺄셈
8
>>> a*b        #곱셈
33
>>> a/b        #나눗셈
3.6666666666666665
>>> a//b       #나눗셈의 몫
3
>>> a%b        #나눗셈의 나머지
2
>>> b**3       #세 제곱
27
```

4.2. 관계 연산(자)

관계 연산은 객체들의 크기를 비교하는 연산을 말한다. 연산자로는 같은지를 비교하는 ==, 크고 작은지를 비교하는 〉와 〈 등이 있다. 다음은 관계 연산의 예이다. 결과는 True(참) 혹은 False(거짓)로 반환된다.

```
#관계 연산
>>> a=3
>>> b=5
>>> a==b        #a와 b가 같은지 확인
False
>>> a>b         #a가 b보다 큰지 확인
False
>>> a<b         #a가 b보다 작은지 확인
True
>>> a>=b        #a가 b보다 크거나 같은지 확인
False
>>> a!=b        #a와 b가 다른지 확인
True
```

4.3. 논리 연산(자)

논리 연산은 진릿값(True 혹은 False)을 갖는 표현을 대상으로 한 연산으로서 진릿값을 반환한다. 연산자로는 and, or, not이 있다.

```
#논리 연산
>>> a=3
```

```
>>> b=5
>>> (a>2) and (b>4)      #and: 모두 True인 경우 True 반환, 괄호는 안 써도 된다.
True
>>> (a>2) or (b>6)       #or: 하나 이상이 True인 경우 True 반환
True
>>> not(a>2)            #not: True인 경우 False 반환
False
```

논리 연산은 다음과 같이 진릿값을 갖는 대상이면 무엇이든지 가능하다.

```
>>> a='사과'
>>> b='감'
>>> c=3
>>> (a=='사과') and (b=='감')
True
>>> (a=='사과') and (c==3)
True
```

★정수형 자료로 변환하기: int()

정수형 자료가 아닌 것을 정수로 변환할 때에는 다음과 같이 int() 함수를 사용한다.

```
#정수형 자료로 변환하기

>>> a='3'       #a는 따옴표로 정의된 문자열이다.
>>> type(a)
<class 'str'>
>>> a=int(a)    #정수로 변환
>>> type(a)
<class 'int'>
>>> int(4.5)
4
```

5. 자료형(2): 문자열

5.1. 문자열 표현하기

문자열은 따옴표(작은따옴표 ' ' 혹은 큰따옴표 " ")를 사용하여 표현한다.

```
#문자열의 표현

>>> a='문자열은 따옴표를 사용하여 표현한다.'
>>> b="작은따옴표와 큰따옴표를 모두 사용할 수 있다."
```

다음과 같이 따옴표(작은따옴표 혹은 큰따옴표)를 세 개 겹쳐 써서 문자열을 여러 줄로 표현할 수도 있다.

```
#여러 줄 문자열

>>> c='''동구밖 과수원길 아카시아꽃이 활짝 폈네
하아얀 꽃 이파리 눈송이처럼 날리네
향긋한 꽃냄새가 실바람 타고 솔솔
둘이서 말이 없네 얼굴 마주보며 쌩긋
아카시아꽃 하얗게 핀 먼 옛날의 과수원길.'''
```

문자열을 표현하는 데 사용하는 따옴표는 문자열에 그 일부로서 포함된 것일 수도 있다. 예를 들어 다음과 같이 따옴표('아카시아꽃')를 포함하는 문자열을 출력하려고 하면 구문 오류(invalid syntax) 메시지가 반환된다. '아카시아꽃' 앞뒤의 따옴표를 문자열로 인식하지 않고 문자열을 정의하는 부호로 인식하기 때문이다.

```
>>> print('동구밖 과수원길 '아카시아꽃'이 활짝 폈네')
SyntaxError: invalid syntax
```

오류를 방지하려면 따옴표가 문자열이라는 것을 표시해 주어야 하는데 이때 사용하는 특수 문자를 이스케이프(escape) 문자라고 한다. 이스케이프 문자는 다음과 같이 역사선 (역슬래시, \ )을 사용한다.

```
#이스케이프 문자: \

>>> print('동구밖 과수원길 \'아카시아꽃\'이 활짝 폈네')     #\': 문자열로서의 따옴표
동구밖 과수원길 '아카시아꽃'이 활짝 폈네
```

이스케이프 문자는 다음과 같이 문자열의 특정 부분에서 줄을 바꾸거나(\n) 탭을 추가 해야 할 때(\t)도 사용한다.

```
>>> print('동구밖 과수원길\n아카시아꽃이 활짝 폈네')          #\n: 줄바꾸기
동구밖 과수원길
아카시아꽃이 활짝 폈네
>>> print('동구밖\t과수원길\t아카시아꽃이\t 활짝\t폈네')     #\t: 탭 삽입
동구밖    과수원길    아카시아꽃이    활짝    폈네
```

5.2. 문자열의 특성

문자열을 포함한 시퀀스형 자료들은 이를 구성하는 성분(항목)들의 순서가 정해져 있다. 이때 순서에 따라 각 성분에 할당되는 값을 인덱스(index)라고 하는데 인덱스는

0부터 시작된다. 예를 들어 '사랑했어요'에서 첫 번째 음절 '사'의 인덱스는 0, 두 번째 음절 '랑'의 인덱스는 1, 세 번째 음절 '했'의 인덱스는 3이다. 인덱스는 마이너스(-)로 할당되기도 한다.

```
#문자열의 인덱스

| 사 | 랑 | 했 | 어 | 요 |

  0   1   2   3   4   5
 -5  -4  -3  -2  -1
```

인덱스를 활용하면 문자열의 일부를 참조할 수 있다. 이에는 인덱싱(indexing)과 슬라이싱(slicing)이 있다. 인덱싱은 특정 인덱스를 갖는 한 성분을 참조하는 것이다

```
#인덱싱

>>> a='사랑했어요'
>>> a[0]
'사'
>>> a[-1]
'요'
```

슬라이싱은 일정 범위의 인덱스를 사용하여 그 범위의 성분들을 참조하는 것이다.

```
#슬라이싱

>>> a[1:3]    #1부터 3까지(인덱스 3인 '어'는 포함되지 않는다)
'랑했'
>>> a[1:]     #1부터 끝까지
'랑했어요'
```

```
>>> a[:2]        #처음부터 2까지
'사랑'
>>> a[-3:-1]    #-3부터 -1까지
'했어'
```

문자열의 크기(길이)는 len() 함수를 사용하여 확인할 수 있다. 문자열의 크기는 여백
도 포함하여 계산된다. 그리고 문자열(a)에 특정 문자열(b)이 나타나는지 혹은 b가 a의
구성 성분인지를 확인할 수도 있는데 이를 멤버십 테스트라고 한다.

```
#크기 확인, 멤버십 테스트

>>> a='동구밖 과수원길 아카시아꽃이 활짝 폈네'
>>> len(a)                        #문자열 a의 크기(길이) 확인
21
>>> '과수원' in a                  #a에 '과수원'이 나타나는지 확인
True
>>> '복숭아' in a
False
```

문자열은 다음과 같은 연산도 가능하다.

```
>>> a='파이선은'
>>> b='배우기 쉽다'
>>> c=' '
>>> d='!'
>>> e=d*3

>>> a+c+b+e
'파이선은 배우기 쉽다!!!'
```

5.3. 문자열 메소드

문자열은 검색, 편집, 분리 등이 가능하다. 문자열 a를 대상으로 메소드(method)를 사용하는 기본 형식은 〈a.메소드()〉이다.

다음은 문자열의 검색을 바탕으로 한 주요 메소드들이다.

```
#문자열 메소드(1): 검색

>>> a='아침에는 밥을 안 먹고 점심에는 밥을 먹었다.'
>>> a.find('점심')              #있는 경우: '점심'의 시작 위치(index)를 반환한다.
13
>>> a.find('과일')              #없는 경우: -1을 반환한다.
-1
>>> a.count('밥')               #a에서 '밥'의 출현 횟수(빈도)를 반환한다.
2
>>> a.startswith('아침')        #a가 '아침'으로 시작하는지 확인
True
>>> a.endswith('까')            #a가 '까'로 끝나는지 확인
False
```

문자열의 편집에 관련한 메소드로는 여백을 삭제하는 strip(), 문자열을 교체하는 replace() 등이 있다.

```
#문자열 메소드(2): 편집

>>> a=' 봄 여름 가을 겨울 '
>>> a.strip()                   #좌우측 여백 삭제
'봄 여름 가을 겨울'
>>> a.lstrip()                  #좌측 여백 삭제
'봄 여름 가을 겨울 '
>>> a.rstrip()                  #우측 여백 삭제
```

```
' 봄 여름 가을 겨울'
>>> a.replace('겨울', '동')          #문자열 교체
' 봄 여름 가을 동 '
```

split()을 사용하여 문자열을 분리할 수도 있다.

```
#문자열 메소드(3): 분리

>>> a='봄 여름 가을 겨울'
>>> a.split()                      #여백을 기준으로 문자열 분리
['봄', '여름', '가을', '겨울']        #결과는 리스트(list)로 반환된다.
>>> a.split('여름')                 #'여름'을 기준으로 문자열 분리
['봄 ', ' 가을 겨울']
```

★문자열은 변경되지 않는다.

다음과 같이 문자열은 변경이 불가능한 자료형이다. 치환을 다시하여, 곧 값을 재할당하여 변경의 효과를 낼 수는 있다.

```
>>> a='하늘'
>>> a.replace('하', '마')          #a의 '하'를 '마'로 교체
'마늘'
>>> a                             #a는 바뀌지 않는다.
'하늘'
>>> a=a.replace('하', '마')        #a의 재치환(값 재할당)
>>> a
'마늘'
```

6. 자료형(3): 리스트

6.1. 리스트 표현하기

리스트는 순서가 있는 항목(멤버)들의 집합이다. 리스트는 대괄호([ ])를 사용하여 표현한다. 리스트를 구성하는 항목들은 다음과 같이 문자열일 수도 있고 수일 수도 있고 리스트일 수도 있다.

```
#리스트의 표현

>>> L1=['봄', '여름', '가을', '겨울']
>>> L2=[1, 2, 3, 4, 5]
>>> L3=[['봄', '여름', '가을', '겨울'], [1, 2, 3, 4, 5]]
```

6.2. 리스트의 특성

리스트는 시퀀스형 자료형으로서 이를 구성하는 각 항목은 0부터 차례대로 인덱스를 갖는다. 따라서 인덱스를 활용한 인덱싱과 슬라이싱이 가능하다.

```
#인덱싱과 슬라이싱

>>> L=['봄', '여름', '가을', '겨울']
>>> L[0]                #인덱싱
'봄'
>>> L[-1]
'겨울'
>>> L[1:3]              #슬라이싱: 인덱스 1부터 3까지
['여름', '가을']
```

```
>>> L[1:]                    #1부터 끝까지
['여름', '가을', '겨울']
>>> L[:2]                    #처음부터 2까지
['봄', '여름']
>>> L[-3:-1]                 #-3부터 -1까지
['여름', '가을']
```

다음은 리스트의 항목이 리스트인 경우 각 항목의 인덱스, 그리고 이를 활용한 인덱싱
과 슬라이싱의 예이다. 리스트의 중첩은 3개 이상도 가능하다.

```
#리스트를 항목으로 갖는 리스트의 인덱스, 인덱싱, 슬라이싱

>>> L=[['봄', 1], ['여름', 3], ['가을', 2], ['겨울', 5]]
>>> L[0]                          #L의 인덱스 0
['봄', 1]
>>> L[0][0]                       #L의 인덱스 0의 인덱스 0: 인덱싱
'봄'
>>> L[0][1]                       #L의 인덱스 0의 인덱스 1
1
>>> L[0][1:2]                     #L의 인덱스 0의 인덱스 1~2: 슬라이싱
[1]
```

리스트의 크기(항목의 개수) 확인과 멤버십 테스트는 문자열에 대한 것과 다르지 않다.

```
#크기 확인, 멤버십 테스트

>>> L=['봄', '여름', '가을', '겨울']
>>> len(L)                 #문자열 L의 크기(항목의 개수) 확인
4
>>> '봄' in L              #멤버십 테스트
True
```

```
>>> '계절' in L
False
```

리스트는 다음과 같은 연산이 가능하다.

```
>>> L=['봄', '여름']
>>> L+['가을', '겨울']               #더하기(합치기)
['봄', '여름', '가을', '겨울']
>>> L*2                            #곱하기
['봄', '여름', '봄', '여름']
```

리스트는 변경이 가능한 자료형이다. 따라서 다음과 같이 값 변경, 항목 교체, 항목
추가 및 삭제 등이 가능하다.

```
>>> L=['사과', 100, '감', 200]
>>> L[1] = L[1]+50                #값 변경하기: 연산에 의한 값 변경
>>> L
['사과', 150, '감', 200]
>>> L[0] = '딸기'                  #항목 교체하기
>>> L
['딸기', 150, '감', 200]
>>> L[2:2]=['귤', 300]            #항목 추가: 인덱스 2의 자리에 삽입
>>> L
['딸기', 150, '귤', 300, '감', 200]
>>> L[0:2] = []                   #항목 삭제(1)
>>> L
['귤', 300, '감', 200]
>>> del L[0]                      #항목 삭제(2-1)
>>> L
[300, '감', 200]
```

```
>>> del L[1:3]              #항목 삭제(2-2)
>>> L
[300]
```

6.3. 리스트 메소드

리스트 L을 대상으로 메소드를 사용하는 기본 형식은 ⟨L.메소드()⟩이다. 다음은 리스트를 대상으로 사용할 수 있는 주요 메소드들이다.

```
#리스트 메소드

>>> L=['봄', '여름', '가을', '봄', '겨울', '봄']
>>> L.index('봄')               #위치 확인: 여러 개인 경우 첫 번째 것의 인덱스
0
>>> L.append('가을')            #항목 추가: 끝에 추가
>>> L
['봄', '여름', '가을', '봄', '겨울', '봄', '가을']
>>> L.insert(1, '겨울')          #항목 추가: 지정 위치에 추가
>>> L
['봄', '겨울', '여름', '가을', '봄', '겨울', '봄', '가을']
>>> L.remove('겨울')             #항목 삭제: 여러 개인 경우 첫 번째 것만 삭제
>>> L
['봄', '여름', '가을', '봄', '겨울', '봄', '가을']
>>> L.count('봄')               #출현 횟수(빈도)
3
>>> L.sort()                   #정렬(가나다순)
>>> L
['가을', '가을', '겨울', '봄', '봄', '봄', '여름']
>>> L.reverse()                #정렬(역순)
>>> L
['여름', '봄', '봄', '봄', '겨울', '가을', '가을']
```

7. 자료형(4): 사전

7.1. 사전 표현하기

사전은 키(key)에 값(value)이 대응하는 매핑형 자료형이다. 곧 사전은 〈키:값〉의 쌍들을 항목으로 갖는 자료형이다. 사전은 중괄호({ })를 사용하여 표현한다.

```
#사전의 표현
>>> D={'사과':100, '감':150, '귤':200, '배':250}
```

7.2. 사전의 특성

사전은 인덱스로 항목을 확인(인덱싱)하는 시퀀스형 자료들과 달리 키로 값을 확인한다. 이는 한국어 사전에서 표제어('키'에 해당)를 검색하여 뜻풀이('값'에 해당)를 확인하는 것과 같은 원리이다. 사전의 크기(항목의 개수)는 len() 함수로 확인한다.

```
#값과 크기 확인, 멤버십 테스트
>>> D={'사과':100, '감':150, '귤':200, '배':250}
>>> D['사과']              #키로 값 확인
100
>>> len(D)                #크기(항목의 개수) 확인
4
```

사전은 값의 수정, 항목의 추가, 항목의 삭제 등 변경이 가능한 자료형이다. 한국어

사전에서 뜻풀이를 수정하고 표제어(그리고 뜻풀이)를 추가하고 표제어를 삭제하는 것과 같다. 값을 수정하고 항목을 추가하는 형식은 〈[키] = 값〉으로 똑같다. 키가 있으면 값이 수정되고 키가 없으면 항목이 추가된다.

```
#사전의 변경: 수정, 추가, 삭제
>>> D={'사과':100, '감':150, '귤':200, '배':250}
>>> D['감'] = 170              #값 수정(1): 교체
>>> D
{'사과': 100, '감': 170, '귤': 200, '배': 250}
>>> D['자두'] = 300            #항목(키:값) 추가
>>> D
{'사과': 100, '감': 170, '귤': 200, '배': 250, '자두': 300}
>>> del D['배']               #항목 삭제
>>> D
{'사과': 100, '감': 170, '귤': 200, '자두': 300}
```

사전에서 값이 수치형 자료(수)일 때에는 다음과 같이 수정할 수도 있다. 이는 언어처리에서 자료의 빈도를 계산할 때 유용하게 활용할 수 있다.

```
>>> D
{'사과': 100, '감': 170, '귤': 200, '자두': 300}
>>> D['감'] = D['감']+30       #값 수정(2): 연산
>>> D
{'사과': 100, '감': 200, '귤': 200, '자두': 300}
```

다음은 멤버십 테스트의 예이다.

```
>>> '사과' in D                    #멤버십 테스트
True
```

for문을 이용하여 사전을 구성하는 모든 키와 값을 추출할 수도 있다.

```
#키와 값의 추출

>>>D={'사과': 100, '감': 170, '귤': 200, '자두': 300}
>>> for x in D:
        print(x, D[x])   #키와 값 출력

사과 100
감 170
귤 200
자두 300
```

7.3. 사전 메소드

사전 D를 대상으로 메소드를 사용하는 기본 형식은 〈D.메소드()〉이다. 다음은 사전을 대상으로 사용할 수 있는 주요 메소드들이다.

```
#사전 메소드, 그리고 자료형 변환

>>> D={'사과': 100, '감': 170, '귤': 200, '자두': 300}
>>> D.keys()                    #키 출력(자료형은 dict_items)
dict_keys(['사과', '감', '귤', '자두'])
>>> D.values()                  #값 출력
dict_values([100, 170, 200, 300])
>>> D.items()                   #키와 값 출력
```

```
dict_items([('사과', 100), ('감', 170), ('귤', 200), ('자두', 300)])
>>> list(D.items())                    #자료형 변환: dict_items → list
[('사과', 100), ('감', 170), ('귤', 200), ('자두', 300)]
```

★튜플(tuple) 자료형

위에서 사전의 키와 값의 목록을 리스트로 변환한 결과를 다시 보자. 리스트를 구성하는 각 항목이 ('사과', 100)과 같은 형식으로 되어 있다. 이처럼 소괄호 ( )로 표현하는 자료형을 튜플이라고 한다. 튜플은 순서가 있다는 점에서 리스트와 같지만 변경이 불가능하다는 점에서 리스트와 다르다.

8. 파일

8.1. 파일에 쓰기

파일에 쓰기는 ①(텍스트) 파일 만들어서 열기(open), ②파일에 쓰기(write), ③파일 닫기(close)의 세 과정을 거친다. '흔글', 'Word' 등 보통의 문석 작성 프로그램을 사용하여 문서를 작성하는 것과 크게 다르지 않다. ①의 과정에서는 파일의 위치(경로)와 이름(확장자 포함)을 지정해 주어야 하며 'w'를 사용하여 쓰기 모드로 열어야 한다. ③은 생략할 수 있다. 예는 다음과 같다.

```
#파일에 쓰기

f=open('C:/Work/exam.txt', 'w')                  #①파일 만들어서 열기(쓰기 모드)
f.write('동구밖 과수원길 아카시아꽃이 활짝 폈네.')      #②파일에 쓰기
f.close()                                        #③파일 닫기
```

파일에 쓸 때 유의해야 할 것은 문자열(str)만 쓸 수 있다는 점이다. 다음과 같이 쓸 대상이 수치형 자료(int)일 때에는 'TypeErrror: write() argument must be str, not int' 메시지가 출력된다.

```
#수치형 자료: 쓰기 오류

a=2
b=3
f=open('C:/Work/exam.txt', 'w')
f.write(a+b)                  #수치형 자료 쓰기
f.close()
```

문자열이 아닌 자료를 쓸 때에는 다음과 같이 str() 함수를 이용하여 이를 문자열로
변환해 주어야 한다.

```
#수치형 자료: 문자열로 변환하여 쓰기

a=2
b=3
c=str(a+b)                          #자료형 변환: 수치형 → 문자열
f=open('C:/Work/exam.txt', 'w')
f.write(c)
f.close()
```

파일을 쓸 때 encoding="의 형식으로 인코딩(encoding) 방식을 지정할 수도 있다.
지정하지 않으면 파이선 기본 인코딩(파이선 버전에 따라 다를 수 있음)으로 설정된다.

```
#인코딩 지정하기

f=open('C:/Work/exam.txt', 'w', encoding='UTF8')              #UTF8로 인코딩
f.write('동구밖 과수원길 아카시아꽃이 활짝 폈네.')
f.close()
```

8.2. 파일 읽기

파일은 파일의 위치와 이름을 지정해서 읽을 수 있다. 위에서 만든 파일은 다음과
같이 읽을 수 있다. 쓰기 모드가 아니면, 곧 'w'로 쓰기 모드를 지정하지 않으면 읽기
모드이다.

```
#파일 읽기(1): 한꺼번에 읽기

f=open('C:/Work/exam.txt')        #①파일 지정(읽기 모드)
f.read()                          #②파일 읽기
```

파일은 위와 같이 한꺼번에 읽을 수도 있지만 다음과 같이 for문을 사용하여 줄(line) 단위로 읽을 수도 있다. 줄 단위로 읽으면 텍스트를 한 줄씩 처리하는 프로그램을 작성할 수 있다.

```
#파일 읽기(2): 한 줄(line)씩 읽기

f=open('C:/Work/exam.txt')
for x in f:
    print(x)
```

파일을 읽을 때 인코딩 문제가 생길 수 있다. 이때에는 파일의 인코딩을 지정해 주어야 한다. 다음은 UTF8로 인코딩 된 텍스트 파일을 열 때 인코딩을 지정하는 예이다. 사용하는 파이선 버전의 기본 인코딩이 UTF8인 때에는 생략할 수 있다.

```
#인코딩 지정하기

f=open('C:/Work/exam.txt', encoding='UTF8')
f.read()
```

★출력 방향 전환하기: 화면 출력 ⇌ 파일 저장

프로그램(코드)의 실행 결과는 print()를 사용하여 화면으로 출력할 수도 있고 write()를 사용하여 파일로 저장할 수도 있다. sys 모듈을 활용하면 그때그때마다 코드

를 수정하지 않고도 출력의 방향을 손쉽게 전환할 수 있다.

```
#출력 방향 전환하기(1): 파일로 저장(sys 모듈 사용)

f=open('C:/Work/exam.txt', 'w')  #쓸 파일 만들어 열기

import sys                       #sys(1): 모듈 불러오기(import)
stdout = sys.stdout             #sys(2)
sys.stdout = f                  #sys(3): 우측에 치환한 파일 f 입력

a='파이선은'
b='배우기 쉽고 재밌다.'
c=' '

print(a+c+b)

f.close()
sys.stdout = stdout             #sys(4)
```

화면으로 출력하고자 할 때에는 다음과 같이 파일 저장 관련 코드들(쓸 파일, sys
모듈 관련 코드)을 주석으로 처리하면 된다. 물론 블록 주석을 사용할 수 있다.

```
#출력 방향 전환하기(2): 화면 출력(sys 모듈 미사용, 주석 처리)
'''                             #파일 저장 관련 코드 주석 처리(블록 시작)
f=open('C:/Work/exam.txt', 'w')

import sys
stdout = sys.stdout
sys.stdout = f
'''                             #파일 저장 관련 코드 주석 처리(블록 끝)
a='파이선은'
b='배우기 쉽고 재밌다.'
c=' '
```

```
print(a+c+b)

#f.close()
#sys.stdout = stdout                    #파일 저장 관련 코드 주석 처리
```

코드가 간단하고 출력할 것이 많지 않을 때에는 print()와 write()를 바꿔 가면서
출력 방향을 직접 선택하는 것이 더 간편하다. 그러나 코드가 복잡하고 출력할 것이
많을 때에는 sys 모듈을 활용하여 출력 방향을 전환하는 것이 훨씬 더 손쉽고 간편하다.

9. 추가: 고급 기능

9.1. 함수

함수는 특정한 값(들)을 입력으로 받아서 이를 대상으로 일련의 작업을 실행하고 그 결과를 반환하는 코드를 말한다. 예를 들어 str()은 입력 값을 문자열로 변환하는 함수이고 len()은 입력으로 받은 객체의 크기를 구하는 함수이다. 여러 번 반복되거나 자주 사용하는 작업을 미리 함수로 정의해 놓으면 프로그램을 효율적으로 작성할 수 있다. 똑같은 일을 반복하지 않고 필요할 때마다 함수를 불러와서 사용하면 되기 때문이다. 또한 함수를 사용하면 프로그램을 체계적으로 작성하고 관리할 수 있다.

함수는 다음과 같이 정의(definition)한다. '덧셈'이라는 이름(함수명)으로 덧셈을 하는 함수를 작성하는 예이다.

```
#함수의 정의(1)

def 덧셈(a, b):              #기본 형식: <def 함수명(인수):>
    return(a+b)             #수행할 작업(a+b) 및 결과 반환(return)
```

다음은 위에서 정의한 '덧셈' 함수를 이용하여 2와 3의 합을 구하는 프로그램이다.

```
def 덧셈(a, b):
    return(a+b)

print(덧셈(2, 3))
```

좀 더 과정이 복잡한 함수를 만들어 보자. 문자열을 입력으로 받아서 그 문자열을 구성하는 어절들 가운데 검색어를 포함하는 어절들의 목록을 리스트로 반환하는 함수를 만들어 보자. 이 함수는 ①문자열을 어절로 분리하기, ②각 어절이 검색어를 포함하는지 확인하기, ③특정 어절을 항목으로 하는 리스트 만들기 등을 포함해야 한다.

```
def include_str(s, q):          #함수명(include_str) 및 인수 지정
    L=s.split()                 #①문자열을 어절로 분리하기
    qL=[]                       #③특정 어절을 항목으로 하는 리스트 만들기
    for x in L:                 #②각 어절이 검색어를 포함하는지 확인하기
        if q in x:
            qL.append(x)        #검색어 포함 어절을 리스트(qL)에 추가하기
    return(qL)                  #결과 리스트(qL) 반환
```

작성한 함수는 별도의 파일로 저장해 두고 필요할 때마다 불러 와서(import) 사용할 수 있다. 하나의 파일에 여러 개의 함수를 저장할 수도 있다. 예를 들어 위에서 정의한 '덧셈()' 함수와 'include_str()' 함수를 'f_sample.py' 파일로 저장했다고 하자. 이를 사용하는 방법은 다음과 같다. 각 함수는 '파일명.함수명(인수)'로 불러 와서 사용한다. 함수를 사용할 때 입력하는 인수는 함수의 인수와 개수가 같아야 한다.

```
import f_sample                         #함수 파일 import

a='하얀꽃, 노란꽃, 온갖 꽃들이 정원에 피어 있다.'
b='꽃'
c=5
d=7

r1=f_sample.include_str(a, b)           #include_str() 함수 호출, 리턴값 r1으로 치환
r2=f_sample.덧셈(c, d)                  #덧셈() 함수 호출, 리턴값 r2로 치환

print(r1)                               #출력
print(r2)
```

실행 결과는 다음과 같다. '꽃'을 포함하는 어절들과 덧셈의 결과가 출력된 것을 확인할 수 있다.

```
['하얀꽃,', '노란꽃,', '꽃들이']
12
```

9.2. 정규식

정규 표현식, 줄여서 정규식(正規式, regular expression)은 특정한 패턴을 가진 문자열을 표현하는 형식(혹은 방식)을 말한다. 이때 특정한 패턴을 표현하기 위해 사용하는 문자를 메타 문자라고 한다. 메타 문자에는 크게 매칭에 관련된 것, 반복에 관련된 것 등이 있다.

다음은 매칭에 관련된 메타 문자들이다.

메타 문자	사용 예	의미	매칭 예
.	s.n	모든 문자(줄바꿈 문자 제외)	son, sin, sun, ...
^	^son	문자열의 시작	son, sons, son and daughter, ...
	s[^o]n	-[ ]: not	sin, sun, ... (son: 매치 안됨)
$	son$	문자열의 끝	son, daughter and son, ...
[]	s[oiu]n	문자 집합	son, sin, sun
	s[a-z]n	-범위 지정: 영문 소문자	san, sbn, scn, ... szn
	s[0-9]n	-범위 지정: 숫자	s0n, s1n, ... s9n
|	son|sin	또는	son, sin

다음은 반복에 관련된 메타 문자들이다.

메타 문자	사용 예	의미	예
*	so*n	0회 이상	sn, son, soon, ...
+	so+n	1회 이상	son, soon, ...
?	so?n	0 또는 1	sn, son
{m}	so{2}n	m회	soon
{m,n}	so{2,5}n	m~n회	soon, sooon, soooon, sooooon

정규식은 re 모듈의 매칭 함수에서 사용할 수 있다. 매칭 함수에는 match(), search(), findall() 등이 있다. match()는 문자열의 처음부터 매치 여부를 확인하며, search()는 문자열 전체에서 매치 여부를 확인한다. 그리고 findall()은 매치된 문자열을 리스트로 반환한다. 그리고 group(), start(), end(), span() 등 매칭에서 사용하는 메소드들이 있다. 설명은 아래의 예로 대신한다.

다음은 re 모듈의 함수와 메소드의 사용 예이다. 정규식은 사용하지 않았다.

```
#re 모듈: 함수와 메소드들
s='국어, 한국어, 국어생활, 생활국어, 국어책, 한국어문법론'
q='국어'                      #검색어

import re                    #re 모듈 불러오기

sL=s.split(', ')             #문자열 분리: 어절 리스트
for x in sL:                 #sL에서 항목을 하나씩 불러 와서
    mc=re.match(q, x)        #mc: q와 x의 매칭 객체
    if mc:                   #매치되면...
        print(x, end=': ')        #출력: x
        print(mc.group(), end=', ')   #출력: 매칭 부분
        print(mc.start(), end=', ')   #출력: 매칭 시작 위치
        print(mc.end(), end=', ')     #출력: 매칭 끝 위치
        print(mc.span())              #출력: 매칭 범위(시작, 끝)
```

실행 결과는 다음과 같다. match() 함수를 사용하였으므로 검색어 '국어'로 시작하는 3개의 어절이 출력되었다.

```
국어: 국어, 0, 2, (0, 2)
국어생활: 국어, 0, 2, (0, 2)
국어책: 국어, 0, 2, (0, 2)
```

정규식은 다음과 같이 사용할 수 있다. 검색어 '.{2}꾼$'는 ①'꾼' 앞에 2개의 문자가 오고 ②'꾼'이 끝에 오는 문자열을 뜻한다.

```
#정규식(1)
L=['짐꾼', '낚시꾼', '구경꾼', '야경꾼들', '야바위꾼']
import re
m='.{2}꾼$'

for x in L:
    mx=re.match(m, x)
    if mx:
        print(x, end=': ')         #출력: x
        print(mx, end=', ')        #출력: 매칭 객체
        print(mx.group())          #출력: 매칭 부분
```

실행 결과는 다음과 같다. 'xx꾼' 형식의 '낚시꾼, 구경꾼'이 출력되었다.

```
낚시꾼: <re.Match object; span=(0, 3), match='낚시꾼'>, 낚시꾼
구경꾼: <re.Match object; span=(0, 3), match='구경꾼'>, 구경꾼
```

다음은 검색어에 정규식을 사용한 다른 예이다. 검색어 '^풋.+'은 ①'풋'으로 시작하고 ②'풋' 뒤에 1개 이상의 문자가 오는 문자열을 뜻한다.

```
#정규식(2)
L=['풋', '풋사과', '어렴풋', '풋풋', '풋사랑']

import re
m='^풋.+'

for x in L:
    mx=re.match(m, x)
    if mx:
        print(x, end=': ')            #출력: x
        print(mx, end=', ')           #출력: 매칭 객체
        print(mx.group())             #출력: 매칭 부분
```

실행 결과는 다음과 같다. '풋'으로 시작하지 않는 '어렴풋'과 뒤에 다른 문자가 오지 않는 '풋'은 출력되지 않았다.

```
풋사과: <re.Match object; span=(0, 3), match='풋사과'>, 풋사과
풋풋: <re.Match object; span=(0, 2), match='풋풋'>, 풋풋
풋사랑: <re.Match object; span=(0, 3), match='풋사랑'>, 풋사랑
```

9.3. 문자열 포맷팅

다음과 같이 문자열('두 수', '와', '의 합은?')과 문자열이 아닌 것(a, b, c)을 함께 출력해야 할 때가 있다. 그런데 문자열은 따옴표로 표현해야 하고 변수는 따옴표 없이

표현해야 해서 번거롭다.

```
#문자열과 변수의 값 함께 출력하기

a=2
b=3
c=a+b

print('두 수', a, '와', b, '의 합은?', c)
```

이때에는 format() 함수를 사용하여 다음과 같이 표현할 수 있는데 이를 문자열 포맷팅 (formating)이라고 한다. 문자열에 있는 중괄호 { }에는 format()의 인수(a, b, c)에 해당하는 값이 차례대로 대응한다. 곧 첫 번째 { }에는 첫 번째 인수 a의 값 2가, 두 번째 { }에는 두 번째 인수 b의 값 3이, 세 번째 { }에는 세 번째 인수 c의 값 5가 대응한다.

```
#문자열 포맷팅(1)

a=2
b=3
c=a+b

print('두 수 {}와 {}의 합은? {}'. format(a, b, c))
```

실행 결과는 다음과 같다.

```
두 수 2와 3의 합은? 5
```

문자열 포맷팅은 다음과 같이 프로그램이 실행되면서 출력할 변수의 값이 여러 번

바뀔 때 특히 유용하다. 중괄호({ }) 안의 숫자는 format() 인수의 순서를 가리킨다.

```
#문자열 포맷팅(2)

L1={2, 4, 6}
L2={1, 3, 5}

for x in L1:
    for y in L2:
        a=x+y
        b=x*y
        print('{0}+{1}={2}이고, {0}*{1}={3}이다.'. format(x, y, a, b))
```

실행 결과는 다음과 같다.

```
2+1=3이고, 2*1=2이다.
2+3=5이고, 2*3=6이다.
2+5=7이고, 2*5=10이다.
4+1=5이고, 4*1=4이다.
4+3=7이고, 4*3=12이다.
4+5=9이고, 4*5=20이다.
6+1=7이고, 6*1=6이다.
6+3=9이고, 6*3=18이다.
6+5=11이고, 6*5=30이다.
```

9.4. 리스트: 문자열 변환, 인덱스 확인, 고급 정렬

□ 리스트를 문자열로 변환하기

join() 함수를 사용하여 리스트의 각 항목을 하나의 문자열로 연결할 수 있다. 형식은 〈''.join()〉이며, 따옴표('') 사이에 입력한 값으로 리스트의 각 항목이 연결된다. join() 함수를 사용하면 split() 함수로 문자열을 분리하여 만들어진 리스트를 다시 문자열로 손쉽게 변환할 수 있다.

```
#리스트를 문자열로 변환하기

L=['동구밖', '과수원길', '아카시아꽃이', '활짝', '폈네.']

sL1=' '.join(L)          #한 칸 여백(' ')으로 각 항목을 연결한 문자열
sL2=', '.join(L)         #쉼표와 한 칸 여백(', ')으로 각 항목을 연결한 문자열
sL3='\t'.join(L)         #탭('\t')으로 각 항목을 연결한 문자열

print(sL1)
print(sL2)
print(sL3)
```

실행 결과는 다음과 같다.

```
동구밖 과수원길 아카시아꽃이 활짝 폈네.
동구밖, 과수원길, 아카시아꽃이, 활짝, 폈네.
동구밖    과수원길    아카시아꽃이    활짝    폈네.
```

□ 리스트에서 중복 항목의 인덱스 확인하기

리스트를 구성하는 각 항목의 위치는 index()를 사용하여 확인할 수 있다. 그런데 다음과 같이 리스트에 동일 항목이 여러 개 있을 때에는 첫 번째 항목의 인덱스만 반환된다.

```
L=['소년', '개울', '소녀', '소년', '소나기', '할아버지', '소년', '소녀']

qs='소년'
Li=L.index(qs)
print(Li)
```

실행 결과는 다음과 같다.

```
0
```

동일 항목의 인덱스를 모두 확인하고자 할 때에는 다음과 같이 lambda 함수를 사용한다.

```
L=['소년', '개울', '소녀', '소년', '소나기', '할아버지', '소년', '소녀']

qs='소년'
Li=list(filter(lambda x: L[x] == qs, range(len(L))))
print(Li)
```

실행 결과는 다음과 같이 인덱스의 리스트로 반환된다.

```
[0, 3, 6]
```

lambda 함수는 리스트의 항목이 리스트일 때에도 사용할 수 있다. 다음은 리스트 L을 구성하는 각 리스트 x의 첫 번째 항목(L[x][0])이 '가는'인 리스트의 인덱스를 반환하는 프로그램이다. 참고로 첫 번째 줄의 '\'는 해당 객체가 다음 줄로 이어진다는 것을 표시한다.

```
L=[['가는', '가+는', 10], ['가시면', '가+시+면', 23], ['가는', '가늘+은', 20], \
['가는', '갈+는', 8], ['가시면', '가시+면', 25]]

qx='가는'
Li=list(filter(lambda x: L[x][0] == qx, range(len(L))))

print(Li)
```

실행 결과는 다음과 같다.

```
[0, 2, 3]
```

□ 고급 정렬

리스트는 sort() 메소드를 사용하여 오름차순(가나다순)으로 정렬할 수 있다. sort() 는 리스트의 항목이 둘 이상의 항목으로 구성된 튜플(혹은 리스트)인 때에도 사용할 수 있는데 이때에는 튜플(혹은 리스트)의 첫 번째 항목을 기준으로 정렬된다. 예를 들어 L이 (단어, 빈도)의 튜플들로 구성된 리스트라고 하자. sort() 메소드는 튜플의 첫 번째 항목(인덱스 0)인 '단어'를 기준으로 오름차순으로 정렬한다.

```
L=[('봄', 20), ('여름', 27), ('가을', 22), ('겨울', 27), ('계절', 3)]
L.sort()
print(L)
```

실행 결과는 다음과 같다.

[('가을', 22), ('겨울', 27), ('계절', 3), ('봄', 20), ('여름', 27)]

lambda 함수를 사용하면 이와 같은 형식의 리스트를 대상으로 다양한 방식의 정렬이 가능하다. 다음은 리스트 L을 구성하는 각 튜플 x의 첫 번째 항목(x[0])인 '단어'를 기준으로 오름차순으로 정렬하는 프로그램이다.

```
#x[0] 기준 정렬: 오름차순
L=[('봄', 20), ('여름', 27), ('가을', 22), ('겨울', 27), ('계절', 3)]
L.sort(key=lambda x: x[0])                    #x[0] 기준: 오름차순
print(L)
```

실행 결과는 다음과 같다. 결과는 L.sort()와 동일하다.

[('가을', 22), ('겨울', 27), ('계절', 3), ('봄', 20), ('여름', 27)]

내림차순으로 정렬할 때에는 'reverse=True'를 추가하면 된다.

```
#x[0] 기준 정렬: 내림차순
L=[('봄', 20), ('여름', 27), ('가을', 22), ('겨울', 27), ('계절', 3)]
L.sort(key=lambda x: x[0], reverse=True)          #x[0] 기준: 내림차순
print(L)
```

실행 결과는 다음과 같다.

> [('여름', 27), ('봄', 20), ('계절', 3), ('겨울', 27), ('가을', 22)]

다음은 리스트 L을 구성하는 각 튜플 x의 두 번째 항목(x[1])인 '빈도'를 기준으로 오름차순(저빈도순)으로 정렬하는 프로그램이다.

```
#x[1] 기준 정렬: 오름차순
L=[('봄', 20), ('여름', 27), ('가을', 22), ('겨울', 27), ('계절', 3)]

L.sort(key=lambda x: x[1])                    #x[1] 기준: 오름차순
print(L)
```

실행 결과는 다음과 같다.

> [('계절', 3), ('봄', 20), ('가을', 22), ('여름', 27), ('겨울', 27)]

내림차순(고빈도순)으로 정렬할 때에는 'reverse=True'를 추가하면 된다. 단 기준 항목이 수치형인 때에는 ⟨L.sort(key=lambda x: -x[1])⟩과 같은 형식을 사용하여 내림차순으로 정렬할 수도 있다.

```
#x[1] 기준 정렬: 내림차순
L=[('봄', 20), ('여름', 27), ('가을', 22), ('겨울', 27), ('계절', 3)]

L.sort(key=lambda x: -x[1])                   #x[1] 기준: 내림차순(수치형인 경우)
```

```
print(L)
```

실행 결과는 다음과 같다.

```
[('여름', 27), ('겨울', 27), ('가을', 22), ('봄', 20), ('계절', 3)]
```

어느 한 항목을 기준으로 오름차순 혹은 내림차순으로 정렬하되 값이 같은 경우 다른 항목을 기준으로 오름차순 혹은 내림차순으로 정렬할 수도 있다. 다음은 x의 두 번째 항목(x[1])인 '빈도' 기준 내림차순(고빈도순) 정렬과 x의 첫 번째 항목(x[0])인 '단어' 기준 오름차순(가나다순) 정렬을 같이 사용한 것이다.

```
#x[1] 내림차순 + x[0] 오름차순
L=[('봄', 20), ('여름', 27), ('가을', 22), ('겨울', 27), ('계절', 3)]
L.sort(key=lambda x: (-x[1], x[0]))
print(L)
```

실행 결과는 다음과 같다. 위와 비교하여 〈('겨울', 27)〉이 〈('여름', 27)〉보다 앞에 오는 것을 확인할 수 있다.

```
[('겨울', 27), ('여름', 27), ('가을', 22), ('봄', 20), ('계절', 3)]
```

★sorted() 함수

sort()는 리스트 자체를 변경한다. 본래의 리스트와 정렬한 리스트를 모두 활용하고자 할 때에는 sorted() 함수를 사용하면 된다. 다음은 본래의 리스트 L을 오름차순으로 정렬한 다음 이를 LL로 치환한 것이다. sort()는 이와 같은 치환이 불가능하다.

```
#sorted()
L=[('봄', 20), ('여름', 27), ('가을', 22), ('겨울', 27), ('계절', 3)]

LL=sorted(L)
print(L)
Pirnt(LL)
```

실행 결과는 다음과 같다.

```
[('봄', 20), ('여름', 27), ('가을', 22), ('겨울', 27), ('계절', 3)]
[('가을', 22), ('겨울', 27), ('계절', 3), ('봄', 20), ('여름', 27)]
```

sorted() 함수를 쓸 때에도 다음과 같은 고급 정렬이 가능하다.

```
#sorted(): x[1] 내림차순 + x[0] 오름차순
L=[('봄', 20), ('여름', 27), ('가을', 22), ('겨울', 27), ('계절', 3)]

LL=sorted(L, key=lambda x: (-x[1], x[0]))
print(LL)
```

실행 결과는 다음과 같다.

[('겨울', 27), ('여름', 27), ('가을', 22), ('봄', 20), ('계절', 3)]

9.5. 예외 처리

다음과 같이 '단어/태그'들을 항목으로 하는 리스트 L에서 '태그'가 NNG(일반 명사)인 '단어'들을 출력하는 프로그램을 작성한다고 생각해 보자. 처리 절차는 다음과 같다. ① for문을 사용하여 L에서 한 항목(x)씩 차례대로 불러온다. ②'/'를 기준으로 x를 split하여 그 결과로 반환되는 ['단어', '태그'] 리스트를 xs로 치환한다. ③xs의 두 번째 항목 (xs[1], 곧 태그)이 'NNG'인지 확인하여 그런 경우 첫 번째 항목(xs[0], 곧 단어)을 출력한다. 단 이 리스트 L에는 '보다VV', '지우개NNG'와 같이 형식이 맞지 않는 '예외'가 있는 것으로 가정한다.

```
L=['봄/NNG', '여름/NNG', '보다VV', '책/NNG', '지우개NNG']

for x in L:
    xs=x.split('/')
    if xs[1] == 'NNG':
        print(xs[0])
```

실행 결과는 다음과 같다. '여름/NNG'가 처리된 이후 '보다VV'에서 오류가 생겼다. '보다VV'는 '/'가 없는 문자열이므로 split()의 결과 인덱스가 0인 1개의 항목으로 구성된 리스트 xs(=['보다VV'])가 반환된다. 그런데 인덱스가 1인 두 번째 항목(xs[1])을 참조하라고 하니 index에 문제가 생긴 것이다.

```
봄
여름
Traceback (most recent call last):
   File    "C:\Users\SOGANG\AppData\Local\Programs\Python\Python37\sample.py",
line 5, in <module>
      if xs[1] == 'NNG':
IndexError: list index out of range
```

이때에는 다음과 같이 try ~ except문을 써서 예외를 처리할 수 있다. x를 대상으로 try 부분이 실행되다가 '예외'가 발생하면 except 부분이 실행된다. pass는 예외 항목을 건너뛰라는 의미이다.

```
L=['봄/NNG', '여름/NNG', '보다VV', '책/NNG', '지우개NNG']

for x in L:
     try:
          xs=x.split('/')
          if xs[1] == 'NNG':
               print(xs[0])
     except:
          pass
```

실행 결과는 다음과 같다.

```
봄
여름
책
```

except 부분에서 '예외'를 특정한 방식으로 처리할 수도 있다. 다음은 예외 문자열 리스트(EL)를 만들어서 예외를 추가하고 마지막에 이를 출력하는 프로그램이다.

```
L=['봄/NNG', '여름/NNG', '보다VV', '책/NNG', '지우개NNG']

EL=[]                           #예외 리스트 생성
for x in L:
    try:
        xs=x.split('/')
        if xs[1] == 'NNG':
            print(xs[0])
    except:
        EL.append(x)            #예외 리스트에 추가

print(EL)                       #예외 리스트 출력
```

실행 결과는 다음과 같다.

```
봄
여름
책
['보다VV', '지우개NNG']
```

★한번에 여러 줄 열 맞추기

코딩을 하다 보면 위에서 try ~ except문을 추가할 때처럼 여러 줄의 열을 조정해야 할 때가 있다. 이때에는 열을 조정해야 할 부분 전체를 선택한 다음, 오른쪽으로 탭을 밀어서 열을 맞출 경우에는 컨트롤 키(ctrl)와 닫는 대괄호(])를, 왼쪽으로 탭을 당겨서 열을 맞출 경우에는 컨트롤 키와 여는 대괄호([)를 동시에 눌러서 한번에 처리할 수 있다.

[부록] 2. 파이선 언어 처리 프로그래밍

1. 문장별 구성 성분 분석

파이선에서 코퍼스를 다루기 위해서 가장 먼저 해야 할 일은 코퍼스의 구조를 이해하는 것이다. 본서에서 다룰 〈세종 형태 분석 말뭉치(1000만)〉(sj_1000.txt)는 다음과 같은 구조를 갖는다.

①한 줄이 한 문장이다.
②한 문장은 어절별로 본 어절과 분석 어절이 차례대로 이어져 있다.
③본 어절과 분석 어절은 탭(tab)에 의해 분리되어 있다.
④분석 어절의 '형태/태그'들은 ' + '에 의해 분리되어 있다.

예는 다음과 같다. 탭은 [탭]으로 표시했다. 참고로 본래의 코퍼스는 한 줄이 '어절 번호[탭]본 어절[탭]분석 어절' 형식의 어절 단위로 되어 있는데(본서의 3장 4절 참조) 어절 번호를 제외하고 이를 문장 단위로 변환한 것이다. 본래 말뭉치에 문장이 구별되어 있으므로 변환은 어렵지 않다.

```
#코퍼스(sj_1000.txt)의 구조

무엇보다도[탭]무엇/NP + 보다/JKB + 도/JX[탭]실업문제가[탭]실업/NNG + 문제/NNG +
가/JKS[탭]심각하다.[탭]심각/XR + 하/XSA + 다/EF + ./SF
```

이제 문장별로 이를 구성하는 각 성분들을 차례대로 추출해 보자. 위 문장을 예로 들면 추출할 성분들은 다음과 같다. 각 성분이 단계별로 구분되는 형식적 특성, 혹은 표지(탭, +, / 등)를 잘 활용해야 한다. 코퍼스의 구조가 예와 다르더라도 문제는 없다. 표지에 의해 구분되기만 되면 이를 활용하여 똑같이 할 수 있다.

```
#코퍼스(문장별)를 구성하는 성분들(예)

sL=['무엇보다도', '실업문제가', '심각하다.']
aL=['무엇/NP + 보다/JKB + 도/JX', '실업/NNG + 문제/NNG + 가/JKS', '심각/XR + 하
/XSA + 다/EF + ./SF']
ftL=['무엇/NP', '보다/JKB', '도/JX', '실업/NNG', '문제/NNG', '가/JKS', '심각/XR', '하
/XSA', '다/EF', './SF']
fL=['무엇', '보다', '도', '실업', '문제', '가', '심각', '하', '다', '.']
tL==['NP', 'JKB', 'JX', 'NNG', 'NNG', 'JKS', 'XR', 'XSA', 'EF', 'SF']
```

sL과 aL은 각각 문장을 구성하는 본 어절 리스트와 분석 어절 리스트이다. 이를 추출하는 과정은 다음과 같다. 결과는 print()를 사용하여 확인할 수 있다.

①탭을 기준으로 문장을 분리한다. 다음과 같이 본 어절과 분석 어절로 구성된 리스트(이를 saL이라고 하자)가 만들어진다.

saL=['무엇보다도', '무엇/NP + 보다/JKB + 도/JX', '실업문제가', '실업/NNG + 문제/NNG + 가/JKS', '심각하다.', '심각/XR + 하/XSA + 다/EF + ./SF']

②saL의 각 어절에 대해(for문 사용) 인덱스를 확인하여 짝수이면 본 어절 리스트(sL)에 추가하고 홀수이면 분석 어절 리스트(aL)에 추가한다. 참고로 짝수는 2로 나눈 나머지가 0인 수(0, 2, 4, 6, ...)이다. 예를 들어 '무엇보다도'의 인덱스는 0이므로 본 어절이고 '무엇/NP + 보다/JKB + 도/JX'의 인덱스는 1이므로 분석 어절이다.

```
#[프로그램 1] '본 어절' 리스트와 '분석 어절' 리스트 추출하기

f=open('C:/Work/sj_1000.txt')                    #코퍼스 파일 열기
```

```
sL=[]                                 #본 어절 리스트 생성
aL=[]                                 #분석 어절 리스트 생성

for x in f:                           #f에서 한 줄(x)씩 읽어 와서...
    saL=x.split('\t')                 #탭을 기준으로 분리
    for y in saL:                     #saL에서 한 항목(y)씩 읽어 와서...
        yi=saL.index(y)               #yi: y의 인덱스
        if yi%2==0:                   #yi가 짝수이면,
            sL.append(y)              #sL에 y 추가
        else:                         #아니면,
            aL.append(y)              #aL에 y 추가

    print('sL={}'. format(sL))
    print('aL={}'. format(aL))
```

실행 결과(예)는 다음과 같다.

```
sL=['무엇보다도', '실업문제가', '심각하다.']
aL=['무엇/NP + 보다/JKB + 도/JX', '실업/NNG + 문제/NNG + 가/JKS', '심각/XR + 하
/XSA + 다/EF + ./SF']
```

분석 어절 리스트(aL)을 구성하는 각 분석 어절은 하나 이상의 '형태/태그'로 구성되어
있으므로 이로부터 '형태/태그' 리스트(ftL)를 추출할 수 있다. '형태/태그'의 경계, 곧
형태소 경계는 ' + '이다.

```
#[프로그램 2] '형태/태그' 리스트 추출하기

aL=['무엇/NP + 보다/JKB + 도/JX', '실업/NNG + 문제/NNG + 가/JKS', '심각/XR + 하
/XSA + 다/EF + ./SF']

ftL=[]                    #형태/태그 리스트 생성
```

```
for x in aL:                #aL에서 한 항목(x)씩 읽어 와서...
    iL=x.split(' + ')       #형태소 경계(' + ')를 기준으로 분리
    ftL=ftL+iL              #두 리스트 더하기(합치기)

print('ftL={}'. format(ftL))
```

실행 결과는 다음과 같다.

```
ftL=['무엇/NP', '보다/JKB', '도/JX', '실업/NNG', '문제/NNG', '가/JKS', '심각/XR', '하
/XSA', '다/EF', './SF']
```

'형태/태그' 리스트(ftL)를 구성하는 각 '형태/태그'는 '형태'와 '태그'로 구성되어 있으
므로 이로부터 '형태' 리스트(fL)와 '태그' 리스트(tL)를 추출할 수 있다. '형태'와 '태그'
의 경계는 '/'이다. '/'를 기준으로 분리한 리스트(iL)에서 첫 번째 항목(iL[0])은 '형태'
이고 두 번째 항목(iL[1])은 '태그'이다.

```
#[프로그램 3] '형태' 리스트와 '태그' 리스트 추출하기

ftL=['무엇/NP', '보다/JKB', '도/JX', '실업/NNG', '문제/NNG', '가/JKS', '심각/XR', '하
/XSA', '다/EF', './SF']

fL=[]                       #형태 리스트 생성
tL=[]                       #태그 리스트 생성

for y in ftL:               #ftL에서 한 항목씩 읽어 와서...
    iL=y.split('/')         #'/'를 기준으로 분리
    fL.append(iL[0])        #iL[0]을 형태 리스트에 추가
    tL.append(iL[1])        #iL[1]을 태그 리스트에 추가

print('fL={}'. format(fL))
print('tL={}'. format(tL))
```

실행 결과 fL과 tL은 다음과 같다.

```
fL=['무엇', '보다', '도', '실업', '문제', '가', '심각', '하', '다', '.']
tL=['NP', 'JKB', 'JX', 'NNG', 'NNG', 'JKS', 'XR', 'XSA', 'EF', 'SF']
```

위와 같이 추출한 각 성분들을 활용하여 코퍼스로부터 다양한 언어 자료를 얻을 수 있다. 폭넓게 활용할 수 있는 빈도 계산을 먼저 살펴보고 이에 대해 차례대로 살펴본다.

2. 빈도 계산

파이선은 우리가 일상생활에서 일을 처리하는 것과 비슷한 방식으로 프로그래밍을 할 수 있는 장치들을 가지고 있다. 다음을 비교해 보자. [1]은 반장 선거에서 칠판에 바를 정(正)자를 써 가면서 후보별 득표수를 집계하는 대략의 과정(알고리즘)을 형식화한 것이다. 그리고 [2]는 중복 항목을 포함하는 리스트(이 리스트를 생성하는 방법은 4에서 살펴본다)에서 항목별 빈도를 계산하는 프로그램을 파이선으로 작성한 것이다.

[1] 반장 선거 득표수 집계하기

①빈 칠판을 준비한다.
②(반복) 투표함에서 투표지를 하나 꺼낸다.
③(반복) 투표지에 적힌 이름이 칠판에 있는지 확인한다.
　(1)없는 경우: 칠판에 그 이름을 적고 옆에 1획을 추가한다.
　(2)있는 경우: 그 이름 옆에 1획을 추가한다.
④후보별 득표수를 확인한다.

```
#[2]
#[프로그램 4] 빈도 계산하기
#사전 { } 활용

Box=['사람', '책', '사람', '눈', '눈', '비', '여름', '비', '책', '겨울']  #Box=투표함
BB={}                    #①BB(사전)=빈 칠판

for x in Box:            #②for문(반복), x: 투표지(이름)
    if not(x in BB):     #③(1)x가 BB에 없으면
        BB[x]=1          #x와 값 1 추가
    else:                #③(2)x가 BB에 있으면
        BB[x]=BB[x]+1    #x의 값에 더하기 1 (BB[x]+=1처럼 표현할 수도 있음)

BBL=list(BB.items())     #BBL(사전→리스트)=[('사람', 2), ..., ('여름', 1)]
```

```
for y in BBL:                    #④BB에서 이름과 득표수 차례대로 출력
    print(y[0], y[1])
```

[프로그램 4]의 실행 결과는 다음과 같다.

```
사람 2
책 2
눈 2
비 2
여름 1
겨울 1
```

count() 메소드를 사용하여 리스트에서 직접 빈도를 계산할 수도 있다. 다만 리스트에 중복 항목이 있을 수 있다는 점에 유의해야 한다. 다음과 같이 프로그램을 작성하고 실행해 보자.

```
#빈도 계산하기(중복 출력)
#리스트에서 직접

Box=['사람', '책', '사람', '눈', '눈', '비', '여름', '비', '책', '겨울']

for x in Box:
    fx=Box.count(x)
    print(x, fx)
```

중복 항목이 여러 번 출력될 것이다. 이제 중복 출력을 막기 위해 빈 리스트(L)를 만들어서 빈도를 계산한 항목을 추가해 보자. 그리고 L에 없는 항목만 빈도를 계산하여 출력해 보자. [프로그램 4]와 동일한 결과를 얻을 수 있다.

```
#[프로그램 5] 빈도 계산하기(중복 출력 방지)
#리스트에서 직접

Box=['사람', '책', '사람', '눈', '눈', '비', '겨울', '비', '책', '여름']

L=[]                              #이미 빈도를 계산한 항목들의 리스트(L) 생성
for x in Box:
    if not(x in L):              #x가 L에 없으면,
        fx=Box.count(x)          #x의 빈도 계산
        print(x, fx)             #x와 그 빈도 출력
        L.append(x)              #L에 x 추가
```

★set 자료형 활용하기

파이선 자료형에는 set이 있다. set은 집합을 표현하는 자료형으로서 항목의 중복은 허용하지 않는다. 이를 활용하면 중복 항목이 있는 리스트의 빈도를 좀 더 쉽게 계산할 수 있다. 방법은 다음과 같다. ①리스트를 set 자료형으로 변환한다(중복이 해소된다), ②set 자료형의 각 항목에 대해 Box에서 빈도를 계산한다. 참고로 리스트를 set으로 변환할 때 순서는 임의로 정해진다. set 자료형은 순서가 없는 자료형이다. 따라서 인덱싱, 슬라이싱 등은 불가능하다.

```
#[프로그램 6] 빈도 계산하기
#리스트에서 직접 + set 자료형 활용

Box=['사람', '책', '사람', '눈', '눈', '비', '겨울', '비', '책', '여름']

L=set(Box)                       #집합(set) 자료형으로 변환
for x in L:
    fx=Box.count(x)              #Box에서 x의 빈도 계산
    print(x, fx)                 #x와 그 빈도 출력
```

실행 결과는 다음과 같다.

```
사람 2
여름 1
눈 2
책 2
겨울 1
비 2
```

리스트의 고급 정렬 기능을 활용하면 빈도 계산 결과를 다양한 형식으로 출력할 수 있다. 빈도는 고빈도순으로, 형태는 가나다순으로 출력하는 예만 살펴본다. 리스트는 [프로그램 4]에서 생성한 BBL을 대상으로 한다.

```python
#[프로그램 7] 빈도 계산하기
#고급 정렬(고빈도순+가나다순)

BBL=[('사람', 2), ('책', 2), ('눈', 2), ('비', 2), ('겨울', 1), ('여름', 1)]

BBL.sort(key=lambda x: (-x[1], x[0]))
for x in BBL:
    print(x[0], x[1])
```

실행 결과는 다음과 같다.

```
눈 2
비 2
사람 2
책 2
겨울 1
여름 1
```

3. 특정 '형태/태그' 포함 문장 추출

일반 명사 '사랑', 곧 '사랑/NNG'를 포함하는 문장을 추출해 보자. 코퍼스에서 한 문장씩 읽어 와서 '사랑/NNG'를 포함하는 문장인지 확인하고 그런 경우 해당 문장을 출력하면 된다. '첫사랑/NNG, 짝사랑/NNG, 참사랑/NNG' 등을 포함하는 문장은 출력하지 않아야 한다.

앞서 살펴본 [프로그램 1]과 [프로그램 2]의 결과로서 문장별로 본 어절 리스트(sL), 분석 어절 리스트(aL), '형태/태그' 리스트(ftL)가 주어졌다고 가정하자. 그러면 '사랑/NNG'를 포함하는 문장은 다음과 같이 추출할 수 있다. 본래 문장과 형태소 분석된 문장을 함께 출력한다.

```
#[프로그램 8] 특정 '형태/태그' 포함 문장 추출
#기준 '형태/태그': 사랑/NNG

sL=['무엇보다도', '사랑이', '필요하다.']
aL=['무엇/NP + 보다/JKB + 도/JX', '사랑/NNG + 이/JKS', '필요/XR + 하/XSA + 다
/EF + ./SF']
ftL=['무엇/NP', '보다/JKB', '도/JX', '사랑/NNG', '이/JKS', '필요/XR', '하/XSA', '다
/EF', './SF']

if '사랑/NNG' in ftL:      #리스트의 멤버십 테스트: 참이면...
    jsL=' '.join(sL)       #리스트 sL을 한 칸 여백으로 이어서 문자열로 변환
    jaL=' '.join(aL)       #리스트 aL을 한 칸 여백으로 이어서 문자열로 변환
    print(jsL)
    print(jaL)
```

실행 결과는 다음과 같다.

```
무엇보다도 사랑이 필요하다.
무엇/NP + 보다/JKB + 도/JX 사랑/NNG + 이/JKS 필요/XR + 하/XSA + 다/EF + ./SF
```

4. 특정 '태그'의 '형태(빈도)' 추출

보조사(JX)에는 어떤 것(형태)들이 있는지, 각 보조사는 어떤 빈도로 나타나는지 등을 코퍼스에서 확인해 보자. 앞서 살펴본 [프로그램 3]의 결과로서 문장별로 형태 리스트 (fL)와 태그 리스트(tL)가 주어졌다고 가정하자. 먼저 해야 할 일은 JX의 형태들을 모으는 것이다. 이는 다음과 같이 문장별로 태그 리스트에서 JX의 인덱스를 확인하고 형태 리스트에서 그 인덱스에 해당하는 '형태'를 확인하여 리트스(Ljx)에 추가하면 된다.

```
#특정 '태그'의 '형태(빈도)' 추출하기(오류)
#기준 '태그': JX

fL=['무엇', '보다', '도', '사랑', '은', '필요', '하', '다', '.']
tL=['NP', 'JKB', 'JX', 'NNG', 'JX', 'XR', 'XSA', 'EF', 'SF']

Ljx=[]                          #JX의 형태 리스트 생성
for x in tL:                    #tL에서 한 항목(x)씩 읽어 와서...
    if x=='JX':                 #x가 JX이면,
        xi=tL.index(x)          #tL에서 x의 인덱스(xi) 확인
        Ljx.append(fL[xi])      #Ljx에 fL[xi] 추가
print(Ljx)
```

실행 결과는 다음과 같다. 예상했던 것과 다르게 '은'은 추출되지 않고 '도'가 두 번 추출되었다. 이유는 리스트의 특성에 있다. 리스트에 동일 항목이 여러 개 있을 때에는 첫 번째 항목의 인덱스만 반환된다. 그래서 두 번째 JX의 인덱스(xi=4)도 첫 번째 것의 인덱스(2)가 반환되어 '은'이 아닌 '도'가 추출된 것이다.

```
['도', '도']
```

리스트의 인덱스 문제는 다음과 같이 변수(예를 들어 i)를 써서 해결하는 방법이 있다. i의 초깃값을 리스트의 첫 번째 항목의 인덱스와 같은 0으로 설정하고 for문이 반복될 때마다 1씩 더하는 것이다. fL의 인덱싱은 i 값을 사용하면 된다.

```
#[프로그램 9] 특정 '태그'의 '형태(빈도)' 추출하기
#기준 '태그': JX

fL=['무엇', '보다', '도', '사랑', '은', '필요', '하', '다', '.']
tL=['NP', 'JKB', 'JX', 'NNG', 'JX', 'XR', 'XSA', 'EF', 'SF']

Ljx=[]
i=0
for x in tL:
    if x=='JX':
        Ljx.append(fL[i])
    i=i+1
print(Ljx)
```

실행 결과는 다음과 같다.

```
['도', '은']
```

인덱스 문제가 생기지 않는 가장 간단한 방법은 앞서 살펴본 람다 함수를 써서 중복 항목의 인덱스를 모두 확인하는 것이다.

```
#[프로그램 10] 특정 '태그'의 '형태(빈도)' 추출하기
#기준 '태그': JX
#lambda 함수 활용
```

```
fL=['무엇', '보다', '도', '사랑', '은', '필요', '하', '다', '.']
tL=['NP', 'JKB', 'JX', 'NNG', 'JX', 'XR', 'XSA', 'EF', 'SF']

Ljx=[]
Li=list(filter(lambda x: tL[x] =='JX', range(len(tL))))  #JX의 인덱스확인


for x in Li:                        #모든 JX의 인덱스를 리스트로 반환
    Ljx.append(fL[x])               #Li(=[2, 4])에서 각 인덱스(x)를 읽어 와서...
print(Ljx)                          #Ljx에 fL[x] 추가
```

　모든 문장에 대해 위와 같은 방법으로 JX를 확인하여 그 형태 리스트(Ljx)가 만들어지면 앞서 살펴본 [프로그램 4], [프로그램 5], [프로그램 6]과 같은 방식으로 빈도를 계산하고 또 필요에 따라 [프로그램 7]과 같은 방식으로 이를 정렬하여 출력할 수 있다.

5. 특정 '형태/태그'의 앞뒤에 오는 '형태/태그' 추출

보조사(JX) '도'의 바로 앞에 어떤 '형태/태그'들이 오는지 확인해 보자. 앞서 살펴본 [프로그램 2]의 결과로서 문장별로 '형태/태그' 리스트(ftL)가 주어졌다고 가정하자. 그러면 다음과 같은 방법으로 이를 확인할 수 있다.

① 앞에 오는 '형태/태그'를 모을 리스트(PftL)를 생성한다.
② ftL에서 '도/JX'의 인덱스를 모두 확인한다(lambda 함수 이용).
③ 각 인덱스(x)를 읽어 와서 0보다 큰지 확인한다(인덱스 0이면 리스트의 첫 번째 항목 이므로 앞에 어떤 '형태/태그'도 오지 않는다).
④ 그러면 ftL에서 인덱스가 x-1인 형태를 PftL에 추가한다.


```
#[프로그램 11] 특정 '형태/태그'의 앞에 오는 '형태/태그' 추출하기
#기준 '형태/태그': '도/JX'

ftL=['무엇/NP', '보다/JKB', '도/JX', '사랑/NNG', '도/JX', '필요/XR', '하/XSA', '다/EF',
'./SF']

PftL = []                       #앞에 오는 '형태/태그' 리스트 생성
Li=list(filter(lambda x: ftL[x] =='도/JX', range(len(ftL))))  #'도/JX'의 인덱스 확인

for x in Li:                    #Li(=[2, 4])에서 각 인덱스(x)를 읽어 와서...
    if x>0:                     #'도/JX'의 인덱스가 0보다 크면,
        PftL.append(ftL[x-1])   #PftL에 ftL[x-1] 추가
print(PftL)
```


실행 결과는 다음과 같다.


```
['보다/JKB', '사랑/NNG']
```

모든 문장에 대해 위와 같은 방법으로 '도/JX'의 앞에 오는 '형태/태그'를 확인하여 그 리스트(PftL)가 만들어지면 앞서 살펴본 [프로그램 4], [프로그램 5], [프로그램 6], [프로그램 7]의 방식으로 빈도를 계산하고 이를 정렬하여 출력할 수 있다.

결과 리스트(PftL)를 [프로그램 3]의 방식으로 다시 형태 리스트와 태그 리스트로 나누면 [프로그램 10]의 방식으로 태그별 '형태(빈도)', 예를 들어 '도/JX'의 앞에 오는 부사격 조사 (JKB)의 '형태(빈도)'를 추출할 수도 있다.

특정 '형태/태그'의 바로 뒤에 오는 '형태/태그'는 이를 일부 수정하여 추출할 수 있다. 수정해야 할 부분은 if문 부분이다. 먼저 기준 '형태/태그'가 리스트의 끝에 오는 때에는 뒤에 오는 '형태/태그'가 없으므로 if문의 조건을 x<len(ftL)-1로 수정해야 한다. 리스트 ftL의 끝 항목의 인덱스는 len(ftL)-1이다. 그리고 뒤에 오는 '형태/태그'를 추출해야 하므로 추가할 항목의 인덱스를 x+1로 수정해야 한다.

```
#[프로그램 12] 특정 '형태/태그'의 뒤에 오는 '형태/태그' 추출하기
#기준 '형태/태그': '도/JX'

ftL=['무엇/NP', '보다/JKB', '도/JX', '사랑/NNG', '도/JX', '필요/XR', '하/XSA', '다/EF', './SF']

BftL = []                        #뒤에 오는 '형태/태그' 리스트 생성
Li=list(filter(lambda x: ftL[x] =='도/JX', range(len(ftL))))  #'도/JX'의 인덱스 확인

for x in Li:                     #Li(=[2, 4])에서 각 인덱스(x)를 읽어 와서...
    if x<len(ftL)-1:
        BftL.append(ftL[x+1])    #BftL에 ftL[x+1] 추가
print(BftL)
```

실행 결과는 다음과 같다.

```
['사랑/NNG', '필요/XR']
```

6. 특정 중심어의 공기어 추출

어절 '가는'(중심어)이 '가늘/VA + ㄴ/ETM'으로 분석되는 문장에서 '가는'의 공기 어절(그리고 분석 어절의 공기 분석 어절)을 추출해 보자. 공기 범위(span)는 앞뒤 3어절로 하자. 한 문장에 기준 어절('가는', '가늘/VA + ㄴ/ETM')이 2번 이상 나타날 수도 있다는 점에 유의해야 한다. 그리고 이처럼 여러 부분으로 구성된 프로그램을 작성할 때에는 각 부분의 위치, 곧 순서와 깊이(열 맞추기)에 유의해야 한다. 앞서 살펴본 [프로그램 1]과 [프로그램 2]의 결과로서 문장별로 본 어절 리스트(sL), 분석 어절 리스트(aL), '형태/태그' 리스트(ftL)가 주어졌다고 가정하면 이를 다음과 같은 방법으로 추출할 수 있다. 순서는 일련 번호로, 깊이는 들여 쓰기로 표시했다.

①sL에 '가는'이 있는지 확인한다. (if문, 멤버십 테스트)
　②'가는'의 인덱스를 리스트(Li)로 얻는다. (lambda 함수)
　③Li에서 각 인덱스(z)를 읽어 와서 다음의 과정을 반복한다. (for문)
　　④aL[z]가 '가늘/VA + ㄴ/ETM'인지 확인한다. (if문)
　　　⑤결과 리스트 rsL(본 어절), raL(분석 어절)을 생성한다.
　　　⑥z>=3인지(앞에 3어절 이상이 있는지) 확인한다. (if문)
　　　　ⓐ그러면, ⟨z-3 ~ z⟩ 범위의 인덱스 a에 대해 sL[a]를 rsL에 추가하고, aL[a]를 raL에 추가한다.
　　　　ⓑ그렇지 않으면, ⟨0 ~ z⟩ 범위의 인덱스 a에 대해 sL[a]를 rsL에 추가하고, aL[a]를 raL에 추가한다.
　　　⑦기준 어절 sL[z]('가는')와 aL[z]('가늘/VA + ㄴ/ETM')를 각각 rsL과 raL에 추가한다.
　　　⑧len(aL)>z+3인지(뒤에 3어절 이상이 있는지) 확인한다.
　　　　ⓐ그러면, ⟨z+1 ~ z+1+3⟩ 범위의 인덱스 b에 대해 sL[b]를 rsL에 추가하고, aL[b]를 raL에 추가한다.
　　　　ⓑ그렇지 않으면, ⟨z+1 ~ len(aL)⟩ 범위의 인덱스 b에 대해 sL[b]를 rsL에 추가하고, aL[b]를 raL에 추가한다.
　　　⑨rsL과 raL을 문자열로 변환하여 출력한다.

다음의 3문장을 예로 들어 살펴본다. [1]은 '가는'이 2번 나타나는 문장이다. 이 가운데 첫 번째 '가는'은 앞이 3어절 미만(1어절)이고 뒤가 3어절 이상이다. 두 번째 '가는'은 앞뒤 모두 3어절 이상이다. [2]에서 '가는'은 앞이 3어절 미만(0어절)이고 뒤가 3어절 이상이다. [3]에서 '가는'은 앞뒤 모두 3어절 미만(각각 1어절, 2어절)이다.

[1] 연한 연하/VA + ㄴ/ETM 가는 가늘/VA + ㄴ/ETM 조선 조선/NNP 상추와 상추/NNG + 와/JC 쑥갓, 쑥갓/NNG + ,/SP 가는 가늘/VA + ㄴ/ETM 파를 파/NNG + 를/JKO 깨끗이 깨끗이/MAG 씻어 씻/VV + 어/EC 채반에 채반/NNG + 에/JKB 담고 담/VV + 고/EC
[2] 가는 가늘/VA + ㄴ/ETM 입자의 입자/NNG + 의/JKG 모래가 모래/NNG + 가/JKS 만져졌다. 만지/VV + 어/EC + 지/VX + 었/EP + 다/EF + ./SF
[3] 선비의 선비/NNP + 의/JKG 가는 가늘/VA + ㄴ/ETM 음성이 음성/NNG + 이/JKS 들린다. 들리/VV + ㄴ다/EF + ./SF

다음은 이들 문장을 대상으로 '가는'과 '가늘/VA + ㄴ/ETM'의 공기 어절(앞뒤 3어절 범위)을 추출하는 프로그램이다. ① ~ ⑨는 문장 [1]의 두 번째 '가는'(인덱스 5)을 예로 들어 앞뒤 공기 어절을 추출하는 과정을 표시한 것이다.

```
#[프로그램 13_01]: 특정 중심어의 공기어 추출(1)
#중심어: '가는', '가늘/VA + ㄴ/ETM'
#공기 범위: 앞뒤 3어절
#예: 문장 [1]

sL=['연한', '가는', '조선', '상추와', '쑥갓,', '가는', '파를', '깨끗이', '씻어', '채반에', '담고']
aL=['연하/VA + ㄴ/ETM', '가늘/VA + ㄴ/ETM', '조선/NNP', '상추/NNG + 와/JC', '쑥갓/NNG + ,/SP', '가늘/VA + ㄴ/ETM', '파/NNG + 를/JKO', '깨끗이/MAG', '씻/VV + 어/EC', '채반/NNG + 에/JKB', '담/VV + 고/EC']

if '가는' in sL:                        #①
    Li=list(filter(lambda x: sL[x] =='가는', range(len(sL)))) #②'가는'의 인덱스 리스트
```

```
for z in Li:                              #③z=[5]
    if aL[z]=='가늘/VA + ㄴ/ETM':          #④
        rsL=[]                            #⑤결과 리스트(본 어절) 생성
        raL=[]                            #⑤결과 리스트(분석 어절) 생성
        if z>=3:                          #⑥앞: 3어절 이상이면(5>=3)...
            for a in range(z-3, z):       #ⓐa: 2~5의 범위에서...
                rsL.append(sL[a])         #rsL에 sL[a] 추가
                raL.append(aL[a])         #raL에 aL[a] 추가
        else:                             #⑥앞: 3어절 미만이면...
            for a in range(0, z):
                rsL.append(sL[a])
                raL.append(aL[a])
        rsL.append('[{}]'. format(sL[z])) #⑦rsL에 기준 본 어절 추가
        raL.append('[{}]'. format(aL[z])) #⑦raL에 기준 분석 어절 추가
        if len(aL)>z+3:                   #⑧뒤: 3어절 이상이면...
            for b in range(z+1, z+1+3):   #ⓑb: 6~9의 범위에서...
                rsL.append(sL[b])         #rsL에 sL[b] 추가
                raL.append(aL[b])         #raL에 aL[b] 추가
        else:                             #⑧뒤: 3어절 미만이면...
            for b in range(z+1, len(aL)):
                rsL.append(sL[b])
                raL.append(aL[b])

        srsL=' '.join(rsL)                #⑨rsL을 여백으로 이어진 문자열로 변환
        sraL=' '.join(raL)                #⑨raL을 여백으로 이어진 문자열로 변환
        print(srsL)                       #⑨본 어절 문자열(srsL) 출력
        print(sraL)                       #⑨분석 어절 문자열(sraL) 출력
```

실행 결과는 다음과 같다. 두 개의 [가늘]과 [가늘/VA + ㄴ/ETM]을 기준으로 앞뒤 각 3어절 이내의 어절들이 출력된 것을 확인할 수 있다.

```
연한 [가는] 조선 상추와 쑥갓,
연하/VA + ㄴ/ETM [가늘/VA + ㄴ/ETM] 조선/NNP 상추/NNG + 와/JC 쑥갓/NNG +
```

./SP
조선 상추와 쑥갓, [가는] 파를 깨끗이 씻어
조선/NNP 상추/NNG + 와/JC 쑥갓/NNG + ./SP [가늘/VA + ㄴ/ETM] 파/NNG + 를
/JKO 깨끗이/MAG 씻/VV + 어/EC

다음은 똑같은 프로그램으로 문장 [2]에서 '가는'의 공기 어절을 추출하는 과정을 ①
~ ⑨로 표시한 것이다.

```
#[프로그램 13_02]: 특정 중심어의 공기어 추출(2)
#중심어: '가는', '가늘/VA + ㄴ/ETM'
#공기 범위: 앞뒤 3어절
#예: 문장 [2]

sL=['가는', '입자의', '모래가', '만져졌다.']
aL=['가늘/VA + ㄴ/ETM', '입자/NNG + 의/JKG', '모래/NNG + 가/JKS', '만지/VV + 어
/EC + 지/VX + 었/EP + 다/EF + ./SF']

if '가는' in sL:                              #①
    Li=list(filter(lambda x: sL[x] =='가는', range(len(sL)))) #②'가는'의 인덱스 리스트
    for z in Li:                             #③z=[0]
        if aL[z]=='가늘/VA + ㄴ/ETM':          #④
            rsL=[]                           #⑤결과 리스트(본 어절) 생성
            raL=[]                           #⑤결과 리스트(분석 어절 어절) 생성
            if z>=3:                         #⑥앞: 3어절 이상이면...
                for a in range(z-3, z):
                    rsL.append(sL[a])
                    raL.append(aL[a])
            else:                            #⑥앞: 3어절 미만이면...
                for a in range(0, z):        #⑤a: 0~0의 범위에서...
                    rsL.append(sL[a])        #rsL에 sL[a] 추가
                    raL.append(aL[a])        #raL에 aL[a] 추가
            rsL.append('[{}]'. format(sL[z]))  #⑦rsL에 기준 본 어절 추가
            raL.append('[{}]'. format(aL[z]))  #⑦raL에 기준 분석 어절 추가
```

```
        if len(aL)>z+3:                      #⑧뒤: 3어절 이상이면...
            for b in range(z+1, z+1+3):      #ⓐb:1~4의 범위에서...
                rsL.append(sL[b])            #rsL에 sL[b] 추가
                raL.append(aL[b])            #raL에 aL[b] 추가
        else:                                #⑧뒤: 3어절 미만이면...
            for b in range(z+1, len(aL)):
                rsL.append(sL[b])
                raL.append(aL[b])

    srsL=' '.join(rsL)                       #⑨rsL을 여백으로 이어진 문자열로 변환
    sraL=' '.join(raL)                       #⑨raL을 여백으로 이어진 문자열로 변환
    print(srsL)                              #⑨본 어절 문자열(srsL) 출력
    print(sraL)                              #⑨분석 어절 문자열(sraL) 출력
```

실행 결과는 다음과 같다.

```
[가는] 입자의 모래가 만져졌다.
[가늘/VA + ㄴ/ETM] 입자/NNG + 의/JKG 모래/NNG + 가/JKS 만지/VV + 어/EC + 지
/VX + 었/EP + 다/EF + ./SF
```

다음은 똑같은 프로그램으로 문장 [3]에서 '가는'의 공기 어절을 추출하는 과정을 ①
~ ⑨로 표시한 것이다.

```
#[프로그램 13_03]: 특정 중심어의 공기어 추출(3)
#중심어: '가는', '가늘/VA + ㄴ/ETM'
#공기 범위: 앞뒤 3어절
#예: 문장 [3]

sL=['선비의', '가는', '음성이', '들린다.']
aL=['선비/NNP + 의/JKG', '가늘/VA + ㄴ/ETM', '음성/NNG + 이/JKS', '들리/VV + ㄴ
```

다/EF + ./SF']

```python
if '가는' in sL:                                    #①
  Li=list(filter(lambda x: sL[x] =='가는', range(len(sL))))  #②'가는'의 인덱스 리스트
  for z in Li:                                      #③z=[1]
    if aL[z]=='가늘/VA + ㄴ/ETM':                    #④
      rsL=[]                                        #⑤결과 리스트(본 어절) 생성
      raL=[]                                        #⑤결과 리스트(분석 어절 어절) 생성
      if z>=3:                                      #⑥앞: 3어절 이상이면...
        for a in range(z-3, z):
          rsL.append(sL[a])
          raL.append(aL[a])
      else:                                         #⑥앞: 3어절 미만이면...
        for a in range(0, z):                       #ⓑa: 0~1의 범위에서...
          rsL.append(sL[a])                         #rsL에 sL[a] 추가
          raL.append(aL[a])                         #raL에 aL[a] 추가
      rsL.append('[{}]'. format(sL[z]))             #⑦rsL에 기준 본 어절 추가
      raL.append('[{}]'. format(aL[z]))             #⑦raL에 기준 분석 어절 추가
      if len(aL)>z+3:                               #⑧뒤: 3어절 이상이면...
        for b in range(z+1, z+1+3):
          rsL.append(sL[b])
          raL.append(aL[b])
      else:                                         #⑧뒤: 3어절 미만이면...
        for b in range(z+1, len(aL)):               #ⓑb: 2~4의 범위에서...
          rsL.append(sL[b])                         #rsL에 sL[b] 추가
          raL.append(aL[b])                         #raL에 aL[b] 추가

      srsL=' '.join(rsL)                            #⑨rsL을 여백으로 이어진 문자열로 변환
      sraL=' '.join(raL)                            #⑨raL을 여백으로 이어진 문자열로 변환
      print(srsL)                                   #⑨본 어절 문자열(srsL) 출력
      print(sraL)                                   #⑨분석 어절 문자열(sraL) 출력
```

실행 결과는 다음과 같다.

선비의 [가는] 음성이 들린다.
선비/NNP + 의/JKG [가늘/VA + ㄴ/ETM] 음성/NNG + 이/JKS 들리/VV + ㄴ다/EF +
./SF

문장별로 추출한 본 어절 결과 리스트(rsL)와 분석 어절 결과 리스트(raL)를 각각 '형태/
태그' 단위로 나누고 이를 모두 합치면 코퍼스에서 기준 어절의 앞뒤 3어절 범위에 나타나
는 전체 '형태/태그'의 목록과 그 빈도를 구할 수 있다. 물론 앞 3어절 범위에 나타나는
'형태/태그'와 뒤 3어절 범위에 나타나는 '형태/태그'를 구분할 수도 있고, 특정 태그를
갖는 '형태/태그'만 모을 수도 있다. 이렇게 추출한 '형태/태그' 목록과 빈도는 t-점수와
코사인 유사도를 계산하는 데 활용할 수 있다. 이에 대해서는 바로 이어서 살펴본다.

7. 공기의 유의성 검정: t-점수 계산

어절 '가는(=가늘/VA + ㄴ/ETM)'의 앞뒤 3어절 범위에 나타나는 공기어들 가운데 일반 명사(NNG)를 대상으로 t-점수(t-score)를 구해 보자. 이를 위해서는 공기어(w) 목록, 코퍼스 전체에서 w의 빈도(fc(w)), 공기 범위에서 w의 빈도(실제 빈도 O), 공기 범위 내 어휘 총수(Ss), 코퍼스의 어휘 총수(Cs) 등의 정보가 필요하다. 〈세종 의미 분석 말뭉치(910만)〉에 나타나는 실제 예를 대상으로 t-점수를 구하는 프로그램을 작성해 보자. t-점수 상위 10개 목록은 11장 3절의 (18)에 제시했다.

<w>	<fc(w)>	<O>
철사__05	87	6
뿌리	1117	6
모양__02	4108	6
팔__01	1269	3
핏줄	112	2
Ss=711		
Cs=9134677		

t-점수와 예상 빈도(E)를 계산하는 식은 다음과 같다.

$$t = \frac{O-E}{\sqrt{O}}$$

$$E = \frac{fc(w)}{Cs} \times S_s$$

이를 계산하는 프로그램은 다음과 같다. 어휘별로 실제 빈도, 예상 빈도, t-점수를 각각 출력한다. math 모듈은 제곱근(root) 계산 함수인 sqrt()를 사용하기 위한 것이다. round()

함수를 사용하면 위치를 지정하여 반올림할 수 있다.

```
#[프로그램 14] t-점수 계산하기
#중심어: '가는', '가늘/VA + ㄴ/ETM'
#공기 범위: 앞뒤 3어절
#공기어: 일반 명사(NNG)

import math                      #math 모듈 불러 오기

w=[['철사__05', 87,   6], ['뿌리', 1117,   6], ['모양__02', 4108, 6], ['팔__01', 1269, 3],
['핏줄', 112, 2]]
Cs=9134677
Ss=711

for x in w:
    O=x[2]                       #실제 빈도
    fcw=x[1]                     #말뭉치 전체(cwn)에서 공기어의 빈도
    E=(fcw/Cs)*Ss                #예상 빈도
    Er=round(E, 4)               #소수점 4째 자리 반올림
    t=(O-E)/math.sqrt(O)         #t-score (sqrt: 제곱근 함수)
    tr=round(t, 4)               #소수점 4째 자리 반올림

    print('{}:\t실제 빈도({})\t예상 빈도({})\tt-점수({})'. format(x[0], O, Er, tr))
```

실행 결과는 다음과 같다.

철사__05:	실제 빈도(6)	예상 빈도(0.0068)	t-점수(2.4467)
뿌리:	실제 빈도(6)	예상 빈도(0.0869)	t-점수(2.414)
모양__02:	실제 빈도(6)	예상 빈도(0.3197)	t-점수(2.319)
팔__01:	실제 빈도(3)	예상 빈도(0.0988)	t-점수(1.675)
핏줄:	실제 빈도(2)	예상 빈도(0.0087)	t-점수(1.408)

8. 코사인 유사도(cosine similarity) 계산

어떤 두 어휘(중심어 A, B)의 코사인 유사도를 계산해 보자. 이를 위해서는 A와 B 각각의 공기어 목록이 필요하다. 공기어는 좌우 4어절 범위에서 추출한다. 공기어 목록이 추출되면 먼저 A와 B의 공기어 (빈도) 벡터를 구한다. 이는 수치 계산용 파이선 라이브러리 Numpy(넘파이)를 사용하면 된다.

다음은 중심어 A의 공기어 리스트를 L1, 중심어 B의 공기어 리스트를 L2라고 할 때 A와 B의 공기어 (빈도) 벡터를 구하는 프로그램이다. L1과 L2는 공기어 목록 파일로 부터 만드는 것으로 가정한다.

```
#[프로그램 15] 코사인 유사도 계산하기(1): 공기어 벡터 구하기
#대상 어휘: '결코', '절대로'

#Numpy 불러오기
import numpy as np

#공기어 목록 파일로부터 공기어 리스트 만들기
L1=[]
f1=open('C:/Work/cowd_01.txt')
for x in f1:
    L1.append(x)

L2=[]
f2=open('C:/Work/cowd_02.txt')
for x in f2:
    L2.append(x)

#공기어 합집합의 유형(feats) 구하기
L=L1+L2
feats=set(L)

#중심어별로 공기어 빈도 리스트를 만드는 함수
def make_matrix(feats, list_data):
```

```
        freq_list=[]
        for feat in feats:
            freq=list_data.count(feat)
            freq_list.append(freq)
        return freq_list

    #공기어 빈도 리스트를 1차원 배열(벡터)로 변환하기
    L1_arr=np.array(make_matrix(feats, L1))
    L2_arr=np.array(make_matrix(feats, L2))
```

    다음은 이렇게 만들어진 두 개의 공기어 (빈도) 벡터를 대상으로 코사인 유사도를 계산하는 프로그램이다. 코사인 유사도를 계산하기 위해서는 두 벡터의 내적(內積, inner product, 두 벡터의 각 성분을 곱한 값의 합)을 계산하는 함수 dot()와 벡터의 크기를 계산하는 함수 norm()이 필요하다. 여기에서는 어떤 함수인지 보이기 위해 이들 함수 (h_dot, h_norm)를 직접 만들어서 사용했지만 간편하게는 Numpy의 함수 dot()와 norm()을 직접 불러와서 이용하면 된다. dot()는 'from numpy import dot'로, norm() 은 'from numpy.linalg import norm'으로 불러올 수 있다.

```
    #[프로그램 15] 코사인 유사도 계산하기(2): 코사인 유사도 계산하기

    #제곱근(square root) 함수 불러오기
    from math import sqrt

    #코사인 유사도 계산 함수
    def cos_sim(a, b):
        return h_dot(a, b)/(h_norm(a)*h_norm(b))

    def h_dot(a, b):
        if len(a)!=len(b):
            return 0
        else:
            res = 0
```

```
        for i in range(len(a)):
            res+=a[i]*b[i]
        return res

def h_norm(a):
    res=0
    for x in range(len(a)):
        res+=a[x]*a[x]
    res=sqrt(res)
    return res

#코사인 유사도 계산하기
cs=cos_sim(L1_arr, L2_arr)

#결과 출력
print(len(L1))
print(len(L2))
print(len(feats))
print(L1_arr)
print(L2_arr)
print(h_dot(L1_arr, L2_arr))
print(h_norm(L1_arr))
print(h_norm(L2_arr))
print(h_norm(L1_arr)*h_norm(L2_arr))
print(cs)
```

이와 같은 방법으로 '결코'와 '절대로'의 코사인 유사도를 계산한 결과는 다음과 같다. 관련 정보를 함께 제시한다. 이는 4장 1절의 (3)에 제시한 것과 같다. 참고로 공기어 (빈도) 벡터의 배열은 프로그램을 실행할 때마다 달라질 수 있다. feats가 임의로 순서가 정해지는 집합(set) 자료형이기 때문이다.

```
#부사 '결코'와 '절대로'의 코사인 유사도

  ○공기어 총수(token)
    -'결코'(L1의 길이): 14287
    -'절대로'(L2의 길이): 4590
  ○공기어 합집합의 유형(type) 수(feats의 길이): 3181
  ○공기어 (빈도) 벡터
    -'결코'(L1_arr): [2 4 2 ... 0 2 0]
    -'절대로'(L2_arr): [1 4 0 ... 1 0 1]
  ○코사인 유사도 계산
    -dot(L1_arr, L2_arr): 628730
    -norm(L1_arr): 1487.544621179479
    -norm(L2_arr): 466.1780775626413
    -norm(L1_arr)*norm(L2_arr): 693460.691790097
    -코사인 유사도: 0.9066555717484124
```

★파이선 라이브러리(패키지) 설치 및 사용

파이선 라이브러리는 pip(파이선용 패키지 인스톨러)를 실행하여 설치할 수 있다. 예를 들어 Numpy를 설치하려면 커맨드(command) 창에서 다음과 같이 입력한다.

```
#파이선 라이브러리 Numpy 설치

C:\python37>pip install numpy
```

설치한 라이브러리는 프로그램을 작성하는 파일에서 불러와서(import) 사용한다. 'as x'처럼 써서 특정한 이름(x)으로 불러오면 이후 그 이름이 numpy를 대신한다. 아래에서는 np를 썼지만 이름은 임의로 정할 수도 있다.

```
#파이선 라이브러리 Numpy 사용하기

import numpy as np          #numpy를 np로 불러온다.
...

np.array(...)               #numpy(np)의 array() 함수 사용
```

9. 코퍼스 학습과 유사어 추출: Word2Vec

Word2Vec을 이용하여 〈세종 의미 분석 말뭉치(910만)〉를 학습하게 하고 이로부터 형용사 '예쁘다'와 유사도가 높은 단어 10개를 추출하는 방법을 살펴보자. 참고로 학습 대상 자료는 〈세종 의미 분석 말뭉치(910)〉의 문장별 리스트인데 각 문장은 다시 '형태/태그' 단위로 구분한 리스트이다. 이는 앞서 살펴본 [프로그램 1]과 [프로그램 2]를 활용하여 만들 수 있다. 여기에서는 생략한다.

```
#[프로그램 16] Word2Vec으로 유사어 추출하기
#모델 학습 및 유사어 추출

#Word2Vec 불러오기
from gensim.models import Word2Vec

#학습 대상 자료(tokenized_data) 만들기(생략)
tokenized_data=[[...], [...], ...]

#데이터 학습
model=Word2Vec(sentences=tokenized_data,        vector_size=100,        window=4,
min_count=5, workers=4, sg=1)

#유사어 추출
sw=model.wv.most_similar('예쁘/VA', topn=10)
print(sw)
```

실행 결과는 4장 1절의 (4)로 제시한 바 있다. 참고로 vector_size는 벡터의 차원을 말한다. 100차원은 각 '형태/태그'의 벡터를 구성하는 성분(실수實數)이 100개라는 것을 뜻한다. window는 중심어의 앞뒤 범위(span)를, mini_count는 학습 기준 최소 빈도를, workers는 학습을 위한 프로세스의 수를 말한다. 그리고 sg는 학습 방식을 뜻하는데 0은 CBOW 방식을, 1은 Skip-gram 방식을 나타낸다.

데이터 학습에는 상당한 시간이 소요된다. 학습한 모델을 저장해 두면 필요할 때마다 이를 불러와서 다시 사용할 수 있다. 위에서 학습한 모델을 'word2v_910word'라는 이름으로 저장하는 방법은 다음과 같다.

```
#학습 모델 저장

model.wv.save_word2vec_format('C:/Work/w2v_910word')
```

저장한 학습 모델을 다시 불러와서 유사어를 추출하는 방법은 다음과 같다.

```
#학습 모델 불러오기 + 유사어 추출

#학습 모델 불러오기
from gensim.models import KeyedVectors
model = KeyedVectors.load_word2vec_format('C:/Work/w2v_910word')

#유사어 추출
sw=model.most_similar('예쁘/VA', topn=10)
print(sw)
```

두 어휘의 유사도를 계산할 수도 있다. 저장한 학습 모델에서 정도 부사 '아주'와 '매우'의 유사도는 다음과 같이 계산할 수 있다. 결과는 밑에 함께 제시한다.

```
#유사도 계산

sim=model.similarity('아주/MAG', '매우/MAG')
print(sim)

#결과: 0.8186494
```

10. 단순 복합 어절의 형태소 분석

다음은 10장 1절의 (6)에 제시한, 단순 복합 어절을 대상으로 한 형태소 분석 알고리즘을 파이선으로 작성한 것이다. 어근, 접사의 경우 동형어도 있지만 이는 고려하지 않았다. 동형어를 모두 포함할 때에는 예를 들어 '먹는'을 '먹/VV + 는/ETM'으로 분석하기 위한 추가적인 절차가 필요하다. '먹'은 일반 명사(NNG)와 동사(VV)의 동형어이고 '는'은 관형사형 어미(ETM)와 보조사(JX)의 동형어이다.

```
#[프로그램 17] 형태소 분석 프로그램(1)
#단순 복합 어절

#어근 사전(rd), 접사 사전(ad)
rd={'집':'NNG', '학교':'NNG', '바가지':'NNG', '아지랑이':'NNG', '먹':'VV', '머리':'NNG'}
ad={'에서부터':'JKB', '었':'EP', '고':'EC', '겠':'EP', '습니다':'EF', '에서':'JKB', '를':'JKO',
'는':'JX'}

#분석할 문자열(어절들)
s='머리 먹고 집에서부터 학교에서는 바가지에서 아지랑이를 먹었습니다 먹었겠습니다'
w=s.split(' ')

for x in w:                          #한 어절(x)씩 읽어 와서...
    if x in rd:                      #x가 어근 사전에 있으면,
        print('{}/{}'. format(x, rd[x]))   #출력
    else:                            #x가 어근 사전에 없으면,
        R=[]                         #분석 결과 리스트(R) 생성
        n=len(x)                     #n: 어절 길이
        m=1                          #m: (최초) 분리 위치
        while m<=n:                  #반복 조건
            r=x[0:m]                 #r: 어근 추정 요소
            a=x[m:n]                 #a: 접사 추정 요소
            if a in ad:              #a가 접사 사전에 있으면,
                R.append(a)          #a를 R에 추가
                if r in rd:          #r이 어근 사전에 있으면,
```

```
                R.append(r)           #r을 R에 추가
                break                 #현재 어절 분석 종료
            else:                     #r이 어근 사전에 없으면,
                x=r                   #r을 x로 치환
                n=len(x)              #어절 길이 n 재설정
                m=1                   #분리 위치 m 재설정
        else:                         #a가 접사 사전에 없으면,
            m=m+1                     #분리 위치를 1 뒤로 이동


#출력 부분
r=R.pop()                             #끝의 어근을 호출하고 리스트에서 삭제
print('{}/{}'. format(r, rd[r]), end='') #어근 출력
s=reversed(R)                         #접사 순서 뒤집기
for y in s:                           #접사를 한 개씩 불러 와서....
    print(' + ', end='')             #형태소 경계 출력
    print('{}/{}'. format(y, ad[y]), end='') #접사 출력
print('')
```

실행 결과는 다음과 같다.

```
머리/NNG
먹/VV + 고/EC
집/NNG + 에서부터/JKB
학교/NNG + 에서/JKB + 는/JX
바가지/NNG + 에서/JKB
아지랑이/NNG + 를/JKO
먹/VV + 었/EP + 습니다/EF
먹/VV + 었/EP + 겠/EP + 습니다/EF
```

11. 형태소 융합 어절의 형태소 분석

다음은 10장 1절의 (13)에 제시한, 단순 복합 어절과 형태소 융합 어절을 대상으로 한 형태소 분석 알고리즘을 파이선으로 작성한 것이다. 형태소 융합 음절 '셨, 신' 등을 포함하는 어절의 형태소 분석 부분은 새로 추가했다. '셨(시+었), 신(시+은)' 등은 '시'가 어근의 일부(예를 들어 '주무셨고=주무시+었+고')일 수도 있고, 접사의 일부('잡으셨고=잡+으시+었+고')일 수도 있고, 그 자체로 하나의 접사('오셨고=오+시+었+고')일 수도 있어서 특별한 방식의 처리가 필요하다. 이에 대해서는 아래 프로그램의 관련 부분을 참조할 수 있다.

```
#[프로그램 18] 형태소 분석 프로그램(2)
#단순 복합 어절 + 형태소 융합 어절

#어근 사전(rd), 접사 사전(ad)
rd={'가':'VV', '오가':'VV', '하얗':'VA', '오':'VV', '먹':'VV', '뛰어가':'VV', '빨갛':'VA', '
되갈':'VV', '모시':'VV', '집':'NNG', '학교':'NNG', '바가지':'NNG', '아지랑이':'NNG', '잡
':'VV', '주무시':'VV'}
ad={'았':'EP', '은데':'EC', '는데':'EC', '고':'EC', '은':'ETM', '시':'EP', '었':'EP', '겠
':'EP', '습니다':'EF', '다':'EF', '에서부터':'JKB', '에서는':'JKBX', '에서':'JKB', '을':'JKO',
'를':'JKO', '으시':'EP', '음':'ETN'}

#음절 사전(sd): 값의 첫 번째 숫자는 형태소 분리 후보의 수
sd={'값':(1, ['가', '았']), '얀':(1, ['얗', '은']), '간':(3, ['가', '은'], ['갛', '은'], ['갈', '은']),
'셨':(1, ['시', '었']), '신':(1, ['시', '은'])}

s='아지랑이 집에서부터 간 뛰어간 빨간 되간 주무셨고 오셨고 잡으셨고 주무신 오신 잡으
신 주무셨겠음을 오셨겠음을 잡으셨겠음을'
w=s.split()

for x in w:
    print('[{}] '. format(x), end='')          #[원 어절] 출력
    R=[]
    if x in rd:                                 #x가 어근 사전에 있으면,
```

```
            print('{}/{}'.format(x, rd[x]))
        continue
    else:                               #x가 어근 사전에 없으면,
        R=[]
        n=len(x)
        m=0                             #m:최초 분리 위치(0)
        while m<n:                      #반복 조건
            r=x[0:m]                    #r: 어근 (일부) 추정 요소
            s=x[m:m+1]                  #s: 형태소 융합 확인 음절
            a=x[m+1:n]                  #a: 접사 (일부) 추정 요소
            if s+a in ad:               #s+a(접사 추정 요소)가 sd에 있으면,
                R.append(s+a)           #s+a를 R에 추가
                if r in rd:             #r이 rd에 있으면,
                    R.append(r)         #r을 R에 추가
                    break               #현재 어절 분석 종료
                else:                   #r이 rd에 없으면,
                    x=r
                    n=len(x)
                    m=0
            elif s in sd:               #s가 sd(음절 사전)에 있으면,
                sy=sd[s]                #키 s의 값(튜플, 분리 후보 수 포함)
                syl=list(sy[1:])        #키 s의 값(리스트, 분리 후보 수 제외)
                for k in syl:           #syl의 분리 후보를 하나씩 읽어 와서...
                    rs=k[0]             #분리 후보의 선행 요소
                    ra=k[1]             #분리 후보의 후행 요소
                    rrs=r+rs            #rrs: 어근 추정 요소
                    raa=ra+a            #raa: 접사 추정 요소
                    if raa in ad:       #raa가 접사 사전에 있으면,
                        if rrs in rd:   #rrs가 어근 사전에 있으면,
                            R.append(raa) #'주무셨(고)'의 경우
                            R.append(rrs)
                            break
                        elif (r in rd) and (rs in ad):
                            R.append(raa) #'오셨(고)'의 경우
                            R.append(rs)
```

```
                            R.append(r)
                            break
                    elif (r[0:len(r)-1] in rd) and (r[len(r)-1]+rs in ad):
                            R.append(raa)   #'잡으셨(고)'의 경우
                            R.append(r[len(r)-1]+rs)
                            R.append(r[0:len(r)-1])
                            break
                    else:                       #그렇지 않으면,
                            x=rrs
                            n=len(x)
                            m=0
            else:                           #for문의 else(break 없이 종료되면)
                m=m+1
                continue                    #while문의 첫 부분으로 이동
            break                           #for문 이후
        else:                           #s가 sd(음절 사전)에 없으면,
            m=m+1


#출력 부분
rR=R.pop()
print('{}/{}'.format(rR, rd[rR]), end='')
R.reverse()
for ar in R:
    print(' + ', end='')
    print('{}/{}'.format(ar, ad[ar]), end='')
print('')
```

실행 결과는 다음과 같다.

```
[아지랑이] 아지랑이/NNG
[집에서부터] 집/NNG + 에서부터/JKB
[간] 가/VV + 은/ETM
[뛰어간] 뛰어가/VV + 은/ETM
```

[빨간] 빨갛/VA + 은/ETM

[되간] 되갈/VV + 은/ETM

[주무셨고] 주무시/VV + 었/EP + 고/EC

[오셨고] 오/VV + 시/EP + 었/EP + 고/EC

[잡으셨고] 잡/VV + 으시/EP + 었/EP + 고/EC

[주무신] 주무시/VV + 은/ETM

[오신] 오/VV + 시/EP + 은/ETM

[잡으신] 잡/VV + 으시/EP + 은/ETM

[주무셨겠음을] 주무시/VV + 었/EP + 겠/EP + 음/ETN + 을/JKO

[오셨겠음을] 오/VV + 시/EP + 었/EP + 겠/EP + 음/ETN + 을/JKO

[잡으셨겠음을] 잡/VV + 으시/EP + 었/EP + 겠/EP + 음/ETN + 을/JKO

12. KoNLPy를 이용한 형태소 분석

다음은 한국어 자연언어 처리 파이선 라이브러리 KoNLPy(코엔엘파이)에서 제공하는 5개의 형태소 분석 모듈(Kkma, Komoran, Okt, Hannanum, Mecab)을 이용한 형태소 분석 프로그램이다. 다른 형태소 분석 모듈과 달리 Mecab은 사전의 경로, 곧 mecab-ko-dic 폴더의 위치를 적어 주어야 한다.

```
#[프로그램 19] KoNLPy 형태소 분석기

from konlpy.tag import Kkma, Komoran, Okt, Hannanum, Mecab

M = Mecab(dicpath=r"C:/Mecab/mecab-ko-dic")
H=Hannanum()
O=Okt()
K=Kkma()
Ko=Komoran()

sen='형태소 분석은 어절을 대상으로 한다. 전산 언어학의 관점에서 어절은 공백 없이 이어
진 문자열 전체이다.'

q1=input('*출력 형식 선택(1. 형태, 2. 형태/태그): ')
q1=int(q1)

if q1==1:
    q2=input('*출력 단어의 품사 입력(all or 품사명): ')
    if q2=='all':
        rH=H.morphs(sen)
        rO=O.morphs(sen)
        rK=K.morphs(sen)
        rKo=Ko.morphs(sen)
        rM=M.morphs(sen)
    elif q2=='명사':
        rH=H.nouns(sen)
        rO=O.nouns(sen)
```

```
            rK=K.nouns(sen)
            rKo=Ko.nouns(sen)
            rM=M.nouns(sen)
    else:
        rH=H.pos(sen)
        rO=O.pos(sen)
        rK=K.pos(sen)
        rKo=Ko.pos(sen)
        rM=M.pos(sen)

    print('√ Hannanum:\n  ', rH, '\n')
    print('√ Okt:\n  ', rO, '\n')
    print('√ Kkoma:\n  ', rK, '\n')
    print('√ Komoran:\n  ', rKo, '\n')
    print('√ Mecab:\n  ', rM, '\n')
```

출력 형식은 '형태', 출력 단어의 품사는 '명사'로 하여 이를 실행한 결과는 다음과 같다. 참고로 Kkoma는 '형태'를 선택하는 경우 2번 이상 나타나더라도 한 번만 출력한다. 그래서 두 번째 나타나는 '어절'은 출력되지 않았다.

```
√ Hannanum:
   ['형태소', '분석', '어절', '대상', '전산', '언어학', '관점', '어절', '공백', '문자열', '전체']
√ Okt:
   ['형태소', '분석', '어절', '대상', '전산', '언어학', '관점', '어절', '공백', '이어진', '문자
   열', '전체']
√ Kkoma:
   ['형태소', '분석', '어절', '대상', '전산', '언어학', '관점', '공백', '문자열', '전체']
√ Komoran:
   ['형태소', '분석', '어절', '대상', '전산', '언어학', '관점', '어절', '공백', '문자열', '전체']
√ Mecab:
   ['형태소', '분석', '어절', '대상', '전산', '언어학', '관점', '어절', '공백', '문자열', '전체']
```

13. N-gram과 조합을 이용한 미등록어 문자열 분리

예를 들어 미등록어 '대학생선교회'의 가능한 분석 후보들(모든 구성 성분이 사전에 있는 분석 후보들)을 생성하는 과정을 살펴보자. '대학생선교회'는 최소 2개의 형태(소)가 결합한 것일 수도 있고 최대 6개(음절 수)의 형태가 결합한 것일 수도 있다. 그리고 2~5개의 형태가 결합한 것일 때에는 각각 여러 개의 조합이 가능하다. 이 가능한 모든 조합은 다음과 같은 과정으로 생성할 수 있다.

①N-gram을 이용하여 '대학생선교회'를 구성하는 모든 부분 문자열의 리스트를 생성한다. N은 1(최소 음절 수)부터 5(최대 음절 수)까지이다. 단, 부분 문자열 가운데 사전에 없는 것은 '대학생선교회'를 구성하는 '형태(태그)'일 수 없으므로 제외한다.

②조합 함수 combinations()을 이용하여 부분 문자열 리스트의 조합을 생성한다. 조합 개수는 2개(최소 형태 수)에서 6개(최대 형태 수)까지이다. 이렇게 만들어진 조합들이 '대학생선교회'의 가능한 분석 후보들이다.

③각 분석 후보를 구성하는 '형태'의 '태그'를 사전에서 확인하여 '형태/태그'의 형식으로 출력한다.

다음은 이러한 방식으로 미등록어 '대학생선교회'의 가능한 분석 후보들을 생성하는 프로그램을 파이선으로 작성한 것이다. 참고로 문자열 s의 각 N-gram은 s[i:i+N], 첫 번째 N-gram을 예로 들면 unigram은 s[1:1+1], bigram은 s[1:1+2], trigram은 s[1:1+3], 4-gram은 s[1:1+4]와 같다. 다만 N-gram 가운데에는 예를 들어 '대학생선교회'의 bigram(['대학', '학생', '생선', '선교', '교회', '회']) 가운데에는 길이(음절 수)가 2가 아닌 것이 있어서 이를 확인하는 것이 필요하다.

```
#[프로그램 20] N-gram, combinations() 이용 문자열 분리
#미등록어의 가능한 분석 후보 생성

#조합 함수 불러오기
from itertools import combinations

#사전
Dic={'대학생':'NNG', '선교회':'NNG', \
    '대학':'NNG', '학생':'NNG', '생선':'NNG', '선교':'NNG', '교회':'NNG', \
        '대':'NNG', '학':'NNG', '생':'NNG', '선':'NNG', '교':'NNG', '회':'NNG'}

#n-gram 함수 정의
def n_gram(s, ls):
    ngL=[]                          #n-gram 리스트
    si=0                            #각 음절의 index
    m=ls
    for x in s:                     #음절을 하나씩 불러와서...
        for i in range(si+1, m):    #음절별 n(-gram)의 범위
            sy=s[si:i]              #각 음절로 시작하는 n-gram(부분 문자열)
            if sy in Dic:           #n그램이 사전에 있으면,
                ngL.append(sy)      #ngL에 추가
        si=si+1                     #음절 인덱스: +1
        m=len(s[si:])+si+1          #각 음절별 n(-gram)의 범위 수정
    return ngL                      #ngL 반환

#문자열 입력, 문자열 길이 계산
s='대학생선교회'
ls=len(s)                           #s의 길이(음절 수): 6

#n-gram 함수 호출
ngL=n_gram(s, ls)

#n-gram 조합
for n in range(2, ls+1):            #조합 범위: 2~6
    combL=list(combinations(ngL, n))  #조합 리스트
    for x in combL:                 #조합을 하나씩 불러와서...
```

```
        cx=''.join(x)                      #조합을 문자열로 변환
        if cx==s:                          #(조합 문자열=입력 문자열)이면,
            ft=[]                          #부분 문자열의 '형태/태그' 리스트
            for y in x:                    #형태를 하나씩 불러와서...
                ft.append('{}/{}'. format(y, Dic[y])) #'형태/태그' 추가
            print(' + '. join(ft), end='') #결과 출력
            print('')
```

이해를 돕기 위해 프로그램이 실행되면서 중간에 만들어지는 (사전에 있는) N-gram들의 리스트 ngL을 제시하면 다음과 같다.

```
#<ngL>
['대', '대학', '대학생', '학', '학생', '생', '생선', '선', '선교', '선교회', '교', '교회', '회']
```

프로그램의 실행 결과 생성된 '대학생선교회'의 가능한 분석 후보는 다음의 20개이다.

```
대학생/NNG + 선교회/NNG
대학생/NNG + 선교/NNG + 회/NNG
대학생/NNG + 선/NNG + 교회/NNG
대학/NNG + 생선/NNG + 교회/NNG
대학/NNG + 생/NNG + 선교회/NNG
대/NNG + 학생/NNG + 선교회/NNG
대학생/NNG + 선/NNG + 교/NNG + 회/NNG
대학/NNG + 생선/NNG + 교/NNG + 회/NNG
대학/NNG + 생/NNG + 선교/NNG + 회/NNG
대학/NNG + 생/NNG + 선/NNG + 교회/NNG
대/NNG + 학생/NNG + 선교/NNG + 회/NNG
대/NNG + 학생/NNG + 선/NNG + 교회/NNG
대/NNG + 학/NNG + 생선/NNG + 교회/NNG
대/NNG + 학/NNG + 생/NNG + 선교회/NNG
```

대학/NNG + 생/NNG + 선/NNG + 교/NNG + 회/NNG
대/NNG + 학생/NNG + 선/NNG + 교/NNG + 회/NNG
대/NNG + 학/NNG + 생선/NNG + 교/NNG + 회/NNG
대/NNG + 학/NNG + 생/NNG + 선교/NNG + 회/NNG
대/NNG + 학/NNG + 생/NNG + 선/NNG + 교회/NNG
대/NNG + 학/NNG + 생/NNG + 선/NNG + 교/NNG + 회/NNG

참고문헌

강범모(2003), 『언어, 컴퓨터, 코퍼스 언어학: 컴퓨터를 이용한 국어 분석의 기초와 이론』, 고려대 출판부.

강승식(1993), 「음절 정보와 복수어 단위 정보를 이용한 한국어 형태소 분석」, 서울대 박사학위논문.

강승식(2002), 『한국어 형태소 분석과 정보 검색』, 홍릉과학출판사.

고려대학교 민족문화연구원 편(2009), 『고려대 한국어대사전』, 고려대 민족문화연구원.

고석주(1999), 「의존적 쓰임의 명사에 대한 연구-사전에서의 처리를 중심으로-」, 『사전편찬학연구』 9, 연세대 언어정보연구원, 101-125.

고석주(2001), 「한국어 조사의 연구-'-가'와 '-를'을 중심으로-」, 연세대 박사학위논문.

고신숙(1987), 『조선어 리론문법: 품사론』, 평양: 과학백과사전 출판사.

고영근(1987/1989), 『국어형태론연구』, 서울대 출판부.

고창수(1992), 「국어의 통사적 어형성」, 『국어학』 22, 국어학회, 259-269.

고창수(2002), 『자질연산문법이론』, 도서출판 월인.

고창수 편저(1999), 『한국어와 인공지능』, 태학사.

곽충구(1994), 『함북 육진방언의 음운론』, 태학사.

국립국어원(2007), 『21세기 세종계획 백서』, 국립국어원.

국립국어연구원 편(1999), 『표준국어대사전』, 두산동아.

김민국(2009), 「'-이서'의 분포와 문법범주」, 『형태론』 11-2, 편집위원회, 335-356.

김민수(1971/1986), 『국어문법론(중판)』, 일조각.

김민수 외 3인 편(1991), 『금성판 국어대사전』, 금성출판사.

김민호·권혁철(2011), 「한국어 어휘의미망의 의미 관계를 이용한 어의 중의성 해소」, 『정보과학회논문지: 소프트웨어 및 응용』 38(10), 한국정보과학회, 554-564.

김양진(1999), 「국어 형태 정보 연구」, 고려대 박사학위논문.

김영욱(1994), 「불완전계열에 대한 형태론적 연구」, 『국어학』 24, 국어학회, 87-109.

김영택(1994), 『자연언어처리』, 교학사.

김영희(1974), 「처소격조사 '에서'의 생성적 분석」, 『연세어문학』 5, 연세대 국어국문학과, 59-86.

김원경(2001), 「한국어 격 정보와 자질 연산 문법」, 고려대 박사학위논문.

김의수(2002), 「언어단위로서의 상당어(相當語) 설정 시고」, 『형태론』 4-1, 편집위원회, 81-101.

김일환(2000), 「어근적 단어의 형태·통사론」, 『한국어학』 11, 한국어학회, 213-226.

김일환(2009/2020), 『빈도 효과-코퍼스를 활용한 국어 문법의 기술-』, 고려대 민족문화연구원.

김일환(2017), 「디지털 자료와 의미 연구의 다양성」, 『한국어 의미학』 56, 한국어의미학회, 89-109.

김일환·이도길(2011), 「대규모 신문 기사의 자동 키워드 추출과 분석-t-점수를 이용하여-」, 『한국어학』 53, 한국어학회, 145-194.

김재인(2017), 『인공지능의 시대, 인간을 다시 묻다』, 도서출판 동아시아.

김진해(2000), 『연어 연구』, 한국문화사.

김진해(2007), 「연어관계의 제자리 찾기-국내의 이론적 논의에 대한 재검토를 중심으로-」, 『한국어학』 37, 한국어학회, 229-260.

김창섭(1999), 「국어 어휘 자료 처리를 위한 한자어의 형태·통사론적 연구」, 국립국어연구원.

김창섭(2007), 「부접명사의 설정과 식별」, 『국어학』 50, 국어학회, 27-55.

김창섭(2010), 「조사 '이서'에 대하여」, 『국어학』 58, 국어학회, 3-27.

김창섭(2011), 「부접어의 설정과 부접 구성」, 『국어학』 62, 국어학회, 1-27.

김흥규·강범모(1997), 『한글 사용빈도의 분석』, 고려대 민족문화연구소.

남길임(2014), 「'이론으로서의 말뭉치언어학'에 대한 연구 현황과 쟁점」, 『한국어 의미학』 46, 한국어 의미학회, 163-187.

노명희(2003), 「어근류 한자어의 문법적 특성」, 『어문연구』 118, 한국어문교육연구회, 73-96.

민진우·나승훈·김영길(2017), 「딥러닝을 이용한 전이 기반 한국어 형태소 분석 및 품사 태깅」, 『제29회 한글 및 한국어 정보처리 학술대회 논문집』, 한국정보과학회, 305-308.

박양규(1972), 「국어의 처격에 대한 연구-통합상의 특징을 중심으로-」, 『국어연구』 27.

박양규(1975), 「존칭체언의 통사론적 특징」, 『진단학보』 40, 진단학회, 80-108.

박지홍(1986), 『우리현대말본』, 과학사.

박진호(2020), 「문장 벡터를 이용한 동형어 구분」, 『한국(조선)어교육연구』 16, 중국한국(조선)어교육 연구학회, 7-48.

배주채(1994), 「고흥방언의 음운론적 연구」, 서울대 박사학위논문.

서상규·한영균(1999), 『국어정보학 입문』, 태학사.

서정목(1984), 「후치사 '-서'의 의미에 대하여-'명사구 구성의 경우'-」, 『언어』 9-1, 한국언어학회, 155-186.

시정곤(2001), 「명사성 불구어근의 형태·통사론적 연구」, 『한국어학』 14, 한국어학회, 205-234.

시정곤(2010), 「국어 명사의 문법화 과정에 나타난 특이 유형에 대하여」, 『언어연구』 26-1, 한국현대 언어학회, 105-127.

신준철·옥철영(2016), 「한국어 어휘의미망(UWordMap)을 이용한 동형이의어 분별 개선」, 『정보과학 회논문지』 43(1), 한국정보과학회, 71-79.

신지영·차재은(2003), 『우리말 소리의 체계-국어 음운론 연구의 기초를 위하여-』, 한국문화사.

신효필(2005), 「언어 자료의 통계 분석과 관련된 몇 가지 고려사항들」, 『어학연구』 41-3, 서울대 어학 연구소, 655-682.

안희제(2007), 「'X하다' 동사의 구문 구조에 대하여」, 『어문연구』 35-4, 한국어문교육연구회, 135-160.

오규환(2008), 「현대 국어 조사 결합형의 단어화에 대한 연구」, 『국어연구』 197.

오민석(2017), 「한국어 수식 불허 명사 연구」, 서울대 박사학원논문.

유현경(1998), 『국어 형용사 연구』, 한국문화사.

유혜원(2004), 『한국어 정보 처리의 이론과 실제』, 제이앤씨.

유혜원(2007), 「경계성 명사류의 명사 연쇄 구성 연구」, 『언어』 32-3, 한국언어학회, 497-517.

윤준영·이재성(2021), 「한국어 형태소 분석 및 품사 태깅을 위한 딥 러닝 기반 2단계 파이프라인 모델」, 『정보과학회논문지』 48(4), 한국정보과학회, 444-452.

이건일·이종혁(2015), 「순환 신경망을 이용한 전이 기반 한국어 의존 구문 분석」, 『정보과학회 컴퓨팅의 실제 논문지』 21(8), 한국정보과학회, 567-571.

이광호(1984), 「처격어미 {에}, {에서}의 의미와 그 통합양상」, 『어문학논총』 3, 국민대 어문학연구소, 87-105.

이남순(1983), 「양식의 '에'와 소재의 '에서'」, 『관악어문연구』 8, 서울대 국어국문학과, 321-355.

이기오·이근용·이용석(1996). 「효율적인 한국어 분석을 위한 확장된 최장일치법」, 『제8회 한글 및 한국어 정보처리 학술대회 발표 논문집』, 한국정보과학회·언어공학연구회, 255-261.

이기용(1999), 『전산형태론』, 고려대 출판부.

이남순(1999), 「'이다'론」, 『한국문화』 24, 서울대 규장각한국학연구원, 35-59.

이동혁(2004), 「국어 연어관계 연구」, 고려대 박사학위논문.

이병근(1986), 「국어사전과 파생어」, 『어학연구』 22-3, 서울대 어학연구소, 389-408.

이선웅(2000), 「국어의 한자어 '관형명사'에 대하여」, 『한국문화』 26, 서울대 규장각한국학연구원, 35-58.

이선웅(2004), 「미지의 한자어 의존명사에 대하여」, 『형태론』 6-2, 편집위원회, 251-276.

이영제(2014), 「명사류의 명사성 판단 규준과 어근적 단어」, 『국어학』 72, 국어학회, 289-321.

이영제(2014/2016), 『한국어 기능명사 연구』, 태학사.

이영제(2021), 「비전형적 명사류 연구의 현황과 쟁점」, 『국어학』 99, 국어학회, 511-557.

이용훈·이종혁(2008), 「기계학습 기법을 이용한 한국어 구문분석」, 『한국정보과학회 학술발표논문집』 35(1), 한국정보과학회, 285-288.

이진호(2005), 『국어 음운론 강의』, 삼경문화사.

이현영·강승식(2019), 「음절 단위 임베딩과 딥러닝 기법을 이용한 복합명사 분해」, 『스마트미디어저널』 8(2), 한국스마트미디어학회, 66-71.

이호승(2003), 「통사적 어근의 성격과 범위」, 『국어교육』 112, 한국어교육학회, 373-397.

임근석(2006/2010), 『한국어 연어 연구』, 월인.

임근석(2011), 「한국어 연어 연구의 전개와 쟁점에 대하여」, 『국어학』 61, 국어학회, 359-387.

임석규(2002), 「음운탈락과 관련된 몇 문제」, 『국어학』 40, 국어학회, 113-140.

임홍빈(1973), 「부정의 양상」, 『논문집』 5, 서울대 교양과정부, 115-140.

임홍빈(1979), 「용언의 어근분리 현상에 대하여」, 『언어』 4-2, 한국언어학회, 55-76.

임홍빈(2002), 「한국어 연어의 개념과 그 통사·의미적 성격」, 『국어학』 39, 국어학회, 279-311.

임희석·고려대학교 자연어처리연구실(2020), 『자연어처리 바이블: 핵심이론, 응용시스템, 딥러닝(수정판)』, 휴먼싸이언스.

정경재(2008), 「불완전계열의 변화 방향 고찰」, 『형태론』 10-1, 편집위원회, 19-38.

채현식(2001), 「한자어 연결 구성에 대하여」, 『형태론』 3-2, 편집위원회, 241-263.

최경봉(1998), 『국어 명사의 의미 연구』, 태학사.

최경봉·도원영·황화상·김일환·이지영(2020), 『한국어 어휘론』, 한국문화사.

최기용(2003), 「이익섭(1975/1991)의 "어근" 개념에 대하여」, 『인문사회과학논문집』 31, 광운대 인문사회과학연구소, 84-98.

최재웅(2014), 「말뭉치와 언어연구-외국의 사례와 경향-」, 『한국어학』 63, 한국어학회, 71-102.

최맹식·김학수(2011), 「기계학습에 기반한 한국어 미등록 형태소 인식 및 품사 태깅」, 『정보처리학회논문지B』 18(1), 한국정보처리학회, 45-50.

최형강(2009), 「'형성소'와 '어근' 개념의 재고를 통한 '어근 분리 현상'의 해석」, 『국어학』 56, 국어학회, 33-60.

최형용(2003), 『국어 단어의 형태와 통사-통사적 결합어를 중심으로-』, 태학사.

최호철·김양진·황화상(2002), 「국어 연구에서의 말뭉치 활용 방법 연구」, 21세기 세종계획 국어 기초자료 구축분과 연구 보고서.

최호철·이정식(1998), 「자연 언어 처리를 위한 전자 사전 구축 방안」, 『어문논집』 37-1, 안암어문학회, 411-438.

한영균(1988), 「비음절화규칙의 통시적 변화와 그 의미」, 『울산어문논집』 4, 울산대 국어국문학과, 1-26.

한용운(2005), 「형태소 '서'의 독립 조사 설정 문제」, 『어문연구』 33-3, 한국어문교육연구회, 7-28.

허철구(1998), 「국어의 합성동사 형성과 어기분리」, 서강대 박사학위논문.

허철구(2001), 「국어의 어기분리 현상과 경계 인식」, 『배달말』 28, 배달말학회, 57-82.

홍종선(1998), 「명사의 사전적 처리」, 『새국어생활』 8-1, 국립국어연구원, 111-130.

홍종선·남경완·유혜원·이동혁·황화상(2008), 『한국어 중의어절 사전』, 태학사.

홍종선·강범모·최호철(2001), 『한국어 연어 관계 연구』, 월인.

홍종선·최호철(2001), 「분석말뭉치를 이용한 한국어 형태소 연접 관계 연구」, 21세기 세종계획 국어 기초자료 구축분과 연구 보고서.

홍종선·황화상(1998), 「한영 기계번역에서 선어말어미의 처리-시제, 상을 중심으로-」, 『한국어학』 8, 한국어학회, 103-130.

황화상(1998), 「자연언어처리를 위한 형태소 분석 방법론」, 『어문논집』 37, 안암어문학회, 439-458.

황화상(2001), 『국어 형태 단위의 의미와 단어 형성』, 월인.

황화상(2003), 「조사의 작용역과 조사 중첩」, 『국어학』 42, 국어학회, 115-140.

황화상(2004). 『한국어 전산 형태론』, 월인.

황화상(2005), 「'께서'의 문법 범주와 형태소 결합 관계」, 『사림어문』 15, 사림어문학회, 367-386.

황화상(2006가), 『한국어와 정보-한국어 정보 처리와 자연언어 처리의 이해-』, 박이정.

황화상(2006나), 「조사 '에서'의 문법 범주」, 『배달말』 39, 배달말학회, 371-393.

황화상(2008), 「언어 해석을 위한 형태론 연구」, 『사림어문연구』 18, 사림어문학회, 317-334.

황화상(2009), 「'이서'의 문법적 기능과 문법 범주」, 『배달말』 44, 배달말학회, 1-27.

황화상(2011/2018), 『현대국어 형태론(개정2판)』, 지식과교양.

황화상(2016), 「어근 분리의 공시론과 통시론-단어 구조의 인식, 문장의 형성, 그리고 문법의 변화-」, 『국어학』 77, 국어학회, 65-100.

황화상(2021), 「'하다' 없이 나타나는 '않다'에 대하여」, 『국어국문학』 194, 국어국문학회, 125-155.

황화상(2022), 「인공지능 시대의 언어 연구: 주요 문제와 언어학의 역할」, 『언어와 정보 사회』 45, 서강대 언어정보연구소, 145-168.

황화상·시정곤(2001), 「형태소 분석을 위한 한국어 어절의 구성 양상 연구」, 『제13회 한글 및 한국어 정보처리 학술대회 발표 논문집』, 한국정보과학회·언어공학연구회, 25-32.

황화상·최정혜(2003), 「한국어 어절의 형태론적 중의성 연구」, 『한국어학』 20, 한국어학회, 287-311.

Aarts, J.(1991), Intuition-based and observation-based grammars, in K. Aijmer and B. Altenberg (eds.), *English Corpus Linguistics: Studies in Honour of Jan Svartvik*, pp. 44-62. London: Longman.

Andor, J.(2004), The master and his performance: an interview with Noam Chomsky, *Intercultural Pragmatics* 1(1): 93-112.

Baker, P.(2006), *Using Corpora in Discourse Analysis*, London: Continuum.

Barnbrook, G.(1996), *Language and Computer: A Practical Introduction to the Computer Analysis of Language*, Edinburgh: Edinburgh University Press. 유석훈 역(1999), 『언어와 컴퓨터』, 고려대 출판부.

Barlow, M.(2011), Corpus linguistics and theoretical linguistics, *International Journal of Corpus Linguistics*, 16(1), 3-44.

Bowker, L. and Pearson, J.(2002), *Working with Specialized Language: A Practical Guide to Using Corpora*, London: Routledge.

Chomsky, N.(1957), *Syntactic structures*, The Hague: Mouton.

Chomsky, N(1962), A transformational approach to syntax, In Archibald A. Hill(ed.), *Third Texas Conference on Problems of Linguistic Analysis in English: May 9-12, 1958*, 124-169. Austin: Univ. of Texas Press.

Chomsky, N.(1965), *Aspects of the Theory of Syntax*, Cambridge, Mass: MIT Press.

Clear, J.(1993), From Firth principles: collocation tools for the study of collocation, in M. Baker, G. Francis and E. Tognini-Bonelli(eds.), *Text and Technology: In Honour of John Sinclair*, pp. 271-292, Amsterdam: John Benjamins.

Dik, S.(1978), *Functional Grammar*, New York: North-Holland.

Dik, S.(1997), *The Theory of Functional Grammar: Part 1: The Structure of the Clause* (second edition), Berlin: Mouton de Gruyter.

Fillmore, C.(1992), "Corpus linguistics" or "Computer-aided armchair linguistics", in J. Svartvik(ed.), *Directions in Linguistics: Proceedings of the Novel Symposium 82, Stockholm, 4-8 August 1991*, pp. 35-60, Berlin: Mouton de Gruyter.

Gaur, A.(1984), *A History of Writing*, London: The British Library. 강동일 옮김(1995), 『문자의 역사』, 도사출판 새날.

Givón, T.(1979), *On Understanding Grammar*, New York: Academic Press.

Gledhill, C.(2000), *Collocations in Science Writing*, Tübingen: Gunter Narr Verlag.

Greenberg, J. H. (1963). Some universals of grammar with particular reference to the order of meaningful elements, In J. H. Greenberg (Ed.), *Universals of Language*, pp. 73-113, MA: MIT Press.

Hanks, P.(2000), Contributions of Lexicography and Corpus Linguistics to a Theory of Language Performance, in *Proceedings of the Ninth EURALEX International Congress, EURALEX 2000, Stuttgart, 8-12 August 2000*, pp. 3-13.

Hoffmann, S., Evert, S., Smith, N., Lee, D. and Berglund Prytz, Y.(2008), *Corpus Linguistics with BNCweb: A Practical Guide*, Frankfurt am Main: Peter Lang.

Huang, C.-R., Chen, K.-J., Yang, Y.-Y.(1994), Character-based collocation for Mandarin Chinese, in *Proceedings of COLING-94*, pp. 540-543. Kyoto.

Hunston, S.(2002), *Corpora in Applied Linguistics*, Cambridge: Cambridge University Press.

Landauer, T. and Dumais, S.(1997). A solution to plato's problem: The latent semantic analysis theory of acquisition, induction and representation of knowledge, *Psychological Review* 104(2), 211-240.

Langacker, R. W.(1987). *Foundations of cognitive grammar*. Vol. I: *Theoretical*

Prerequisites, Stanford: Stanford University Press.

Leech, G.(1992), Corpora and theories of linguinstic performance, in J. Svartvik(ed.), *Directions in Linguistics: Proceedings of the Novel Symposium 82, Stockholm, 4-8 August 1991*, pp. 105-122, Berlin: Mouton de Gruyter.

Levy, O. and Goldberg, Y.(2014), Dependency-Based Word Embeddings, in P*roceedings of the 52nd Annual Meeting of the Association for Computational Linguistics* (Short Papers), 302-308.

McEnery, T. and Hardie, A.(2012), *Corpus Linguistics: Method, Theory and Practice*, Cambridge: Cambridge University Press. 최재웅 옮김(2018), 『코퍼스 언어학: 방법·이론· 실제』, 고려대 출판문화원.

McEnery, T. and Wilson, A.(1996), *Corpus Linguistics*, Edinburgh: Edinburgh University Press.

Meyer, C.(2002), *English Corpus Linguistics: An Introduction*, Cambridge: Cambridge University Press.

Mikolov, T,, Chen, K., Corrado, G., and Dean, J.(2013). Efficient estimation of word representations in vector space, in *Proceedings of 1st International Conference on Learning Representations, ICLR 2013, Scottsdale, Arizona, USA, 2-4 May 2013*.

Moore, R. K. (2005), Results from a Survey of Attendees at ASRU 1997 and 2003, in *Proceedings of INTERSPEECH-2005, Lisbon, 5-9 September 2005*, pp. 117-120.

Pantel, P.(2005). Inducing ontological co-occurrence vectors, In *Proceedings of the 43rd Conference of the Association for Computational Linguistics*, pp. 125-132.

Pinker, S.(1994), *The Language Instinct: the New Science of Language and Mind*, London: Allen Lane. 김한영·문미선·신효석 옮김(1998), 『언어본능: 정신은 어떻게 언어를 창조하는가 』, 그린비.

Pustejovsky, J.(1993), Type Coercion and Lexical Selection, in J. Pustejovsky (ed.), *Semantics and the Lexicon*, pp. 73-94. Dordrecht: Kluwer Academic Publishers.

Rubenstein, H. and Goodenough, J.(1965). Contextual correlates of synonymy, *Communications of the ACM* 8(10), 627-633.

Sahlgren, M.(2008). The Distributional Hypothesis, *Rivista di Linguistica* 20(1), 33-53.

Saussure, Ferdinand de(1916), *Cours de linguistique générale*, Paris: Payot.

Schütze, H. and Pedersen, J.(1995). Information retrieval based on word senses, In *Proceedings of the 4th Annual Symposium on Document Analysis and Information Retrieval*, pp. 161-175.

Sinclair, J.(1991), *Corpus, Concordance, Collocation*, Oxford: Oxford University Press.

Sinclair, J.(2004), *Trust the Text: Language, Corpus and Discourse*, London: Routledge.

Sinclair, J., Jones, S., Daley, R. and Krishnamurthy, R.(2004), *English Collocational Studies: The OSTI Report*, London: Continuum.

Srinivasa-Desikan, B.(2018), *Natural Language Processing and Computational Linguistics: A practical guide to text analysis with Python, Gensim, spaCy, and Keras*, Birmingham, UK: Packt Publishing.

Stuart, K. and Trelis, A.(2006), Collocation and knowledge production in an academic discourse community, in C. Pe´rez-Llantada, R. Alastrue´ and C.-P. Neumann(eds.), *Proceedings of the Fifth International Conference of the European Association of Languages for Specific Purposes*, pp. 238-245, University of Zaragoza.

Stubbs, M.(1993), British Traditions in Text Analysis: From Firth to Sinclair, in M. Baker, F. Franscis and E. Tognini-Bonelli(eds.), *Text and Technology: In Honour of John Sinclair*, pp. 1-33, Amsterdam: John Benjamins.

Stubbs, M.(2001), *Words and Pharase: Corpus Studies of Lexical Semantics*, Oxford: Blackwell.

Tognini-Bonelli, E.(2001), *Corpus Linguistics at Work*, Amsterdam: John Benjamins.

Turing, A. M.(1950), Computing Machinery and Intelligence, *Mind* 236, 433-460.

Wasow, T.(2002), *Postverbal Behaviour*, Standford, CA: CSLI Publications.

Xu, R., Lu, Q. and Li, Y.(2003), An automatic Chinese collocation extraction algorithm based on lexical statistics, in *Proceedings of the NLPKE Workshop*, pp. 321-326, Beijing, China.

찾아보기

한국어, 코퍼스, 그리고 자연언어 처리

초판 인쇄 2023년 8월   8일
초판 발행 2023년 8월 21일

지 은 이 황화상
펴 낸 이 박찬익
편 집 장 권효진
편집책임 정봉선

펴 낸 곳 **박이정**
주   소 경기도 하남시 조정대로45 미사센텀비즈 8층 F827호
전   화 031-792-1195
팩   스 02-928-4683
홈페이지 www.pijbook.com
이 메 일 pijbook@naver.com

등   록 2014년 8월 22일 제2020-000029호

ISBN 979-11-5848-909-0 93700

* 값 28,000원